JN214553

戎光祥中世織豊期論叢 7

室町九州の紛争・秩序・外交

七隈史学会［編］
山田貴司［責任編集］

戎光祥出版

はしがき

本書は、七隈史学会第二五回大会の日本史部会（二〇二三年九月二四日、於福岡大学）にて開催した特集「九州の「室町時代」」における研究報告の成果と、パネルディスカッションでの意見交換の内容を広く共有すべく、編集・刊行するものである。

七隈史学会は、福岡大学人文学部歴史学科の教員・大学院生・学部生の交流の場として、また、学内外の研究者はもちろん、市民も参加可能な「開かれた学会」として活動する、歴史学の学術学会である。活動の大きな柱は毎年九月に開催している七隈史学会大会であり、公開講演の他に、日本史部会・外国史部会・考古部会ごとに個別研究報告を行っている。また、折に触れて、その時々の学術的・教育的・社会的課題に即したテーマを設定し、全部会をあげて、あるいは部会単位で、特集やシンポジウムなどを企画・実施してきた。本書のきっかけとなった特集「九州の「室町時代」」も、そのようにして日本史部会で企画し、実施したものである。

以下、ここでは、特集「九州の「室町時代」」を企画することとなった経緯を述べ、それをもって、本書の刊行目的の説明にかえることとしたい。

特集「九州の「室町時代」」は、近年進捗をみせている室町時代の政治史・経済史・文化史・対外関係史の研究成果と、それに反してやや停滞気味である九州の室町時代研究の現状に鑑み、一四世紀末から一五世紀前半を中心に、九州各地の武家権力をおもなフィールドとして、それぞれでみられた政治・軍事的事象の検討と、京都や東アジア世界といった域外の勢力・地域との関係の検討を進めることで、九州における「室町時代」の時期区分や特質、九州各地の地域差（地域権力間の差）の把握に努め、最終的には列島における九州の位置づけを議論しよう、と企画したものである。

簡単に研究史を振り返ると、中世後期の九州をフィールドとした研究（とくに政治史研究）は、地域ごと、または地域権力ごとに進められ、それぞれについて成果が蓄積されてきている。ただし、地域間に差異（地域権力間に差異）がある点を自覚しつつ、比較史的な観点をもって進められた研究は少ないのが現状である。

また、しばしば九州はひとつの地域として括られ、とり扱われているが、室町時代に限っていえば、九州という枠組みのもとで固有の特質を議論することや、九州の政治秩序をみわたすような議論は、これまでほとんど行われていない。九州はひとつなのか。九州ならではの特質があるのか。あるいは、九州内にも地域差があるのか。疑問は尽きない。

中央（室町幕府・京都）との関係論については、九州探題や大内氏、大友氏などが拠点としていた北部九州を中心に、実態解明が進められつつある。ただ、「遠国」九州ゆえであろうか、これまでは地域権力の自立性が強調される傾向がやや強かったため、いまなお検討の余地が残されている。

九州に対する幕府側の認識・対応については、これまでは幕閣の畠山満家の「遠国事ヲハ少々事雖不如上意候、ヨキ程ニテ被閣之事ハ非当御代計候、等持寺殿以来代々此御計ニテ候ケル由伝承様候」（『満済准后日記』）という発言がたびたび引用され、幕府は「遠国宥和策・放任策」を基調とする、と説明されてきた。たしかに、ほとんどの守護・国人が在国する九州の場合、他地域よりも幕府との関係性は希薄だったのかもしれない。ただ、実際のところ、幕府が九州に対してどういった施策や対応を示していたのか、という点はさほど検証されておらず、実態解明は不充分である。九州側からの視点、そして幕府・京都側からの視点を両方用意し、相互の関係を改めて検討していく必要がある。

対外関係の問題は九州論の大きな特徴であり、これについてはすでに多くの研究が蓄積されている。九州が東アジア世界の玄関口となり、積載物資の供給地・集積地として、また人材の提供地として機能していたことは周知のとおりである。ただ、既往の研究は、やはり地域ごと、あるいは対外関係の担い手ごとに立論されたものが多く、九州でみられた対外関係を俯瞰するような研究は管見に入らない。地域間の差異や共通性を明確化するためには、九州という枠組みで対外関係を見直していく必要がある。

かかる研究の現状を踏まえ、特集を企画するあたり、九州の諸地域・諸勢力については小川弘和氏・小澤尚平氏・新名一仁氏・松尾大輝氏に、九州側の視点からみた幕府・京都との関係については山田貴司氏に、幕府・京都側の視点からみた九州の位置づけについては山田徹氏に、中世後期の対外通交については伊藤幸司氏に登壇を依頼することとした。各パネラーの研究報告により、室町九州における政治・社会・外交的な事象の解像度を高め、右に示した諸課題の克服を図るとともに、パネルディスカッションで成果・課題を共有し、さらには関連づけ、室町九州に固有の特質や地域性、列島における位置づけを議論しよう、という目論みであった。なお、当日の研究報告の題目は、次のとおりである。

山田貴司「室町時代の九州に関する政治史・文化史的論点」
伊藤幸司「外交からみた九州の地域権力」
山田　徹「室町幕府と九州国人」
小澤尚平「室町期における九州探題渋川氏の活動とその役割」
松尾大輝「中世後期少弐氏の政治的地位とその形成過程」
小川弘和「肥後からみた室町九州」
新名一仁「室町期島津氏の特質―島津奥州家と伊集院氏の関係を中心に―」

そして、本書の刊行計画にあたっては、右に示した七名に加え、当初から特集の企画に携わり、大会当日には日本史部会で関連報告「永享期における大内氏の政治的位置」の発表を行った野下俊樹氏にも寄稿を依頼し、内容のさらなる充実を図った。最終的に、総計八本の論稿を収録することとなった。

今回の企画は、一日がかりで特集を実施したうえで、その成果を書籍化するという、本会ではこれまでになかった大きな取り組みとなった。登壇・寄稿いただいた皆様をはじめ、実現に向けて協力いただいた関係各位に、厚くお礼申し上げる次第である。

これらの研究と議論が広く共有され、新たな中世九州像を描き出していくきっかけとなれば幸いである。

二〇二四年一〇月

七隈史学会 日本史部会

目次

総論　室町時代の九州に関する研究の現状と課題

山田貴司

はじめに

本章は、昨年「九州の「室町時代」」というテーマでシンポジウムを開催し、今回その内容を論集としてまとめるに至った学術的要請を示すべく、政治史を中心に、室町時代の九州に関する研究動向を整理せんと試みるものである。

ただ、筆者の力量と紙幅の都合上、現状を押さえることに重点を置いたため、研究史をたどるような構成にはなっていない。また、研究動向の説明には、テーマによって濃淡が発生している。この点、まずはご了承いただきたい。

第一節では、列島の政治・社会に関する議論を整理し、その現状と課題を整理する。第二節では、九州の諸地域・諸勢力に関する政治史に目を転じ、注目すべき研究を中心に現状と課題を整理する。第三節では、第一節・第二節の内容を踏まえつつ本書所収の諸論稿について筆者なりのコメントを付し、研究史への位置づけも図ってみる。

以上の作業を通じて、室町時代の九州に関する研究動向の共有に多少なりとも資することができれば幸いである。

一　列島の政治・社会に関する議論の現状と課題

本節では、列島の政治・社会に関する議論として、政治・社会体制論、室町幕府の地方支配論、儀礼的秩序論に注目し、それぞれの現状と課題を確認する。

1　政治・社会体制に関する議論

研究史を振り返った時、ここ二、三〇年ほどの室町時代の政治・社会体制論をけん引してきたのは、やはり川岡勉の室町幕府―守護体制論であろう。それは「中核部分が在京して幕政に参与する一方、地域社会に足場を持ち在地とつながる側面を持」ち、「中央と地域社会の双方に関与し、都鄙を結びつける結節点に位置する」という守護の存在を重視し、「武家の権力構造」を「幕府の全国支配を守護が支え、守護の分国支配を幕府が保証するという相互に補完し合う関係」ととらえるものである[1]。この幕府―守護体制論に対しては、幕府と直結する「幕府直属国人」「知行主」の存在や[2]、体制がフォローしている地域の限界性[3]、体制の形成・解体過程や時期的偏差が不明瞭といった点に批判が寄せられており[4]、「幕府の志向・政治秩序は室町幕府―守護体制的」であるが、その「実態は室町幕府―守護・知行主体制的」とする指摘もある[5]。ただ、この学説が中央と地方の連関を重視しつつ、幕府や朝廷といった上位権力から地域社会の問題まで包摂している点（しようとしている点）は重要であり、筆者自身は、一五世紀前半の室町殿御分国を中心とするエリアの体制を説明する概念としての有用性は高いと考えている。

古代から中世にかけての土地・経済・社会制度とされる荘園制については、伊藤俊一により室町期荘園制論が提起されている。南北朝内乱を経て解体するとみなされてきた荘園制は、じつは南北朝時代以降も存続しており、一四世紀後半以降に定着した守護在京制と幕府の寺社本所領保護政策により、新たな「土地所有秩序」「沙汰人層の台頭と「職」の一円化に対応した新たな段階の荘園制」として、武家領も組み込む形で再編された、と伊藤は指摘する。そして、その荘園支配は「幕府―守護体制の強制力」のもとで安定したとされる[6]。

かかる議論が提起され、京都への人・物の集中が注目されるようになった結果、近年は在京・非在京の是非とその影響が重要な論点となっている。この点について山田徹は、「在京直臣、公家、権門寺社の人々を主要構成員とし」て「政権都市に所在した支配者集団の社会の室町期的な姿」を「室町領主社会」ととらえるとともに、「都鄙間の人的基盤を基礎」とする「荘園制に依拠した在京領主たちによる集団支配体制」が、南北朝内乱に規定されつつ形成（再構築）された、とみている。ただ、山田徹は、かかる体制は全国に及んでいないとも述べており、「在京勢力が主要な領主を占める地域、在京領主の支配体制のもとにある地域」である「近国地域」と、「在地領主の在京化や在京勢力の所領支配などが進展しなかった」「中間地域」、探題や鎌倉府といった「広域支配機関の管轄によって室町殿御分国から区分されていた」「遠国地域」との間に地域差をみとめ、「在京領主による集団的支配」の閉鎖性・消極性・限界性を指摘している。[7]

このように近年の政治・社会体制論では、幕府―守護体制や室町領主社会への参画条件として共通する在京の是非が、支配や権力のあり様を区分する重要な指標となっており、それにともない生じる地域間の差異が改めて指摘されている。

2 政治・社会体制論における九州の位置づけ

では、このような進展をみせている列島の政治・社会体制論において、九州はどう位置づけられているのか。この点について新名一仁は、これまで九州は「「遠国」・「辺境」とみなされることで、政治体制論・大名権力論の研究対象から切り離されたまま、長きにわたり研究史上放置されてきた」と指摘する。[8] 政治・社会体制論において九州はずっと蚊帳の外に置かれてきたわけである。そして、そうしたあり様は、近年に至っても改善されたとはいえない状況にある。[9]

現状を少し具体的にみておく。室町幕府―守護体制論は、先述したように体制が貫徹する地域として室町殿御分国を想定しており、「遠国」に区分される九州・東国・奥羽は埒外とされる。[10]かかる批判を受け、また自身の研究を進捗させる中で、川岡勉は「幕府の全国支配は、在京する足利一門や准一門の守護だけでなく、九州や東国など在京しない守護、大内氏や河野氏など在京が少ない守護も体制に組み込んでいる。中世後期の武家の権力秩序全体を把握しようと思えば、こうした守護の持つ多様な存在形態を含み込んだ包括的な議論が必要」と指摘するに至っている。[11]ただ、その議論は、まさにこれからである。

九州を含む「遠国」が視野に入らないのは、室町期荘園制論や室町領主社会論についても同様である。これらの議論は、あくまで在京する領主が、京都および都鄙間で形成した人的関係を基盤に展開していた支配のあり様にアプローチしたものである。もともと列島全体を射程に入れ、構築されたものではない。[12]

もっとも、室町領主社会論を提起した山田徹は、「急速に進展しつつある（京都に／筆者註）求心的な支配体制に関する研究成果」の「枠組では説明できない地域」に関する「研究成果をも尊重できればという意図」から、列島を地域区分したうえで「中間地域」「遠国地域」の様相にも目配りする。そして「遠国地域」については、「有力な在地勢力も幅広くみられる」点、「現地に割拠する諸勢力相互の連合・対立関係こそが、地域の政治史を描く際の主要論点となる」点、「幕府・中央が完全に無意味になったわけではない」が「近国地域の有力領主が自らも中央の集団的支配体制の一角を担っているのとは、大きく異なって」おり、「遠国地域」にとっては「幕府は「遠くにある権威」に過ぎない」点といった特徴を整理し、「近国地域」と「遠国地域」では「社会のイメージが大きく異なる」ことを強調している。[13]「近国地域」と「遠国地域」の間に大きな差異が存在するのはたしかであり、「遠国地域」の特徴も指摘のとおりのように思われる。

ただ、そこで提示されているのは、あくまで在京・非在京を指標とした地域区分と、地域区分ごとにみられる特徴の概要である。ひと口に「遠国地域」といっても、実際には各地の個性は異なっているが、行論の便宜上のことであろう、その点に深く踏み込むところまでは至っていない。したがって次の段階では、そうした個々の地域性により目配りしつつ、「遠国地域」を捉え直していく必要がある。

また、「遠国地域」からみた幕府との関係は、「「遠くにある権威」に過ぎない」と断ぜられる。ただ、もとより承知のうえと思われるが、その距離間は地域・時期・事象により異なっている。[14]したがって、今後は「遠国地域」それぞれにみられた特質の検証と相互比較、幕府の「遠国」支配の様相も含めた都鄙間関係の実態解明がより求められると思われ、本書の刊行などは、まさにその一環に位置づけられるものである。

3　室町幕府の地方支配論と九州の位置づけ

次に、いま少しふれた室町幕府と九州の関係についてとり上げる。

この問題に注目した先駆的な研究は、おもに一五世紀前半を対象時期として北部九州に対する幕府の影響力を検証した柳田快明の仕事である。[15]ただ、かかる論点を重視する研究はその後続かず、全体的にいえば九州の問題は、幕府の地方支配論の一端に包摂されつつ進められてきた。基本的なとらえ方になったのは、「辺疆分治」「遠国融和」を原則とし、「東国と九州へは派兵せず不干渉主義を貫くのが宿老間の基本方針」だったと述べた今谷明の見解である。[16]この見方は長く継承され、いまも地方支配論の基軸となっている。

もっとも、今谷のいう「分治」「融和」の内実は、必ずしも明示的なものではなかった。そうした課題を補足することになったのは、桜井英治が示した足利義教期の地方支配論である。いわく、義教期の幕府政治は「外聞」にこだわる義教と、「無為」を重視する幕閣畠山満家等の葛藤の中で進められた。幕閣は「近国と遠国は異なるとの認識」をある程度共有しており、地方支配の方針は「無為」を基調とする「遠国宥和策・放任策」となってあらわれた。その一方で、幕閣は「取次」として「将軍と地方の守護・国人との交渉・意思伝達」を担っており、時には「地方の守護・国人たちの、中央における代弁者」となっていた。かかる方針と体制のもと、「幕府の全国支配」は「幕府が直接支配を及ぼす畿内近国と、地域の自浄作用に多くを委ね、幕府自身は緩やかな支配に甘んじる遠国、という同心円構造のもとで」「展開され」、幕閣が「守護職を保有していない外円（遠国）の諸国にたいしては取次というシステムを介して、求心性を確保していた」という。[17] かかる桜井の見解は、義教と幕閣の意見の相違に触れ、必ずしも幕府が一枚岩ではなかった点にも目配りしつつ、幕府の地方支配を構造的にとらえ、大枠を示したものであり、いまも研究史上重要な意味を持っている。

しかしながら、右のような幕府の地方支配論にも課題は残されている。そのひとつは、それらが醍醐寺三宝院の満済が記した『満済准后日記』永享四年（一四三二）三月一六日条にみえる「遠国事ヨハ、少々事雖不如上意候、ヨキ程ニテ被閣之事ハ、非当御代計候、等持寺殿以来、代々此御計ニテ候ケル由伝承様候」という幕閣畠山満家の証言が示す「政治思想」を根拠とする一方、各地で軍事紛争が発生するたびに幕府で議論・採用されていた施策とその時期的推移を具体的に示しつつ提示されたものではない、という点である。ゆえに、「辺彊分治」「遠国融和」という方針のもと、幕府は「遠国」の軍事紛争にどういった施策をとっていたのか、対応を示していたのか、意外に整理されていないのである。

なお、桜井が触れた「遠国」支配「システム」の「取次」については、吉田賢司が研究を進展させている。吉田は在京して幕政に関与する「大名」が担っていた都鄙間の連絡役を「大名申次」と呼称。各大名の担当相手と「申次」活動状況を整理したうえで、「親幕勢力との音信・相続申請・軍事動員・下地沙汰付などに関して、守護制度とは別の幕命下達ルートを形成」していたこと、「いったん出すと撤回しづらい上意の内容を、諸大名が私的に宛所に伝えることで、室町殿の意向をより柔軟に伝達するのを可能にするもの」であったこと、「申次活動は、大名家が培ってきたネットワークを基礎に展開された」ことを解明している。九州の諸勢力では、畠山氏が菊池氏の「大名申次」を、赤松氏が島津氏のそれを務めたと指摘される。[18] 幕府と「遠国」の諸勢力の間で結ばれていた具体的な連絡・交渉ルートを示した点で、重要な研究である。ただ、とり上げた事例は史料が豊富な応永年間後半から永享年間に（ようするに、『満済准后日記』の記事がみられる時期に）偏っており、その成立と展開過程の検証が今後の課題となっている。

近年の成果では、「幕府支配体制の形成と展開」を検討する中で「遠国」九州に触れた堀川康史の研究があげられる。[19] 堀川は、「遠国」支配の議論が、やはり史料が豊富な応永年間後半から永享年間に偏っている点に課題を見出し、「南北朝期の戦乱とそこからの再建の状況の規定性」のさらなる検討が必要と述べたうえで、「東国と比べると、九州は政治的な完結度・凝集度が高まらないまま、幕府の支配・統制が及びにくくなった点に特徴」があること、南北朝内乱の終結後も「新たな対立構図のもと再び混乱に陥った」結果、「荘園制の再建は停滞し、領主の在京も進展」せず、「幕府の九州支配・統制は十分に回復されないままとなり、義満期の混乱は義持・義教期に持ち越され」たことを指摘。そして、応永三二年（一四二五）以降に九州で戦乱が続いたことなどの「遠国情勢の悪化」により幕府の「軍勢催促対象が再拡大」し、幕府の軍事体制が「地域の合力関係に直接的・積極的に働きかける」「地域的合力体制」へと展開していった、と結論づけている。

堀川の研究には学ぶべき点が多いが、とりわけ注目されるのは、「遠国情勢」の悪化が幕府の軍事体制の転換に作用し、「地域的合力体制」の呼び水となった、とする結論部分であろう。「遠国情勢」が幕府の軍事体制に影響していた事実が指摘されたことにより、「遠国」の問題をとり入れたうえで議論を進めることの有効性が明らかになったためである。けっきょくのところ、列島全体を見渡すにせよ、地域に焦点をあてるにせよ、室町時代の政治史を解明していくためには、「近国」「遠国」相互の影響関係を視野に入れ、議論を進めた方が効果的である。堀川論文はそうした問題意識の必要性を改めて示唆した点でも、重要な仕事と考えられる。

4　儀礼的秩序に関する議論

ここまで室町時代の政治・社会体制論と室町幕府の地方支配論の研究動向をみてきた。振り返ると、これらの議論に共通するのは、「近国」を中核とする室町殿御分国と「遠国」九州の間にみられたさまざまな差異が強調されてきている点である。

その一方、やはりここ二、三〇年ほどで大きな進捗をみせてきた儀礼的秩序の議論は、「遠国」を含む列島が緩やかに統合されていた様相を明らかにしつつある。身分指標や秩序観念が武家社会に広く共有されていた実態の解明が進められているのである。

たとえば、武家社会でも身分指標となっていた律令官途の受容状況については、建武政権において「軍功に対する恩賞」としての叙任が復活し、南北朝内乱の過程でそれが広く行われるようになった結果、叙任（推挙）主体と叙任対象者の（具体的にいえば「郎等任官」の）拡大が進み、一四世紀後半には「全国の武士が概ね官途を帯びる」状況となり、「私称官途」も生み出されていったことが、最近筆者により改めて確認された[20]。また、筆者の仕事に先行する木下聡の諸研究によっても、その点は指摘されてきた[21]。

将軍を頂点とする家格秩序の広がりについては、「足利的秩序」の形成・展開過程を検討した谷口雄太の研究が注目される。谷口によれば、室町幕府を開いた足利氏は武家儀礼を繰り返すことにより、同氏こそが正統なる支配者、君臨する王というイメージを創出し、「足利の血統を絶対とする価値観」の共有を進めた。そして、そうして形成された、足利氏を頂点に置き、足利一門を上位に位置づける「足利的秩序」は、室町時代には「遠国」九州を含めた列島規模で確認され、武家社会に広く共有されていたという[22]。

このように、政治・社会体制論や幕府の地方支配論では「遠国」に区分される地域であっても、京都を供給源とする儀礼的資源や秩序観の共有は進んでいた。そうした事実は、地域間にみられた政治・社会のあり様の差異とは別に、列島に緩やかな統合性があったことを示していよう。

なお、儀礼的秩序とは趣を異にするものの、五山・十刹・諸山という格式を与えられた全国の禅宗寺院を組み込み、将軍の公帖により住持を補任する五山制度が列島に統合性をもたらしていた可能性を想定する見解も提示されている。地方の十刹・諸山に連なる禅宗寺院の開基檀越の問題を検討した斎藤夏来は、「世俗的に足利政権からは遠く、大名被官や荘園代官などに編成されていた群小の在地勢力が、あえて足利政権につらなる「武士」になろうとするならば、足利政権の公帖発給を中核とした十刹・諸山の体系に接近し、五山僧の檀越になるという宗教的な方法があり、足利政権が在地勢力の利害を汲み取ることをかすかに期待させたからこそ、五山制度は全国規模の宗教制度となり得たのではないか」と指摘[23]。「京都と各地域ないし夷中を政治的に統合する多様な契機の一つとして、今後、公帖発給という宗教的要素を考慮に入れ」てはどうか、と提起する[24]。むろん、九州にも十刹・諸山の禅宗寺院は所在しており、斎藤の指摘・提起は当地についてもあてはまるものである。政治的にも宗教的にも、今後の論点とすべきテーマのひとつと考えられる。

二　室町九州の諸地域・諸勢力に関する政治史研究の現状と課題

ここまで列島の政治・社会体制、室町幕府の地方支配、儀礼的秩序に関する議論に視点を据え、研究の現状と課題を整理してきた。次に、九州の諸地域・諸勢力を対象とした政治史研究に目を転じる。こちらには、どういった研究が積み重ねられてきているのであろうか。

1　「風土と歴史」からみた諸勢力の志向性

最初に、「風土と歴史」を踏まえて提起された、九州の諸勢力の志向性に関する理解を確認しておく。

これについて掲げたいのは、列島各地の「風土と歴史」を広域行政区画ごとにまとめ、刊行されたシリーズ『風土と歴史』の一一巻目『九州の風土と歴史』に寄せられた川添昭二の一文である。ここで川添は、「九州というまぎれようもない地理的完結性のなかでくりひろげられた歴史の万華鏡。それは、時として反権力・反中央の激しいエネルギーを奔騰させた。しかし、その裏に事大主義と中央直結思考が伏在していることも見逃せない。九州の歴史は、「土着」に「中央」と「対外―国際的契機―」がかけ合わされて展開し、独自の風土を形成している」と述べ、九州の歴史を読み解く三つの志向性を指摘するのである[25]。

簡潔にして要をえた川添の指摘を筆者なりに咀嚼し、あえて少し言葉を補ったうえで換言すると、九州における政治・経済・文化・儀礼的な営為は、九州島とその周辺の島々により構成され、列島の中ではもっとも大陸に近接し、なおかつ大陸と京都の中間に位置するという当地の地理的性格に規定されつつ、①「反権力・反中央」的な姿勢の淵源にもなった自立性と、②おもに政治・文化・儀礼的資源を中央（京都）に求める求心性、③おもに経済・文化的資源を東アジア世界に求める求心性という、ベクトルを異にする三つの志向性が併存し、かつ相互に連関する中で生起・展開していた。そして、列島の他地域と比較した時、九州の特性を際だたせるのは、いうまでもなく③の存在である。

右に示した川添の一文は、古代から近代まで視野に入れ、九州の「風土と歴史」について述べたものである。しかしながら、当然室町九州における史的現象もまた、右のごとき志向性とその相互連関の中で理解されるべきものであろう。そうすると問題は、時期的推移と地域的偏差に目配りしつつ、①〜③の志向性の実像をいかに実証的に、かつ連関的に把握していくのか、という点になる。

もっとも九州の場合、これまでの研究は、どちらかといえば①や③の志向性を重視する傾向を持っていたように思われる。第一節でみたように、列島の政治・社会に関する議論の中で、九州の問題が長らく検討の俎上にあがってこなかったのは、そのためかもしれない。

たとえば、①や③に関連する議論に「九州の論理」論がある。「九州の論理」とは、「日本国の首都たる京都から遠く離れた九州の武士たちの独立性や自立性を求める特性」であり、森茂暁が示したものである。そして、そうした「特性」が生まれた背景には、「地理的にアジア大陸に最も近く、海外の文化といちはやく接触しやすいという地政学的な利点」があり、「そのような長い歴史を通して育まれた九州武士たちの主体性が、京都や鎌倉におかれた朝廷や幕府などの中央権力を相対化することを可能にした」とされる。[26] ①と③の志向性が相互に影響しあうことで「九州武士」に独特の「特性」が生まれたとする、興味深い指摘である。

ただ、そうはいっても、「遠国」なりに存在する②の志向性もあわせて視野に入れなければ、①や③の議論に深みは生まれず、地域の全体像を描き出していくのは難しいというのが、筆者の現状認識である。

なお、第三節で本書の構成を紹介し、所収の諸論稿へのコメントを付しているが、全体的にみれば、本書は②の志向性の検証にも目配りした仕上がりとなっている。シンポジウムにかかる議論の中で、そうした課題意識を共有できたがゆえのことと思われる。

2　九州探題論の現状と課題

「風土と歴史」を前提として提起された志向性を念頭に置いたうえで、以下では、九州の諸地域・諸勢力に関する政治史研究の現状と課題を確認する。まず押さえたいのは、室町幕府が九州支配の担い手として設置した九州探題（鎮西管領、鎮西探題等とも。以下、探題と略記）にかかる議論である。探題論は本書所収の諸論稿のすべてにかかわるので、少し丁寧にみておこう。

探題は、延元元・建武三年（一三三六）に九州へ下向してきた足利尊氏が多々良浜合戦後に再上洛するにあたり、足利一門の一色範氏を残留させたことに端を発する。範氏については川添昭二の研究があり、彼には軍事指揮権と訴訟に関する注進・施行の役割、そして恩賞宛行の権限（行賞権）が与えられたものの、経済基盤の脆弱性や各国守護との関係に問題を抱えており、その九州経営には困難がともなっていたとされる。[27]ただ、守護との関係については、小澤尚平により見直しが進められた。小澤は、探題と守護の間に協調関係をみいだしたうえで、「幕府は将軍の分身として恩賞を宛行い幕府方勢力の拡大を図りつつ、守護の軍事活動を支援する鎮西管領と、自らの守護管国内の軍勢を率いて南朝方凶徒を討伐する守護という体制下で九州統治を図った」と述べ、幕府の九州支配のあり様を総括している。[28]

探題範氏を中心とする幕府の九州支配は足利直冬の九州下向と征西府の勢力拡大により崩壊し、建徳元・応安三年（一三七〇）に探題となった今川了俊により再構築される。彼の活動については川添の研究に詳しい。それによると、探題了俊は自身を「将軍の分身」に位置づけ、将軍家への忠節を名分として国人の糾合を図った。[29]また、中島丈晴によれば、所領問題を抱えて幕府への自訴を所望する国人の実態を踏まえ、探題了俊は「吹挙システム」を通じた幕府への推挙を梃子として彼等に軍事動員・軍忠を促すことで、軍事的優位を確保しえたという。[30]

なお、探題了俊は対外通交にも関与した。[31]倭寇禁圧をきっかけに高麗と（やがて朝鮮王朝と）交渉するようになり、朝鮮半島に倭寇退治の軍勢も派遣しているのである。また、「日本国王良懐」宛に派遣された中国・明王朝の使節が博多へ到来すると、了俊は彼等を京都へ送還し、足利義満と明の交渉のきっかけをつくった。「日本国王良懐」名義を使い、明への偽使派遣主体になっていた可能性も指摘されている。[32]

もっとも探題了俊は、最終的には応永二年（一三九五）に探題職を解任される。解任理由の問題は、了俊がかかわっていた対外通交との関係もあり、長らく論争の的となってきたが、堀川康史の研究によりほぼ決着がつくこととなった。堀川によれば、大友氏の内紛への介入をきっかけに、探題了俊は大友・大内・島津諸氏と対立することとなり、九州に混乱を招いた結果、義満から解任されたのである[33]。

解任理由がはっきりしたことにより、探題了俊研究の論点は次の段階に移行しつつある。ひとつは、彼がかかわっていた対外通交の再評価である。先行研究では、対外通交の主導権確保を目論む義満が、独自にそれを展開していた探題了俊を排除すべく、彼を解任した、とする見解が長らく通説的な位置を占めてきた[34]。しかし、義満はぎりぎりまで探題了俊を支援していた、とする堀川の見解を踏まえると、両者間に右のごとき潜在的対立があったとみなす必然性はなくなる[35]。そうすると問題は、義満が探題了俊の対外通交をどうとらえ、位置づけていたのか、という点になろう。了俊の後任となった探題渋川満頼は「幕府外交権の一部を担っていた」とする黒嶋敏の指摘も踏まえつつ[36]、再評価すべき点と考えられる[37]。

もうひとつは、いま述べた探題満頼の権限論である。探題了俊の勢力拡大や独自の対外通交に解任理由をみいだしてきた先行研究の見解は、「強大になりすぎた探題権限を縮小させる必要があったとする点で一致する」[38]。ただ、堀川のいうように、大友・大内・島津諸氏との対立が解任理由なのであれば、探題の権限に制約を設ける必然性はみあたらなくなる。では、実態はどうだったのか。その確認には、探題了俊と探題満頼の比較が必要となるが、外交権に関する最新研究を除くと[39]、これに正面からとり組んだ研究はいまのところまだみられない。両者の権限の連続性・断絶性の問題は、一四世紀末から一五世紀初頭にかけての九州政治史の理解にもかかわる問題でもある。今後の検討が待たれる、重要な論点と思われる。

探題了俊の解任後、探題職を世襲した渋川氏については、川添と黒嶋により研究が進められている。歴代の渋川氏の中でも活動が顕著なのは初代満頼であり、その支配体制は「本拠を博多に置いて豊前・肥前・肥後の守護職を兼補し、息子の義俊・氏重や甥の満直ら一族に権限を分有させながら、満頼が統括するもの」と整理され[40]、とりわけ「肥前経営」は、敵対勢力であった少弐・千葉両氏と比較しても「いわれているような弱い支配ではない」という[41]。博多を押さえての朝鮮通交も活発で、また、東南アジアの華僑勢力が派遣してきた「南蛮船」の対応にも乗り出すなど、満頼は「幕府外交権の一部を担っていた」[42]。ただ、応永二六年の満頼隠居後、後継者となった渋川義俊が少弐氏に敗れて博多から没落すると、領主権力としては東肥前の局地勢力になっていく。これを川添は「衰滅過程」ととらえたが[43]、黒嶋は渋川氏歴代が探題であり続けた点を踏まえ、活動を再検討して「ただ衰滅する存在ではなく、一定の政治的役割を担ってきた」と評価を上方修正している[44]。

以上、探題に関する先行研究を整理してみた。範氏の時代から共通する課題のひとつは、どういった権力基盤を付与されていたのか、どういった権限を行使していたのか、九州の諸勢力とどのような関係を構築していたのか（構築しようとしていたのか）、という点が論点とされる一方で、幕府の地方支配の体制や方針との関係を視野に入れた議論が必ずしも尽くされていない点である。たとえば、探題了俊などは将軍家への忠節を説き、幕府への注進・推挙を梃子に国人を糾合したとされるが、幕府とどういった事柄を、どういったルート・手続きでやりとりしていたのか。また、幕府は探題にどういった役割を期待し、どういった支援を行っていたのか。その政治的立場や都鄙間交渉の実態、あるいは幕府側の事情・政局との関係性などに、いまだ検討の余地が残されている。

それと、室町時代に限っていえば、探題満頼の評価が定まっていない点も課題のひとつであろう。征西府を滅亡に追い込んだ前任者の了俊の存在感が大きいためであろうが、その実力や役割は低くみられがちであり[45]、探題了俊の解任を幕府の「遠国融和策開始の契機」とみなす指摘もある[46]。ただ、在任中の探題満頼の政治・軍事・外交的活動は、思いのほか顕著である。改めてその政治的役割と限界を整理することにより、幕府の地方支配論や室町九州の政治史はより適切に理解されると考える。

3　九州の諸地域・諸勢力に関する研究の現状と課題

次に、九州の諸地域・諸勢力に関する研究の現状と課題について、北部九州（豊前・筑前・筑後・肥前）・中部九州（豊後・肥後）・南九州（日向・薩摩・大隅）にわけて整理する。なお、ここでは室町時代（応永年間から文明年間にかけての時期）の政治史や領域支配に関係するものに限って簡単にとり上げる。また、自治体史についてはとり上げていない。

北部九州については、対外通交の拠点・博多が所在し、渋川・少弐・大内・大友諸氏の勢力争いの舞台となった筑前を中心に研究が進んでいる。応永年間から文明年間にかけての大内氏の筑前進出・支配の様相を検討した佐伯弘次の研究[47]、応永年間から永享年間にかけての少弐氏の政治的動向を整理した本多美穂の研究[48]、宗氏の朝鮮通交と政治的立場の確立過程の追う中で、北部九州における政治・軍事的動向や、宗・少弐両氏の関係性の推移も分析した荒木和憲の研究等により[49]、少弐・渋川・大内・大友諸氏の合従連衡により展開した政治史の過程がかなり詳細に把握されている。とくに近年発表された荒木の研究は、応永年間から寛正年間にかけて断続的に生じていた軍事紛争を中心に北部九州の政治史を跡づけたうえで、それに対する室町幕府・探題・守護・直属国人・一般国人のかかわりと相互関係を検証した、現時点での到達点というべきものである[50]。また、国際貿易港博多と諸勢力の関係についても研究が進んでおり、集大成というべき伊藤幸司の論集が最近刊行されたところである[51]。

肥前については、探題渋川満頼の時期までは探題が守護職を兼任していたと指摘されるものの[52]、永享年間以降には守護不在となった可能性が指摘され[53]、また、現在の行政区画が佐賀県と長崎県にわかれていることもあってか、探題満頼の肥前経営について述べた川添昭二の研究の他には[54]、一国全体を見渡すような政治史研究は管見に入らない。しかしながら、地域・国人ごとに動向をとり上げた研究が数多く蓄積されている。主要なもののみとり上げると、肥前の中心勢力と目されながらも、室町・戦国時代の研究の手薄さが指摘されてきた千葉氏については、大塚俊司により一次史料にもとづく実像が提示されている。[55] また、肥前北西部に盤踞した松浦党については、外山幹夫が「松浦平戸氏」の戦国大名化のプロセスを検討している他、[56] 対外通交の実態を検討した松尾弘毅の一連の研究成果が近年刊行された。[57] 松浦党が室町時代にも作成していた一揆契状については、村井章介をはじめとする多くの研究者が議論を深めている。[58] 南部の高来郡の有馬氏については、外山がその史的展開を通観している他、[59] 近年大塚俊司や丸島和洋が一次史料に即した政治的動向の再検証を進めている。[60] 戦国時代に肥前を席巻する龍造寺氏については、野下俊樹が政治的動向と上位権力との関係を検討している。[61]

その一方、北部九州といっても豊前・筑後については、筑前や肥前ほどの研究蓄積はみられない。豊前については、大内氏の豊前支配を検討した松岡久人の研究、[62] 応永一二年（一四〇五）に探題渋川氏と少弐氏が繰り広げた猪嶽合戦の実像を解明した有川宜博の研究など、[63] 早い時期に発表された成果が中心となっている。ただ、政治史研究の進捗は滞っており、永田忠靖や田村正孝の研究のように、近年はむしろ宇佐宮造営と大内氏の関係に注目が集まっている。[64]

筑後については、五条氏や蒲池氏、田尻氏といった国人に関する研究の他、[65] 筑後守護職をめぐる大友氏と菊池氏の対立に注目した研究が進展している。それを最初に手がけたのは中村知裕の研究であり、[66] 近年は菊池氏側に視点をすえた稲葉継陽の研究、[67] 大友氏側に視点をすえた筆者の研究が発表されている。[68]

対馬については、倭寇や朝鮮通交の問題をとり上げた諸研究が蓄積されてきたが、とりわけ重要なのは、北部九州における政治・軍事的動向の影響や少弐氏との関係を視野に入れつつ、歴代宗氏の朝鮮通交の実態を解明してきた荒木和憲の諸研究である。[69] それらは対外貿易論に留まらない政治史的分析をともなっており、他地域の研究を進めるうえでも学ぶところの多いものとなっている。

中部九州に目を移す。近年進捗が著しいのは、肥後の諸勢力に関する研究である。肥後北部に勢力を広げていた守護菊池氏、阿蘇・益城両郡に勢力を広げていた阿蘇大宮司家、球磨・葦北・八代郡に勢力を広げていた相良氏の三氏を中心に研究が進められている。

菊池氏については、南北朝時代の動向に研究が偏る状況が続き、室町時代の同氏にスポットをあてた研究として早いものは、肥後守護としての限界性を指摘する木村忠夫の研究くらいであった[70]。しかし、菊池一族の展開をまとめた阿蘇品保夫の著書が刊行されたあたりから風向きが変わり[71]、筑後・肥後両国にまたがっていた領域支配の実態を明らかにした中村知裕と稲葉継陽の研究[72]、応永年間にみられた菊池武朝の政治的動向を検証した山本隆一朗の研究[73]、港湾都市高瀬支配と朝鮮通交の問題をとりあげた青木勝士と橋本雄の研究[74]、肥後守護権の問題をとりあげた稲葉の研究など[75]、ここ三〇年で大きな進展をみせている。

阿蘇大宮司家については、とくに二〇〇〇年代以降に研究の進展がみられる。阿蘇社関係文書に含まれる帳簿史料を分析した春田直紀の研究[76]、阿蘇大宮司の政治的動向を検討した稲葉の研究[77]、阿蘇社と阿蘇大宮司家の展開過程を通観した柳田快明の著書[78]、拠点の推移を再検討した筆者の研究などである[79]。

相良氏については、永富相良家が当主権力を確立した「文安内訌」を「戦国相良氏」の出発点と捉えた服部英雄の研究がまずあげられる[80]。相良氏の政治史研究は服部が提示した論点を批判的に継承しつつ進められており、近年は「文安内訌」を再検討した新名一仁・鶴嶋俊彦・三村講介の研究[81]、内訌後の永富相良家の政治的位置と球磨郡支配を検討した柳田快明の研究[82]、葦北郡への進出過程を解明した小川弘和の研究が発表されている[83]。政治史とかかわる文化・宗教的活動については、相良為続の文芸活動に注目した鳥津亮二の研究[84]、仏師慧麟の造像活動に関する中西真美子の研究を得ている[85]。

豊後については、守護大友氏の研究が厚い蓄積を誇っている。ただし、そのウェイトは全盛期とされる戦国時代（とくに大友義鎮期以降）にかなり偏っている。そのため、室町時代にみられた事象の検討は、戦国時代の領国支配体制や当主権力の推移、家臣団の問題等を検討するための前史という位置づけに留まるケースも多い。室町時代に的を絞った専論は少なく、研究蓄積は意外に手薄である。

八木直樹が整理したように[86]、大友氏研究の基礎は、歴代当主の事績をまとめた芥川龍男の著書や[87]、戦国時代に至るまでの領国形成・展開過程を整理した外山幹夫の著書が刊行された一九八〇年代までにおおよそ固められた。とくに外山の著書は、室町時代における領国支配の様相や権力構造、国人との関係を検討する中で、その時々の政治・軍事的動向にも目配りしたものとなっている[88]。また、奉行人発給文書と田染庄支配機構の様相を素材に大友氏の権力構造と対国人関係を検討した吉永暢夫の研究や[89]、永享年間に登場し、やがて大友氏の中興というべき働きをみせた当主大友親繁の名乗りと家督相続時期について検証した橋本操六の研究は[90]、数少ない室町時代の政治史の専論であり、内容的にも重要なものである。

一九九〇年代に入ると、政所支配体制の展開過程や守護補任状況を再検討した三重野誠の研究や[91]、豊後一宮柞原八幡宮との関係の分析を通じて、大友氏が国衙機能を掌握し、「豊後国唯一の支配者としての地位を確立した」経緯を明らかにした長田弘通の研究などが発表された[92]。ただ、それ以降は、豊後国内の政治史や領国支配、国人との関係に関する研究は（室町時代に限っていえば）下火となり、論点は豊後国外の諸勢力・諸地域との関係論に移っている。たとえば、大友氏の対外通交を検討した鹿毛敏夫や橋本雄の研究[93]、幕府との関係を通観した筆者の研究[94]、隣接する大内氏との関係を通観したもうひとつの筆者の研究などである[95]。

南九州に目を移す。当地域に関する政治史研究で大きな柱となっているのは、薩摩・大隅・日向の守護職を世襲した島津氏に関する研究である。室町時代の同氏に関する研究動向については新名一仁が的確にまとめており、詳細はそちらを参照いただきたい[96]。ここでは、その整理に従い簡単に述べておく。

新名によれば、室町・戦国時代の島津氏研究の基礎は稲本紀昭と福島金治によってつくられた。稲本は官僚機構・

家臣団編成・知行制の解明を通じて中世後期の島津氏権力の推移をたどり[97]、その論点を継承した福島は、一九七〇年代から一九八〇年代にかけて領国支配機構・家臣団編成とその推移、知行制や段銭賦課等の検討をさらに深めた[98]。ただ、この段階の島津氏研究は「領国支配制度の解明に偏重」しており、その前提となり、相互に影響しあう関係にあった政治史の分析は充分ではなかった。また、室町時代の領国支配に対する評価には「戦国期の未熟な前段階とみなす傾向」があり、結果的に「室町期の独自研究を阻」むことになっていたという[99]。

そうした課題を踏まえ、「南北朝期から戦国初期における島津氏領国の政治構造分析を、複雑な政治情勢の解明とともにおこなっ」たのが、新名である。一九九九年から二〇一一年にかけて発表された論文を集成した『室町期島津氏領国の政治構造』は、島津奥州家を「室町期島津氏」ととらえ、同家による領国と「家中」形成の過程、一五世紀前半から半ばにかけて生じていた国人一揆との対立や一門の内訌、領国解体と島津相州家政権の成立までを見通した政治史研究の到達点であり[100]、右の課題はこうして克服が図られてきた。

また、新名は島津氏と幕府の関係についても研究を進めている。右の単著の終章にてその問題に触れている他、南北朝時代から室町時代にかけての対幕府関係の推移を通観した仕事も発表している[101]。加えて、新名は日向の伊東氏についても研究を進め、同氏が島津氏との軍事紛争をへて宮崎平野一帯を統一していった経緯もまとめている[102]。

以上、ここまで室町時代の九州の諸地域・諸勢力にかかる研究動向について述べてきた。改めて整理すると、史料的な制約、有力な諸勢力の有無、戦国時代あるいは近世まで生き延びた諸勢力の有無が影響してのことであろう、研究状況に小さからぬ差異が生じている様子がみてとれた。こうした差異を少しでも埋め、九州の政治史の解像度をあげていくことが当面の課題といえよう。

本項の最後に、諸地域・諸勢力の研究動向全般をみたうえで気づいた課題についても触れておく。ひとつは、室町時代の九州政治史を俯瞰するような研究成果があまりみられない点である。恐らくその背景には、南北朝時代に九州を席巻した征西府や探題今川了俊のような存在が現れなかった、という側面や、九州の中世史をテーマとする書籍の、[103]あるいは書籍シリーズの刊行が遅れてきたという側面が影響しているのであろう。

なお、後者については、二〇二〇年に高志書院から『九州の中世』シリーズ四冊が刊行されている。[104]ただし、このシリーズは、「刊行のことば」に記されるように「各地域に残る遺跡・文化財を活用して、地域に根ざした歴史像を具体的に描いてもらう」ために、諸地域の歴史と武家拠点の実像にウェイトを置いて編集されたものであり、九州における政治・経済・社会・文化・宗教のあり様を段階ごとに（時期ごとに）、俯瞰的に整理する、というような構成をとっていない。室町時代の政治史については、佐伯弘次「九州の守護大名」が探題渋川氏・少弐氏・大友氏・菊池氏・島津氏をとり上げ、「守護大名の動向について概観」しており、[105]たいへん参考になるものの、国人の動向まで組み入れ、地域権力の動静の全体像を描くものにはなっていない。その国人については筆者が執筆を担当し、鎌倉時代から戦国時代に至るまでの国人のあり様の推移を追ったのだが、[106]守護クラスの動向は必要に応じて触れるに留まっている。かかる事情により、このシリーズに、室町九州の政治史を俯瞰するような論稿が収録されることはなかった。

課題のもうひとつは、とくに戦国時代に全盛期を迎える諸勢力の研究において、室町時代における政治的動向や領国支配に関する評価が、戦国大名化への過渡期・発展段階という位置づけに留まりがちな点である。その背景には、戦国時代の地域権力を在地領主制の到達点ととらえ、前代とは異なる諸政策や権力構造のあり様に達成をみいだそうとする戦国大名論の影響があるとみられ、[107]たとえば大友氏研究や島津氏研究における領国支配体制や家臣団編成にかかる議論には、こうした傾向がところどころで看取される。

むろん、室町時代の様相を過渡期的にとらえる評価もまた、実証を重ねたうえでのものである。それはそれで的を得ている部分もあろう。ただ、そういった評価の姿勢は、第一節でみた幕府―守護体制論や室町期荘園制論、室町領主社会論といった在京領主にスポットをあてる議論が、室町時代に固有の政治・社会的なあり様を追求しているのとは対象的である。目指すところが違うといえばそれまでだが、かかるギャップを目の当たりにすると、他地域との影響関係や状況比較の検証に備えるためには、やはり九州の諸地域・諸勢力についても室町時代に固有の特質を見出さんとする視点を確保していく必要があるように思われる。当該期における列島の歴史像をより豊かに描き出していくという意味でも、室町九州論は重要だと考える次第である。

なお、南北朝時代や戦国時代に検討のウェイトを置いた研究と比較すると、室町時代に検討のウェイトを置いた研究が停滞しているように感じられるのには、右のごとき傾向に加え、そもそも当該期に関する古文書の残存数が少ない、という点の影響もあると考えられる。

九州における中世文書の残存数を調査・分析した佐伯弘次によれば[108]、状況は地域や家によって異なるものの、大別するとそのあり様は、①南北朝時代と戦国時代にピークがあり、残存数は前者が多い「二ピーク南北朝期最多型」、②右記した①と同様のピークを有するものの、残存数は戦国時代の方が多い「二ピーク戦国期最多型」、③時代が下るに連れて残存数が増える「単純増加型」、④鎌倉時代と南北朝時代の文書が突出して多く、室町時代以降に残存数が急激に減少する「鎌倉・南北朝期集中型」の四つにわけられる。ただ、どういったタイプであるにしても、「宇佐宮や対馬を除く多くの地域」に共通するのは、「室町期に文書が減少する」傾向だという。

つまり、南北朝時代や戦国時代と比べて研究が少なくみえる背景には、一部地域を除き、室町時代の文書の残存数が全体的に減少していることの影響もあるように思われる。

4　室町時代の対外通交と九州

室町九州の政治史を考えるにあたっては、各地の守護や国人、商人や倭寇がかかわっていた対外通交が重要な論点となる。また、九州が東アジア諸地域との通交拠点となり、人的・物的資源の供給地にもなっていた点を勘案すると、貿易品の受容者・消費者であったとおぼしき室町領主社会の人々が九州情勢や現地勢力の動向にまったく無関心であったとみなすことはできない。ただ、第一節で示した列島の政治・社会体制論や幕府の地方支配論には、対外通交の問題をあまり視野におさめず進められているものもみられる。そこで、ここでは政治史の議論の前提にもなる対外通交について、解明されてきた事実関係と研究動向を簡単に整理しておこう。

室町時代の対外通交のあり方が形づくられるきっかけとなったのは、朝鮮半島や中国大陸の沿岸部で海賊行為を働いていた「倭寇」の問題である。倭寇は九州で南北朝内乱が激化する一四世紀半ば以降に活発化し、食料をはじめとするさまざまな物品を略奪したり住民を拉致・連行したりした。その担い手についてはさまざまな議論があるが、対馬・壱岐・松浦地方で活動する人々が含まれていた蓋然性は高く、南九州にも関係者がいたと考えられている。こうした倭寇を禁圧すべく、高麗王朝（一三九二年以降は朝鮮王朝）や明王朝がアプローチしてきたことにより、長らく途絶してきた日本と朝鮮半島、中国大陸の王朝との国交が再開することになったのである(109)。

高麗王朝との関係は、一三六六年に恭愍王が倭寇禁圧を求める使節を室町幕府に派遣してきたことによりスタートした。高麗王朝は倭寇禁圧に影響力を有する探題今川了俊や大内義弘とも交渉を進め、彼等は被虜人を送還するとともに軍勢も派遣し、それに応えている。朝鮮王朝成立後もやりとりは続き、朝鮮王朝と幕府の交渉は義弘が仲介する形で、一三九八年から一三九九年にかけて双方の使節が往来したことによりはじまった(110)。なお、後に日朝貿易を独占していく対馬宗氏の通交が本格化するのもこの頃である。

当初の日朝関係の特徴は、倭寇を抑制するために朝鮮王朝が懐柔政策をとった結果、さまざまな勢力が回賜品を目当てに渡海し、多元的な関係が構築されていった点にある。通交制限策にともない対馬・博多勢力による偽使派遣へと移行するまでは、探題渋川氏や少弐氏、島津氏といった有力者はもとより、松浦党の志佐氏や佐志氏といった沿岸部の国人も通交者となっていた[111]。
日明関係に目を転じると、こちらも倭寇禁圧を求めて使節が来日したことをきっかけに関係がはじまっている。一三六八年に明王朝を打ち立てた洪武帝が、沿岸部の抵抗勢力と倭寇が結ぶことを警戒して海禁政策をとるとともに、倭寇禁圧を求める使節を大宰府へ派遣してきたのである。当初その交渉相手になったのは南朝方の征西府であり、「日本国王」に封じられたのは「良懐」すなわち懐良親王であった。

しかし、明王朝の使節の博多到着が懐良親王の大宰府撤退直後であったために、交渉権は探題了俊をへて幕府に移り、足利義満が返答の使節を明王朝に派遣した。ところが、「良懐」を「日本国王」に封じた洪武帝はそれを受け入れず、当面は「良懐」名義の遣明船の往来が続き、義満の日明交渉はいったん頓挫している。義満の使節が受け入れられ、彼が「日本国王」に封じられたのは洪武帝の死後、「靖難の役」で明王朝が内乱状態となっていた一四〇二年のことであった。

義満が冊封されると、日明間では毎年のように使節が往来することとなった。この点について村井章介は、「これほど親密な日中の国交は前後に例をみない」と指摘している[112]。義満の死後、遣明船の派遣は足利義持の方針転換によりいったん途絶するが、足利義教の沙汰により永享四年（一四三二）に復活、その後さまざまな紆余曲折がありつつも、天文年間まで続いていくこととなる。

かかる経緯をたどった日明関係の特徴は、日朝関係とは異なり、通交名義が「日本国王」に一元化されていた点にある。宝徳度の遣明船のように、勘合を獲得できれば九州の諸勢力も経営に参加しえたものの、それがなければ明王朝は原則として使節を受け入れなかった。

ただ、東アジアに近接するという地理的要因もあり、日明関係においても九州の諸地域・諸勢力は独特の役割を担っている。そのひとつは、遣明船に搭載する硫黄の調達である。中国大陸では火薬の材料となる硫黄の大量確保が難しく、日本産硫黄は日宋貿易以来重要な貿易品となっており（なお、日朝貿易でも硫黄は貿易品として重視されている）、その主要産地は薩摩半島の南に位置する硫黄島と豊後の伽藍岳・硫黄山であった[113]。ゆえに、幕府をはじめとする遣明船経営者は、派遣のたびに硫黄を求めて現地勢力に接近・接触することとなり、島津氏や大友氏は「幕府から一目置かれる存在」になっていたと指摘されている[114]。

もうひとつの役割は、遣明船「警固」である。海路や寄港する港湾での安全確保のために、幕府は遣明船派遣にあたり西国の守護・国人等に「警固」を命じていた。たとえば、永享四年度の遣明船の往路では少弐氏に（『満済准后日記』永享四年七月一二日条）、復路では「上松浦・下松浦肥田但馬・千葉・大内・嶋津奥州・同伊集院孫三郎・菊地（池）、以上七人」に「唐船警固」が命じられている（『同』同六年正月二三日条。なお、直後に島津・伊集院両氏への警固命令は撤回される）。「海の領主」的側面を有していた九州の諸勢力は遣明船のたびに幕府の指示を受け、奉公することになっていたわけで、「警固」要請は対象者をかえつつ天文年間まで続いた。なお、橋本雄は、かかる「負担」には「幕府や取次の守護大名とのコネクションが生まれるという点で、「室町幕府―守護体制」への求心力をもたらす仕組みのひとつだった」とみている[115]。

日朝関係や日明関係に加えて、応永年間の列島には、東南アジア華僑勢力の「南蛮船」との関係もみられた。九州とのかかわりでいえば、少なくとも応永一三年と同一六年に薩摩へ来航したことが知られている。「九州に着岸した外国船の警固権を持ち、上京を必要としない外国船には、使節の対応や探題名義の外国文書の発給」を行っていた探題渋川満頼は、南蛮船が来航すると博多回航を繰り返し指示しているが、着岸した港湾では現地勢力による貿易が進められていたとみられ[116]、どちらが主導権を握るか綱引きになっていたようである。

総括すると、沿岸部に拠点を有していた九州の諸勢力の多くは、さまざまな契機をとらえ、対外通交にかかわっていた。この点は、自身の支配領域や隣接する領主権力との関係、中央の上級権力との関係に終始していた他地域の諸勢力とは大きく異なっている。

ただ、ここまでの叙述からも明らかなように、ひと口に九州の諸勢力といっても、それぞれで対外通交へのかかわり方は異なっている。当然ながら時期的な推移もみられ、今後はそのあたりの実態、粗密の存在を詳細に把握しつつ、議論を深めていく必要がある。

三　本書所収の諸論稿の内容と位置づけ

大雑把な整理となってしまったが、第一節では、列島の政治・社会体制論と室町幕府の地方支配論、儀礼秩序論に関する現状と課題を、第二節では、九州の諸地域・諸勢力に関する政治史研究の現状と課題を確認してきた。以上を踏まえ、室町九州の政治史研究は今後どのように進められるべきか。本節では、まずこの点の展望を試みる。そして、そのうえで本書所収の諸論稿について筆者なりのコメントを付し、研究史における位置づけを提示することとしたい。

1　室町九州の政治史研究にかかる今後の展望

まず、室町九州の政治史研究の今後について展望する。これに関しては、山田徹が提示していた段階的な手続きがマッチしそうである。すなわち、検討対象とする地域の「室町時代的なあり方」を考えていくにあたっては、①そこが「中間地域」であろうと「遠国地域」であろうと、中央に「集権・求心か、分権・分裂かという二項対立的な枠組に安易に落とし込むのではなく」、「双方の要素がどのような度合いで、どのようなかたちであらわれるのかを押さえ」つつ、対象地域の実態を把握していくことが最初の段階となる。そのうえで、②そうして把握した「諸地域の実態を相互に比較しながら、より微細な地域性を論じていくこと」が次の段階となり、最終的には③列島の「全体的な時代像に関する議論も、そうした分析を踏まえて進められていくことになる」という流れである。[17]

では、ここまで述べてきた研究動向を踏まえつつ、右のごとき手続きを室町九州の政治史研究にあてはめると、どのように整理されようか。

当面の課題となっていくのは、やはり右記①の作業である。すなわち、室町時代に固有の特質をみいださんとするまなざしを持ちつつ、当該期の九州の諸地域・諸勢力のもとで発生していた政治的事象について、それが九州独自のものなのか、他地域にもみられるようなものなのか、他地域との影響関係はあるのか、それらに時期的な推移・変遷はあるのか、そういった点まで含めて検討し、実態を把握していく作業である。そして、地理的性格やこれまでの研究動向等を踏まえると、九州の場合、その検討は都鄙間関係や対外通交との関係により目配りしながら進めていく必要があるように思われる。

このように右記①の作業を進めたうえで、右記②の作業では、比較できるところから他地域との比較を進め、共通性の（場合によっては統合性の）の確認や、九州の地域性の解明に踏み込んでいく、ということになろう。

そうして右記③に至り、室町時代の列島のあり様を構造的・多元的にとらえ直し、当該期に固有の特質を解明せんととり組んでいくこととなる。

そして、こうした流れを想定した場合、本書の刊行は、おもに右記①の作業を進めるとともに、右記②の作業にも一部着手し、右記③の材料を提供する機会に位置づけられるのであろう。

2　本書所収の諸論稿について

以上のごとき研究の現状と課題を踏まえ、各分野で活躍する気鋭の研究者に総計八篇の研究成果を寄せていただき、今回『室町九州の紛争・秩序・外交』を編むに至った。論稿は、それぞれのテーマ性・内容を勘案し、第一部「列島社会における室町九州の位置」と第二部「室町九州の武家権力の動向・政治的立場・秩序観」に振り分け、収録することとした。

第一部「列島社会における室町九州の位置」には、室町九州で広域的にみられた軍事紛争の問題、室町幕府の九州支配の施策と担い手の問題、幕府と国人の関係の問題、九州の特質というべき対外通交の問題をとり上げた四篇を収録した。

山田貴司「室町九州の政治・軍事的特質—軍事紛争論と室町幕府との関係論を中心に—」（第一章）は、九州における探題・守護・有力国人の動向と相互関係に焦点をあて、列島に「室町の平和」が訪れていた南北朝時代後半から室町時代前半にかけても軍事紛争が続いていた九州情勢と、その背景となった対立構造を明らかにするとともに、それに対する幕府のかかわりに目を向け、「「遠国」分治」の実態にもアプローチする。南九州の様相や対外通交の問題には充分な目配りができなかったが、シンポジウムにおける各報告に学んだうえで、本書所収の諸論稿の前提となる政治史的推移と論点を示す総論的役割も意識しつつ、執筆されたものである。

小澤尚平「室町期における九州探題渋川氏の活動とその役割」（第二章）は、渋川満頼が任じられて以降の歴代探題、すなわち満頼・義俊・満直・教直の活動状況を検証し、幕府の九州支配において探題に期待されていた役割に迫ったもの。小澤によれば、探題満頼のもとでは先学が指摘する統治機関へ転化はみられず、「大将」としての軍事的役割や所領安堵、守護職の預置など、前代までのあり様が引き継がれていた。「反満頼派」との争乱が落ち着いた後には在地勢力の紛争回避の調整なども担い、筑前が「御料国」とされた際には、代官大内盛見との連携による政治的安定への寄与が期待された。ただ、永享の北部九州争乱にともないそうした役割は変質し、大内持世が争乱鎮圧の「大将」とされ、この間に満直が戦死したことにより、探題の軍事的役割は失われていったとする。

山田徹「室町幕府と九州国人」（第三章）は、「京都不審条々」を読み直したうえで、九州国人の幕府文書受給状況を分析し、「小番之衆」や「直属国人」に関する近年の議論を相対化しつつ、幕府と九州国人の関係を検証する。結論部分では、他地域や南北朝時代の九州の状況と比べ、室町時代の幕府と九州国人の関係は全体的に「疎」となっていた点が強調される。また、幕府と九州国人の関係には地域差が生じていたこと、いわば「粗密」があったことが明示された点は興味深い。たとえば、応永年間には、探題の影響力が強い地域で幕府文書の発給がみられる一方、「京都不審条々」で「小番之衆」が多く選出されていた豊後と南九州ではそれがほぼみえず、探題今川了俊の罷免にかかる応永二年（一三九五）の政治過程により、そうした地域差が生まれた可能性があるという。

伊藤幸司「外交からみた九州の地域権力」（第四章）は、一五世紀を中心に、九州の地域権力がかかわっていた異国との通交貿易を俯瞰的に検討することにより、当該期にみられた特質や実態に迫らんとする。探題・守護・国人がそれぞれみせていたかかわりを俯瞰して、他地域よりも異国通交に接する機会が多かった九州の特質を示すのみならず、諸勢力間のそれを比較することにより、同じ九州の地域権力といってもかかわり方にさまざまなレヴェルが存在していた実態を解明するという、これまでにない手法を用いた大きな仕事である。そして、その検討を通じて改めて浮き彫りとなったのは、朝鮮と特別な通交関係を形成・維持しつつ、遣明船経営にも参入し、琉球通交まで展開していた大内氏の存在感であった。

第二部「室町九州の武家権力の動向・政治的立場・秩序観」には、室町九州の諸地域で活動する諸勢力の動向を個別に検討したうえで、彼等が政治史的展開のプロセスで示していた政治的立場や存在感、独自に確立していた（確立されていた）秩序・秩序観、幕府や東アジア諸地域との間でみせていた往来・交流・交渉の様相等をとり上げる四篇を収録した。

松尾大輝「中世後期少弐氏の権力基盤と政治的地位の成立」（第五章）は、南北朝時代から室町時代初期にかけてみられた少弐氏の受発給文書の質的変化、すなわち「執達」「見継」「扶持」といった文言の変化に注目し、同氏と幕府・国人の関係とその推移を丁寧に分析する。同氏がしばしば「治罰」の対象とされながらも権力基盤を形成・維持し、権益維持・拡大を目指す国人層の受け皿となってきた背景を、歴代当主が名乗っていた「大宰少弐」という官途に求めている点は、九州における秩序の独自性を考えるうえでじつに興味深い指摘である。

小川弘和「肥後からみた室町九州」（第六章）は、肥後北西部・筑後南部・肥前高来郡に及ぶ影響圏を有する菊池氏と、肥後南部の安全保障を担う相良氏が連携することで、九州の北部・南部を媒介する位置にあった肥後を軸として、奥羽における秩序観との比較を交えつつ、九州全体の秩序を描き出さんととり組んだ意欲作。とくに、少弐・大友・菊池・島津諸氏を別格とする秩序観「四頭」観の定着状況を検証し、幕府の秩序観を相対化する契機を孕んだ「四頭」観が室町九州には重層的に存在していた、との指摘は、「遠国」おける秩序観の多元性を示すものとして重要である。

新名一仁「一五世紀島津奥州家の対幕府関係と伊集院氏」（第七章）は、守護公権に依存しない独自の領有観を有する《自己完結性》と、源頼朝の末裔と称して源姓を名乗った《幕府・足利将軍家への求心性》という、島津奥州家が具有するふたつの性格の内、おもに後者にスポットをあてたもの。島津氏御一家伊集院氏との関係を軸に、室町期島津氏の内紛の様相、九州探題や幕府との関係、日明・日朝通交へのかかわりを論じている。硫黄の産地と積出港を掌握し、幕府関係者と独自の結びつきを有していた伊集院氏が、室町期島津氏の分国支配のみならず、対幕府関係や日明・日朝通交にも存在感を発揮していた様子が鮮明に描き出されている。

野下俊樹「室町期西国社会における大内氏の権力形成と室町幕府」（第八章）は、シンポジウム「九州の「室町時代」」の関連報告として第二五回七隈史学会で報告いただいた内容をブラッシュアップし、寄稿いただいたもの。室町九州の政治史の一翼を担った大内氏が、九州を含む西国社会で広く影響力を発揮するに至ったプロセスを、幕府との関係に重点を置きつつ検証する。盛見・持世・教弘期を対象とするその成果によれば、九州の地域権力（探題・守護・

国人）に対する大内氏の影響力の行使には幕府との関係が大きく作用しており、逆に教弘が足利義政の「勘気」を蒙っていた時期には、九州の地域権力との関係は陰りをみせるという。本来は域外勢力であったはずの大内氏が、なぜ九州で影響力を拡大しえたのか。その背景が明らかにされている。

以上、収録した諸論稿の内容について述べてきた。偏った筆者の視点に即した整理だけに、それぞれの執筆意図を充分に汲みとりきれたかどうか、いささか心もとない。この点、執筆者各位にはご海容いただきたい。

おわりに

七隈史学会でのシンポジウムを起点に、さまざまな視角を有する諸論稿を集約しえた結果、編集責任の力量不足は否めないものの、本書全体としては、政治史や対外通交の展開過程、その間にみられた独特の政治・軍事的特質や秩序のあり様、九州と一括りにされながらも、地域間や諸勢力間で生じていたさまざまな差異や粗密の存在など、室町九州に関する政治・軍事・外交的諸事象の解像度を高める重要成果を凝縮した一書に仕上がった。そのように自負するところである。そして、その成果は、当該期の九州政治史、室町幕府の地方支配論や対外通交の問題の理解に資するに留まらず、南北朝時代や戦国時代といった前後の時代のそれの再検討にも寄与すると見込まれるものである。

ともあれ、本書の刊行をきっかけに、中世の九州政治史研究の再起動に、あるいはその加速に繋げたい、というのが編集責任者のこれまで念じてきたところである。そのためにも読者諸兄姉には、忌憚のないご批正を仰ぐ次第である。

註

（1）室町幕府―守護体制にかかる川岡勉の見解はさまざまな著作に示されるが、本章では、最新の見解とおぼしき川岡勉「総論　中世後期守護の歴史的位置」（同編『中世後期の守護と文書システム』思文閣出版、二〇二二年）に拠った。

（2）吉田賢司「室町幕府による都鄙の権力編成」（同著『室町幕府軍制の構造と展開』吉川弘文館、二〇一〇年。初出は二〇〇七年）、大藪海「中世後期の地域支配―幕府・守護・知行主―」（『歴史学研究』九一一号、二〇一三年）など。

（3）須田牧子「書評　川岡勉著『室町幕府と守護権力』」（『史学雑誌』一一四編一号、二〇〇五年）。

（4）前掲註（1）川岡論文四五五頁。

（5）大藪海「本書の成果と課題」（同著『室町幕府と地域権力』吉川弘文館、二〇一三年）、堀川康史「書評　大藪海著『室町幕府と地域権力』」（『史学雑誌』一二四編七号、二〇一五年）。

（6）伊藤俊一『室町期荘園制の研究』（塙書房、二〇一〇年）。

（7）山田徹ａ「室町領主社会の形成と武家勢力」（『ヒストリア』二二三号、二〇一〇年）、同ｂ「室町時代の支配体制と列島諸地域」（『日本史研究』六三一号、二〇一五年）。

（8）新名一仁「本書の目的と諸前提」（同著『室町期島津氏領国の政治構造』戎光祥出版、二〇一五年）。

（9）たとえば、平出真宣「戦国期政治権力論の展開と課題」（中世後期研究会編『室町・戦国期研究を読みなおす』思文閣出版、二〇〇七年）は、「戦国期の政治権力論について研究史の現状を述べた上で、戦国期における政治権力の段階的な差異を重視する視角を述べること」を課題とするものだが、「東北・九州地方には限定的に触れ」るのみとなっている。また、大藪海「室町期守護論の「これまで」と「これから」」（秋山哲雄・田中大喜・野口華世編『増補改訂新版　日本中世史入門　論文を書こう』勉誠出版、二〇二一年）では、「本稿では関東や九州など室町殿御分国外を視野に入れて論じることができなかった」と述べられている。

（10）前掲註（3）須田書評。

（11）前掲註（1）川岡論文四五五頁。

（12）もっとも、大内盛見が長期にわたり在京するなど、室町領主社会の準構成員となっていた大内氏の影響下にあった豊前・筑前の場合、京都における人的関係にもとづいて荘園領主が権益確保を試みている様子がみられる（たとえば、大内家臣内藤智得による「筑前国々衙職」代官請負の事例など。詳細は、佐伯弘次「大内氏の筑前国支配―義弘期から政弘期まで―」〈川添昭二編『九州中

世史研究　第一輯』文献出版、一九七八年〉を参照)。「遠国」九州といっても、大内氏の影響下にあった地域とそれ以外では状況が異なっており、時期・地域によっては室町期荘園制論や室町領主社会論に接続するケースもあるように思われる。

(13) 前掲註(7)山田徹a・b論文、同「「室町時代」の地域性」(芳澤元編『室町文化の座標軸　遣明船時代の列島と文事』勉誠出版、二〇二一年)。

(14) たとえば、対明通交を主導した足利義満は、独自の外交ルートを有し、輸出品となる硫黄の産地を支配下に置く島津氏を押さえるべく、一時的に日向を幕府「料国」に設定したり、応永年間前半の「九州南部支配そして島津氏の内訌」に「積極的に関与」したとされる(新名一仁「南北朝・室町期島津氏の対幕府関係」〈『中世後期の守護と文書システム』二〇二二年〉)。また、永享年間に大内氏と大友氏を対立軸とする大規模な紛争が起こったおり、足利義教は前者を支援するために石見・安芸・伊予・備後・出雲・伯耆・因幡等の軍勢を動員し、北部九州に派遣している(荒木和憲「室町期北部九州政治史の展開と特質」〈『日本史研究』七一二号、二〇二一年〉)。

(15) 柳田快明「室町幕府権力の北九州支配―十五世紀前半の筑前国を中心に―」(『九州史学』五九号、一九七六年)。

(16) 今谷明「一四―一五世紀の日本―南北朝と室町幕府―」(『岩波講座　日本通史　第九巻』岩波書店、一九九四年)三九～四二頁。

(17) 桜井英治『日本の歴史12　室町人の精神』(講談社、二〇〇一年)一四五～一五二頁。

(18) 吉田賢司「在京大名の都鄙間交渉」(『室町幕府軍制の構造と展開』二〇一〇年)。

(19) 堀川康史「室町幕府支配体制の形成と展開」(『歴史学研究』一〇四一号、二〇二三年)。

(20) 山田貴司「一四世紀の武家官位論」(『年報中世史研究』四四号、二〇一九年)。

(21) 木下聡『中世武家官位の研究』(吉川弘文館、二〇一一年)。

(22) 谷口雄太『中世足利氏の血統と権威』(吉川弘文館、二〇一九年)。

(23) 斎藤夏来「地方諸山禅院の無名檀越たち―備中宝福寺を事例として―」(同著『五山僧がつなぐ列島史　足利政権期の宗教と政治』名古屋大学出版会、二〇一八年。初出は二〇一五年)一八四～一八五頁。

(24) 斎藤夏来「戦国期足利政権の公帖発給と「武士」の編成」(『五山僧がつなぐ列島史　足利政権期の宗教と政治』二〇一八年、初出は二〇一〇年)一二一～一二三頁。

(25) 川添昭二・瀬野精一郎編『風土と歴史11　九州の風土と歴史』(山川出版社、一九七七年)三四七～三四八頁。

(26) 森茂暁『ミネルヴァ日本評伝選　懐良親王』(ミネルヴァ書房、二〇一九年) 三一三～三一五頁。
(27) 川添昭二「「鎮西管領」考」(小川信編『論集日本歴史5　室町政権』有精堂出版、一九七五年。初出は一九六五年)。
(28) 小澤尚平「南北朝期室町幕府の九州統治―鎮西管領一色道猷の活動を中心に―」(『日本歴史』八七九号、二〇二一年) 三一～三二頁。
(29) 川添昭二『人物叢書　今川了俊』(吉川弘文館、一九六四年)。
(30) 中島丈晴「今川了俊の軍事動員と所務沙汰訴訟」(『歴史学研究』八二九号、二〇〇七年)。
(31) 川添昭二「今川了俊の対外交渉」(『九州史学』七五号、一九八二年)。
(32) 橋本雄「室町幕府外交の成立と中世王権」(『歴史評論』五八三号、一九九八年) 二五～二六頁。
(33) 堀川康史「今川了俊の探題解任と九州情勢」(『史学雑誌』一二五編一二号、二〇一六年)。
(34) たとえば、佐藤進一『日本の歴史9　南北朝の動乱』(中央公論新社、二〇〇五年。初版は一九六五年) 四九一～四九九頁、村井章介「建武・室町政権と東アジア」(同著『アジアのなかの中世日本』校倉書房、一九八八年。初出は一九八五年) 八七～八八頁など。
(35) この点については、前掲註(33) 堀川論文二〇～二二頁でも指摘されるところである。
(36) 黒嶋敏a「九州探題考」(同著『中世の権力と列島』高志書院、二〇一二年。初出は二〇〇七年) 六〇頁。また、探題渋川満頼の担った外交権の様相については、同b「室町幕府と南蛮―〈足利の中華〉の成立―」(『青山史学』三〇号、二〇一二年) も参照。
(37) なお、この点について伊藤幸司は、「高麗・朝鮮との直接通交に受動的な対応をする義満にとって、将軍の分身として高麗・朝鮮通交に直接かかわる了俊のありようは、義満が高麗・朝鮮と直接関与しなければならないような状況を回避させていたことになる」と述べ、さっそく見直しを提起している(同「室町幕府による異国通交の特質」〈中野等編『中近世九州・西国史研究』吉川弘文館、二〇二四年〉六頁)。
(38) 前掲註(36) 黒嶋a論文六〇頁。
(39) 前掲註(37) 伊藤論文四～八頁。
(40) 前掲註(36) 黒嶋a論文六〇頁。
(41) 川添昭二「渋川満頼の博多支配及び筑前・肥前経営」(竹内理三博士古希記念会編『続荘園制と武家社会』吉川弘文館、一九七八年) 三五六頁。

(42) 前掲註(36)黒嶋a論文六〇頁。
(43) 川添昭二「九州探題の衰滅過程」(『九州文化史研究所紀要』二三号、一九七八年)。
(44) 前掲註(36)黒嶋a論文八二頁。
(45) たとえば、前掲註(41)川添論文三四五頁で川添昭二は、年未詳三月二〇日付吉弘了曇書状(「詫摩文書」『新熊本市史　史料編第二巻　古代中世』一九六号)に記された「あまりに探題御沙汰のやう心外候」という一文を探題渋川満頼に対する評価ととらえ、「探題の政治的能力に対する在地有勢者の評価は概して低かったようである。前探題今川了俊との政治力の質的差は、認めなくてはなるまい」と述べている。ただ、右の文書は、堀川康史「今川了俊の京都召還」(『古文書研究』八七号、二〇一九年)により、応永二年の探題了俊解任にかかるものと再比定されることとなった。そうであれば、探題満頼の低評価にも見直しが必要となろう。
(46) 前掲註(33)堀川論文二二頁。
(47) 前掲註(12)佐伯論文。
(48) 本多美穂「室町時代における少弐氏の動向—貞頼・満貞期—」(『九州史学』九一号、一九八八年)。
(49) 荒木和憲『中世対馬宗氏領国と朝鮮』(山川出版社、二〇〇七年)、同著『対馬宗氏の中世史』(吉川弘文館、二〇一七年)。
(50) 前掲註(14)荒木論文。
(51) 伊藤幸司『中世の博多とアジア』(勉誠出版、二〇二一年)。
(52) 服部英雄「九州探題(鎮西管領)の肥前守護職兼補について—南北朝以降—」(『遥かなる中世』二号、一九七七年)。
(53) 前掲註(36)黒嶋a論文六四〜七一頁。
(54) 前掲註(41)川添論文。
(55) 大塚俊司「戦国期における千葉氏の分裂・抗争—文明年間を中心に—」(『佐賀大学地域学歴史文化研究センター紀要』六号、二〇一二年)。
(56) 外山幹夫「松浦氏の領国支配」(同著『中世長崎の基礎的研究』思文閣出版、二〇一一年。初出は一九九八年)。
(57) 松尾弘毅『中世玄界灘地域の朝鮮通交』(九州大学出版会、二〇二三年)。
(58) 村井章介「在地領主法の誕生—肥前松浦一揆—」(同著『中世の国家と在地社会』校倉書房、二〇〇五年。初出は一九七五年)、呉座勇一「松浦一揆研究と社会集団論」(同著『日本中世の領主一揆』思文閣出版、二〇一四年。初出は二〇一〇年)など。

(59) 外山幹夫「有馬氏の領国支配」(『中世長崎の基礎的研究』二〇一一年、初出は一九九五年)。
(60) 大塚俊司「戦国初期の有馬氏―貴純を中心に―(一)」(『長崎歴史文化博物館研究紀要』一三号、二〇一九年)、同「戦国初期の有馬氏―貴純を中心に―(二)」(『同』一四号、二〇二〇年)、丸島和洋「戦国期肥前有馬氏の勢力伸長と由緒主張」(『東京都市大学共通教育部紀要』一五号、二〇二二年)。
(61) 野下俊樹「室町・戦国期肥前龍造寺氏に関する予備的考察」(『佐賀県立佐賀城本丸歴史館研究紀要』一八号、二〇二三年)。
(62) 松岡久人「大内氏の豊前国支配」(同著『大内氏の研究』清文堂出版、二〇一一年。初出は一九六四年)。
(63) 有川宜博「御領越後入道本仏の戦死―豊前猪嶽合戦について―」(『少弐氏と宗氏』七号、一九八六年)。
(64) 田村正孝「室町期における宇佐宮の祭祀・造営再興」(『年報中世史研究』三三号、二〇〇七年)、永田忠靖「中世後期における豊前一宮宇佐宮の動向―大内氏との関係を中心に―」(『国立歴史民俗博物館研究報告』一四八集、二〇〇八年)。
(65) 中村知裕「中世における公家土着の一形態―五条氏を素材として―」(『福岡大学大学院論集』三四巻二号、二〇〇二年)、大城美知信・田渕義樹『柳川の歴史2 蒲池氏と田尻氏』(柳川市、二〇〇八年)など。
(66) 中村知裕「筑後における菊池氏の権力形成と大友氏の領国支配」(『福岡大学大学院論集』三二巻一号、二〇〇〇年)。
(67) 稲葉継陽「室町・戦国期の菊池氏権力」(熊本県立美術館編『菊池川二千年の歴史 菊池一族の戦いと信仰』菊池川二千年の歴史展実行委員会、二〇一九年)。
(68) 山田貴司「筑後における大友氏分国支配の展開過程―菊池氏との関係を中心に―」中西義昌編『戦国大名領国に関する文献史学・考古学・城郭史の総合的研究 豊後大友氏の検討から』(二〇二一～二〇二三年度科学研究費補助金(基盤研究(C))研究成果報告書、二〇二五年刊行予定)。
(69) 前掲註(49)荒木著書。
(70) 木村忠夫「大友氏の肥後支配」(八木直樹編『シリーズ・中世西国武士の研究2 豊後大友氏』戎光祥出版、二〇一四年。初出は一九七三年)。
(71) 阿蘇品保夫『菊池一族』(新人物往来社、一九九〇年)。
(72) 前掲註(66)中村論文、前掲註(67)稲葉論文。
(73) 山本隆一朗「応永年間の九州情勢と菊池武朝」(『菊池一族解體新章』巻ノ二、二〇二一年)。

(74) 青木勝士「肥後国菊池氏の対朝交易―『李朝実録』『海東諸国記』記事の分析から―」(『戦国史研究』二六号、一九九三年)、同「中世後期の肥後国菊池氏による港湾都市「高瀬」統治」(熊本歴史学研究会編・発行『菊池川がはぐくんだ歴史と文化』二〇一八年)、橋本雄「肥後地域の国際交流と偽使問題」(同著『中世日本の国際関係　東アジア通交圏と偽使問題』吉川弘文館、二〇〇五年。初出は二〇〇二年)。

(75) 稲葉継陽「室町期守護菊池氏の権力とその拠点」(『熊本史学』一〇三号、二〇二三年)。

(76) 春田直紀「中世阿蘇社と帳簿史料」(熊本県立美術館・熊本大学編・発行『阿蘇家文書修復完成記念　阿蘇の文化遺産』二〇〇六年)。

(77) 稲葉継陽「室町・戦国・近世の阿蘇文書」(『阿蘇家文書修復完成記念　阿蘇の文化遺産』二〇〇六年)。

(78) 柳田快明『中世の阿蘇社と阿蘇氏　謎多き大宮司一族』(戎光祥出版、二〇一九年)。

(79) 山田貴司「中世後期における阿蘇大宮司家の動向とその拠点」(『熊本史学』一〇三号、二〇二三年)。

(80) 服部英雄「戦国相良氏の誕生」(『日本歴史』三八八号、一九八〇年)。

(81) 新名一仁「永享・文安の薩摩国「国一揆」―薩摩国山北国人の反島津闘争―」(『室町期島津氏領国の政治構造』二〇一五年、初出は一九九九年)、鶴嶋俊彦「文安五年相良家政変の実像」(服部英雄・貴田潔編『歴史を歩く　時代を歩く　とことん服部英雄　服部英雄教授退職記念誌』九州大学大学院比較社会文化研究院服部英雄研究室、二〇一五年)、三村講介「「犬童重国軍忠状案」の近世期写にみる四州境界地域の政治構造」(稲葉継陽・小川弘和編『中世相良氏の展開と地域社会』戎光祥出版、二〇二〇年。初出は二〇一六年)。

(82) 柳田快明「「文安五年の政変」前後の相良氏支配と球磨郡地域社会―上球磨地方を中心に―」(『中世相良氏の展開と地域社会』二〇二〇年)。

(83) 小川弘和「人吉相良氏と葦北郡」(『日本歴史』八五九号、二〇一九年)。

(84) 鳥津亮二「相良為続と連歌」(『中世相良氏の展開と地域社会』二〇二〇年、初出は二〇一五年)。

(85) 中西真美子「仏師僧慧麟の造像活動と相良長續」(『中世相良氏の展開と地域社会』二〇二〇年)。

(86) 八木直樹「総論　豊後大友氏の研究成果」(『シリーズ・中世西国武士の研究2　豊後大友氏』二〇一四年)。

(87) 芥川龍男『戦国史叢書9　豊後大友氏』(新人物往来社、一九七二年)。

(88) 外山幹夫『大名領国形成過程の研究　豊後大友氏の場合』(雄山閣、一九八三年)。

(89) 吉永暢夫「守護大名大友氏の権力構造―十五世紀前半の対国人関係―」(川添昭二編『九州中世史研究 第三輯』文献出版、一九八二年)。

(90) 橋本操六「大友親繁改名と家督相続」(渡辺澄夫先生古希記念事業会編・発行『九州中世社会の研究』一九八一年)。

(91) 三重野誠「政所支配体制より見る領国支配形態」(同著『大名領国支配の構造』校倉書房、二〇〇三年。初出は一九九〇年)、同「大友氏宛の守護補任文書」(『同』二〇〇三年、初出は一九九三年)。

(92) 長田弘通「中世後期における守護大友氏と由原宮」(『シリーズ・中世西国武士の研究2 豊後大友氏』二〇一四年、初出は一九九六年)。

(93) 鹿毛敏夫「一五・一六世紀大友氏の対外交渉」(同著『戦国大名の外交と都市・流通』思文閣出版、二〇〇六年。初出は二〇〇三年)、橋本雄「大友氏の日明・日朝交流」(鹿毛敏夫・坪根伸也編『戦国大名大友氏の館と権力』吉川弘文館、二〇一八年)。

(94) 山田貴司「西国の地域権力と室町幕府―大友氏の対幕府政策(関係)史試論―」(川岡勉編『中世の西国と東国 権力から探る地域的特性』戎光祥出版、二〇一四年)、同「大友氏の在京代官・在京雑掌―対幕府政策(関係)の担い手の検出―」(『戦国大名大友氏の館と権力』二〇一八年)。

(95) 山田貴司「大友氏からみた大内氏」(大内氏歴史文化研究会編『大内氏の世界をさぐる 室町戦国日本の覇者』勉誠出版、二〇一九年)。

(96) 新名一仁「総論 中世後期島津氏の研究状況」(同編『シリーズ・中世西国武士の研究1 薩摩島津氏』戎光祥出版、二〇一四年)、前掲註(8)同論文。

(97) 稲本紀昭「中世後期島津氏の権力構造」(『シリーズ・中世西国武士の研究1 薩摩島津氏』二〇一四年、初出は一九六八年)。

(98) 福島金治『戦国大名島津氏の領国形成』(吉川弘文館、一九八八年)。

(99) 前掲註(8)新名論文二三頁。

(100) 新名一仁『室町期島津氏領国の政治構造』(戎光祥出版、二〇一五年)。

(101) 前掲註(14)新名論文。なお、島津氏と室町幕府の関係については、応永年間にみられはじめる島津忠久「源頼朝落胤説」と、島津忠国の「源姓」使用の評価をめぐり、新名一仁と水野哲雄、谷口雄太の間で議論となっている(水野哲雄「島津氏の自己認識と氏姓」〈九州史学研究会編『九州史学』創刊五〇周年記念論集 上 境界のアイデンティティ』岩田書院、二〇〇八年〉、谷口雄太「中世後期島津氏の源頼朝末裔主張について」（『中世足利氏の血統と権威』二〇一九年、初出は二〇一六年））。
(102) 新名一仁『日向国山東河南の攻防　室町時代の伊東氏と島津氏』（鉱脈社、二〇一四年）。
(103) 九州の中世史をテーマとした書籍に、外山幹夫『中世の九州』（教育社、一九七八年）がある。これは古代から戦国時代まで通観した貴重な一書であるが、室町時代の政治史にさかれたページ数は全体の約一割に留まっている。なお、戦国時代の九州については、福島金治『地域から見た戦国一五〇年　九州・琉球の戦国史』（ミネルヴァ書房、二〇二三年）が昨年刊行された。室町時代に関する叙述も含まれており、参考になるものである。
(104) 大庭康時・佐伯弘次・坪根伸也編『九州の中世Ⅰ～Ⅳ』（高志書院、いずれも二〇二〇年）。
(105) 佐伯弘次「九州の守護大名」（『九州の中世Ⅱ　武士の拠点　鎌倉・室町時代』二〇二〇年）。
(106) 山田貴司「九州の国人領主」（『九州の中世Ⅱ　武士の拠点　鎌倉・室町時代』二〇二〇年）。
(107) たとえば、永原慶二『戦国期の政治経済構造』（岩波書店、一九九七年）など。また、室町・戦国時代の地域権力に関する研究史とその課題を整理したものとして、水林純「室町期の守護・国人から戦国期の領域権力へ」（戦国史研究会編『戦国時代の大名と国衆　支配・従属・自立のメカニズム』戎光祥出版、二〇一八年）も参照。水林が指摘するように、政治・経済的に高い自立性を有し、国人領主と小領主の結集を図り、土地・人民・社会的分業の諸関係を広域的・統一的に把握した戦国大名の領域支配体制を、在地領主制のもっとも発展した段階ととらえる「大名領国制」が永原によって提起されて以降、戦国大名研究は、その固有の歴史的特質と達成の解明に多くの成果を積み上げてきた。しかし、その一方で、「室町期研究と戦国期研究の分業化が進行」することとなり、「学界レベルの断絶状況を一面で生み出し」てしまった。そして、その架橋は、いまだ充分になされていない状況にある。
(108) 佐伯弘次「室町時代の九州の文書」（『史淵』一五八号、二〇二一年）。
(109) 以下、倭寇の活動とその影響については、村井章介「倭寇と「日本国王」」通史」（同・荒野泰典・石井正敏編『日本の対外関係4　倭寇と「日本国王」』吉川弘文館、二〇一〇年）、関周一「「中華」の再建と南北朝内乱」（『同』同年）、同「中世東アジア海域と日朝関係」（同編『日朝関係史』吉川弘文館、二〇一七年）等を参照。
(110) 須田牧子「大内氏の対朝関係の変遷」（同著『中世日朝関係と大内氏』東京大学出版会、二〇一一年）。
(111) 川添昭二「九州探題渋川満頼・義俊と日朝交渉」（同著『対外関係の史的展開』文献出版、一九九六年。初出は一九七七年）、伊東亜希子「少弐氏と朝鮮通交―一五世紀前半の動向を中心に―」（『日本歴史』八七四号、二〇二一年）、前掲註（14）新名論文、前掲註（57）松尾著書など。

（112）前掲註（109）村井論文一九頁。

（113）日本産硫黄の輸出については、山内晋次「日本列島の硫黄とアジアにおける「硫黄の道」」（鹿毛敏夫編『硫黄と銀の室町・戦国』思文閣出版、二〇二一年）。

（114）橋本雄「対明・対朝鮮貿易と室町幕府―守護体制」（『日本の対外関係4　倭寇と「日本国王」』二〇一〇年）一一八頁。

（115）前掲註（114）橋本論文一一七頁。

（116）前掲註（36）黒嶋b論文。

（117）前掲註（13）山田徹論文。

【付記】

本稿は、JSPS科研費（21K00884・24K00109・24K00113）および福岡大学の研究助成（課題番号GR2404）による研究成果の一部である。

第一部　列島社会における室町九州の位置

第一章　室町九州の政治・軍事的特質
――軍事紛争論と室町幕府との関係論を中心に

山田貴司

はじめに

本章は、南北朝時代後半（とくに今川了俊の九州探題〈鎮西管領、鎮西探題等とも。以下、探題と略記〉就任後の時期）から室町時代前半にかけて、おもに北部九州でみられた軍事紛争の実態・推移と、それに対する室町幕府のかかわりを論点に、室町九州の政治・軍事的特質を示さんとするものである。

本書冒頭の「総論」でも触れたように、室町時代の政治史研究はここ二、三〇年ほどで大きな進展をみせている。その成果と課題を改めて整理すると、政治・社会体制論としてまず注目されるのは、列島に広がる武家社会の権力構造を「幕府の全国支配を守護が支え、守護の分国支配を幕府が保証するという相互に補完し合う関係」ととらえた川岡勉の室町幕府―守護体制論であろう。[1] この学説に対しては、守護以外にも幕府と接続する「幕府直属国人」「知行主」が存在し、彼等が地域秩序の形成・維持に果たした役割も大きいこと、[2] 体制がフォローする地域が限られていること、[3] 時期的偏差の問題が充分に織り込まれていないことなどの批判が寄せられている。ただ、幕府―守護体制論が政治体制にかかる議論を牽引してきた点は間違いなく、いまなお重要な学説だと筆者は考えている。

また、この間には荘園制についても重要な議論が提示されている。伊藤俊一の室町期荘園制論である。[4] いわく、南北朝内乱により解体されるとみられてきた「土地所有秩序」は、幕府―守護体制論でも重視される守護在京と、幕府の寺社本所領保護政策により、じつは維持されていた。そしてその結果、「沙汰人層の台頭と「職」の一円化に対応した新たな段階の荘園制」として、武家領も組み込む形で再編されたという。

これらの議論により、京都へのヒト・モノの集中に注目が集まるようになると、次に、在京する人々の相互関係を基盤とする政治・社会体制論が提起された。山田徹の室町領主社会論である。[5] 山田徹は「在京直臣、公家、権門寺社の人々を主要構成員とし」て「政権都市に所在した支配者集団の社会の室町期的な姿」を「室町領主社会」ととらえ、「都鄙間での人的連携を基礎」とする「荘園制に依拠した在京領主たちによる集団支配体制」が再構築された、と述べている。

このように、室町時代の政治・社会体制に関する近年の議論は、それぞれ注目する事象が異なっているとしても、政治・社会・経済的な関係の機会・場としての「京都」、そこに逗留する「在京」を重要な指標としている点に特徴がある。そして、それにより、重要な研究成果が生み出されてきたのも事実である。ただ、一方でこれらの学説は、京都から遠く、守護や国人が上洛することはあっても長期在京はしない「遠国」九州を（「遠国」九州の人々を）射程に入れるものとはなっていない。それでは、同時期の九州の政治・社会の様相は、どうとらえられるのか。九州を含んだ形で列島の政治・社会体制をどう描き出していくのか（はたまた、そもそも描き出せるのか）。これらの点が、課題として残されている。

次に、政治・社会体制論と関連しつつ進められてきた幕府の地方支配論に目を向ける。これについては、佐藤進一が建武政権と幕府の地方支配を比較する中で、幕府は当初から「奥州管領・鎌倉公方（鎌倉府）・九州探題などを置いて、辺境分治の策を立てた」と指摘して以来、[6]「辺境（辺疆）分治」「遠国融和（宥和）」を原則とする、と考えられてきた。[7] 近年の研究では、そうした点について「幕府が直接支配を及ぼす畿内近国と、地域の自浄作用に多くを委ね、幕府自身は緩やかな支配に甘んじる遠国、という同心円構造のもとで、幕府の全国支配は展開され」、幕閣が「守護職を保有していない外円（遠国）の諸国にたいしては取次というシステムを介して、求心性を確保していた」と、より構造的にとらえた桜井英治の仕事が、大枠を示したものとして重要な意味を持っている。[8]

ただ、こうした研究の多くは、醍醐寺三宝院の満済が記した『満済准后日記』永享四年（一四三二）三月一六日条にみえる「遠国事ヨハ、少々事雖不如上意候、ヨキ程ニテ被閣之事ハ、非当御代計候、等持寺殿以来、代々此御計ニテ候ケル由伝承様候」という幕閣畠山満家の見解に拠りつつ提示されたものであり、各地で軍事紛争が発生するたびに議論・採用された方針・施策や、その時期的推移の検証をへたものではない。「東国と九州へは派兵せず不干渉主義を貫くのが宿老間の基本方針」であったという「辺境分治」「遠国融和」「遠国宥和策・放任策」の実態に加え、「地域の自浄作用」「緩やかな支配」のそれもまた不明瞭である。対象時期がいつからいつまでなのかも、いまひとつはっきりしていない。[9]

なお、右の課題を受け止め、南北朝時代から嘉吉の乱後までの幕府の地方支配を通観せんと試みた近年の成果に、市川裕士の仕事がある。[10] その成果によれば、南北朝内乱期には「戦時」体制として守護権限を拡大する「分権化」政策がとられたが、内乱が収束に向かうと守護の自立化が抑止され、「平時」体制への移行が進められるとともに、室町殿の絶対性・優位性の確立が図られ、「上意」を中心とする地方支配へと転換していった。応永・永享年間になると、室町殿は「天下無為」を基本理念に据え、「上意」を中心に各地の紛争調停にあたり、「無為」の実現が「幕府の地方支配の本質」となった。現地で「無為」実現を担ったのは守護・守護代・国人といった多様な勢力であり、「地方支配の担い手や権力編成のあり方は、政治情勢や地域性によって様々に変化」したという。

市川の研究の特徴は、中央・地方の情勢の双方を踏まえつつ、幕府の地方支配を段階的に整理した点にある。研究フィールドとする中・四国のみならず、鎌倉府や九州も視野に入れて示された支配の方針と担い手のあり様は説得的である。ただ、論点が担い手の役割や多様性の提示に偏り、地方支配の施策・手法という視点がやや弱い点と、九州に限っていえば、本章で明らかにするような、応永・永享年間に入っても軍事紛争が続き、「平時」体制への移行が停滞していたという独特の政治・軍事的特質を踏まえきれていない点に検討の余地が残されている。

九州をフィールドとした政治史研究に目を転じると、近年は、諸勢力・諸地域を単位として政治・軍事的動向を把握する作業に留まらず、そうして確認された諸事象を相互に関連づけ、より広域的な歴史像を描き出さんととり組む研究が増えつつある。

たとえば、堀川康史「今川了俊の探題解任と九州情勢」は、今川了俊の探題解任の背景を掘り下げ、征西府の消滅後に探題了俊と大友氏が対立し、九州情勢に混乱が生じていった経緯を明らかにした[11]。また、荒木和憲「室町期北部九州政治史の展開と特質」は、探題渋川・少弐・大内・大友諸氏により繰り広げられた北部九州の政治史の展開過程と、それへの幕府のかかわりを描き出している[12]。南九州では、「南北朝・室町期島津氏の対幕府関係」をはじめとする新名一仁の一連の仕事が、島津分国における政治史の展開過程と幕府のかかわりを追跡している[13]。

以上、政治・社会体制論と幕府の地方支配論、九州の政治史論にかかる成果と課題を整理してみたが、それらを踏まえると、室町九州の政治史の課題は、幕府や京都との関係を意識しつつ、諸勢力・諸地域を対象とする研究を積み重ねたうえで、これらの成果を相互に関連づけ、室町九州の政治・軍事的特質をあぶりだし、それが列島の政治・社会体制に関する議論や幕府の地方支配に関する議論とどのように接続するのか、しないのか、という点を探っていくこととなろう。そのことが、ここまで述べてきた研究課題を克服するためにも、「地域にとっての「室町時代」がまったく異なるもの」であったことを検証するためにも[14]、また、逆に列島社会の統合性を考える材料を提示していくためにも、必要な作業だと筆者は考えている。

ちなみに、昨年発表された堀川康史「室町幕府支配体制の形成と展開」は、こうした問題意識に関連する注目すべき成果である[15]。その画期的なところは、①これまで検討が不充分であった「遠国」と幕府の関係形成過程を整理したうえで、②「遠国情勢」が幕府に及ぼした影響を議論にとり入れた点にある。とりわけ、応永年間末から永享年間にかけて「九州全体を巻き込む戦乱が再燃」したことも含む「遠国情勢」の悪化が、軍勢催促対象の再拡大、(紛争地の)近隣領主に紛争当事者への合力を命じる軍勢催促状の登場に繋がり、幕府の軍事体制が「地域的合力体制」へと展開していく呼び水となった、とする②の結論は重要である。政治・社会体制論的には京都との関係が希薄とみなされ、幕府の地方支配論においては実態が掘り下げられてこなかった「遠国」のあり様が、時期や事柄によっては幕府の軍事体制という大きな問題に影響を与えていた、と示されたからである。この指摘によって、「遠国」の問題を埒外に置くより、とり入れたうえで議論を進めることの有効性と重要性が明らかとなった。

かかる研究の現状と課題を踏まえ、本章では、南北朝時代後半から室町時代前半にかけて生じていた軍事紛争と、それに対する幕府のかかわりを論点に、列島の政治・社会体制に関する議論や幕府の地方支配に関する議論との関係を意識しつつ、九州の政治・軍事的特質を示していく。

具体的には、おもに北部九州の諸勢力(本章では、今川・渋川氏といった探題クラス、大内・大友・少弐・菊池氏といった守護クラス、田原氏・阿蘇大宮司家といった有力国人領主クラスの武家で、軍事紛争の当事者ないし有力な関係者となった人々を、便宜的に「諸勢力」と総称する)を核として応永年間から永享年間にかけて発生した軍事紛争と、その対立構造の様相、それに対する幕府の対応を検討する。軍事紛争に注目するのは、ここ二、三〇年の政治史研究の進展により、南北朝時代後半から室町時代前半にかけて列島には「室町の平和」とも「応永の平和」とも称される「平和」が訪れており[16]、それを背景に室町期荘園制や室町領主社会は形成された、とみなされるようになる一方で、九州では応永年間に入っても軍事紛争が続いており、それが他に異なる九州の政治・社会の様相を生み出す要因になっていたと考えられるためである。なお、これに関して堀川康史は、「今川了俊の活躍により南北朝内乱が終結したものの」、九州は「間もなく新たな対立構図のもと再び慢性的戦乱状況に陥」り、「荘園制の再建は停滞し、領主の在京も進展」せず、「室町幕府の九州支配・統制」も「十分に回復され」なかったと指摘する。[17] 踏まえるべき見解である。

もっとも、右に示した堀川の仕事は、九州でみられた「新たな対立構図」や「慢性的戦乱状況」そのものを掘り下げ、示さんとしたものではない。それらを詳細に検討・整理したのは先述した荒木論文であり、筑前を中心とするエリアに関しては実態がかなり解明された。ただ、南北朝時代との連続性をより強く意識したり、検討する範囲をいま少し拡大することにより、軍事紛争の様相とその対立構造の実態をさらに深く、より広くとらえることができると筆者はみている。屋上に屋を架すばかりとなってしまう恐れは否めないが、筆者なりに改めて検討したい。

また、幕府のかかわりをもうひとつの論点とするのは、「辺境分治」「遠国融和」「遠国宥和策・放任策」「地域の自浄作用」「緩やかな支配」などと評されてきた幕府の地方支配論における九州の位置づけに、あいまいさを感じるためである。むろん、「近国」とは異なる状況にあった点は充分に理解されるわけだが、どういった方針・施策により「辺境分治」「緩やかな支配」は行われたのか。それはどのように推移したのか。「地域の自浄作用」を期待されたという九州の諸勢力は、それをどのように受け止めていたのか。繰り返しになるが、先行研究はこれらの疑問を検討していない。かかる課題を踏まえ、本章では、幕府が打ち出していた具体的な施策に注目したり、幕府とのかかわりを諸勢力側の視点で検討したりすることにより、幕府の九州支配の実態にもなるべく迫ってみよう。

以下、本文および註に頻出する史料の出典表記にあたっては、次のような略記を用いた。また、文中に登場する地名については〔関連地図〕も用意している。適宜確認いただきたい。

『大日本古文書　家わけ第▼　●●家文書』…『大日古▼』／『大日本史料』…『大日史』／『南北朝遺文九州編』…『南遺』／『大分県史料』…『大分+巻数』／『熊本県史料中世篇』…『熊本+巻数』／『増補訂正編年大友史料』…『大友+巻数』／『満済准后日記』…『満』／『看聞日記』…『看』

一　応永年間にかけてみられた軍事紛争とその対立構造

本節では、室町時代の政治・社会体制の議論において主たる検討対象時期となってきた応永・永享年間の内、まずは前者の時期に焦点をあて、おもに北部九州でみられた軍事紛争と対立構造を検討する。

なお、検討にあたっては、そうした事象がどういう契機で起こったのかを把握するために、南北朝時代後半以降にみられた状況との連続性の有無に留意する。南朝方が最後まで残存したうえ、その消滅後も戦乱が続いたとされる九州の場合、前代との連続性・断絶性を確認することが、政治史理解のポイントになると考えるからである。

1　「室町の平和」と九州

九州における軍事紛争を検討する前に、まずは列島各地の状況を確認しよう。

「はじめに」でも述べたように、ここ二、三〇年の政治史研究は、南北朝時代後半から室町時代にかけて軍事紛争が収束していった結果、「室町の平和」とも「応永の平和」とも称される静謐な状態が列島にもたらされ、守護等の「在京」、そして室町期荘園制や室町領主社会の形成に繋がったとみている。もっとも、そもそもどういった状態をもって「平和」とみなすのか、その点にも議論が必要なのだが、さしあたり「各地の広域的な秩序の形成・維持を担う室町幕府や鎌倉府、そして探題が直接的な当事者となり、それらの拠点都市（京都や鎌倉、博多等）が戦場になるような軍事紛争が起こっていない状態」だとするならば、「室町の平和」はいつ、どこで生じていたのであろうか。

（1）「室町の平和」の実像

一般的な時代区分では、吉野の南朝と京都の北朝が並立していた時期、具体的には建武三・延元元年（一三三六）から元中九・明徳三年（一三九二）までを南北朝時代と呼称する。ただ、実際には、列島各地でこの間にずっと軍事紛争が続いていたわけではない。以下、山田邦明の仕事に学びつつ、その点を確認しよう。

まず注目したいのは、京都の人々の認識である。元中九・明徳三年に完成した京都相国寺では同年八月二八日に慶讃供養が行われたが、その様子を書きとめた東坊城秀長の記録には、「当御代、延文以来三十余年、櫜弓矢而風塵不起、買牛犢而田業克修、遠方近国之民撃壌歌、堅甲利兵之士高枕楽（足利義満様の御代、延文年間以来三〇年あまり、弓矢は袋に入ったままで戦乱は起こらず、〈人々は〉牛・子牛を買って農業にいそしみ、遠方の民も近国の民も「撃壌歌」〈中国・尭の時代に太平を喜んで歌ったもの〉を歌い、武装した兵士は枕を高くして寝ている）」という「一古老」の言葉が収録されており、注目される[18]（『相国寺供養記』〈史料纂集『迎陽記　第二』所収〉）。義満が家督を継いだのは延文年間ではなく正平二二・貞治六年（一三六七）一二月であり、この間には康暦の政変や土岐康行の乱、明徳の乱が起こるなど、「延文以来三十余年、櫜弓矢而風塵不起」という評価は必ずしも厳密ではないのだが、祖父尊氏や父義詮の時代と比較すれば、たしかに京都周辺での戦乱は減少している。すなわち、そういった点を踏まえ、義満の治世前半期、具体的には一三七〇年代から八〇年代にかけて「平和」が訪れていた、と当時の京都ではみなされていた。

また、同じく山田邦明は、義満の家督相続とほぼ同じ時期に、関東にも「平和」が訪れていた、と指摘する。いわく、正平二二・貞治六年に鎌倉公方足利基氏が死去し、子息金王丸への代替わりが生じたおり、関東では武蔵平一揆と下野の宇都宮氏、新田義宗の反乱が勃発するが、関東管領上杉憲顕によりまもなく鎮圧され、以後「南朝方の抵抗はなりをひそめ」、同地における南北朝内乱は「実質的に終息」した。そして、「小山や小田の反乱など、地域の内乱はそれなりにあった」ものの、応永二三年（一四一六）に上杉禅秀の乱が起こるまで「鎌倉ではさしたる政変も起こらず」、五〇年ほど「平和」が続いた、というのである[19]。このように、南朝方の活動が停滞し、北朝方の優勢が決定的となった地域では、南北朝時代後半に早くも「平和」がもたらされていた。

改めて京都に目を転じると、応永六年に周防・長門・豊前・石見・和泉・紀伊の守護を兼ねる大内義弘が応永の乱を起こし、鎮圧された後、京都とその周辺には戦乱が絶えた時期が到来した、とみられている。「応永の平和」である。では、これはいつまで続いたのか。この点について山田邦明は、同三一年一〇月に「若党」とトラブルになった石清水八幡宮の神人が上洛して嗷訴し、幕府勢と衝突して二七人の死者が出たおりに、満済が「明徳内野合戦以来、於京中多人被打殺事無之歟」と記している点に注目し（『満』同年一〇月一四日条）、明徳の乱以来「三十年以上もの間、京都は平和を保っていた」と指摘する。[20] この間にはさまざまな権力闘争や失脚劇が生じていたものの、たしかに軍事紛争により多数の死傷者が出るような事態はみられなかった。そうすると、少なくとも一四〇〇年頃から一四二〇年代にかけて、京都にはふたたび「平和」がもたらされていた、とみても間違いなさそうである。

（2）「室町の平和」は九州に訪れたのか

それでは、右記したような「室町の平和」は九州にも訪れたのか。以下、先行研究に学びつつ実態を整理するが、結論を先にいえば、答えは否である。京都や関東に「平和」が訪れたという一三六〇年代から一三七〇年代初頭にかけての時期、九州では周知のように南朝方の征西府が勢力を拡大しており、「将軍の分身」として北朝方を統率するはずの探題は影響力を発揮しえておらず（渋川義行に至っては上陸すらできず）、劣勢に追い込まれていた。かかる状況について、三条公忠は「当時本朝之為体、鎮西九国悉非管領」との認識を示している（『後愚昧記』貞治六年五月二三日条）。ある意味「征西府の平和」というべき状態が生まれていた可能性はあるが、[21] ともあれ、この間の九州は室町幕府の影響力がおよび難い地域となっていた。

もっとも、列島で唯一南朝方が優勢であった九州でも、建徳二・応安四年（一三七一）の探題今川了俊の下向により風向きはかわった。探題了俊は翌年八月に大宰府を陥れ、文中三・応安七年（一三七四）九月には筑後高良山に留まっていた征西府を肥後へ駆逐。天授元・永和元年（一三七五）の少弐冬資殺害事件「水島の変」をきっかけに島津氏の離反を招き、新たな対立を生み出す場面はあったものの、約二〇年かけて征西府を屈服させるのである[22]。ただ、当然この間も戦乱は続いており、南朝勢の首領たる懐良親王は、その状況を「九州之治乱非一度、万民之艱苦無休時」と評している[23]。

こうして長きに渡った九州の南北朝内乱は終結するが、他地域と異なり、当地では南朝方の消滅が「平和」の創出に直結しなかった。後述するように、探題了俊と豊後・筑後守護大友親世の対立をきっかけに九州ではふたたび火の手があがり、応永二年（一三九五）時点で「六ヶ国之事、無尽之錯乱」という状態に陥ったのである[24]。そして、かかる混乱を招いた結果、探題了俊は足利義満に召喚され、最終的に探題を解任されてしまった[25]。

では、了俊が探題を解任され、新探題として渋川満頼が下向すると、九州の戦乱は収まったのであろうか。これについても、答えは否である。次に掲載した〔表1〕は、探題の交代後に北部九州でみられた軍事紛争をまとめたものである。ここに示されるように、探題がかわっても戦乱は続いており、それは対立構造を変化させつつ永享年間まで続いた。また、新名一仁によると、島津氏と国人領主の対立や島津一族の内紛など、応永年間には南九州でも軍事紛争が頻発していた[26]。つまり、南北両朝の合一後も九州には「平和」は訪れなかったのであり、ここに他地域と異なる政治・軍事的特質が見出されよう。

2　軍事紛争が続いた理由

南朝方が消滅したにもかかわらず、九州で軍事紛争が続いたのはなぜか。この点について荒木和憲は、「九州探題対筑前守護」という南北朝時代以来の対立軸の存在を示唆する[27]。筑前を中心にみていけば、その指摘はたしかに

表1　探題の交代後、応永・永享年間に北部九州でみられた軍事紛争

年次	内　容	典拠
応永3年(1396)	4月以降、探題渋川満頼が九州に下着。 少弐貞頼と菊池武朝、探題満頼と「同心無為のさた」を調整するも、まとまらず。	佐田文書 阿蘇文書写7
応永4年(1397)	9月、「探題御裁許」に応じない菊池武朝と大友親世が合戦。 10月以前、探題満頼、肥後高瀬に着陣。 12月以前、少弐貞頼が「遠賀豊前」へ軍勢を展開。 この間に大内義弘、探題支援に大内盛見・満弘を九州へ派遣。	柞原八幡宮文書 深江文書 益田家文書 応永記
応永5年(1398)	2月、島津元久、探題支援に田代清久を肥後川尻へ派遣。 閏4月、幕府、少弐・菊池両氏を治罰対象に。 5月、探題満頼、肥前彼杵郡に居住する少弐被官宗隆国の「追罰」を彼杵郡南方一揆に指示。 10月、探題満頼、「肥後国凶徒対治」に戸賀崎氏を派遣。 10月、大内義弘、探題支援のために京都から九州へ下向。 11月、探題派の軍勢が「菊池山」まで侵攻。	旧記雑録前編31 綾部家文書 姉川正義氏所蔵文書 伯家雑記 詫摩文書 迎陽記 也足庵大般若経
応永6年(1399)	この間、探題満頼と少弐・菊池両氏の紛争が続く。 10月、大内義弘の謀反が発覚。幕府、大内追討の下知を菊池氏以下の西国諸氏に送付。	綾部家文書 寺門事条々聞書
応永7年(1400)	9月、大内盛見、これ以前に豊後へ没落。	兼敦朝臣記
応永8年(1401)	12月、大内盛見、豊後から長門へ渡海し、橋頭堡を確保。	長門国守護代記
応永9年(1402)	4月、幕府、豊前佐田氏に対し、探題に属して忠節せよと指示。 6月、探題満頼の手勢、肥前の坊所で（菊池勢と？）交戦。	佐田文書 綾部家文書
応永11年(1404)	正月以前、千葉氏の内訌にともない少弐氏と探題満頼の対立が再燃、肥前で合戦に。 7月以前、大友氏が菊池氏を「退散」させる。幕府、これに加勢した大内盛見に「長門国御教書」を発給。 8月、幕府、肥前国人とみられる御領越後入道本仏を治罰対象に。豊前佐田氏に対し、探題に属して忠節するよう指示。	深江文書 大友家文書 （絶海中津書状） 佐田文書 〔有川86〕
応永12年(1405)	5月、幕府、菊池武朝を治罰対象に。 5月、探題満頼と大内勢が豊前方面に着陣。 5月、探題満頼、筑前志摩郡に軍勢を派遣。 9月、菊池武朝が球磨勢を率いて筑後坂東寺へ。 10月、菊池勢、肥前へ転戦。 12月、豊前猪嶽で親探題派と少弐勢が合戦、後者が敗北。 以後、探題満頼と反探題派の対立の舞台は筑後・肥後へ。	阿蘇家文書 詫摩文書 〔有川86〕 〔山本21〕
応永13年(1406)	7月に探題満頼、幕府の指示を受け、菊池武朝「対治」のために大友勢と筑後へ出兵。	詫摩文書 〔山本21〕
応永17年(1410)	肥後で探題満頼と菊池氏の対立が再燃。9月27日付河尻実昭起請文に「世上之忩劇、於今者相極于当国候歟」とあり。	阿蘇家文書 〔山本21〕
応永19年(1412)	7月以前、探題満頼が上洛。	山科家礼記 深堀文書

応永21年（1414）	10月以前、菊池兼朝、探題満頼と親しい北朝系阿蘇大宮司惟郷に「勢仕」。幕府は「上使」として小早川則平を派遣し、紛争を仲介。	阿蘇文書写8 〔川添96〕 〔山田23〕
応永26年（1419）	6月、朝鮮王朝、倭寇の根拠地とみなされていた対馬に出兵。応永の外寇。	〔佐伯10〕
応永29年（1422）	5月以前、北朝系阿蘇大宮司惟郷が探題渋川義俊・大友親著と連携して南朝系阿蘇大宮司惟兼の拠点南郷へ出兵。その一方で、菊池兼朝は後者を支援。その結果、「鎮西錯乱」に。10月以前、「大友分領以下」をめぐり大友氏と菊池氏が対立。幕府は「上使」として小早川則平を派遣し、紛争を仲裁。	阿蘇文書写17 小早川家証文 〔川添96〕 〔山田23〕
応永30年（1423）	8月、「九州御敵蜂起」により、「御旗」が制作・送付される。	看聞日記
応永31年（1424）	11月、幕府、隠居した前探題満頼を（京都に）召し返す。	満済准后日記
応永32年（1425）	3月、大友持直、筑後へ出兵。 7月以前の少弐・菊池両氏の蜂起により九州の「合戦難儀」。それを受け、大内盛見が京都から下向。 9月以前、筑前・豊後などで「逆徒等蜂起」。大友氏でも内訌が発生？ この間に探題義俊が没落、渋川満直が探題に。	柞原八幡宮文書 看聞日記 宇佐宮現記 〔黒嶋12〕 〔荒木21〕
応永34年（1427）	同年から翌年にかけて、大内氏と少弐氏が交戦。	〔荒木07〕
正長元年（1428）	11月以前、少弐満貞が菊池兼朝のもとへ没落。筑前から探題と守護がいなくなる事態となり、対立構造が転換点に。	世宗実録 〔荒木21〕
永享元年（1429）	9月、大内盛見、上洛の途につく。10月に京着、「筑前国御料国」の件を幕閣と相談。11月半ばに下向。	満済准后日記
永享2年（1430）～同8年（1436）	筑前国内の大友領をめぐって大内・大友両氏が対立。少弐氏や菊池氏を巻き込み、幕府の介入まで招く大規模な軍事紛争に。	〔山田14〕 〔荒木21〕

〔参考文献〕※〔表1〕に掲載される順
有川宜博「御領越後入道本仏の戦死」（『少弐氏と宗氏』7号、1986年）／山本隆一朗「応永年間の九州情勢と菊池武朝」（『菊池一族解體新章』巻ノ2、2021年）／川添昭二「九州探題渋川満頼・義俊と日朝交渉」（同著『対外関係の史的展開』文献出版、1996年）／山田貴司「中世後期における阿蘇大宮司家の動向とその拠点」（『熊本史学』103号、2023年）／佐伯弘次「応永の外寇と東アジア」（『史淵』147号、2010年）／黒嶋敏「九州探題考」（同著『中世の権力と列島』高志書院、2012年）／荒木和憲「室町期北部九州政治史の展開と特質」（『日本史研究』712号、2021年）／同「宗貞盛の政治的動向と朝鮮通交」（同著『中世対馬宗氏領国と朝鮮』山川出版社、2007年）／山田貴司「西国の地域権力と室町幕府」（川岡勉編『中世の西国と東国　権力から探る地域的特性』戎光祥出版、2014年）

妥当である。ただ、軍事紛争に守護クラスの武家が複数絡みあっていた点を念頭に置くと、それだけでは説明がつかないところもある。いま少し広域的な視点で再検討することにより、より多くの勢力を含み込んだ形で背景となった対立構造を提示できるのではないか。具体的にいえば、それは探題（親探題派）対反探題派という対立構造である。

（1）南北朝時代にもみられた対立構造

荒木和憲も指摘するように、探題を一方の基軸とする対立構造は南北朝時代からかいまみられるものであった。その萌芽は、一四世紀半ばに生じた探題一色範氏・直氏父子と筑前守護少弐頼尚の関係に看取される。もともと範氏・直氏父子は各国守護と協調関係を築き、連携して南朝方と戦っていた[28]。ところが、足利尊氏の庶子にして足利直義の養子となっていた足利直冬が九州に下向すると、正平五・観応元年（一三五〇）に頼尚は彼に与同。範氏・直氏父子と対立するようになる。正平七・文和元年（一三五二）に直冬が中国地方へ転進すると、範氏・直氏父子は頼尚をいったん追い詰めるが、直冬の南朝転向にともない頼尚が征西府と手を結ぶと、形勢はふたたび逆転した。こうして主導権を失なった範氏・直氏父子はけっきょく劣勢を挽回できず、いずれも九州を去っていくのである。なお、頼尚と征西府の連携は一時的なものであり、一色氏の帰洛後、彼はふたたび北朝方へ復帰している[29]。

南北朝時代にみられた探題と九州の諸勢力の対立事例のもうひとつは、探題了俊と島津氏のそれである。先述したように、建徳二・応安四年（一三七一）に探題了俊が下向すると、九州では北朝方の勢力拡大が進んだ。ただ、そうした流れにブレーキをかけたのが、天授元・永和元年（一三七五）の水島の変にともなう島津氏離反であった。

きっかけとなった水島の変は、肥後菊池の征西府を攻撃するために近隣の水島に北朝方が在陣していたおりに、「歴代探題が九州経営上の最大の癌」とみなし、離反の噂もあったという筑前・対馬守護少弐冬資を探題了俊が殺害した一件である[30]。この時、参陣を渋っていた冬資を説得したのが大隅守護島津氏久であったため、面目を潰された彼は探題了俊の慰撫を拒絶して帰国、薩摩守護島津伊久ともども南朝方に転じたのである。

もっとも、水島の変後、探題了俊が解任されるまでの二〇年足らずの間、島津氏がずっと南朝に与し、反探題派として活動したわけではない。堀川康史によると、天授三・永和三年から翌年にかけての間と、弘和元・永徳元年（一三八一）から元中二・至徳二年（一三八五）にかけての間、元中七・明徳元年（一三九〇）から応永元年（一三九四）にかけての間に、島津氏は探題了俊と三度和睦している[31]。ただ、和睦の期間と同じくらい対立の期間も生じていた。島津氏が反探題派として活動したことで、探題了俊の南九州掌握は行き詰まってしまうこととなった。

（2）応永年間を通じてみられた対立構造

このように九州では、南北朝時代の中盤あたりから政治的エポックにより北朝方の有力守護が探題と対立しはじめるケースがみられた。そして、そうした状況は南朝方の消滅後も確認され、応永年間に入った後にむしろ本格的に展開していく。

南朝方の消滅後、最初に生じた探題（親探題派）対反探題派の軍事紛争は、探題今川了俊が大友氏の内紛に介入したことをきっかけとするものである。堀川康史によると、当時大友分国では、当主の大友親世と有力庶子家の田原氏の間で対立が起こっており、応永元年（一三九四）一二月以前に親世が田原一族の吉弘氏郷を成敗したことで大友・田原両氏の軍事紛争に発展していた。これを受け、探題了俊は田原氏支援に乗り出すのだが、その行動は親世のみならず、彼の妻の兄弟にあたる大内義弘、水島の変以来不和となっていた島津氏を敵にまわす要因となり、反探題派との深刻な対立を招いた。こうして九州は「六ヶ国之事、無尽之錯乱」という状態になり、探題了俊は親探題派の少弐・菊池・千葉諸氏の支援を受けつつ肥前に逃れたものの、足利義満に召還され、最終的には解任されてしまうのである[32]。

かかる経緯で探題了俊は退場することとなり、応永三年に渋川満頼が新探題として着任する。義満としては、探題交代により「無尽之錯乱」を鎮める狙いがあったのだろう。しかし、目論みは外れ、九州に「平和」は訪れなかった。探題満頼は筑前博多を拠点に、九州の諸勢力と幕府を繋ぐパイプとしての役割や対外交渉の窓口役などを担い、探題として活動していくが[33]、その一方で探題（親探題派）と反探題派が対立し、自身が軍事紛争の当事者になり続けるという構造もまた継承することになったのである。

もっとも、探題の交代により、軍事紛争の当事者の立ち位置には変化が生じている。色わけすると、応永元年から同二年にかけて前探題了俊と対立した大友氏と大内氏、水島の変以来対立してきた島津氏は親探題派に転じた。その一方、水島の変後には南朝方に与したが、やがて前探題了俊と和睦、筑前守護の地位を回復した少弐氏と、一貫して南朝方として活動しながらも、降伏後は前探題了俊の沙汰により旧領を回復した菊池氏は反探題派となっている[34]。少弐・菊池両氏と探題満頼が対立した要因を明示するものは管見に入らないが、探題満頼の発給文書や幕府の発給文書の伝来状況が示すように、彼が当初影響力を発揮しえたのは筑前・筑後・肥前・肥後の武士に対してであり[35]、両氏とのテリトリーの重なりが対立を惹起した可能性はあろう。

なお、少弐氏と探題渋川氏の対立について松尾大輝は、当時の「国人層や寺社関係者を含む在地側に、幕府や探題とは別の裁定主体を求める強い動機があった」ことを明らかにしたうえで、「「大宰少弐」という官途」を「家職化」していた少弐氏には「紛争に伴う国人層の権益保持・拡大欲求の結集核とされる傾向」があり、それが同氏の権力基盤や探題との対立要因になっていくとの見通しを提示する。また、菊池氏については小川弘和が、「室町菊池氏の影響圏」は「肥後北西部と筑後南部に肥前高来を加えた、環有明海地域」に及ぶが、それは「中世前半以来の社会的関係を前提としていた可能性が高い」こと、そして、南北朝時代に一貫して南朝方だった同氏が「「足利の血」の観念を受容したとは考えがたい」ことを指摘している[36]。本書に所収されたかかる最新の成果を踏まえるならば、当時の少弐・菊池両氏が有していた権力基盤やアイデンティティーは幕府の提供する政治・儀礼的資源を相対化しうるものであり、そこに反探題派に転じた要因の一端を求めることもできよう。その時期的・地域的な射程については検討の余地も残るが、そうした前代以来の社会的関係や南朝方の活動長期化といった九州独特の歴史的経緯が、応永年間に入っても軍事紛争が続いた背景のひとつであった蓋然性は高いように思われる。

いささか推測を重ねたが、とにかくここで押さえておきたいのは、右にみたさまざまな要因・背景により、たとえ彼等の立ち位置が変わったとしても、探題（親探題派）と反探題派が対立する構造そのものは継続していた、という事実である。応永年間以降に北部九州でみられた軍事紛争を整理した〔表1〕を改めて参照しつつ、その実態を示しておこう。

探題（親探題派）と反探題派の対立は応永三年の探題満頼の下向直後から看取され、彼は同四年から同六年にかけて親探題派の大友・大内・島津諸氏とともに、「探題御裁許」に応じない少弐・菊池両氏と豊前・筑前・筑後・肥前・肥後で軍事紛争に及んでいる。この時の対立は同六年に勃発した応永の乱によりいったん中断するが、同一一年の肥前千葉氏内訌をきっかけに探題満頼と少弐・菊池両氏が豊前・筑前・筑後・肥前・肥後でふたたび干戈を交えることとなり、前者を支援する大内勢を巻き込みつつ、それは同一三年まで続いた。少弐氏については、同一二年末の豊前猪嶽合戦に敗れた後はしばらくなりを潜めていくものの(37)、その後も菊池氏と探題満頼の対立は続き、同二一年や同二九年のケースのように、筑後をめぐり菊池氏と抗争する大友氏や、南北朝時代後半以降分裂し、南朝系大宮司と北朝系大宮司が並立していた阿蘇大宮司家がこれに絡みつつ、軍事紛争が断続的に勃発していた。そして同三二年に菊池氏とともに少弐氏がふたたび挙兵すると、満頼の後継者の探題義俊はこれに敗れ、筑前から没落したとされるのである(38)。

3　九州における応永年間のとらえ方

このように九州では、南北朝時代の中盤あたりから生じることのあった探題対反探題派という対立構造が、南朝方の消滅後に前面へ浮上する格好となっていた。探題が今川了俊から渋川満頼に交代した後も、探題が軍事紛争の当事者となって反探題派と対峙する状況はたびたび確認され、一時小康状態に向かった様子も確認されるものの、応永三二年（一四二五）に探題渋川義俊が没落した経緯などを勘案すると、それは応永年間を通じて続いていた。そして、その背景には、前代以来の社会的関係や南朝方の活動長期化といった九州独特の歴史的経緯があった可能性が指摘された。かかる対立構造のあり様に、九州の応永年間における政治・軍事的特質の一端をみいだすことができよう。

ところで、南北朝時代後半以降との連続性という点では、肥後一宮阿蘇神社の神主であり、有力領主でもあった阿蘇大宮司家の分裂も看過しえない。同家では、正平一九・貞治三年（一三六四）の恵良惟澄死去の前後より、益城郡甲佐を拠点とする宇治惟郷が北朝方に、阿蘇郡南郷を拠点とする宇治惟武が南朝方に与し、北朝系大宮司と南朝系大宮司が並立したのだが、その状況は南朝消滅後も解消されず、探題満頼の下向後は、北朝系大宮司が探題および親探題派の大友氏と、南朝系大宮司が反探題派の菊池氏と親密な関係を築いていた。そして、応永二九年に北朝系大宮司と南朝系大宮司の対立が激化し、阿蘇郡南郷で武力衝突に及んだ際には、探題渋川・大友両勢と菊池勢がこれに加わり、「鎮西錯乱」と呼ばれる事態に発展しているのである。[39]

すなわち、南北朝内乱にともない発生した一族の内紛の中には、南朝方の消滅後もそのまま温存されたものもあった。諸勢力によっては「長い南北朝時代」というべき状況が続いていたわけである。とりわけ阿蘇大宮司家の場合、その内紛は探題（親探題派）と反探題派の対立と結びついており、軍事紛争を惹起する火だねにもなっていた。

なお、ここまで述べてきたような探題（親探題派）対反探題派という対立構造や、南北朝内乱にともなう諸勢力の分裂状況といった南北朝時代後半に遠源を有する事象が、南朝方の消滅後も温存・継承され、軍事紛争の要因として連続している点を重視するならば、九州の、とくに北部九州の応永年間は、「南北朝・室町移行期」というべき独特の特質を有する時期とみなされよう。政治・軍事的には、かようなとらえ方も可能と考えられる。(40)

二　応永年間にかけてみられた室町幕府のかかわり

九州の応永年間をどういった呼称で呼ぶにせよ、当地の政治・軍事的状況は、「室町の平和」「応永の平和」を迎えた他地域とは異なっていた。では、軍事紛争が続く九州情勢に、室町幕府はどのようにかかわっていたのか。

かかる疑問について、「はじめに」で述べたように先行研究では、「辺境分治」「遠国融和」を原則とする幕府の「遠国」支配は「地域の自浄作用」に委ねた「緩やかな支配」に留まるとみなされてきた。ただ、都鄙間における往来状況を確認すると、一三七〇年代にもたらされた「倭寇」禁圧要求をきっかけに幕府と中国・明王朝の間で交渉が行われはじめており、一四〇〇年代に入って勘合貿易がスタートした直後には、日明双方の使節が毎年のように通交している。(41)このような国際関係の展開も背景となり、九州に対する幕府のまなざしには時期的な推移が想定され、たとえば対明関係を主導した足利義満は、独自の外交ルートを有し、輸出品となる硫黄の産地を支配下に置く島津氏を押さえるべく、一時的に日向を「御料国」に設定したり、応永年間前半の「九州南部支配そして島津氏の内訌」に「積極的に関与」したとされる。(42)また、義満の後継者足利義持は明と断交したものの、東南アジアの華僑勢力が派遣してきた「南蛮船」は、唐物流入ルートの確保という面でも、〈足利の中華〉を成立させる「将軍への朝貢者」という脈絡でも受け入れる姿勢をみせており、探題渋川満頼に使節の警固・対応を求めていた。(43)

このような点を踏まえると、貿易拠点・ルートとなり、「倭寇」の温床でもあった九州の情勢に、幕府関係者が無関心でいられたとは考えにくい。そうだとすれば、彼等が九州情勢をどのように認識し、軍事紛争にどういった対応を講じていたのか。その具体的様相の検証は、小さからぬ検討課題といえよう。

そこで本節では、南北朝時代後半から応永年間を対象に、九州の軍事紛争に幕府がどのようにかかわり、対応していたのか、という問題をとり扱う。結論を先どりすれば、この間に幕府は各国の守護や国人に働きかけるだけでなく、（1）「治罸」御教書発給による探題の武力行使の正当化、（2）大内勢を渡海させての探題支援、（3）幕府「上使」の派遣といった手法を組み合わせ、軍事紛争の解決を促していた。以下、それぞれについて検討を加えたい。

1　「治罸」御教書による探題の武力行使の正当化

先述のとおり、北部九州の諸勢力による応永年間の軍事紛争に探題は深くかかわっていた。ただ、注意すべきは、地域権力の「国郡境目相論」のごとき「私戦」とは異なり、反探題派との軍事紛争は、（少なくとも探題にとっては）室町幕府の九州経営を妨げる抵抗勢力との「公戦」という性格を帯びるものであった点である。ゆえに幕府は、探題の注進・要請にもとづいて「治罸」御教書を発給し、武力行使に正当性を提供した。なお、かかる手法は南北朝時代にもみられたものであり、たとえば水島の変後に探題今川了俊が島津氏と対立したおり、探題了俊は足利義満に「若君（義満の弟満詮）」の下向を仰ぐとともに（実現せず）、「治罸」御教書を引き出している。[44]

大内氏も含む北部九州の諸勢力を「治罸」対象とし、その域内・域外の守護や国人に参陣を促す御教書の発給は、とくに応永年間前半に続いた。応永五年（一三九八）には少弐・菊池両氏が、[45]同六年には応永の乱を起こした大内義弘が、[46]同一〇年には大内盛見が、[47]同一一年には御領越後入道本仏が、[48]同一二年には菊池武朝が「治罸」対象とされている。[49]逆に、もう一方の当事者となった探題が「治罸」対象となったケースはひとつも確認されない。

むろん、「治罸」御教書が発給されたからといって、対象者が軍勢を撤退させるわけではない。ただ、諸勢力に

表２　南北朝時代から応永年間にかけてみられた大内勢の九州渡海

時期（北朝年号で標記）	目的	渡海した人物	出典
貞治元年（1362）	南朝方として規矩郡の城郭に立て籠もった菊池勢を軍事支援。	大内弘世	門司文書『南遺』4530
貞治２年（1363）	北朝方に転じた後、探題斯波氏経を軍事支援するために豊前へ。規矩郡柳城などで合戦。	大内弘世	門司文書『南遺』4530 閥閲録巻71『南遺』4524 薩藩旧記27『南遺』4482
応安４年（1371）	探題今川了俊を軍事支援するために九州へ。征西府を大宰府から駆逐する翌年８月まで在陣。	大内弘世 大内義弘	毛利家文書『南遺』5112 『応永記』
永和元年（1375）	幕府の指示を受け、探題了俊の軍事支援のために九州へ。同４年前半まで在陣、南朝方と合戦。	大内義弘	益田家文書『南遺』5258 阿蘇家文書『南遺』5266 吉川家文書『南遺』5485
応永４年（1397）	「少弐退治」の仰せを受け、在国していた大内満弘・盛見を九州へ派遣。	大内満弘 大内盛見	益田家文書『大日古二十二』68 『応永記』
応永５年（1398）	前年派遣の軍勢の苦戦を受け、大内義弘が京都から下向・渡海。	大内義弘	『迎陽記』応永5・10・16 『応永記』
応永11年（1404）	少弐・菊池両氏と対立する探題渋川満頼を支援すべく渡海。翌年まで北部九州に在陣。	大内盛見	大友文書『大友9』147 阿蘇文書写7『大日古十三之二』183～184頁
応永32年（1425）	少弐・菊池両氏の「蜂起」による「合戦難儀」を受け、大内盛見が京都から下向・渡海。	大内盛見	『看聞日記』応永32・7・13
応永34年（1427）	翌年にかけて、大内・少弐両氏の合戦が勃発。翌年11月までに少弐満貞は肥後へ没落。	大内盛見	『世宗実録』9・7・丁亥 『同』10・11・甲戌

対する軍勢催促に根拠が与えられることになり、たとえ彼等が動員に応じなくても、反探題派への与同を躊躇させた可能性はあろう。そういった意味でも「治罰」御教書の発給は、北部九州で干戈を交える探題に対する幕府の支援策のひとつであった。

２　大内勢を渡海させての探題支援

室町幕府は周防・長門守護大内氏の軍勢を渡海させ、九州で苦戦する探題への軍事支援を行わせていた。南北朝時代後半から応永年間にかけての大内勢の渡海事例を整理した〔表２〕をみると、探題支援の早い事例は正平一八・貞治二年（一三六三）に同氏が北朝方へ転じた直後、探題斯波氏経を支援するために行われた大内弘世の渡海である。これを皮切りに、大内勢の探題支援は今川了俊の探題在任中にも行われた。正平一八・貞治二年から翌年にかけての事例に「別駕（大内弘世）思外仁開赤坂之陣、帰国之間、九州依難儀」という証言がみえ、[50] 建徳二・応安四年（一三七一）から翌年にかけての事例にも「大内介入道依令帰国、凶徒者得利、御方者落力」という証言がみえるように、[51] 大内勢は探題の軍事的優勢を左右する重要な存在とみなされていた。

かかる探題支援に大内氏が携わりはじめた発端は、はっきりしない。その最初である正平一八・貞治二年の事例について、川添昭二は「斯波氏経の要請」とともに、対立する長門の厚東氏に対抗し、「北九州に勢力を扶植」せんとする弘世の狙いがあったと指摘する。[52] その後の天授元・永和元年（一三七五）の事例では、幕府が弘世に「鎮西合力」を指示している。[53] この指示は、水島の変により窮地に陥っていた探題了俊の注進・要請を受けて出されたものとみられ、ここに探題の注進・要請→大内氏に対する幕府の探題支援指示→大内勢の渡海という手続きが確認される。この時は弘世が探題支援を拒んだため、子息義弘が九州に渡海、四年にわたり在陣・転戦している。[54]

ちなみに、こうした「九州にをひての度々忠節」を足利義満は見落とすことなく評価している。明徳四年（一三九三）に彼は、明徳の乱における働きと抱き合わせて義弘を褒賞し、「一そく（一族）」に準ずるという処遇を与えているのである。[55] 加えて、了俊の探題在任中に義弘が豊前守護を得ているのも、かかる軍事支援への報酬にして、今後の期待料だったのかもしれない。[56]

さて、南北朝時代にみられたかかる渡海事例を先例に、渋川満頼の探題就任後も大内氏による探題支援は続けられた。それが応永年間にみられる各事例であり、その最初は、応永四年（一三九七）に探題満頼が少弐・菊池両氏と合戦に及んだおりの軍事支援である。この時、義弘は当初弟の大内満弘・盛見を派遣するが、彼等の苦戦が伝えられたためであろう、けっきょく在京をとり止めて帰国、みずから九州へ渡海している。[57] なお、この件でも、義弘の在京中に探題支援がはじまっている点と、『応永記』に「少弐退治ノ事、再三仰ヲ蒙ル」と記されている点を勘案すると、やはり探題の注進・要請→大内氏に対する幕府の探題支援指示→大内勢の渡海という手続きが想定される。

その後、大内勢の探題支援は応永の乱によりいったん途切れるが、千葉氏内訌をきっかけに応永一一年正月以前に探題満頼と少弐・菊池両氏の対立が深まると、応永の乱に関連して「治罸」対象とされていた盛見が同一一年七月までに渡海し、改めて探題を軍事支援したようである(58)。どういったやりとりをへて盛見が探題を支援することになったのかは不明だが、この点に関しては、「義満からすれば、少弐貞頼（頼澄の子）・菊池武朝（武政の子）との合戦を本格化させていた九州探題渋川満頼を救援するには、盛見を赦免する他なかった」と述べた藤井崇の指摘が参考となろう(59)。少弐・菊池両氏との軍事紛争が激化する中、九州経営の安定には大内勢の探題支援が不可欠だと、満頼自身はもちろん幕府も強く認識していたはずである。赦免と家督相続の承認を条件に盛見に探題を支援させた可能性が、充分に考えられるのである。

もっとも、大内勢による探題支援はその後しばらく途絶える。少弐氏の反探題的な活動が小康化したうえ、応永一六年に盛見が上洛し、長期在京することになったためであろう(60)。大内勢の渡海頻度がふたたび増すのは、同三二年に少弐氏が再蜂起して以後のことである(61)。ただ、この頃には探題渋川氏の勢力は弱体化し、筑前から没落していたとおぼしく(62)、反探題派の少弐・菊池両氏と戦う探題を軍事支援する大内勢という枠組みは成り立たなくなっていく。そうして永享年間に北部九州における対立構造は転換点を迎えるのだが、その点については次節で詳述することとしたい。

3　幕府「上使」の派遣

次に、室町幕府から派遣された「上使」（以下、幕府「上使」と呼称）の問題をとり上げる。『日本国語大辞典』によると、そもそも「上使」とは、「幕府、朝廷、主家など上級権力者から公命を帯びて派遣される使い」を指す普通名詞である。さまざまな権力者が派遣主体となるものであり、室町時代には朝廷・幕府・守護・荘園領主等がさまざまな目的のために、さまざまな人物を「上使」に仕立て、特命を授けて現地へ派遣する様子が諸史料に確認される。[63]幅広い事例がみられるだけにとらえにくい存在で、専論は建武政権期に設定された「国上使」論のみのようだが、[64]ここで注目したいのは、「遠国」「近国」問わず各地で諸勢力の対立が生じた際に、紛争解決のための状況確認や事情聴取、調停、強制執行等の担い手として幕府が「上使」を現地に派遣していた事実である。

ということで、本項では、南北朝時代後半から応永年間にかけてみられた幕府「上使」を検討する。既発表の先行研究に加え、二〇二四年に福岡大学大学院へ提出された藤澤迅の修士論文にも学びつつ、[65]実態に迫ってみたい。

(1)　南北朝時代末期にみられた朝山師綱の派遣

室町幕府が九州に派遣した幕府「上使」の早い事例は、南北朝時代末期にさかのぼる。恐らくその最初は、①元中七・明徳元年（一三九〇）以前、②元中七・明徳元年、③元中八・明徳二年に立て続けにみられた朝山師綱の南九州派遣であろう。[66]師綱は在京して足利義満に仕えた出雲国人だが、和歌を冷泉為秀に、連歌を二条良基に学んだ文化人でもあった。探題今川了俊とは和歌・連歌ともに同門であり、そのあたりも見込んでの起用とみられる。

派遣目的については、一度目の詳細はわかっていない。二度目の派遣は、探題了俊と対立する島津元久討伐の御教書を南九州の国人に伝達・周知するため。三度目の派遣は、打って変わって島津氏に帰参を促すためであった。一度目・二度目の目的達成状況は不明だが、三度目については目論みどおり帰参させることに成功している。

ところで、どうして幕府は繰り返し幕府「上使」師綱を南九州へ派遣したのか。その背景には、国産硫黄の産地を支配下に置き、独自に朝鮮半島や中国と交易するという、対外交渉における島津氏独自の影響力があった。[67]義満にとって、島津氏を押さえることには「遠国」の抵抗勢力を服属させるに留まらない意味があったわけである。そのため、討伐するにせよ服属させるにせよ、現地に自身の意向を確実に伝え、その実現性を高める必要があった。ゆえに、繰り返しの幕府「上使」派遣となったのであろう。

（2）応永二〇年代にみられた小早川則平の派遣

次に、応永年間に目を転じると、この間にみられた幕府「上使」の代表格は[68]、北部九州の軍事紛争に関連して応永二〇年代に派遣された沼田小早川則平である[69]。沼田小早川氏は安芸豊田郡沼田を拠点とする国人だが、南北朝内乱の頃より一族が遵行使節を務めたり、幕府の公式行事に「近習」として参加するなど[70]、安芸国人の中でも室町幕府との関係を重視した一族であった[71]。

その則平は、少なくとも二度にわたり幕府「上使」として九州に下向した。一度目は、応永二一年（一四一四）一〇月に筑前博多へ到着した事例である。派遣目的は関係史料に明示されないが、当時肥後では菊池勢が北朝系阿蘇大宮司の宇治惟郷に「不慮ニ」「勢仕」しており[72]、それに対応するためとみられる。先述のように、南朝方の消滅後も阿蘇大宮司家は南朝系と北朝系に分裂したままであり、前者は菊池氏と親しく、後者は大友氏や探題渋川氏と結びつきを強めていた。そういった関係を背景に、「勢仕」が発生したのである。

到着後の動きを追うと、一〇月二五日までに惟郷は則平に使者を派遣し、「菊池方勢遣」の件を伝え[73]、同時に探題渋川満頼にもコンタクトしている。惟郷に肩入れしていた探題満頼は、則平と相談して京都に注進すると惟郷に返信し[74]、則平には「無相違之様御料簡」を求めた[75]。その一方、ほぼ同時期に「菊池代官」も則平のもとを訪れている。関係史料にその用件は明示されないが、タイミング的に幕府「上使」への弁明とみてさし支えあるまい。

このような所々からの働きかけに対し、則平は「菊池代官」に（恐らく「勢仕」の停止を）「堅申付」るとともに、惟郷には「被属探題御手、弥々可致御忠由」の「御状」を提出しなさい、そうすれば京都に注進する、と述べている。[76]探題満頼の要請もあり、則平は惟郷に寄せたかっこうで紛争解決を進めたとみられる。なお、この時の軍事紛争は、管見ではこれ以降拡大していない。

右の件に対応した後、則平は応永二九年にふたたび幕府「上使」として九州に下向する。同年五月以前に北朝系大宮司惟郷が大友・渋川両氏と結んで南朝系大宮司惟兼の拠点阿蘇郡南郷に出陣したのを受け、惟兼が同地に「水口城」を構え、菊池勢と連携しつつ対抗したことが原因であった。[77]かかる構図となったこの軍事紛争を幕府は「鎮西錯乱」と呼称しており、ここで生じた対立が、同三二年に少弐・菊池両氏が蜂起し、時の探題渋川義俊を没落させる伏線になった、と評する見解も提示されている。[78]

ともあれ、事態の発生後、幕府には「方々」から「注進状」が届けられた。しかし、京都では「糺決」し難い、ということになり、則平が現地に再派遣されることになったようだ。下向を命じた御教書によれば、その役割は①「対陣」する軍勢を「退散」させること、②代官をもってことの子細を幕府に申し開くよう、南朝系・北朝系の大宮司双方に伝達すること、③右記②の手続きにより裁決・対処すると、大友・菊池両氏に伝達することであった。[79]

現地に到着した則平は、指示どおり「為上意、互令退散要害開陣、追可申上所存之由」を関係者に伝え、南朝系大宮司惟兼の城郭を破却し、北朝系大宮司惟郷と大友・渋川両氏の軍勢を撤退させた。[80]その結果、南朝系・北朝系の大宮司双方は場所を幕府法廷に移し、応永三一年まで係争を続けることとなった。[81]このように、武力ではなく訴訟による「対決」となったのは、幕府の意向を踏まえ、現地で沙汰した則平の働きゆえと考えられる。

なお、双方が軍勢を撤退させた翌日に惟兼が「水口城」をもとどおりに復旧していたり、菊池兼朝と大友親著の間で「大友分領以下事」をめぐるトラブルが起こっていたりするように、[82]現地では緊張状態がしばらく続いたようだ。[83]しかし、それも応永二九年一〇月には収束に向かう。同年発給とおぼしき一〇月二六日付則平宛足利義持御内書写に「菊池肥後守与大友式部大夫間事、先無為無事、目出候」とみえ、加えて、「大友分領以下事」は「事書之旨」

に任せて則平と探題で対処せよ、それが「落居」するまで則平は「在国」し、決着したら「参洛」せよ、と指示されているのである。[84]

かかる指示を受けた則平が、どのような周旋を行い、最終的にいつまで在国したのかはわからない。ただ、「鎮西錯乱」と呼ばれた軍事紛争の拡大が回避され、この時点では深刻な事態にまで発展しなかったのは、彼の下向が功を奏してのことと思われる。則平のケースは、幕府「上使」派遣の成功事例とみて大過あるまい。

4　室町幕府の対応の評価

ここまで、九州における反探題的な軍事紛争に対して室町幕府が打ち出した手法として、（1）「治罰」御教書発給による探題の武力行使の正当化、（2）大内勢を渡海させての探題支援、（3）幕府「上使」の派遣についてみてきた。このように幕府は、探題の注進・要請を受けると、南北朝時代後半から末期にかけてとられていた手法を継続的に用い、時にはそれらを複合的に駆使することで探題を支援し、軍事紛争の解決を促していた。では、幕府がみせたこうした対応は、どう評価されるべきか。

考察を前に、改めて幕府の地方支配について触れておくと、「将軍の分身」とみなされた探題が統括にあたり、守護や国人は長期間の在京はせず、在国して分国支配（領主支配）を展開するという九州のあり様は、室町殿御分国のそれとは明らかに異なる形をとっていた。たしかに「遠国」と「近国」の間には差異が確認されるわけであり、[85] そのことを踏まえて前者に対する支配を「辺境分治」と評するのであれば、それはそれで妥当だと考える。というか、こんにちの研究動向を踏まえるならば、「「遠国」分治」と表現するべきなのかもしれない。

ただ、注意したいのは、既述したように、守護クラスが複数絡み、探題の手に余るような事態が発生すれば、幕府はたとえ「遠国」であろうと右の（1）～（3）のごとき手法で探題を支援し、軍事紛争の拡大防止ないし解決に努めていた点である。[86]そして、探題の注進・要請に幕府が応じる格好で実現したとおぼしき大内勢の渡海や幕府「上使」の派遣が、（一時的であったとしても）探題支援や軍事紛争の解決に繋がっているケースもあり、それらはそれらで実効性を有する手法であった。

むろん、すべての軍事紛争に幕府が介入したわけではなく、「放任」され、「地域の自浄作用」に委ねられたケースは少なからずみられる。[87]しかし、探題や現地の当時者から要請・注進があった場合には、幕府が「不干渉主義」に留まらない対応をとらざるをえなかった点を踏まえたうえで、「「遠国」分治」の実態を把握する方がより正確な理解に資するのではないか、と考える次第である。

それと注目されるのは、このような幕府の対応に、南北朝時代後半から末期にかけてみられた手法と共通する部分が確認される点である。この点からも、南北朝時代後半から応永年間にかけて連続する政治・軍事状況がみられるという九州の特質が指摘される。

なお、ここまで繰り返してきた、南北朝時代後半から応永年間にかけての連続性を重視するという筆者の理解は、探題今川了俊の解任が幕府の「遠国融和策開始の契機」となったこと、すなわち「将軍とその「分身」たる探題の主導による九州支配を放棄せざるをえなくな」り、「九州の政治秩序」が「大内氏を含む九州大名の主導によって形づくられていく」ようになること、それが「一五世紀以降の室町幕府と「遠国」の関係を決定づけた」ことなどを指摘する堀川康史のそれと少し齟齬する部分がある。[88]

この点について、筆者なりの見通しを示しておく。そもそも義満が探題了俊を召喚したおり、「今川氏の関係者」安楽清綱は、探題は不在だが「宮方凶徒などにてハ一人もなく候」という状態であるため、この間には「京都」「御成敗」による九州支配が行われるのだろうか、との観測を漏らしている。[89]これを深読みすると、探題了俊の解任問題は、逆に探題を介しない九州支配への移行を（一時的にせよ）引き起こしかねないものでもあった、と考えられる。

ただ、実際には、義満は探題を交代させたものの、探題を軸として九州にアプローチするという体制そのものに大きな変更を加えなかった。また、「将軍権力の絶対性確立と東アジア外交の主導権掌握を目的」に探題了俊は解任されたとする通説的理解のもとでは、探題交代にともないその権限は縮小されたとみなされてきたが、それこそ近年の堀川の研究により、解任理由は「了俊と九州大名の協力関係の断絶と、それにともなう九州経営の崩壊」にあったことが明らかとなっている[90]。そうした理由での解任であれば、新任探題の権限をむやみに縮小したり、「統治方針」を大きく変更する必要性は生じまい。新旧探題の厳密な比較検討が必要な話だが、幕府の探題支援に連続性が確認され、加えて、了俊と同様に満頼にも幕府外交権の一部を担う側面がみられるのは[91]、そうした必要性がなかったあかしではないか。

以上の点を勘案すると、探題了俊の時代よりも活動範囲やその内容が縮小していたとしても、幕府は「探題の主導による九州支配」そのものを「放棄」してはおらず[92]、変わらず探題支援を続けている。「九州の政治秩序」が「大内氏を含む九州大名の主導によって形づくられていく」のは、少なくとも北部九州については応永年間末以降に探題渋川氏が衰退して後の話ではないか。というのが、筆者のいまの考えである。

5　九州の諸勢力の上洛

ここまで本節では、九州で発生し続けていた軍事紛争に室町幕府がどのように対応していたのか、という問題を検討し、「「遠国」分治」の実態にアプローチしてきた。ただ、以上の作業は幕府や探題の側に視点をすえたものであり、諸勢力の立場から幕府とのかかわりをとらえる視点を欠いたものとなっている。

そこで本節の最後に、諸勢力側の視点から幕府との関係性にアプローチすべく、彼等の上洛事例を検討する。諸勢力の上洛は、いうまでもなく室町殿および幕府関係者との政治・儀礼的関係の確認・構築を直接的かつ効果的に行える機会であり、その有無や目的・背景の分析は、幕府との関係性を把握する有効な手段となるはずである。

（1）南北朝時代にみられた上洛事例

前提として、堀川康史の仕事などを参考にしつつ[93]、前代の様相に触れておく。九州の諸勢力の上洛事例をピックアップしてみると、時代背景によりその目的に変化があることに気づく。はじまりは南北朝時代前半、南北両朝の軍勢催促に応じて九州の諸勢力も上洛し、各地の合戦に参加していた段階である[94]。

しかし、九州における戦乱が激しさを増す中、そうした動きはやがてみえなくなり、征西府が勢力を拡大した一三五〇年代後半から一三七〇年頃にかけては、むしろ劣勢となった北朝方の諸勢力が上洛するケースが確認される。一三四〇年代以降、京都で大きな出来事があるたびに、それに反応して「馳参」ぜぬようにと室町幕府は九州の人々に触れていたが[95]、それでも上洛する者は尽きなかった。堀川の言葉を借りれば、彼等は「敗走」して上洛したのである[96]。

そうした上洛事例の最初のピークは、探題を子息の一色直氏に譲っていた一色範氏が正平一〇・文和四年（一三五五）に上洛（帰洛）したあたりである。この時には、肥後詫磨一族の詫磨掃部助・又太郎、豊後の富来木工助入道が「同道」しており、豊後の日田永敏と筑前の麻生筑前守も恐らく同道。少し後には肥前の綾部備前守の上洛も確認される[97]。ほぼ同時期に相良一族の相良定長が、範氏・直氏父子発給の諸証文に将軍の「安堵」を賜るべく、それらの正文を京都に持参したのも、範氏の帰洛を受けてのことであろう[98]。

なお、足利直冬や征西府に与して範氏・直氏父子を「敗走」させ、その後北朝方に転じた筑前の少弐頼尚も、家督を子息冬資に譲った後、正平二二・貞治六年（一三六七）一〇月までに足利義詮のもとへ「当参」している[99]。征西府が勢力を拡大する中、彼もまた九州に留まり難かったとみられる。

今川了俊が探題に就任し、京都を出発せんとしていた建徳元・応安三年（一三七〇）から翌年にかけても、九州から北朝方の諸勢力が上洛している。ちょうど征西府の全盛期にあたるこの頃には、筑前の少弐冬資[100]、幕府と深い関係を有する豊後の田原氏能[101]、同じく豊後の富来木工助入道、歴代探題と関係を有していた豊前の宇都宮経景が上洛した[102]。田原・富来・宇都宮各氏の上洛理由は「鎮西難儀」「九州難儀」、つまり北朝方の苦境であった。

なお、元中五・嘉慶二年（一三八八）に宇都宮親景（経景の子息）代が提出した申状には、「九州於　宮方令一統之時、大友・少弐・親父河内守経景諸共上洛仕、愁訴歎申之処、探題幸御下向」との注目すべき一文が記されている[103]。大友関係者の上洛は裏がとれないが、右に示したように頼尚・冬資父子や経景の上洛は事実である。「諸共上洛」したかどうかはわからないが、北朝方の劣勢を受け、大友関係者も上洛していた可能性はあろう。

次に上洛事例がまとまってみられるのは、応永元年（一三九四）から同二年にかけて、探題了俊の解任前後である。この間の早い事例としては、大友関係者の上洛があげられる。まず当主の大友親世は、足利義詮の正室渋川幸子が元中九・明徳三年（一三九二）に死去したおり、悲歎に暮れる義満を「御訪」すべく上洛を企図した形跡がみられる[104]。当時すでに征西府は消滅しており、上洛しても憚りなかったのであろう。

そしてその直後、応永元年一二月以前に親世はふたたび上洛する。有力庶家の田原・吉弘両氏と対立する中、探題了俊と親密な関係にあった吉弘氏郷を誅殺してしまい、それを義満に「とがめ」られたためである。加えて、この時には田原氏と探題了俊も上洛している。親世との対立について、義満の裁定を仰ぐためとみられる[105]。

もっとも、右に示した上洛後も大友氏と田原・吉弘両氏、そして後者を支援する探題了俊の対立は解決に向かわず、大友・大内・島津諸氏が反探題派となったことにより、最終的に義満の探題了俊召喚・解任に繋がったのは先述のとおりである。そして、召喚された探題了俊が上洛した際には、「九州輩」「九州地頭御家人」が彼に従った。その具体的人名を記した史料は確認されないが、恐らく探題了俊と親密な関係にあった人々が中心であろう。いま可能性を指摘しえるのは、了俊に従って上洛した「九州輩」の本領・新恩地を安堵せよ、と命じる探題渋川満頼宛御教書が伝来する筑前の原田氏や肥前の松浦党中村氏である。[106] むろん、その他にも「九州輩」が上洛していたとおぼしいが、いま判明するのはここまでである。

（2）応永年間にみられた上洛事例

では、本節の検討対象時期である応永年間に、とくに探題渋川満頼の着任後に、九州の諸勢力は上洛していたのか。筆者が把握する限りでは、反探題派の少弐氏の活動が小康状態となり、なおかつ足利義満が死去した後の時期、ちょうど応永一〇年代後半に守護クラスの大友・島津両氏、そして探題渋川氏が相次いで上洛している。

もっとも多くの関係史料が確認されるのは、応永一七年（一四一〇）六月に実現した島津奥州家元久の上洛である。[107] 元久は事前に京都に邸宅を設け、島津氏担当の「取次」であった赤松義則と「京都之仁義礼法」を相談したうえで上洛を決行。[108] 島津一門や国衆を数多く引き連れ、「唐物」を含む膨大な贈答品を携え、六月三日にたどり着いた。到着後、同一一日に室町殿足利義持のもとへ出仕すると、同二九日には義持の「御成」を受けている。上洛目的は前々年に死去した義満の「御訪」と、前年に義持が元久を薩摩守護に補任したことへの御礼と考えられる。そして、それらに加え、国産硫黄の産地を支配下に置き、独自に対外交渉を進める島津氏の懐柔・帰参を目論んでいた義満が、元中八・明徳二年（一三九一）九月と応永一四年に元久へ上洛を指示したにもかかわらず、[109] それに応えてこなかったという経緯も関係していよう。

大友氏では、元久の上洛と同じ応永一七年に、当主の座を大友親著に譲っていた大友親世の在京が確認される。[110] 先述のように、親世は元中九・明徳三年と応永元年にも上洛しており、この時は三度目であった。目的を明示する史料は確認しえないが、時期を勘案すれば、元久同様に義満の「御訪」の可能性が指摘されよう。親世は同一七年九月二三日に義持を「御屋形」に迎えており、義持とその兄弟義嗣、随行した幕閣に種々の「御引物」を贈答している。[111]滞在期間ははっきりしないが、豊後大分郡敷戸にあったとおぼしき「定林寺」の方丈宛に同一八年一二月六日付で発給し、翌年正月一一日に到来した親世書状に「これもやかて可罷下之処、〔　　　〕上意候間、不慮ニ〔　　　〕」、明春ハ早々可下向候之間、以面拝可申承候」と記されることから、同一九年春まで在京していた可能性が指摘される。[112]

なお、親世には、応永一九年六月から同二一年にかけて所有船舶「春日丸」による「公用已下」の瀬戸内海「運送」が確認される。[113]積載された「公用」の実態は不明だが、豊後の荘園年貢等の輸送などであったとすれば、そうした都鄙間流通の発生は、直前にみられた親世の上洛・在京が作用してのことと考えられる。

次に、探題渋川満頼の上洛事例をとり上げる。探題満頼は遅くとも応永一九年七月以前に上洛している。目的は不明だが、在京中の活動については『山科家礼記』に記事があり、同年同月二八日条には、北野社を訪れた義持がその足で「探題へ渡御」したとみえる。また、同年九月九日条には、「重陽節御祝等」の終了後、夜に「裏松殿」に集まった「諸大名」「管領（細川満元）・畠山殿兄弟（満家・満則）・武衛（斯波義教）・探題（渋川満頼）・山名殿（時熙）・左衛門佐殿（斯波満種）・細川讃岐殿（持常）・赤松（義則）・大内（盛見）等」の中に、探題満頼の名が記されている。満頼の在九州はトータルで二五年以上に及び、少弐氏や菊池氏を前に悪戦苦闘する姿でイメージされがちだが、もともと彼は別格の儀礼的地位を有する「足利御三家」渋川氏の主流である。[114]ゆえに、京都に帰れば「大名」と同様に（あるいはそれ以上に）遇された。ただし、在京期間はそう長くはなく、少なくとも同年一一月までは在京しているが、同二一年六月には在九州が確認され、この間に下向したと考えられる。[115]

ここまで、応永年間に、とくに探題満頼の着任後に確認された上洛事例をみてきた。では、これらの事例と以前のそれを比較すると、どういった差異がみられるのか。やはり、南北朝時代後半以来の連続性があるのだろうか。

まず、軍事紛争が続く中でも上洛する者がいたという点に注目するならば、探題満頼の着任後と前代の間には連続性がみとめられる。

ただ、その契機や目的は異なっていた。探題一色範氏・直氏父子の上洛（帰洛）以来、探題今川了俊の京都召還・解任まで顕著であった「敗走」的な上洛は、探題満頼の着任後には生じていない。島津・大友・渋川諸氏の事例に共通するのは、義満が応永一五年に死去した後、義持の室町殿としての「代始め」にあたり、北部九州でも南九州でも軍事紛争がやや落ち着きをみせていた応永一〇年代後半に上洛していることと、在京中に義持およびその周辺と対面・交流していることである。これらを踏まえると、大友・島津・渋川諸氏は室町殿との政治・儀礼的関係を確認（再確認）し、幕府関係者との人的繋がりを再構築すべく、義満の「御訪」と義持の「代始め」を兼ね、上洛を果たしたと考えられる。時期が比較的近いのは、相互に意識・影響しあった面があってのことかもしれない。ちなみに、大内盛見が当主としてはじめて上洛したのもほぼ同時期、応永一六年の冬である[116]。契機や目的は大友・島津・渋川諸氏と同様であろう。

以上を踏まえ、最後に九州の諸勢力側に視点をすえ、応永年間にみられた彼等と幕府の関係を整理しておく。ここでまず押さえるべきは、軍事紛争が継続的に発生しているにもかかわらず、応永年間まで「遠国」九州の諸勢力の上洛がみられた、という実態である。むろん、ここまでとり上げてきた事例は、日常的に在京する室町領主社会の人々の活動とは明らかに一線を画すものだが、そんな彼等との交渉・交流をつかさどった在京雑掌や、幕府側が設置した交渉窓口である「取次」の存在[117]、ことあるごとにみられた使者の往来なども踏まえると、九州の諸勢力が持続的に京都と繋がる契機とパイプを確保していた点を、筆者は重視したい。山田徹は、「遠国」の人々にとって京都は「遠くにある権威に過ぎない」と評したが[118]、それは必要があれば相互にアクセス可能な「遠さ」であった。

ここまで少し触れるところがあり、また先行研究でも指摘されているように[119]、そもそもこの時期の九州の諸勢力は、自立性を高めつつも、家督相続の承認や所領安堵、訴訟裁許といった所有する諸職・所領の確保・維持・回復の根拠提供を幕府に求めるスタンスを持ち続けていた[120]（幕府がそれに応えるかどうかは別として）。先述のごとく、幕府の提供する政治・儀礼的資源を相対化しうる前代以来の由緒や社会関係を有する少弐氏や菊池氏のような存在もみられ、前者については「紛争に伴う国人層の権益保持・拡大欲求の結集核」としての役割を担っていた一面もあったわけだが[121]、かと言って彼等が幕府と没交渉になっていたわけでもない[122]。そして、その一方で幕府は、軍事紛争の処理に効果を発揮する近隣勢力への合力要請や、紛争解決を仲介する幕府「上使」派遣といったカードを持っていた。

そうした点を踏まえると、「遠国」九州の諸勢力に対する幕府の期待値はともかく、幕府に対する九州の諸勢力のそれは、慢性的な軍事紛争により不安定な状況にあればこそ、意外に高かったのではないか。「遠国」九州の守護・国人であろうと、幕府との関係を視野に入れつつ議論を深めていく必要性を筆者が感じるのは、そのためである。最後は、今後の検証が必要不可欠な憶測めいた話となってしまったが、幕府の全盛期という点も踏まえ、応永年間まで九州の諸勢力の上洛が確認された背景を、いまはこのように読み解いておきたい。

三　永享年間にみられた軍事紛争とその対立構造

第一節と第二節では、南北朝時代後半の様相も視野に入れつつ、応永年間に、おもに北部九州でみられた政治・軍事的特質を検討してきた。ここでいったん内容を簡単に整理すると、南北朝内乱が終結し、応永年間に入った後も、九州では探題（親探題派）対反探題派という対立構造のもとで軍事紛争が継続しており、「室町の平和」「応永の平和」を迎えた他地域とは異なる特質がみられた。これに対し、室町幕府は探題の注進・要請に応じるかっこうで（1）「治罰」御教書発給による探題の武力行使の正当化、（2）大内勢を渡海させての探題支援、（3）幕府「上使」の派遣という、南北朝時代後半から末期にかけてみられた手法を用い、軍事紛争の解決を促していた。「地域の自浄作用に多くを委ね」るといっても有事にはかかる対応が生じていたのであり、「「遠国」分治」の実態は、こうした点を含めて理解されるべきものであった。

そして、応永年間にみられた探題（親探題派）対反探題派という対立構造と軍事紛争の継続、そうした事態に対する幕府の対応には、南北朝時代後半以降のそれらと連続する面が確認された。かかる連続性を重視すると、とくに北部九州の応永年間は「南北朝・室町移行期」というべき独特の特質を有する時期ととらえられた。

九州の諸勢力の視点から幕府との関係を検討すべく上洛事例を検出すると、内乱の最中も彼等はしばしば上洛するが、その契機・目的には、軍勢催促に応じての上洛→北朝方劣勢にともなう上洛という流れで変化がみられた。応永年間には、足利義満の死去と足利義持の「代始め」のタイミングで島津・大友・渋川諸氏が上洛しており、室町殿との政治・儀礼的関係の確認や、幕府関係者との人脈構築を進める様子が看取された。彼等の上洛事例は室町領主社会の人々の在京活動とは一線を画するものだが、在京雑掌や「取次」、使者の往来なども勘案すると、九州の諸勢力が持続的に京都と繋がる契機とパイプを確保していた点は看過しえないところであった。

応永年間までにみられたこのような政治・軍事的特質を踏まえ、本節では、永享年間のそれを検討していく。この時期の九州については、大内・大友両氏を核とする大規模な軍事紛争が生じていたこと、『満済准后日記』等により、それに対する足利義教や幕閣の議論が高い解像度で把握できること、義教の意向によって中国・明王朝との勘合貿易がリスタートしており、九州に対する注目度が高まっていたことなどから、少なからぬ先行研究がみられる[123]。したがって、それらに多くを学びつつ、具体的には北部九州情勢の推移を整理したうえで、そこで生じていた対立構造の把握に努め、最終的には応永年間のそれと比較検討することにより、政治・軍事的特質のなりゆきを見定めることとしたい。

1　北部九州における大内氏の影響力拡大

本項では、永享年間にみられた対立構造や室町幕府のかかわりの推移を検討する前提として、北部九州における大内氏の影響力拡大の様相を確認する。

大内氏が北部九州に進出するきっかけとなったのは、先述したように探題支援にともなう渡海である。〔表2〕に示したように、はじめは南朝方として出兵したものの、正平一八・貞治二年（一三六三）に北朝方へ転じた後は、探題支援を目的に渡海することとなった。

そうした中、進出の足がかりになったのは、今川了俊の探題在任中に実現した豊前守護補任である。既述のごとく大内氏は探題了俊を二度軍事支援しており、豊前守護はそれへの報酬にして今後の期待料であったとみられる。大内義弘が応永の乱を起こしたおりにいったんは没収されたが、後継者となった大内盛見が応永一一年（一四〇四）に補任され、以後同氏が滅ぶまで継承し続けていた。

こうして北部九州に橋頭保を確保した大内氏は、応永年間にかけて筑前にも進出する。同地の守護は少弐氏であり、探題渋川氏も影響力を有していたが、応永二三年以前に菅氏長者唐橋在宣が、安楽寺留守職を輩出する小鳥居氏が相伝してきた「安楽寺造営料筑前国々衙職」を、同氏の「無沙汰」により大内家臣内藤智得に申し付けていたり[124]、同三一年に幕府が盛見に醍醐寺三宝院領筑前若宮荘の「執沙汰」を命じているように[125]、大内氏は「荘園領主側の年貢確保の意図を利用し」「代官請負の拡大を一つのテコとして」筑前進出を図っていた[126]。なお、守護職を有しないにもかかわらず右のごとき代官請負が発生したのは、盛見とその家臣が在京を続け、室町領主社会にいた荘園領主とコンタクトしやすい環境にあった点も背景となってのことであろう。

このような経緯で北部九州に進出していった盛見は、応永三〇年代から永享年間初頭にかけて九州への下向を繰り返し、さらに影響力を拡大している。きっかけは応永三二年の少弐・菊池両氏の挙兵であった。これにより探題渋川義俊は博多から没落したとされ[127]、この事態を受けた在京中の盛見は、同年七月に下向、一〇月末までに少弐氏を敗北に追い込んでいる（『看』同年七月一三日・一〇月二八日条）。

そして、戦後も盛見は本国周防に留まり、すぐに上洛しなかった。北部九州情勢が引き続き不安定だったためであろう。荒木和憲によれば、彼は同三四年にも蜂起した少弐氏と戦い、正長元年（一四二八）一一月までに少弐満貞を肥後へ逃亡させている。探題義俊に続いて少弐氏が没落したことで、筑前は探題も守護も不在の「政治的空白」地になったという[128]。

おりしも足利義持から足利義教へと室町殿の代替わりを迎えていた幕府は、かかる事態を受け、ふたつの点で盛見の政治的役割を拡大し、北部九州への影響力確保を企図した。ひとつは、これまでは探題や守護が担ってきた「筑前の寺社・国人の要求を取り次ぐ権限」を盛見に行使させた点である。具体的にいえば、満済が正長元年五月に「大内事、可申次由」を「九州へ」申し遣わしており（『満』同二六日条）、これ以後実際に盛見は筑前国内の寺社・国人と幕府の間をとり次ぐようになっている[129]。

もうひとつは、筑前を「御料国」化し、盛見を代官に補任した点である。鎌倉公方足利持氏の「隠謀」「露顕」により上洛するよう要請された盛見は[130]、永享元年（一四二九）一〇月七日に京着するものの、同月二五日には暇を請うて許され[131]、翌月一四日に慌ただしく帰国の途につくのだが[132]、この間に義教は管領斯波義淳・畠山満家と「筑前国御料国」について相談するよう指示している（『満』永享元年一〇月二五日条）。義教の狙いは、「政治的空白」地となっていた筑前を「御料国」化することで年貢収入を確保するとともに、中国・明との勘合貿易再開を視野に北部九州の安定を図ることにあった[133]。その実現性を高めるべく、影響力を拡大していた盛見を担い手に据えたのである。

かかる意向を受けて帰国した盛見は、筑前「御料国」代官としても活動したとおぼしい。その具体的な動きや役割はよくわかっていないが、永享二年一二月には「筑前国御年貢二十万疋」を納付しており、「御料国」化には「ある程度の成果」があったとみなされている。[134]

2　永享の北部九州争乱のきっかけと推移

このような経緯により、大内氏は応永年間から永享年間初頭にかけて北部九州で影響力を拡大していた。ただ、そんな中で諸勢力の間では摩擦も生じており、やがて大規模な軍事紛争を誘発した。いわゆる「永享の北部九州争乱」である。

本項では、北部九州を舞台に永享二年（一四三〇）から同八年にかけて起こったこの争乱の推移を時系列的に整理する。室町幕府内部での議論や、幕府と諸勢力のやりとりにも煩瑣をいとわず目を配り、次項以降の検討の前提の共有を図りたい。

（1）争乱のきっかけ

永享の北部九州争乱のきっかけは、永享元年（一四二九）に決定された筑前「御料国」化と大内盛見の代官就任である。先述したように、盛見は同二年末に二〇万疋の年貢を京上しており、「御料国」化には「ある程度の成果」があったとみなされている。しかしその一方、現地では大内・大友両氏の対立が生じていた。

対立の原因は、大友氏が博多湾岸に有していた香椎郷・志摩郡・博多息浜の所領とみられる。[135]とりわけ係争地になったのは、「博多の貿易商人の中核」が集住する博多息浜であろう。同地は興国七・貞和二年（一三四六）以降探題の領有対象とされてきたが、探題渋川義俊と筑前守護少弐満貞が没落すると、それに乗じて永享元年七月までに大友持直が領有を回復しており、[136]「博多商人の裁量権が強い」状況ではあったものの、ここを拠点に朝鮮通交を実施するに至っていた。[137]

こうした中、決せられたのが筑前「御料国」化と盛見の代官就任であった。詳細は不明だが、どこを収公するのか、どこにどれほどの課役を賦課するのかは代官に委ねられたことであろう。その結果、盛見は大友領に干渉することとなり、対立に至ったと考えられるのである。

（2）永享二年～同三年六月、当初の戦況と大内盛見の戦死

探題渋川満直の注進によれば、大内氏と大友氏、同氏に与した少弐・菊池両氏の軍事紛争は、永享二年（一四三〇）に勃発した（『満』同三年二月二三日条）。注進を受けた足利義教は、紛争当事者の言い分と現地の状況を確認したうえでの和睦調停を当初の対応方針とし、幕府「上使」を繰り返し派遣した（『同』同二七日条など）。その一方、現地にいた大内盛見は武力行使を進めるつもりでおり、大友氏を「治罰」対象とする御教書の発給を室町幕府に申し入れる一方（『同』同年五月二四日条）、筑前の大友領を占拠した状態なので二度目の幕府「上使」派遣は不要だと伝えている（『同』同年六月八日条）。

ところが、永享三年六月二八日に盛見が戦死したことで、戦局は大きく変化する。大内勢が筑前から撤退し、「大友・少弐以下、九州悉一統」する事態となったのである（『満』同年八月九日条）。大内氏は豊前でも劣勢になったとおぼしく、同年一〇月には大友持直が豊前規矩・京都両郡で知行預ヶ状を発給している。[138]同年冬に規矩郡で両軍が軍事衝突した様子が確認されるものの（『同』同四年正月一六日条）、少なくとも同四年いっぱいまで豊前も失陥していた可能性が高い。

（3）永享三年七月～同四年二月、大内盛見死後の室町幕府の対応

大内盛見の戦死は、室町幕府の対応にも影響を与えた。幕府は大内氏の存亡に危機感を抱き、同氏に対する合力を具体化しはじめるのである。

盛見の戦死後、幕府では、まず安芸・石見勢、大友親綱（大友持直の従兄弟の子息）・大友親隆（持直の弟）、菊池氏等に大内合力を命じるべきか否かが議論された。菊池氏については、大友持直が有する筑後守護を与えるという合力条件も論点となっていた。大内氏の在京雑掌安富定範の提案を受けてのことである。永享三年（一四三一）七月一七日時点では、親綱・親隆への御内書発給と菊池氏の筑後守護補任の件はいったん見送り、安芸・石見勢と菊池氏に大内合力を命じるのがよろしい、との意見が足利義教に披露されている（『満』同日条）。ただ、けっきょくは親綱・親隆に対する御内書発給もなされたようで、一一月に提出された合力の請文「数十通」には親綱のものも含まれていた（『同』同年一一月一〇日・同一二日条）。

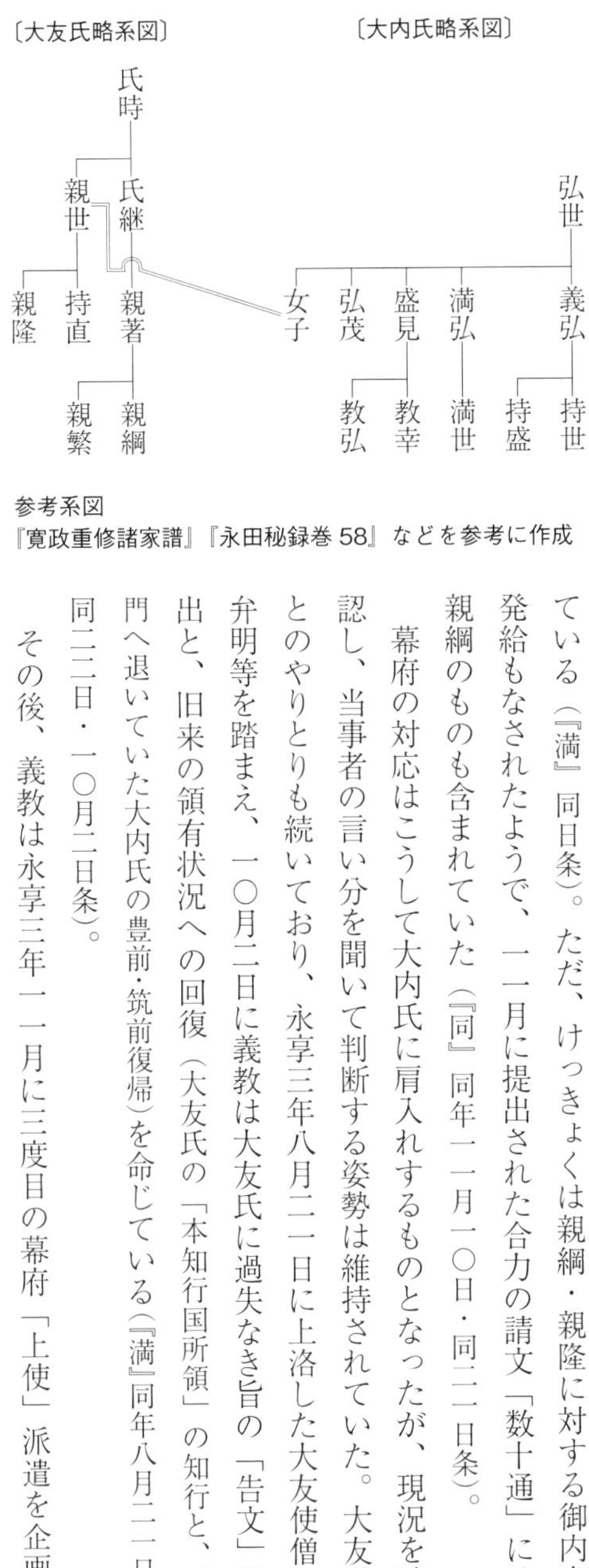

参考系図
『寛政重修諸家譜』『永田秘録巻58』などを参考に作成

幕府の対応はこうして大内氏に肩入れするものとなったが、現況を確認し、当事者の言い分を聞いて判断する姿勢は維持されていた。大友氏とのやりとりも続いており、永享三年八月二一日に上洛した大友使僧の弁明等を踏まえ、一〇月二日に義教は大友氏に過失なき旨の「告文」提出と、旧来の領有状況への回復（大友氏の「本知行国所領」の知行と、長門へ退いていた大内氏の豊前・筑前復帰）を命じている（『満』同年八月二一日・同二二日・一〇月二日条）。

その後、義教は永享三年一一月に三度目の幕府「上使」派遣を企画、

一二月三日に下向させる（『満』同年一一月二一日・同二三日条）。「退治」「治罰」の判断に必要な現地情報、大友・少弐両氏の「振舞」を注進させるためであった。

ところが、ことは義教の思い通りに進まなかった。ひとつは、幕府「上使」の下着後、すぐに大内持世（大内義弘の子息で、盛見の死後に「惣領」となった人物）が安芸・石見勢の派遣を要請してきたことである。当時大内・大友両勢は豊前規矩郡で戦っており、両者の距離はわずか「三町」。そのため、幕府「上使」の帰洛を待っていては盛見戦死の二の舞になりかねない。そんな懸念が浮上したのである。しかし、大友・少弐両氏の言い分に関する幕府「上使」の報告を受け、判断するという手順を踏まねば筋がとおらない。そこで幕府は、あくまで「内々」に守護山名氏が安芸・石見勢に「用意」させる、という形をとり、大内氏への合力準備を水面下で進めさせることとしている（『満』永享四年正月一六日〜同一八日条）。

予想外の事態のもうひとつは、大友・少弐両氏の「振舞」を確認すべく下向したはずの三度目の幕府「上使」が、「路次難儀」を理由に大友氏のもとを訪れず、勝手に帰洛したことである（『満』永享四年正月二〇日条）。これにより、紛争当事者の言い分を聞いたうえで判断する、という形をとろうとしていた義教の目論みは崩れてしまった。その一方、大内氏からは「難儀」との注進が入っており、合力の是非の決断は急がねばならない。かかる事態を受け、幕府では、安芸・石見・伊予勢による大内合力の是非と手続きが改めて議論され、最終的には「公方御下知」ではなくやはり「守護方ヨリ」安芸・石見勢に指示する形で申し付ける、との結論に至っている（『同』永享四年正月二三日条）。

ただ、永享四年二月四日に「今度上使不入見参、参洛無心元」という持直の注進状が届いたことで、幕府における論点は大友氏の主張をどうとり扱うか、という問題に転換する（『満』同日・同七日〜同一四日条）。義教が畠山満家・山名時熙に加え、他の大名にも意見を求めたところ、多くは「無為御成敗」「御免」あるべし、というものであった。

けっきょくこの時に義教は、幕府が「無為ノ御成敗」を進めようとしているにもかかわらず、現地における大友氏の「振舞」は主張と異なっており、大内氏からは「難儀」の旨たびたび申し入れを受けている。ゆえに「御意」は得られないのだが、まずは「罸状」を提出せよ、と伝えさせることにしている。

(4) 永享四年二月〜同年三月、大内氏の内紛勃発

守護山名氏をして安芸・石見勢に「大内持世を支援せよ」と指示させつつ、「罸状」を提出すれば大友持直を「御免」する方針を打ち出した足利義教であったが(『満』永享四年二月一六日条)、現地ではすでに次の事態が起こっていた。永享四年(一四三二)二月一〇日、大内盛見の死後に長門守護となった大内持盛が、「惣領」・周防守護となった大内持世を「夜打」し、持世が石見に退いた、との注進がもたらされたのである(『同』同二四日条)。

これを受けた義教は、持世家臣の内藤智得の要請もあり、持世を「扶持」する方針を打ち出す。ただし、懸念されたのは、大友・少弐両氏が持盛を支援し、「九国一等」「天下大儀」に発展する可能性である。それを念頭に置くと、持世への「扶持」はどうあるべきか。義教は山名・畠山両氏に意見を求めたが、結論はやはり守護山名氏の「私儀」「内々儀」により安芸・石見勢に「合力」させる、というものであった(『満』永享四年二月二九日・三月六日・同九日・同一六日条)。

もっとも、京都で右の結論が出される以前、永享四年三月一四日に持世は持盛勢を周防・長門から駆逐(『満』同年四月四日条)。持世への「扶持」は実動にまで至らなかった。ただ、現地では、豊前に逃れた持盛を大友・少弐両氏が支援し、持世に対抗するという、懸念どおりの構図が生じることになっていた。

（5）永享四年三月～同年八月、大内持世に対する合力体制を整備

大内持盛を駆逐したとの注進を受けた室町幕府は、豊前の敵方がどういった動きをみせても許可なく九州へ渡海せぬよう、大内持世に通知した（『満』永享四年四月一三日条）。大友・少弐両氏が持盛を支援する形になれば、「天下大儀」となってしまう。それを懸念し、ストップをかけたとみられる。その結果、永享四年（一四三二）三月に持盛が豊前に没落して以降、大内・大友両氏の軍事紛争はいったん小康を得ている。

こうした中、幕府関係者の話題となったのは、持世に対する合力の拡大である。具体的には、安芸・石見勢に合力させる体制を継続しつつ、持盛が周防・長門へ渡海すれば肥後守護の菊池氏と伊予守護の河野氏にも合力させる、という方針で話が進められている（『満』永享四年四月二六日条）。また、豊後の有力国人日田・田原・佐伯諸氏に持世合力の御内書を発給するか否かも論点となっている。永享四年五月段階では彼等への御内書発給は見送られるが（『同』同二二日条）、けっきょく一〇月に、大友持直の対抗馬となっていた大友親綱に対する合力を命じる形で日田・田原・佐伯諸氏にも御内書が発給された（『同』同年一〇月一〇日条）。

このように持世に対する合力体制の整備が進められる中、並行して議論されたのが、永享四年四月二八日に持直が足利義教に進上した「公方様移徙上御所御礼」五万疋の件である。その「御礼」を受け入れるべきか。受け入れるのであれば、返事の御内書に持盛「扶持」を停止するよう記すべきかが幕閣に諮問された。持直が持盛の周防・長門渡海を支援する動きを示していたためである。最終的に義教は「御礼」を受け入れる一方、持直に対する返事の御内書に持盛「扶持」停止を併記させ、その詳細を満済に伝えさせるという形で対処している（『満』永享四年四月二八日・五月九日・同一九日・同二〇日条）。

なお、この間には、探題交代の件も話題となっている。これを進言したのは、幕府「上使」として九州へ下向した経験を有し、当時は持世合力を命じられていた安芸の国人小早川則平である。時の探題は渋川満直で、彼は戦乱

の最中にあっても幕府と九州の諸勢力を繫ぐパイプ役を担ってはいた[139]。しかし、幕府が進める合力体制の整備を主導することも、大友・少弐両氏を征伐することも、和睦させることもできていない状態にあり、探題としての役割を充分に果たせていなかった。そんな為体をみかねて、則平は「可然仁體」の派遣が「当時九州之儀可宜」と提言するに至ったのである。これを受け、義教は畠山・山名両氏に妥当性を諮問したが、適任者不在という理由で派遣はけっきょく見送られた（『満』永享四年五月一九日・同二五日条）。

（6）永享四年九月〜同五年一一月、大内持世の渡海

永享四年（一四三二）九月以降に、北部九州情勢はふたたび動きはじめた。足利義教が大内持世に渡海を許可したことで、軍事紛争が再開されたのである。

経緯を整理すると、永享四年九月、持世は義教に「就渡海事条々」を申し入れた。その「条々」は、渡海許可とともに①将軍「御旗」の下賜、②大友・少弐両氏の「治罸」認定、③豊後国人の日田・田原・佐伯諸氏に大友親綱への忠節を命じる御内書発給、④持世に合力する条件での菊池氏の筑後守護補任、⑤安芸・石見・伊予勢に対する改めての合力指示を要請するものであった。これを受け、義教は畠山・山名両氏と満済に意見を求める一方（『満』同二六日・一〇月八日・同一〇日条）、少弐氏の使者・在京雑掌に言い分を尋ねさせている（『同』同年一〇月二一日条）。意見を求められた畠山満家は少弐・大友両氏の「御退治」に反対したが、けっきょく義教は持世の渡海と「条々」の内容を段階的に認めていく。一〇月二六日付で「菊池肥後守」が筑後守護に補任され[140]、「冬」の間には親綱が豊後守護に補任された。そして、同五年三月五日には、「大友・少弐御治罸御教書并御旗」が持世に遣わされたのである（『同』同六日条）。

周到に外堀を埋めた持世は、永享五年四月までに九州へ渡海、同八日にさっそく持盛を討ち取った（『満』同二〇

日条）。七月には「少弐・大友勢、大内ヲ取籠之由」との話も聞こえているが（『同』同一七日条）、八月一六日に少弐方の二嶽城が、同一九日には秋月城が陥落。「少弐父子三人頸」が討ち取られた。この戦いには、大内勢に加えて石見・安芸・備後勢が参加していた。注進を受けた義教は、「祝着之余、感涙数千行」だったという（『同』同二九日・九月五日条）。なお、少弐父子の頸は京都に送られ、義教もそれを実検している（『師郷記』同年九月一四日条）。

大友勢との戦いは、永享五年九月に入って本格化した。義教のもとには同二九日までに「大友城没落」の注進が届いており、一〇月二日には大内氏の在京雑掌安富定範のもとに「大友自武後（豊後）府乗船、不知行方罷成之由」との注進が到来している（『満』同年九月二九日・一〇月三日条）。大内勢の攻撃に耐えかね、大友持直はいったんすがたをくらましたようである。

（7）永享五年一二月～同七年四月、大友・少弐両氏の反撃

少弐父子の戦死と大友持直の没落により、争乱は収束に向かうかにみえた。ところが、永享五年（一四三三）一二月以前に持直が豊後へ帰国。「国者共」を味方に引き入れ、ふたたび活動しはじめた。注進を受け、足利義教は安芸・石見・伊予勢に罷り立つよう改めて指示を下している（『満』同年一二月一五日・同二五日条）。

この間の戦況をみると、永享六年にかけて大友・少弐両氏が巻き返しに成功したようである。まず同年正月に、大内勢に与していた探題渋川満直が肥前神崎郡で少弐勢と戦って死去。[41]二月に「大内難儀」の注進があり（『看』同二四日条）、六月に筑前筥崎宮が大内・少弐両勢の合戦で炎上（『満』同年七月一八日条）。九月に「九州大友・少弐一統」との話が伝わり（『看』同一日条）、一一月には菊池勢が肥後へ撤退したことで、「大内方、聊六借敷様注進」が到来したという（『満』同一二日条）。

かかる戦況の変化には、持世合力体制の動揺がかかわっている。ひとつは、長期動員を忌避する動きである。た

とえば、安芸の武田信栄は永享五年一〇月以前に「御意」を請うことなく戦場を離れ、義教の機嫌を損ねている（『満』同年一二月二五日条）。少弐父子が戦死し、持直も没落したので撤退する、という理屈であろうが、そんな動きが合力の諸勢に広がっていたとすれば、大内勢の弱体化は避けられない。それに乗じて大友・少弐両氏が巻き返した、とも考えられる。

動揺を示すもうひとつの事柄は、菊池氏の内紛である。争乱の勃発当初、菊池氏は大友・少弐両氏と連携していた。しかし、室町幕府や大内氏は、菊池氏が筑後をめぐり大友氏と対立していた点を見逃さず、そこに付け込んで永享三年七月までに同氏の離反を画策（『満』同一七日条）。それを受け、菊池氏は同年一二月以前に「上意」と号して筑後を「押領」したり（『同』永享四年二月四日条）、直後に少弐氏と干戈を交えたりするなど（『同』同年三月一八日条）、（筑後の確保という目論みもあって）幕府の指示どおり持世方として戦うようになっていた。

ところが、そんな菊池氏の内部では、永享五年の冬までに父元朝（兼朝）と子息持朝の内紛が起こっていた。持世が幕府に「元朝治罰御教書」を申請している点を踏まえると、元朝は大友・少弐両氏と連携し、父子対立に至ったとみられる（『満』永享六年正月一二日条）。『満済准后日記』同六年一〇月八日条によれば、この間に両者は海・陸で衝突、元朝が大敗したという[142]。しかし、分裂した菊池勢は弱体化していたとおぼしく、翌月には筑後で敗北、肥後へ撤退する。大内勢が難局に追い込まれたのは、このためでもあったのだろう（『同』同年一一月一二日条）。

（8）永享七年五月以降、合力体制の強化と大友持直の没落

永享七年（一四三五）前半の戦況を示す史料は管見に入らないが、『看聞日記』同年五月二〇日条には、「山名石見分国之勢」が合力した結果、「大友失利没落、不知行方」との注進があり、足利義教が喜んだという記事がみえる。また、『同』同年七月二五日条には、「肥後」に没落した大友持直を大内勢と伊予河野勢が攻撃したところ、謀略に

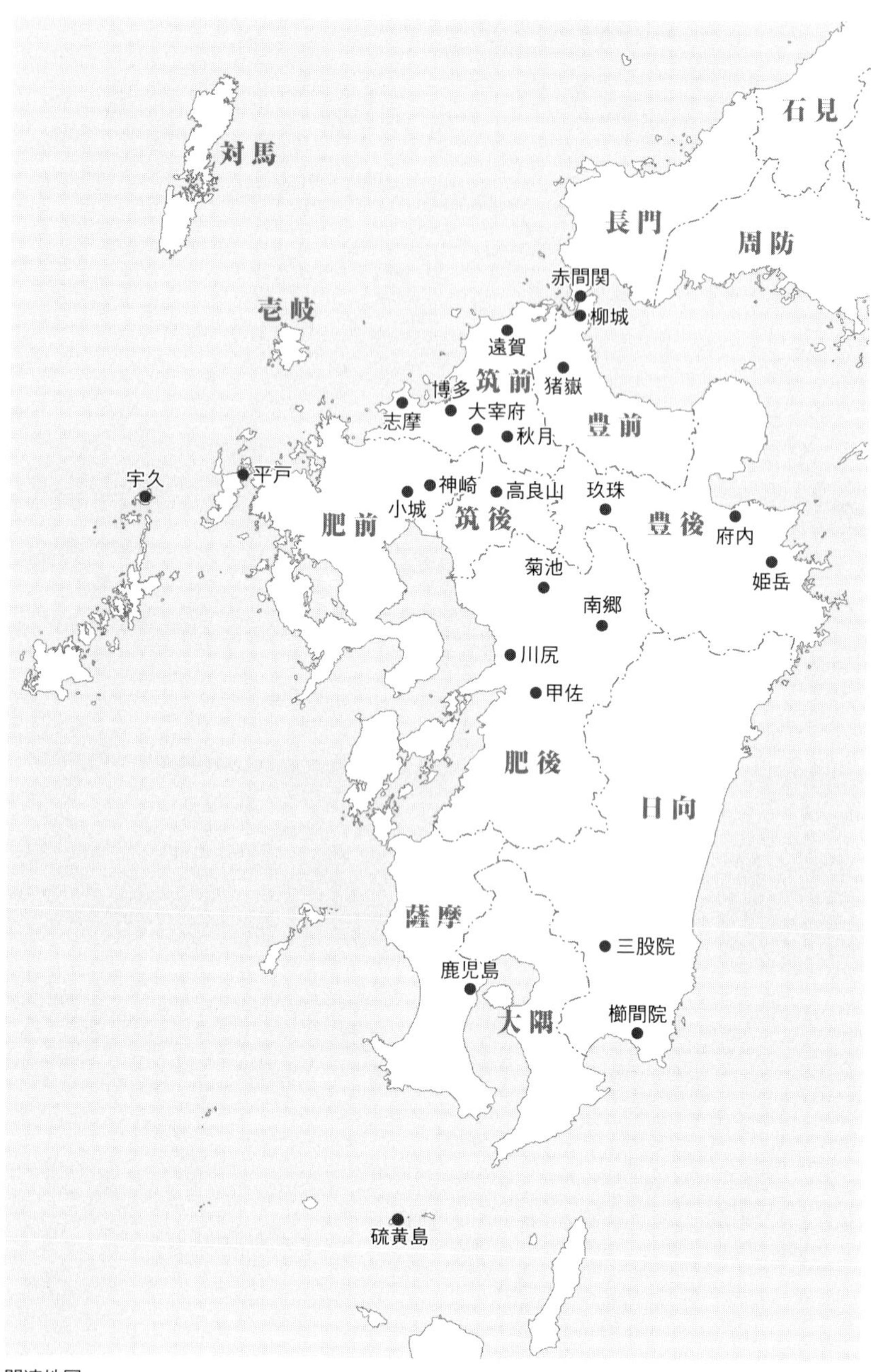
石見
対馬
長門
周防
赤間関
壱岐
柳城
遠賀
筑前
猪嶽
博多
大宰府
志摩
豊前
秋月
宇久
平戸
神崎
高良山
玖珠
小城
肥前
筑後
豊後
府内
菊池
姫岳
南郷
川尻
甲佐
肥後
日向
薩摩
三股院
鹿児島
大隅
櫛間院
硫黄島

関連地図

より「難所」に引き込まれて敗れた、とも記される。場所は「肥後」だというが、豊後臼杵郡の姫岳城の可能性も指摘される[143]。ともあれ、大友・少弐両勢の蜂起が続くも、中国勢がふたたび合力したことで、大内勢が息を吹き返していた様子がみてとれる。

永享八年に入ると、義教は四度目の幕府「上使」を下向させるとともに、さらなる合力勢の派遣を決定している（『看』同年二月一五日条）。具体的には出雲・因幡・伯耆勢の派遣が確認され[144]、日向の伊東・土持両氏にも「御書」が送られている[145]。下向した幕府「上使」景臨によれば、義教は「今度下候中国勢」が敗北しても赤松勢を派遣し、動員を拡大して「五年十年之内に可有対治」との覚悟を述べたという[146]。

このように合力体制がさらに強化される一方、大友・少弐両勢は、永享八年四月頃まで豊後の玖珠・日田両郡や豊前・筑前等で抵抗を続けている[147]。ただ、最終的には、豊後南部の姫岳城に押し込まれていった。大内勢が同城を陥落させたのは、同年六月一一日（『看』同二五日条）。持直や彼に与していた大友親著（前当主）、大友親繁等は没落し、行方不明となった。彼等は完全に屈服したわけではなく、その後も活動しており、引き続き「治罸」対象とされていくのだが[148]、ともあれ永享二年に端を発した永享の北部九州争乱は、ここでひとまず終結したとみなされている。

3　永享年間にみられた九州の政治・軍事的特質

冗長になったが、ここまで永享の北部九州争乱の推移を整理してきた。以上を踏まえ、本項では、応永年間との差異に留意しつつ、この間にみられた九州の政治・軍事的特質について検討する。

（1）軍事紛争の連続と対立構造の転換

永享二年（一四三〇）に起こった大内・大友両氏を核とする永享の北部九州争乱が、周辺の諸勢力を広く巻き込みつつ同八年まで継続した事実は、右に述べたとおりである。また、ここまで触れてこなかったが、新名一仁の研究によれば、この間に南九州の島津分国では惣領の島津奥州家忠国と庶子家の伊集院熙久の間で内紛が続いていたという。[149]このように、永享年間に入っても九州では軍事紛争が続いており、いまだ「平和」は訪れていなかった。まずこの点に、当該期における九州の政治・軍事的特質の一端が改めて指摘される。

ただ、北部九州に関しては、軍事紛争の対立構造に変化がみられた。探題（親探題派）対反探題派という形で展開していた応永年間とは異なり、永享の北部九州争乱は、影響力を拡大して筑前「御料国」代官にもなっていた大内氏と、同国の博多湾沿岸に所領を有し、朝鮮との通交に関与しはじめていた大友氏の対立を軸に、少弐氏をはじめとする周辺勢力が絡むかっこうで、以下のように展開していたのである。[150]

①永享二年後半〜、大内盛見対大友持直・少弐満貞・菊池氏
②永享三年後半〜、大内持世・大内持盛・大友親綱・菊池氏対大友持直・少弐満貞
③永享四年二月〜、大内持世・大友親綱・菊池氏対大内持盛・大友持直・少弐満貞
④永享五年三月〜、大内持世・大友親綱・菊池氏、安芸・石見・備後・豊後・肥後等の合力勢対大内持盛（同年四月に戦死）・大友持直・少弐満貞（同年八月に戦死）
⑤永享五年一二月〜、大内持世・大友親綱・菊池持朝・渋川満直（永享六年正月に戦死）、安芸・石見・備後・伊予・豊後・肥後等の合力勢対大友持直・少弐嘉頼・菊池元朝
⑥永享八年二月〜、大内持世・大友親綱・菊池持朝、因幡・伯耆・出雲・安芸・石見・備後・伊予・豊後・肥後等の合力勢対大内持盛の子息・大友持直・少弐嘉頼

ところで、右のごとく整理される永享年間の対立構造に、長らく北部九州の軍事紛争の中心的な当事者となってきた探題渋川氏はほぼ含まれない。では、この間に同氏はどういった立場にあったのか。詳細は本書所収の小澤・野下両論文を参照いただきたいが[151]、争乱発生当初に和睦仲介を幕府に要請するなど（『満』永享三年六月八日条）、永享五年頃までは幕府と現地の諸勢力を繋ぐパイプ役として機能している。ただ、同四年に幕府で新たな探題派遣が話題となっていたように、紛争解決のイニシアチブをとれていたわけではなく、同六年に探題渋川満直が戦死すると、乱の終結まで活動がほぼみられなくなっている。つまり、先学が指摘してきたように[152]、応永三二年（一四二五）に筑前博多から没落した探題渋川氏の弱体化が進む一方で、北部九州における大内氏のプレゼンスが高まっていった結果、北部九州における対立構造は、探題（親探題派）と反探題派を軸とするものから、大内氏と大友氏を軸とし、少弐氏がそこに加わるというものへと転換していったのである。

なお、探題が中心的な当事者ではなかったためであろう、永享五年三月に大友・少弐両氏が「治罰」対象に認定されるまでの間、永享の北部九州争乱は、大内氏と大友氏による「私義」とみなされていた（『満』同四年二月一二日条）。足利義教が「治罰」認定を急がず、当事者双方の言い分を聞くことにこだわり、大内氏に対する合力指示を慎重に進めていたのはそれゆえであろう。逆に、争乱発生当初から大内氏が「治罰御教書」発給を求め続けていた理由も、そこにみいだされる（『同』同三年五月二四日条・同五年三月六日条）。周辺勢力の合力状況の推移が端的に示すように、「私戦」と「公戦」では幕府のかかわり方が大きく異なっていたためである。

（2）西国社会における大内氏の影響力の高まり

次に、永享の北部九州争乱で大内氏が軍事紛争の中心的な当事者となった結果、同氏が影響力をさらに高めていた可能性を指摘しておく。

そうした様子が象徴的に示されるのは、大内持世が合力のために派遣された安芸・石見等の軍勢とともに永享五年（一四三三）三月に九州へ渡海し、同八年六月に大友持直を没落させる頃までにみせた動向である。この間に持世は、安芸・石見・肥後から参戦した合力勢、大内方（大友親綱方）に与した豊後国人の戦功注進等に携わっている[153]。また、幕府関係者との人脈が乏しかったとおぼしき大友親綱の連絡役も担っている（『満』同三年一一月二七日条）。いうまでもなく、彼等の多くは持世の守護分国の周防・長門・豊前や、代官を務めていた筑前を拠点とする人々ではない。にもかかわらず、持世は彼等の戦功注進等を担ったわけであり、その権原については、探題渋川氏の没落により「九州探題的立場」にあったためとする評価もみられる[154]。

その是非はともかく、ここで押さえておきたいのは、大内氏がかように広範囲の諸勢力とやりとりし、彼等と幕府を繋ぐ動き、役割をみせたのは、これがはじめてであった点である。そして、かかる関係性は、永享の北部九州争乱が終結した後も確認される。たとえば、義教の弟で大覚寺門跡となっていた義昭が京都を出奔、永享一一年から嘉吉元年（一四四一）にかけて日向で反幕府的な動きをみせると、義教は島津氏や大友氏に追討を命じるが[155]、その間の連絡の一端を担ったのは当時在京していた持世であった[156]。

こうして積み重ねられた実績や諸勢力との関係性が、その後なぞらえるべき先例となったのか、いつまで継承されたのかについては、まだ検証の余地が残る[157]。しかし、この後に大内氏が、北部九州はもとより西国社会に広く影響力を発揮する存在となっていったことは周知の事実である[158]。その点を勘案すると、争乱を通じて蓄積された実績や繋がりが、そうした政治的立場へ到達していく出発点になった蓋然性は高かろうと筆者は考えている。

（3）九州における永享年間のとらえ方

では、このような軍事・政治的特質を有する永享年間は、九州政治史の展開過程において、どういった時代ととらえられるのだろうか。応永年間と比較すると、まず軍事紛争に関しては、先述したようにこの時期になっても発生しており、引き続き「平和」は訪れていない。その点には連続性が見出される。

ただし、対立構造は、探題（親探題派）対反探題派というものが、大内氏と大友氏を軸とし、それに少弐氏がもっぱら後者に与して絡む、というものへと変化している。『満済准后日記』永享四年（一四三二）五月一九日条で話題となっていた新探題の派遣はうやむやとなり、探題渋川氏は永享年間以降も活動を続け、同氏を探題にすえた「「遠国」分治」の枠組みが完全に放棄されたわけではないが、応永年間に示していたような存在感は発揮しえていない。

その一方、大内氏と大友氏を軸に、少弐氏をはじめとする周辺の諸勢力が絡んで軍事紛争が勃発するという構図は、永享の北部九州争乱を出発点に、じつは応仁・文明の乱、明応・文亀年間の北部九州争乱、天文年間初頭の北部九州争乱まで一〇〇年ほど続いている。また、これ以降、少なくとも明応年間あたりまでは、大内氏対少弐氏という構図も生じていく[159]。

加えて、守護分国のみならず分国外の諸勢力に対しても影響力を発揮し、時には彼等と室町幕府のパイプ役も務めるという大内氏の政治的立場もまた、永享の北部九州争乱の時にみえはじめ、大内氏が滅亡するまで連続していったものである[160]。

このように、北部九州における永享年間には、南北朝時代後半に遠源を有する事象が温存・継承され、軍事紛争の火だねとして連続している点に特徴があった「南北朝・室町移行期」と称すべき応永年間と共通する部分もみられるものの、探題の弱体化、大内氏の政治的立場の向上、大内氏と大友氏を軸としつつ、そこに少弐氏が加わるという対立構造への転換という点には変化がみいだされる。少なくとも一六世紀第二四半期まで続くこれらの側面を重視するならば、永享年間は「南北朝・室町移行期」とは政治史的な段階を異にする時期とみなすべきであろう。

そして、とりわけ対立構造の変化と連続性という点に、具体的には大内氏と大友氏を軸とする対立構造にウェイトを置くのであれば、それがはじまった永享年間は、北部九州における「室町時代」の出発点というべき時期に位置づけられる、と筆者は考えている。[161]

四　永享の北部九州争乱に対する室町幕府のかかわり

前節でみてきたように、永享年間に入っても九州に「平和」は訪れていなかった。とりわけこの間に生じた永享の北部九州争乱は、大内氏と大友氏の対立を軸に、少弐氏をはじめとする周辺勢力を巻き込んで長期間継続した、大規模な軍事紛争であった。

では、こうした状況に対して、室町幕府はどのようにかかわり、どういった対応をみせていたのか。また、この後詳述するように、争乱に対して幕府はこれまでにない介入を示すのだが、そうした姿勢や施策は九州の諸勢力にどういった影響を与えていたのか。最後に本節では、応永年間にみられた幕府のかかわりとの比較を意識しつつ、これらの問題を検討しよう。

1　幕府「上使」の派遣

九州で軍事紛争が発生すると、室町幕府は応永年間と同様に、まずは幕府「上使」を派遣した。永享の北部九州争乱のおりには四度の派遣が確認され、その特徴は、①応永年間の事例とは異なり、いずれのケースも僧侶が派遣されていること、②一度目・二度目と三度目・四度目では派遣目的が異なっていたとおぼしきことであった。

まず①について述べると、一度目は「上使二人有雲和尚・裔西堂」が（『満』永享三年二月二七日条）、二度目は「相国寺大智院坊主無為和尚」「頂騰西堂」が（『同』同年六月九日条）、三度目は「心源和尚普明院・周朝西堂続芳院」が（『同』

同年一一月二五日条)、四度目は景臨首座が派遣されている。[162] 四度目の景臨首座の所属ははっきりしないものの、他の僧侶についてはいずれも五山禅僧であり、出雲国人の朝山師綱や安芸国人の小早川則平が繰り返し派遣された応永年間とは状況がやや異なっている。ちなみに、同時期に駿河の今川氏で家督相続をめぐる内紛が起こった際に派遣された幕府「上使」は、妙淳西堂と呼ばれる人物である(『同』同五年五月九日条)。彼もまた禅僧であったとみられる。

このような人選のあり様には、永享年間なりの(いい換えれば、足利義教なりの)方針が反映されていると思われる。ただ、その意図ははっきりしない。禅僧以外では、永享八年(一四三六)に信濃で勃発した「村上安芸守御退治」にあたり筑前国人の麻生弘家が幕府「上使」として派遣された事例や、[163] 永享の北部九州争乱の終結後、同一二年に少弐嘉頼の「御免」と大友持直一派の残党「治罰」がとり沙汰された際に、幕府奉行人飯尾貞連・飯尾為行が幕府「上使」として九州に派遣された事例もある。[164] かかる人選の意味するところは、今後の検討課題である。

次に、②派遣目的について。永享の北部九州争乱の勃発が幕府へ報告された直後、永享三年二月二九日に出発した一度目の幕府「上使」と(『満』同日条)、彼等の「沙汰」が「未尽」であったために同年六月九日以降に出発した二度目の幕府「上使」の派遣目的は、大内・大友両氏の和睦調停であった。二度目の幕府「上使」などは、和睦成立まで上洛せぬように指示されていた(『同』同日条)。

ところが、三度目と四度目の派遣は目的が異なっていた。大内盛見の戦死にともない状況が暗転し、大内氏に対する軍事支援が話題となっていた永享三年一一月に企画された三度目の幕府「上使」派遣にあたっては、「退治」「治罰」の判断材料となる「国様、大友・少弐振舞等」を「具可注進申入」ことが使命とされた(『満』同二一日条)。四度目については、その目的を明示する史料は管見に入らないが、争乱が終盤を迎えていた同八年三月以前の派遣であり、恐らく和睦調停のためではない。現地では大友持直の有力家臣田北親増を調略したり、日向の伊東・土持両氏宛の「御書」を持参しての交渉・請文注進を担っており[165]、そこから判断すれば、大友・少弐両氏の「治罰」と大内氏に対する軍事支援を推進するために派遣されたとみられる。

2　「公戦」化にともなう大内氏に対する軍事支援

第一節第二項で示したように、応永年間に北部九州で発生した大規模な軍事紛争の多くは、探題（親探題派）対反探題派という対立構造のもとで発生していた。「将軍の分身」として九州支配を担うべく設置された探題が一方の当事者となった場合、その軍事紛争はおのずから「公戦」とみなされたとおぼしく、室町幕府は探題渋川氏の注進・要請にもとづいて反探題派を「治罰」の対象に認定したり、大内氏に渡海を命じたりすることで、探題を支援してきた。

ただ、永享の北部九州争乱の場合、中心的な当事者は探題渋川氏ではなく、これまで探題支援の担い手となってきた大内氏と、親探題派として活動してきた大友氏である。ゆえに、先述したように、勃発当初この争乱は「私義」とみなされており、当事者の一方を幕府が支援し、周辺の諸勢力まで動員するという対応は、本来は考えられない事態だったはずである。早くから大内氏に肩入れする姿勢を示していたにもかかわらず、足利義教が和睦仲介や状況把握を目的とする幕府「上使」派遣を繰り返したり、あからさまな軍事支援や大友・少弐両氏の「治罰」認定に躊躇する様子を示していたのは、そのためでもあろう。探題が軍事紛争の主役でなくなったことにより、幕府の対応にはこういった変更点が生じていたのである。

しかし、大内盛見の戦死後に「惣領職」を継承した大内持世と、長門守護となった大内持盛が内紛を起こし、豊前に逃れた持盛を大友・少弐両氏が支援する形勢となっていた永享四年（一四三二）一〇月の段階で、義教は渡海許可を求める持世の要請を受け入れ、彼を支援する方針を固めた。そして、やはり持世の働きかけにより、翌年三月に大友・少弐両氏を「治罰」対象とし、持世に「御旗」を下賜することを決している。この間に義教がかかる決断を下したのは、もともと大内氏が室町領主社会の準構成員というべき政治的立場にあり、筑前「御料国」代官に任じられていたように、幕府関係者の信頼が厚かったことに加え、持世の在京雑掌が京都で各方面に効果的な働きかけを行っていたことがあってのことと思われる[166]。

そして、大友・少弐両氏の「治罰」認定と持世への「御旗」下賜により、永享の北部九州争乱が「公戦」化したことにともない、義教は大内氏に対する軍事支援を一気に強化した。軍事紛争エリアの域内・域外の諸勢力に働きかけ、「公戦」の担い手となった持世を支援させたのである。合力を命じられ、北部九州へ向かった域外の諸勢力は、永享五年半ばの時点では山名氏の守護分国の安芸・石見・備後勢と（『満』永享五年八月二九日条）、菊池氏の守護分国の肥後勢[167]。同六年に大友・少弐両氏がいったん盛り返しをみせた後には、さらに伊予・出雲・因幡・伯耆の軍勢が動員されている[168]。

それにしても、これほどの軍勢が域外から九州の戦場に派遣されたケースは、なかなかみかけない。探題に就任した今川了俊が下向し、はじめて九州へ渡海した時にも中国勢が多く動員されているが[169]、それよりも大規模ではあるまいか。しかも義教は、先ほども述べたように、「今度下候中国勢」が敗北しても赤松勢を派遣し、動員を拡大して「五年十年之内に可有対治」との覚悟を示している。

また、大友・少弐両氏の「治罰」が早々に決着するように、とはじめられた祈祷も特徴的な事象として注目される。義教から祈祷を命じられたのは護持僧で、満済は永享五年四月二二日より一〇月一五日まで「九州大友・少弐御治罰御祈愛染王」を修している（『満』同年四月八日・同二二日・一〇月一五日条）。こうした点からも、幕府が永享の北部九州争乱を深刻に受け止めていた様子がうかがえよう。

なお、以上のような対応がとられた背景について、佐伯弘次は「将軍専制を志向する義教が九州にまでその権力を及ぼそうとした」ため、と評している[170]。たしかに、これ以前とは明らかに異なる幕府の施策を義教の政治的志向性の反映と理解する見方は妥当だと思う。

ただ、それに加えて、彼が世間の評判「外聞」を重視する人物であった点も[171]、右のごとき対応の背景になったのかもしれない。「天下無為」を判断の念頭に置きながらも（『満』永享三年三月二〇日・同二三日条など）、幕閣の一部の意見を退けて大内氏支援に舵を切ってしまった以上は、これを成功させねば面子が潰れてしまう。そうした「外聞」を気にする中、軍勢派遣がエスカレートしてしまった、という状況にみえなくもないのである。

3　室町幕府の地方支配の転換

以上の様相を踏まえ、次に、永享の北部九州争乱のおりにみられた室町幕府の地方支配のあり様について検討する。ここで留意したいのは、その方針とされてきた「辺境分治」「遠国融和」「地域の自浄作用」「緩やかな支配」との関係である。

「はじめに」でも少し触れたように、桜井英治は、『満済准后日記』永享四年（一四三二）三月一六日条にみえる「遠国事ヨハ、少々事雖不如上意候、ヨキ程ニテ被閣之事ハ、非当御代計候、等持寺殿以来、代々此御計ニテ候ケル由伝承様候」という畠山満家の証言等を根拠に、「近国と遠国は異なるとの認識」が幕府関係者に共有されており、足利義教の治世にも「遠国宥和策・放任策」という「政治思想」があったとみている[172]。たしかに、永享の北部九州争乱の勃発直後には、義教が幕府「上使」を繰り返し派遣しており、和睦仲介による「地域の自浄作用」の作動に期待を寄せていた様子がうかがえる。

しかし、大内盛見が戦死したり、その跡目をめぐって大内持世と大内持盛が内紛を起こしたり、争乱が予想外の展開をみせていくと、義教はスタンスを変えていく。事態の悪化に即しつつ大内氏に対する（持世に対する）軍事支援体制の構築を徐々に進め、大友・少弐両氏を「治罰」対象に認定した後は、もはやとり繕うことなく域内・域外の諸勢力を動員し、永享の北部九州争乱に介入したのである。「地域の自浄作用」に見切りをつけ、西国エリアの諸勢力を大規模に動員して持世を軍事支援し、大友持直と少弐氏を徹底的に追討することで、北部九州の秩序を再構築しようとしたとみられる。

かかる対応を踏まえると、この間の幕府の地方支配（九州支配）を「「遠国」分治」の延長線で捉えることは可能であっても、「遠国宥和策・放任策」であり続けていた、とみるのは実態的に難しい。今谷明が指摘するように、少なくとも永享年間から嘉吉年間にかけては「伝統的な遠国融和策は義教の介入方針により後退」していた、とみるべきであろう[173]。

ちなみに、こうした方針転換は九州に限ったことではないようだ。たとえば、筒井氏と越智・箸尾両氏の対立を軸とする大和の軍事紛争「大和永享の乱」では、義教は当初和睦調停を試みたものの、筒井方の要請を受け、永享四年に軍勢派遣に方針転換。赤松・畠山勢を派遣したのを皮切りに、永享年間末まで軍事介入を続けている[174]。また、義教の将軍就任以来、対立姿勢をみせてきた鎌倉公方足利持氏が、関東管領として彼を制止する立場にあった上杉憲実の討伐に乗り出すと、憲実の注進・要請を受けた義教は、篠川公方足利満直や駿河守護今川範忠、信濃守護小笠原政康、越後守護上杉房朝等に憲実を支援させ、斯波・一色・土岐諸氏といった東海勢、さらには四国勢の派遣まで命じている[175]。

このように、とくに永享年間の後半になると、「遠国」であろうと軍事紛争が深刻化すれば、義教は介入を厭わなくなっていた。その背景には、彼の諮問に意見を提示してきた幕府関係者の退場もあるのかもしれないが[176]、ともあれ「伝統的な遠国融和策」の「後退」は、九州独特のものというより、幕府の地方支配全般でみられた現象と考えた方がよさそうである。

4　室町幕府の対応とその変化

最後に、ここまで述べてきたような室町幕府の対応とその変化が、九州の諸勢力に与えたとおぼしき影響について検討する。

（1）室町幕府の求心力の高まり

まず触れておくべきは、永享の北部九州争乱のおりに室町幕府が西国の諸勢力を「遠国」九州にまで大規模動員できる実力を誇示したことにより、幕府の求心力が高まっていた、とする見方である。この点について荒木和憲は、「中世九州政治史上、これほどまでに幕府が直接介入し、「上意」の存在を誇示した時期はない。嘉吉の乱を契機として「室町幕府―守護体制」は弛緩するとされるが、多分に畿内・近国守護（大名層）の動向にもとづいた見方である。むしろ遠国である北部九州においては、たとえ将軍（室町殿）不在の時期があるとしても、「幕府」（大名層の連合体）の軍事的実力が厳然と示されたことで、幕府に対する求心力が強まっていた」と指摘する。これには筆者も同感である[177]。

では、幕府の求心力の高まりは、具体的にはどういった場面に確認されるのか。ひとつの指標は、幕府の要請・指示に対する九州の諸勢力の反応であろう。傾向としては、応仁・文明の乱から戦国時代にかけて戦乱と権力闘争により幕府が弱体化していくと、「治罰」対象となった勢力への攻撃や上洛支援といった幕府の要請・指示に、九州の諸勢力が応じる場面は少なくなっている。むろん、恐らくこれは全国的な話であろうが、永享年間から嘉吉年間あたりに限っていえば、幕府の要請・指示に応じるケースが九州でもそれなりに目に入ってくる（応じないケースもあるが）。幕府の「軍事的実力が厳然と示され」ていた時期ということもあり、前後の時代と比較すると、幕府の要請・指示が履行されやすい状況にあった可能性が指摘されるのである。

永享の北部九州争乱に関連していえば、たとえば肥後菊池氏の動向があげられる。ここまでみてきたように、もともと同氏は応永年間以来反探題派の中心的な存在であり、争乱の当初は、大友・少弐両氏と連携する動きを示していた（『満』永享三年二月二七日条）。ところが、大友氏との不仲に着目した幕府が大内氏への合力を命じると、手のひらを返すようにその指示に従う姿勢をみせていく（『同』同年一一月二一日条）。筑後守護補任という見返りを念頭においた政治的判断もあってのことであろうが、事実としてはそうなっている。

次に、永享の北部九州争乱後にみられた事例をふたつあげる。ひとつは、永享一〇年（一四三八）から翌年にかけて生じた肥前の千葉胤鎮の追討事例である。きっかけは、争乱の終結後に周防山口へ帰国していた大内持世に、肥前の中村左衛門五郎が送った「御一左右」であった[178]。これを受け、持世は再渡海を決断、肥前の「小城要害」まで出兵する。ただ、この出兵は持世の自己判断で実施した「私戦」ではなく、「公戦」的な性格を持つものであった。分国外にして大内領も存在しない肥前を出張先とすることと、胤鎮の没落後、その捜索を指示する幕府奉行人連署奉書が発給されていることがその証左である[179]。

そして、そのような軍事紛争の性格も踏まえて注目したいのは、胤鎮追討にあたって肥前国人の大村・上松浦・草野諸氏が「御方」として「忠節」する旨を持世へ早々に伝え、追討に加わる姿勢を示している点である[180]。その背景には、現地のさまざまな利害関係もあるのだろうが、それに加えて、肥前に影響力を及ぼしてきた探題渋川氏や少弐氏が争乱をへて弱体化する中、「公戦」的性格を有する胤鎮追討に積極的に関与することで、幕府との関係や、幕府と太いパイプで繋がっていた持世との関係を構築し、自身の政治的立場の強化に資せんとする彼等の思惑があったとみられる。

もうひとつは、永享一一年六月までに日向へ下向し、国人鬼束氏や島津一門の樺山氏に支援を求め、反幕府的な動きを示していた大覚寺義昭の追討事例である。同一二年六月以前に、国人野辺氏の拠点櫛間院に義昭が逗留中との注進を得た義教は、島津氏にその追討を指示した。これに対して、薩摩「国一揆」への対応にともない島津忠国派と島津持久派に分裂していた島津氏は、義昭追討を「延引」してしまい、義教から催促の御内書を送付されることとなった。しかし、けっきょく嘉吉元年（一四四一）三月に忠国派が義昭を討ち取り、その首を京都へ送って決着を付けている。

かかる経緯で注目したいのは、北部九州のみならず南九州においても義教の軍事的な指示が履行されている事実である。忠国派がかかる対応をみせたのは、幕府との関係を強化することで持久派に対抗するための有利な材料を確保したい、との思惑があってのことであろう[181]。ただ、加えて念頭に置くべきは、永享の北部九州争乱で大規模な軍事動員が行われた直後という点を踏まえ、指示を履行せねば義教の疑念を招き、自身の政治的立場に影響が及びかねない、という危惧もあわせ持っていた可能性である。それを示すように、忠国は追討実施の注進にあたり、自発的に「誓文」つまり起請文を提出し、自身の「心中」を義教に言上している[182]。追討「延引」の釈明であろう。そして、忠国の働きを称賛すべく出された義教御内書の副状にあたる「取次」赤松満政書状には、「今度之儀、雖御斟酌候、沙汰被申之由御申事、御不審之由被仰出候」と記されており、実際に義教が島津氏の「沙汰被申之由御申」に「御不審」を持っていたことを伝え、その事実を心得ておくよう忠告する文面が記されているのである[183]。

足利一門の追討というデリケートな問題であり、なおかつ義教の「凶暴性」がもっとも高まっていたとおぼしき嘉吉の変の勃発直前という時期的な背景もあって、この時の義教との関係には小さからぬ緊張感がともなっているようにみえる。義教の治世は「万人恐怖の世」と評されるが[184]、大覚寺義昭追討に関するこうしたやりとりをみる限り、そんな認識は列島に広く共有されるものであったとおぼしい。幕府の（義教の）要請・指示はないがしろにできない、という意識が、この時期には「遠国」九州でも高まっていたのではないだろうか。

（2）九州の諸勢力がみせていた室町幕府へのアプローチ

なお、室町幕府と九州の諸勢力の関係は、前者が後者へ一方的に要請・指示を下す関係に留まっていたわけではない。この間には（この間にも）、九州の諸勢力が幕府に接近し、自身の政治的立場を補強するための政治・儀礼的資源を求める動きが継続してみられた。

一例をあげると、先述した薩摩「国一揆」の勃発にともない、永享四年（一四三二）から同八年にかけて島津分国で庶子家の伊集院煕久と島津忠国が対立する中、「庶子」たる前者が「惣領」たる後者に対抗すべく展開した幕府への働きかけは興味深い。

新名一仁の仕事を参考にすると、[185]硫黄の調達・提供を強みに、幕閣の山名時煕や、再開が予定されていた遣明船の硫黄確保担当者の瑞書記と独自の人脈を築いていた煕久は、その伝手を使い、自身の政治的立場の向上に繋がる政策提案を彼等にさせていた模様である。永享四年七月、島津・伊集院両氏の「合戦」により硫黄の確保に支障が生じる中、上洛してきた瑞書記は、「硫黄令奉行、可渡瑞書記」との御教書を伊集院氏にも発給してはどうか、と幕府関係者に提案するのだが（『満』同一二日条）、これは恐らく煕久の依頼を受けてのこととみられる。

また、幕府から忠国との和睦調停を受けた後、煕久は永享五年冬までに使僧を上洛させ、自身の主張を直接幕府に訴えんとするのだが、その直後に、時煕が起案した遣明船警固対象者リストに「惣領」忠国と「庶子」煕久が同列に記載され、それが一度は義教の承認を受ける、という事態が発生している（『満』同六年正月二〇日・同二三日条）。かかる措置を煕久が望んだことを示す証左は管見に入らないが、当時の状況や人間関係を勘案すれば、「山名時煕―瑞書記―伊集院氏の連携」による伊集院氏の地位向上策を推測するのは至極まっとうな話であろう。[186]

もっとも、こうした働きかけは、幕府関係者の反対や先例の有無により、いずれもうまくいかなかった。ただ、いま重視すべきはことの成否ではなく、熙久が硫黄を材料に幕府関係者と結びつきを強め、「惣領」忠国と伍する政治的資源を幕府から引き出さんと企図していた事実である。「遠国融和策」の後退により幕府の影響力が「遠国」にまで及ぶケースが生じる中で、幕府との関係を求める主体とその目的、アプローチのあり様は多様性を増していたとおぼしい。この事例は、そうした実態の一端を示すものと考えられる。

(3) 九州の諸勢力の上洛・在京の状況

では、このように室町幕府の求心力が高まる中で、上洛・在京する九州の諸勢力は増えていったのだろうか。応永年間には大友・島津・渋川諸氏の上洛が確認されたわけだが、そうしたケースはどう推移していたのか。

この点について史料を検索すると、管見では、永享年間に上洛した九州の諸勢力はほとんどみられない。恐らく原因は、北部九州を中心にさまざまな勢力を巻き込みつつ大規模に展開した永享の北部九州争乱の余波にあろう。争乱の終結後、大内持世ですら上洛を渋り、足利義教の怒りを買っているのはその証左である(『建内記』永享一一年六月一八日条)。そして、そういった状況はやがて固定化していったとみられる。国人の上洛事例は断続的に確認されるものの、大内氏を除く九州の守護クラスの人物が上洛・在京するという事象は、これ以後まったく確認されなくなるのである。

もっとも、守護クラスの人物の上洛・在京がみられなくなることが、京都に所在する政治・儀礼・文化的資源が九州にもたらされなくなることを意味するわけではない。少し補足しておくと、(これ以前もそうだったと思われるが)これ以降、そうした資源の調達は、都鄙間を往来する(越境する)諸勢力の被官や使僧、宗教者、連歌師といった文化人、下向公家が担うこととなっていく(はずである)。そして、応仁・文明の乱以降、京都における「平和」が破れ、室町領主社会の変質・解体が進む中で、京都と「遠国」間の文物の往来はむしろ流動性を増していくというのが、いま抱いている筆者なりの見通しである。[187] 加えて、京都と太いパイプを有し、中央政局で生じた政治・軍事的な混乱期にたびたび上洛・在京した大内氏が九州に与える影響も大きなものがあった。[188]

ちなみに、永享年間に生じていた上洛事例で管見に入った唯一のものは、（低調ながら）朝鮮王朝に通交する一方で、日明貿易に対する強い志向性を有していたという肥前田平の松浦義のそれである。[189] 上洛に至った経緯は近世に編纂された家譜に詳しいが、なるべく同時代史料に即して確認すると、享徳四年（一四五五）に記された義の寿像賛に「永享中入京、謁大相国普光院殿、相国優渥邁倫、特沿家祖之旧例、寵賜以錦袴、寔一時之栄也矣」とみえるように、彼は永享年間に上洛し、義教と会っていた。[190]

そして、義はただ上洛するに留まらず、義教と親密な関係を構築していた。その証左は、松浦史料博物館所蔵の《絹本著色松浦義像》の存在である。渡邊雄二によれば、[191] 能装束とおぼしき直垂や長袴を着し、赤い立烏帽子をかぶった若い青年を描いたこの肖像は、恐らく義教周辺のやまと絵師によって描かれたもの。義教の命を受け、永享一〇年四月に着賛したのは相国寺乾徳院の聖仲永光で、文中には「直而能忠　水魚遭遇」という両者の親密さを示唆する表現もみられる。そして画像の上部には、義教の公家様花押が据えられている。以上を踏まえ、義の肖像は、義教が深く関与して制作されたものと考えられている。

義と義教の親密な関係を示すもうひとつの証左は、長禄二年（一四五八）に上洛した義が、義教の菩提所相国寺普広院を訪問し、三万疋を献じている事実である（『蔭凉軒日録』同年六月一九日・同二〇日条）。この時の「莫大な追善料は、勘合免許獲得を目的とした工作であった可能性が高い」と評され、実際に義はそれに成功する。[192] ただ、「昔年蒙普広院殿恩顧」を忘れることなく一七回忌にあわせて上洛した義の行動を、「勘合免許獲得」目的にすべて収斂して理解する必要もないだろう。『蔭凉軒日録』を素直に読めば、義にとって義教との関係は、その死後も忘れがたいものであったとみられる。

話を戻そう。それでは、永享年間に義は何のために上洛していたのか。帰国してきた永享度の遣明船のトラブル解消にかかわった様子もあり、義が幕府関係者とパイプを有していたことに間違いはなさそうだが[193]、同時代史料に上洛目的を示すものはみあたらず、はっきりしない。

ただ、一七世紀に成立した家譜『大曲記』などが、上洛前に義が宇久島の宇久氏、平戸島の津吉・下方両氏、生月島の「生月三人衆」と合戦に及んだと伝えている点は注目される。後世の編纂物だけに信憑性の検証が必要だが、永享八年に義を含む下松浦の九名が「就公私、自今以後可為一味同心」ことを制約した一揆契状をとり交わしている事実や[194]、義が注進した「国之弓矢事」について、幕府が「早々可止確執之儀之由」を持世に指示している事実は、軍事紛争の勃発を伝える家譜の記事を補強する材料となろう[195]。

これらを踏まえると、義は、義教が永享の北部九州争乱をはじめとする「遠国」の軍事紛争に介入する姿勢を強めていた状況を踏まえ、軍事的劣勢を挽回する手法として上洛を選択した。そうは考えられないだろうか。上洛・在京により、幕府や、幕府と太いパイプを有する大内氏のような隣国の有力者との関係を強化することで、有事の際には彼等から調停や軍事支援が提供される可能性を高められる。義教の治世は「万人恐怖の世」と評されるが、接近に成功すれば逆にその影響をより強く享受することもでき、さらには、近隣の諸勢力から抜きんでた政治・儀礼・外交的地位を認められる可能性もある。なにをどこまで計算していたのか、確言することはなかなか難しいが、状況的には恐らく右のごとき政治的な思惑を胸に秘め、義は上洛・在京したと考えられよう。そして、かかる想定が妥当だとすれば、列島の西端に所在する《絹本著色松浦義像》に据えられた義教の花押は、永享年間に「遠国融和策」が後退し、よくも悪くも彼の（幕府の）影響力が「遠国」九州にも及ぶようになっていた状況を端的に示すもの、ということができる。

ここまでみてきたように、義教の治世の後半、永享年間から嘉吉年間にかけての時期は、応永年間にみられた軍事紛争をさらに凌駕するそれが勃発していた時期である。その余波もあり、守護クラスの諸勢力の上洛が途絶えてしまった時期でもあったわけだが、義の上洛事例が示すように、「遠国」九州に対する幕府の影響力・求心力の高まりという点では（〝最大瞬間風速〟的なものかもしれないが）はからずもひとつのピークを迎えていた。一見すると矛盾しているようにもみえる状況だが、実態はそうであったと考えられるのである(196)。

おわりに

ここまで本章では、（一般的にいうところの）南北朝時代後半から室町時代前半にかけて生じていた軍事紛争と、それに対する室町幕府のかかわりを論点に、列島の政治・社会体制に関する議論や、幕府の地方支配に関する議論との関係を意識しつつ、九州の政治・軍事的特質を示さんと検討を進めてきた。最後に、各節のポイントをまとめるとともに、残された課題について少し述べておきたい。

第一節では、応永年間にみられた軍事紛争とその対立構造をとり上げた。九州における軍事紛争の発生状況をみてみると、南朝方の消滅後も九州ではそれが続いており、他地域にみられたような「室町の平和」は訪れていなかった。そうした軍事紛争が続いた背景には、南北朝時代の中盤以降に生起しはじめ、南朝方の消滅後に本格化していった探題（親探題派）対反探題派という対立構造があった。加えて、阿蘇大宮司家の分裂に象徴されるような、南北朝内乱にともない発生していた諸勢力の分裂状況の継続が影響していた様子も看取された。また、反探題派となった少弐氏や菊池氏は、幕府が提供する政治・儀礼的資源を相対化するような前代以来の由緒や社会的関係を前提に権力基盤を築いており、（少なくとも少弐氏については）国人層の一部から権益維持・拡大の結集核となりうる存在とみなされていた。こうした南北朝時代後半に遠源を有する事象が温存・継承され、軍事紛争の要因になっていた点を重視するならば、九州の、とくに北部九州の応永年間は、「南北朝・室町移行期」というべき独特の特質を有する時期であったと指摘された。

第二節では、南北朝時代後半から応永年間にかけて勃発した九州の軍事紛争に、幕府がどうかかわったのかを検討した。当時の幕府の地方支配は「遠国融和」を原則とするとこれまで評されてきたが、実際には、軍事紛争に関する探題の注進・要請を受けると、幕府は（1）「治罰」御教書発給による探題の武力行使の正当化、（2）大内勢を渡海させての探題支援、（3）幕府「上使」の派遣という、南北朝時代後半から末期にかけてみられた手法を用い、解決を促していた。つまり、探題の注進・要請があれば幕府は「不干渉主義」に留まらない対応をみせていたのであり、かかる様相を踏まえ、「「遠国」分治」の実態は理解されるべきだと指摘した。

また、九州の諸勢力側の視点から幕府との関係性にアプローチすべく、彼等の上洛事例を検討すると、頻度は限られるものの、軍事紛争の間隙を縫うように諸勢力が上洛していた様子が確認された。かかる状況に加え、使者の往来、在京雑掌や「取次」の存在等を勘案すると、「近国」の諸勢力とは当然異なるものの、「遠国」九州の諸勢力も持続的に京都と繋がる契機とパイプを確保していた様子が指摘された。

第三節では、永享年間に生じていた軍事紛争とその対立構造を検討すべく、永享の北部九州争乱にスポットをあてた。争乱は永享二年（一四三〇）から同八年に及んでおり、この間も九州への「平和」の到来は確認されなかった。争乱の前提となったのは、南北朝時代後半から永享年間初頭にかけてみられた大内氏の北部九州進出と、少弐・菊池両氏との対立による探題渋川氏の弱体化であり、直接的な原因となったのは、足利義教が実施した筑前「御料国」化と大内盛見の代官就任にともなう大内・大友両氏の対立であった。争乱は大内氏と大友氏の対立を軸としつつ、少弐氏をはじめとする周辺の諸勢力を広く巻き込んで展開するが、かかる対立構造は、探題（親探題派）対反探題派という図式をとった応永年間までのそれとは異なっており、逆にいえば、一六世紀第二四半期まで継続していくものであった。

また、争乱に際して大友・少弐両氏の「治罰」を担った大内氏は、この間に広範囲から派遣された合力勢とやりとりしたり、彼等と幕府を繋ぐパイプ役となったりするが、かかる関係性の蓄積が、後に同氏が西国社会に影響力を及ぼしていく実績や先例となった可能性が指摘された。

そして、右のごとき前後の時代との断絶性・連続性を勘案すると、政治史の展開過程における永享年間は、北部九州における「室町時代」の出発点に位置づけられると指摘された。

第四節では、永享の北部九州争乱に対する幕府のかかわりについて検討した。争乱の勃発当初、義教は幕府「上使」の派遣を繰り返し、和睦仲介による「地域の自浄作用」の作動に期待を寄せた。しかし、盛見が戦死し、さらにその後継をめぐる大内持世と大内持盛の内紛が起こるなど、争乱が想定外の展開をみせていくと、義教は大内氏に対する（持世に対する）軍事支援体制の整備を進め、大友・少弐両氏を「治罰」対象とした後には、とり繕うことなく域内・域外の諸勢力を動員して争乱に介入した。こうした点を踏まえると、この間にみられた幕府の対応は「遠国宥和策・放任策」とはいえないものとなっていた。少なくとも永享年間から嘉吉年間にかけては、「伝統的な遠国融和策は義教の介入方針により後退」していたと指摘された。

次に、幕府の対応とその変化が、九州の諸勢力に与えた影響について検討した。この点については、争乱のおりに幕府が西国の諸勢力を大規模に軍事動員できる実力を誇示したことで、幕府の求心力が高まっていたと指摘されており、実態を再検討すると、永享年間から嘉吉年間にかけて九州の諸勢力が幕府の軍事的な要請・指示に応じるケースがたしかに確認された。また、この間には、九州の諸勢力が幕府に接近し、自身の政治的立場の強化に繫がる政治・儀礼的資源を求めるケースも確認された。

右の問題に関連して、永享年間における九州の諸勢力の上洛・在京状況を検討すると、争乱の余波であろうか、永享年間以降に守護クラスの人物の上洛・在京は確認されず、管見に入った唯一の事例は肥前国人松浦義のそれだけあった。ただ、守護クラスの人物の上洛・在京がみられなくなることが、京都に所在する政治・儀礼・文化的資源が九州にもたらされなくなることを意味するわけではなく、これ以降そうした資源の調達は、都鄙間を往来する（越境する）諸勢力の被官や使僧、宗教者、連歌師といった文化人、下向公家が担うこととなっていくはず、との見通しを示した。

以上の検討により、南北朝時代後半から永享年間にかけてみられた「遠国」九州の軍事紛争と、それに対する幕府のかかわり方、幕府と九州の諸勢力の「接続」の実態、そしてその推移が多少は明らかになったと思う。とはいえ、冗長になり過ぎたがゆえに、議論がやや散漫になってしまった。最後に、やや踏み込んだかっこうでまとめなおしておく。

先学を踏まえ、本章の内容に少し言葉を補って改めて整理すると、この期間の九州の（北部九州の）権力構造は、①在国を原則とし、前代以来の社会的関係を前提に形成された権力基盤を有していたり、対外通交への強いまなざしを有していたりするという、室町領主社会の構成員とは異なる存在形態を持ちながらも、政治・儀礼的資源の供給源となる幕府との繋がりは確保し続けていた守護や国人と、②九州における軍事紛争の鎮圧と解決、幕府と現地の諸勢力間のパイプ役、東アジア諸地域との外交権の一部等を委ねられ、幕府の支援もあって一程度はそれを果たしつつも、応永年間末には弱体化していった探題渋川氏、③探題支援のためにたびたび渡海するのみならず、探題渋川氏の弱体化と並行するような形で筑前進出を果たし、永享の北部九州争乱のおりには幕府の支援を受けながら、九州のみならず西国社会への影響力を高めていった大内氏というように、地域の政治・軍事に影響を及ぼしうる権力行使主体が折り重なり、あるいは併存するという構造により、成り立っていた。

そして、右記①～③の権力行使主体が、南北朝時代後半以降に遠源を有する諸事象にも規定されつつ対立し、探題（親探題派）対反探題派の対立を軸とする応永年間の対立構造から、大内氏対大友氏の対立を軸とする永享年間の対立構造へと関係性を変化させながら軍事紛争を繰り返したことにより、南北朝内乱の終結後も九州には（北部九州には）「室町の平和」は訪れなかった。

こうして繰り返される九州の軍事紛争に対して幕府は、探題の注進・要請があれば、「治罰」御教書の発給や幕府「上使」の派遣、大内氏への軍事支援指示などの施策を打ち出し、探題を支援したり、紛争解決を促したりしていた。むろん、すべての軍事紛争についてかかる施策が行われたわけではなく、また実施してもうまくいかないケースもあったわけだが、「不干渉主義」「放任策」を原則・方針としていたとは一概に断じえない対応がみられ、また、時として九州の諸勢力側も幕府の指示に応じる姿勢を示していた点に、筆者は注目すべきと考える。そして、そうした施策・対応の実施とその成否の積み重ねも伏線・背景となり、永享の北部九州争乱のおりには、「遠国融和策」を後退させた義教による周辺諸勢力の大規模な軍事動員が図られ、直接介入が行われるに至っていた。

南北朝時代後半から永享年間にかけてみられた、このような権力行使主体のあり様と、それらによる軍事紛争の継続とその対立構造の推移、軍事紛争に対して「不干渉主義」「放任策」と一概に断じえない施策を打ち出していた幕府の対応は、「室町の平和」を享受していた地域にはみいだし難いものであった。すなわち、かくのごときあり様が、室町九州の政治・軍事的特質とみなされるものなのであろう。

なお、この期間に進展していた九州の諸勢力と東アジア諸地域のかかわりや[197]、嘉吉年間以降の九州政治史との関係性[198]（連続性・断絶性の問題）、九州における守護や国人の政治的役割の問題、北部九州と南九州の間でみられた相違点など[199]、これほど多くの紙幅を費やしてきたにもかかわらず、とり組むべき課題をいくつも残してしまった。それはひとえに筆者の要領の悪さに起因するものであり、本来はいずれも看過しえない重要な論点である。今後の検討を期したい。

註

（1）室町幕府―守護体制にかかる川岡勉の見解はさまざまな著作に示されるが、本章では、最新の見解である川岡勉「総論　中世後期守護の歴史的位置」（同編『中世後期の守護と文書システム』思文閣出版、二〇二二年）に拠った。
（2）吉田賢司「室町幕府による都鄙の権力編成」（同著『室町幕府軍制の構造と展開』吉川弘文館、二〇一〇年。初出は二〇〇七年）、大薮海「中世後期の地域支配―幕府・守護・知行主―」（『歴史学研究』九一一号、二〇一三年）など。
（3）須田牧子「書評　川岡勉著『室町幕府と守護権力』」（『史学雑誌』一一四編一号、二〇〇五年）など。
（4）伊藤俊一『室町期荘園制の研究』（塙書房、二〇一〇年）。
（5）山田徹a「室町領主社会の形成と武家勢力」（『ヒストリア』二二三号、二〇一〇年）、同b「室町時代の支配体制と列島諸地域」（『日本史研究』六三一号、二〇一五年）。
（6）佐藤進一『日本の中世国家』（岩波書店、一九八三年）二二〇～二二一頁。
（7）今谷明「一四―一五世紀の日本―南北朝と室町幕府―」（『岩波講座　日本通史　第九巻』岩波書店、一九九四年）三九～四二頁、桜井英治『日本の歴史12　室町人の精神』（講談社、二〇〇一年）一四五～一五三頁。
（8）前掲註（7）桜井著書一四五～一五三頁。
（9）室町幕府がこうした方針を基調としていた時期について、前掲註（7）今谷論文と前掲註（7）桜井著書はやや異なる見解を打ち出しているようにみえる。今谷明は、足利義教が永享の北部九州争乱に際して行った軍事介入により「伝統的な遠国融和策」は「後退」した、と指摘する。その一方で桜井英治は、地方に対する「遠国宥和策・放任策」を足利義教の治世にもみられた「政治思想」だととらえている。
（10）市川裕士「南北朝・室町初期における室町幕府の地方支配と地域権力」（同著『室町幕府の地方支配と地域権力』戎光祥出版、二〇一七年）、同「応永・永享年間における室町幕府の地方支配と地域権力」（『同』同年）、同「嘉吉の乱後の室町幕府の地方支配と地域権力」（『同』同年）。
（11）堀川康史「今川了俊の探題解任と九州情勢」（『史学雑誌』一二五編一二号、二〇一六年）。
（12）荒木和憲「室町期北部九州政治史の展開と特質」（『日本史研究』七一二号、二〇二一年）。
（13）新名一仁『室町期島津氏領国の政治構造』（戎光祥出版、二〇一五年）、同「南北朝・室町期島津氏の対幕府関係」（『中世後期の守護と文書システム』二〇二二年）など。
（14）前掲註（5）山田徹b論文四六頁。
（15）堀川康史「室町幕府支配体制の形成と展開」（『歴史学研究』一〇四一号、二〇二三年）。
（16）たとえば、山田邦明『日本中世の歴史5　室町の平和』（吉川弘文館、二〇〇九年）など。
（17）堀川康史「室町幕府支配体制の形成と展開」（二〇二三年度歴史学研究会大会中世史部会報告レジュメ、二〇二三年）、前掲註（15）堀川論文二九〜三〇頁。なお、呉座勇一「南北朝〜室町期の戦争と在地領主」（同著『日本中世の領主一揆』思文閣出版、二〇一四年。初出は二〇一二年）もこれに近い見解を提示する。
（18）前掲註（16）山田邦明著書七八〜八〇頁。
（19）前掲註（16）山田邦明著書二八〜三一頁、一一〇〜一一四頁。
（20）前掲註（16）山田邦明著書一二九〜一三一頁。
（21）前掲註（17）呉座論文三四一〜三四四頁。
（22）探題としての今川了俊の政治・軍事的動向については、川添昭二『人物叢書　今川了俊』（吉川弘文館、一九六四年）を参照。
（23）天授三年二月九日付懐良親王願文「玉垂神社文書」『南遺』五三六八号。
（24）（応永二年）九月一五日付安楽清綱書状「禰寝文書」『鹿児島県史料　旧記雑録拾遺　家わけ一』三一一号。
（25）前掲註（11）堀川論文。
（26）前掲註（13）新名論文四二二〜四二七頁によれば、探題今川了俊の解任後、南九州では①応永三年に島津奥州家元久・島津総州家伊久による反島津方国人の入来院氏攻撃、②同七年に奥州家元久と総州家伊久の「確執」勃発、③同八年に総州家伊久と渋谷四氏が連携して奥州家元久と交戦、④同一一年に管領畠山基国が奥州家・総州家の抗争を仲介、⑤同一四年に総州家伊久が死去したタイミングをついて奥州家元久が薩摩国衙周辺に侵攻、総州家忠朝が没落、⑥同一八年に入来院氏を攻撃していた奥州家元久が死去、その後継者をめぐり、奥州家久豊と伊集院氏の抗争が勃発、⑦同二四年に奥州家久豊が総州家久世を誘殺、⑧同二五〜二六年に奥州家久豊が薩摩阿多郡に侵攻、⑨同二八年に奥州家久豊が総州家関係者を駆逐し、伊集院氏は奥州家に従属、という流れで軍事紛争が続いていた。
（27）前掲註（12）荒木論文一九頁。

(28) 小澤尚平「南北朝期室町幕府の九州統治―鎮西管領一色道猷の活動を中心に―」(『日本歴史』八七九号、二〇二一年)など。

(29) 少弐頼尚の動向については、小澤尚平「少弐頼尚・冬資―征西府と対峙する九州北部幕府方の中心―」(亀田俊和・杉山一弥編『南北朝武将列伝　北朝編』戎光祥出版、二〇二一年)を参照。

(30) 前掲註(22)川添著書一〇六〜一二八頁。

(31) 堀川康史「九州探題今川了俊と南九州情勢」(鹿児島県歴史・美術センター黎明館編『黎明館開館四〇周年記念特別展　南北朝の動乱と南九州の武士たち』令和五年度黎明館企画特別展実行委員会、二〇二三年)。

(32) 前掲註(11)堀川論文。

(33) たとえば、応永二四年に宇治惟郷が足利義持に大宮司職の「安堵　御判」を申請したおり、探題渋川満頼はそれを室町幕府「御奉行所」に推挙している(「阿蘇家文書」『大日古十三之一』二三〇号)。また、ほぼ同時期に生じていた島津総州家久林と島津奥州家久豊の対立に際して、前者は探題満頼を通じて後者の「不義」を幕府に訴えている(黒嶋敏「室町幕府と南蛮―〈足利の中華〉の成立―」〈『青山史学』三〇号、二〇一二年〉)。なお、探題満頼が携わった対外交渉については、右の黒嶋論文および川添昭二「九州探題渋川満頼・義俊と日朝交渉」(同著『対外関係の史的展開』文献出版、一九九六年。初出は一九七七年)を参照。

(34) 水島の変後の少弐氏の動向については、本多美穂「室町時代における少弐氏の動向―貞頼・満貞期―」(『九州史学』九一号、一九八八年)を、降伏後の菊池氏の動向については、山本隆一朗「応永年間の九州情勢と菊池武朝」(『菊池一族解體新章』巻ノ二、二〇二一年)を参照。また、かかる対立構造のあり様については、堀川康史「今川了俊の京都召還」(『古文書研究』八七号、二〇一九年)でも指摘されている。

(35) 小澤尚平「室町期における九州探題渋川氏の活動とその役割」(本書所収)、山田徹「室町幕府と九州国人」(本書所収)。

(36) 松尾大輝「中世後期少弐氏の権力基盤と政治的地位の成立」(本書所収)、小川弘和「肥後からみた室町九州」(本書所収)。

(37) 豊前猪嶽合戦については、有川宜博「御領越後入道本仏の戦死―豊前猪嶽合戦について―」(『少弐氏と宗氏』七号、一九八六年)を参照。

(38) 前掲註(34)本多論文三四〜三六頁、黒嶋敏「九州探題考」(同著『中世の権力と列島』高志書院、二〇一二年。初出は二〇〇七年)六〇頁。ちなみに、この時に探題渋川義俊が没落した経緯や要因を示す一次史料は管見に入らないのだが、「源義俊」名義の朝鮮通交が応永三一年正月を最後に、「源道鎮」名義の朝鮮通交が永享元年六月を最後にみられなくなったという事実が、その傍証になるのだろうか。なお、ここで示した探題渋川氏の朝鮮通交の実態については、橋本雄「大友氏の日明・日朝交流」（鹿毛敏夫・坪根伸也編『戦国大名大友氏の館と権力』吉川弘文館、二〇一八年）を参照。

(39) 阿蘇大宮司家の分裂については、山田貴司「中世後期における阿蘇大宮司家の動向とその拠点」（『熊本史学』一〇三号、二〇二三年）を参照。

(40) なお、ここで示したような政治・軍事的特質を有する九州の応永年間について、当初筆者は「長い南北朝時代」と呼称していたが、二〇二三年九月二四日のシンポジウムに際しては「九州の「室町時代」前半期」と呼称を変更した。ただ、本章を草するにあたり再検討した結果、その呼称では南北朝時代との連続性という視点がうまく伝わらないと判断し、改めて九州の「南北朝・室町移行期」と呼称してはどうか、と提言することとした。

(41) 足利義満による勘合貿易の展開については、橋本雄「東アジア世界の変動と日本」（『岩波講座　日本歴史　第8巻中世3』岩波書店、二〇一四年）を参照。なお、同論文で橋本は、勘合貿易当初にみられた使節の頻繁な往来の背景として、種々の造営事業等の財源を確保せんとする義満の目論みに加え、明側の事情、すなわち、対外政策に積極的な明皇帝永楽帝の意向もあわせて指摘する。

(42) 前掲註（13）新名論文四二二～四二五頁。

(43) 前掲註（33）黒嶋論文六四～七二頁。

(44) 永和二年八月四日付室町将軍家御判御教書案「禰寝文書」『南遺』五三三二号、同日付同御判御教書案「同」『同』五三三三号。

(45) 応永五年一〇月一七日付足利義満願文案「伯家雑記」『大日史七編之三』五五九～五六〇頁。

(46) 応永六年一一月二五日付室町将軍家御判御教書「熊谷家文書」『大日古十四』一〇二号。

(47) 応永一〇年四月二八日付室町将軍家御判御教書「毛利家文書」『大日古八』二三号。

(48) 応永一一年八月九日付室町将軍家御教書「佐田文書」『熊本二』五七号。

(49) 応永一二年五月一〇日付室町将軍家御判御教書写「阿蘇家文書」『大日古十三之一』二二三号。

(50) 貞治三年三月日付門司親尚軍忠状「門司文書」『南遺』四五三〇号。

(51) 応安七年七月日付毛利元春軍忠状案「毛利家文書」『南遺』五一一二号。

(52) 川添昭二「鎮西管領斯波氏経・渋川義行」（渡辺澄夫先生古希記念事業会編・発行『九州中世社会の研究』一九八一年）一三四～一三五頁。

(53)（永和元年）一一月二〇日付細川頼之書状写「萩藩閥閲録七之四所収益田越中所蔵文書」『南遺』五二五八号。

(54)（永和二年）正月二三日付今川了俊書状写「阿蘇家文書」『南遺』五二六六号、永和四年八月日付甲斐守経房軍忠状「吉川家文書」『同』五四八五号など。

(55)（明徳四年）一二月一三日付足利義満御内書案「蜷川家文書」『大日古二十一』九号。

(56)大内義弘の豊前守護補任時期については、①応安七年説と②康暦二年説が提示されているが、いまのところ筆者は後者が有力と考えている。なお、義弘の補任背景について山口隼正「豊前国守護」（同著『南北朝期九州守護の研究』文献出版、一九八九年。初出は一九七九年）一三二頁は、「大内義弘は、探題今川了俊の九州下向に際して大いに援助したため、関門海峡を渡って対岸当国豊前の守護を得たといえよう」と指摘する。

(57)「応永記」『山口県史　史料編　中世1』七八二〜七八三頁、『迎陽記』応永五年一〇月一六日条。

(58)（応永一一年ヵ）七月二七日付絶海中津書状「立花家蔵大友文書」『大友九』一四七号。なお、『大友九』はこの文書を応永八年発給と比定するが、文中に「大内六郎度々高名忠節之条、上意御感無他候、仍長門国御教書被成下候」とあること、室町幕府の大内盛見赦免が応永一一年五月以前とみなされていることから（藤井崇「足利義満と大内盛見」〈同著『室町期大名権力論』同成社、二〇一三年〉一一三〜一一六頁）、筆者は同一一年発給と見た方がよいと考えている。

(59)前掲註（58）藤井論文一一五頁。

(60)大内盛見の上洛・在京については、須田牧子「大内氏の在京活動」（鹿毛敏夫編『大内と大友　中世西日本の二大大名』勉誠出版、二〇一三年）を参照。

(61)『看』応永三一年七月一三日条・同年一〇月二八日条など。また、本章第三節第一項も参照。

(62)前掲註（34）本多論文三四〜三六頁、前掲註（38）黒嶋論文六〇頁。

(63)なお、幕府「上使」の派遣は戦国時代まで続いている。たとえば、永禄二年に石見銀山をめぐって毛利氏と尼子氏が軍事紛争に及んでいたおり、足利義輝は和睦仲介のために聖護院道増を派遣するが、史料上彼は「上使」と呼称されている（〈永禄二年〉霜月二七日付毛利元就自筆書状「神奈川県立公文書館所蔵山口コレクション」『出雲尼子史料集』九八九号）。

(64)管見では、山口隼正「国上使について―建武政権下の一地方官―」（同著『中世九州の政治社会構造』吉川弘文館、一九八三年。初出は一九七一年）、同「「国上使」考拾遺」（『同』、初出は一九七四年）、松井輝昭「「国上使」・「国使節」についての覚書」（『広島県史研究』五号、一九八〇年）を把握するに留まっている。
(65) 藤澤迅『室町期西国国人領主の政治的位置と幕府―守護体制』（二〇二三年度福岡大学大学院人文科学研究科修士論文〈未公刊〉、二〇二四年）。
(66) 朝山師綱の経歴と幕府「上使」としての派遣の様相については、川添昭二「連歌師朝山梵灯の政治活動」（同著『中世九州の政治・文化史』海鳥社、二〇〇三年。初出は一九七五年）、堀川康史「中世後期における出雲朝山氏の動向とその役割」（『日本歴史』八二三号、二〇一六年）を参照。
(67) 前掲註（13）新名論文。
(68) なお、この他の事例としては、応永二年に足利義満が採題今川了俊を召喚したおり、探題不在の九州へ派遣された「上御使僧」の存在が知られる（前掲註（24）安楽清綱書状）。
(69) 幕府「上使」としての小早川則平の活動については、前掲註（33）川添論文、前掲註（12）荒木論文、前掲註（65）藤澤論文を参照。ただし、関連史料の年次比定については、これらの先学および典拠とした刊本史料集の比定と、筆者の比定には見解の相違がみられる。本章は、筆者が関係史料を改めて突き合わせたうえで比定した年次で行論している。
(70) 木下和司「沼田小早川氏惣領職と竹原小早川氏三代、弘景・盛景・後の弘景―応仁・文明の乱の終焉、高山城合戦を中心として―」（『備陽史研究』二五集、二〇一七年）。
(71) 市川裕士「安芸国人沼田小早川氏と室町幕府・守護」（『室町幕府の地方支配と地域権力』二〇一七年、初出は二〇一二年）。
(72) 年月日未詳阿蘇惟郷置文写「阿蘇文書写第八」『大日古十三之二』二一七頁。
(73) （応永二一年）一〇月二五日付小早川則平書状写「阿蘇文書写第十七」『大日古十三之二』三七七頁。
(74) （応永二一年）一〇月二六日付渋川満頼書状写「阿蘇文書写第七」『大日古十三之二』一九一頁。
(75) （応永二一年）一〇月二八日付渋川満頼書状「阿蘇家文書」『大日古十三之一』二四四号。
(76) 前掲註（73）小早川則平書状写、（応永二一年）一一月二日付同書状写「阿蘇文書写第十七」『大日古十三之二』三七七〜三七八頁。
(77) 応永二九年五月一六日付室町将軍家御教書写「阿蘇文書写第十七」『大日古十三之二』三八〇頁、同三一年三月日付宇治惟郷目安状写「阿蘇文書写第十一」『同』一八四〜一八五頁。
(78) 前掲註（12）荒木論文六〜八頁。

(79) 前掲註(77)室町将軍家御教書写。
(80) (応永三一年)三月二八日付渋川義俊書状「阿蘇家文書」『大日古十三之一』二四六号。
(81) 応永三〇年三月日付宇治惟郷言上状写など「阿蘇文書写第十一」『大日古十三之二』一八三〜一八八頁、一九六〜一九七頁。
(82) (応永二九年)一〇月二六日付足利義持御内書写「小早川家証文一」『大日古十一』四六号。
(83) (応永二九年)九月九日付大友親著書状写「阿蘇文書写第八」『大日古十三之二』二〇七頁には「臼間野御陣事、定探題被仰談候歟」と記されており、この頃に肥後北部の玉名郡臼間野で軍事的な動きがあった可能性が示唆される。
(84) 前掲註(82)足利義持御内書写。
(85) 前掲註(5)山田徹b論文四四〜四六頁。
(86) もっとも、軍事紛争に対する室町幕府の対応については、時期や地域、ケースによって差異がみられる。とくに顕著なのは、①域外勢力(北部九州でいえば大内氏)による軍事支援の有無、②幕府「上使」の下向頻度であろう。かかる差異が発生する理由は明確ではないが、恐らくは軍事紛争に探題がかかわっているかどうか、その当事者になっているかどうか、軍事紛争の当事者や探題から幕府に注進・要請があっているかどうかによるのではないか。
(87) たとえば、前掲註(13)新名論文四二五〜四二七頁によれば、応永一八年から同二六年にかけて勃発した島津奥州家久豊と伊集院頼久の抗争に対して、「幕府や九州探題が積極的に仲裁に動いたり、どちらかを支持することは無かった」という。なお、どうして軍事紛争によって室町幕府の対応・介入の有無が異なっているのか、という点については、いまはまだ明確な線引きが難しい。ただ、前掲註(86)でも述べたように、幕府に対する探題の注進・要請の有無は大きなポイントになっているように思われる。対応頻度に地域差があるようにみえるのも(北部九州の事例の方が多いのも)、そのためではないだろうか。
(88) 前掲註(11)堀川論文二二頁。
(89) 前掲註(24)安楽清綱書状。
(90) 前掲註(34)堀川論文九四頁。
(91) 室町幕府の外交権と探題今川了俊・渋川満頼の関係については、伊藤幸司「室町幕府による異国通交の特質」(中野等編『中近世九州・西国史研究』吉川弘文館、二〇二四年)を参照。
(92) たとえば、応永二四年に筑前御笠郡の古利武蔵寺の「再興」が企画されたおりに、一国あたり一万疋ずつ奉加せよと各国守護へ伝達するよう足利義持が探題渋川満頼に要請した事例や〈同年〉一二月三日付足利義持御内書写『後鑑』巻一二九)、同三〇年に鎌倉公方足利持氏征伐が話題となったおりに、やはり義持が探題渋川義俊に「鎮西之輩令用意、重而可相待左右之状」きことを指示した事例などは〈同年〉一〇月二三日付室町将軍家御判御教書写「阿蘇文書写第六」『大日古十三之二』一四八頁)、その証左であろう。

(93) 前掲註(34)堀川論文一〇三〜一〇四頁。

(94) たとえば、『梅松論』によると、延元元・建武三年に九州へ下向した足利尊氏が多々良浜合戦後に上洛、湊川で南朝勢と交戦したおりには、「太宰少弐頼尚并一族の分国筑前・豊前・肥前、山鹿・麻生・薩摩の輩」が参陣したという。

(95) たとえば、康永三年一二月二二日付室町将軍家御教書「島津家文書」『南遺』二〇七二号によれば、この時は足利直義の邸宅「三条御所」の炎上について、貞治五年八月一〇日付同御判御教書「大友文書」『同』四六三八号によれば、この時は斯波高経の「隠謀露顕」「誅罸」について、同六年五月一〇日付同御判御教書「同」『同』四六七四号によれば、この時は足利基氏死去について、京都に「馳参」ずることがないよう指示が出されている。

(96) 前掲註(34)堀川論文一〇三〜一〇四頁。

(97) 延文元年六月三日付室町将軍家御判御教書「詫摩文書」『南遺』三八六八号、同年同月九日付同御判御教書「同」『同』三八七一号、同年一一月三日付同御判御教書「富来文書」『同』三九二七号、延文二年七月二九日付同御判御教書「綾部文書」『同』三九七八号。日田・麻生両氏の上洛については、有川宜博「足利尊氏袖判一色道猷充行状について」(『北九州市立歴史博物館研究紀要』一〇号、二〇〇二年)を参照。

(98) 文和四年一一月二二日付一色範親裏書相良定長宛諸証文案「相良家文書」『南遺』三八三七号。

(99) 貞治六年一〇月七日付室町将軍家御判御教書「阿蘇家文書」『南遺』四七〇二号。

(100) 『花営三代記』応安二年一一月二六日条。

(101) 応安四年正月二〇日付室町将軍家御教書写「碩田叢史所収田原文書」『南遺』四八五七号。なお、大友氏の有力庶家であった田原氏能は、九州の諸勢力の中でも室町幕府と強く結びついていた一族として知られる。その点については、前掲註(52)川添論文、荒川良治「室町幕府小番衆豊後田原氏の成立―その歴史過程に関する政治史的考察―」(『鷹陵史学』一八号、一九九二年)を参照。

(102) 応安三年一二月二六日付室町将軍家御教書「佐田文書」『南遺』四八五〇号、同日付同御教書写「碩田叢史所収富来文書」『同』

四八五一号。
(103) 嘉慶二年六月日付宇都宮親景代申状「佐田文書」『南遺』六〇六二号。
(104)（明徳三年）八月一五日付大友親世書状案「島津家文書」『大日古十六』三二七号。なお、この文書の年次比定については、前掲註（66）堀川論文を参照。
(105) 前掲註（11）堀川論文八～一二頁。
(106) 応永三年二月三〇日付室町将軍家御判御教書案「廣瀬正雄氏所蔵中村文書」『松浦党関係史料集』八九九号、同年三月一六日付同御教書「同」『同』九〇二号、同日付同御教書写「改正原田記附録」『大日史七編之二』三八三～三八四頁など。
(107) 島津元久の上洛については、関周一「唐物の流通と消費」（同著『中世の唐物と伝来技術』吉川弘文館、二〇一五年）、前掲註（13）新名論文を参照。また、関係史料については、『大日史七編之十三』二五九頁以降に掲載された諸史料を参照。
(108)「山田聖栄自記」『大日史七編之十三』二五九～二六二頁。
(109) 明徳二年九月八日付室町将軍家御教書「島津家文書」『大日古十六』二六九号、「山田聖栄自記」『大日史七編之九』四〇七頁。
(110) 大友親世の上洛に関しては、山田貴司「西国の地域権力と室町幕府―大友氏の対幕府政策―」（川岡勉編『中世の西国と東国　権力から探る地域的特性』戎光祥出版、二〇一四年）を参照。ただ、この拙稿では、前掲註（104）大友親世書状案を応永一五年発給とみなし、関係史料として掲げていたが、その後同書状案は、前掲註（66）堀川論文により明徳三年発給に再比定された。したがって、拙稿にはこの点についての修正が必要である。
(111)「薬師寺系図并文書」『大日史七編之十三』三九〇～三九三頁。
(112)（応永一八年）一二月六日付大友親世書状「利根文書」『大分二五』一二号。
(113) 応永一九年一一月二六日付室町将軍家袖判御教書「大友家文書」『大分二六』三巻八号、同年六月九日付長塩備前入道過書「同」『同』一〇巻一一号など。
(114) 谷口雄太「中世後期における御一家渋川氏の動向」（同著『中世足利氏の血統と権威』吉川弘文館、二〇一九年。初出は二〇一七年）。
(115) 応永一九年一一月二一日付深堀時清着到状「深堀記録証文」『大日史七編之十七』一一二～一一三頁、『満』応永二一年六月一八日条。ちなみに、その後渋川満頼は応永二一年に「隠居」し、ふたたび上洛する（『同』同年一一月二六日条）。
(116) 前掲註（60）須田論文九八～九九頁。なお、この他の九州の諸勢力の上洛事例としては、豊後の田原親幸の上洛と〈年未詳〉

一〇月二三日付大友親著書状「荒巻文書」『大分一〇』六号）、応永二一年の筑前宗像社前大宮司宗像氏経の在京が知られる。両者の上洛目的ははっきりしないが、親幸は「京都使節」として上洛したと記される。氏経については、醍醐寺三宝院の満済と対面し、筑前若宮荘代官補任状に「永代」の文字を加えるように求めており、代官請負にかかる交渉に携わっていたようである（『満』同年六月一八日条）。

(117)　在京雑掌については山田貴司「大友氏の在京代官・在京雑掌—対幕府政策（関係）の担い手の検出—」（『戦国大名大友氏の館と権力』二〇一八年）を、「取次」については吉田賢司「在京大名の都鄙間交渉」（『室町幕府軍制の構造と展開』二〇一〇年）を参照。

(118)　前掲註（5）山田徹b論文四四頁。

(119)　たとえば、島津氏については前掲註（13）新名論文、大友氏については前掲註（110）山田貴司論文、阿蘇大宮司家については前掲註（39）同論文を参照。

(120)　なお、こうした需要の存在については、室町幕府への自訴を所望する所領問題を抱えた国人の実態を踏まえ、幕府への推挙を梃子に彼等に軍事動員・軍忠を促していた探題今川了俊の手法も想起されたい。詳細については、中島丈晴「今川了俊の軍事動員と所務沙汰訴訟」（『歴史学研究』八二九号、二〇〇七年）を参照。

(121)　前掲註（36）松尾大輝・小川両論文。

(122)　なお、菊池氏の場合、探題渋川満頼の就任後に確認される室町幕府との関係の初見は、応永六年に勃発した応永の乱にともなう大内義弘追討「御下知」の受領である（「寺門事条々聞書」『大日史七編之四』一三二頁）。その後、同一〇年に菩提寺正観寺が諸山に列されるが、これには幕府に対する菊池氏の働きかけがあったとみられている（応永一〇年九月三日付室町将軍家御判御教書「正観寺文書」『熊本一』八号）。少弐氏の場合は、この間に幕府へ接近する動きを示す史料はなかなかみあたらない。同二四年に足利義持へ贈答した事例が知られる程度である〈同年〉一二月三日付足利義持御内書写『後鑑』巻一二九など）。ただ、もともと少弐氏は、南北朝時代には幕府と密接な関係を構築していた一族である。永享年間には在京雑掌が置かれていた様子もみられ（『満』永享四年一〇月二一日条）、たびたび「治罸」の対象になっていてもパイプは持っていたようである。なお、この間に幕府とやりとりした形跡がみられない九州の諸勢力としては、肥後の相良氏の事例があげられる（山田貴司「中世後期における相良氏の都鄙関係」〈稲葉継陽・小川弘和編『中世相良氏の展開と地域社会』戎光祥出版、二〇二〇年〉）。ただ、相良氏の場合は没交渉だったというより、文安年間に佐牟田相良家から永富相良家へと嫡流が交替した影響があるのかもしれない。ともあれ、諸勢力ごとに幕府との関係に濃淡があったこともまた事実である。

(123) 政治史に関する議論では、たとえば柳田快明「室町幕府権力の北九州支配―十五世紀前半の筑前国を中心に―」(『九州史学』五九号、一九七六年)、佐伯弘次「大内氏の筑前国支配―義弘期から政弘期まで―」(川添昭二編『九州中世史研究　第一輯』文献出版、一九七八年)、前掲註(34)本多論文、吉田賢司「室町幕府の守護・国人連合軍」(『室町幕府軍制の構造と展開』二〇一〇年、初出は二〇〇九年)、前掲註(110)山田貴司論文、前掲註(12)荒木論文、野下俊樹「室町期西国社会における大内氏の権力形成と室町幕府」(本書所収)などがあげられる。

(124) 応永二三年二月一三日付目代資興奉書「太宰府天満宮文書」『大宰府・太宰府天満宮史料　巻十二』五九三～五九四頁、(同二五年)七月一三日付唐橋在宣書状「小鳥居文書」『同』五九四頁。

(125) (応永三一年)八月一〇日付足利義持ヵ御内書案『後鑑』一三七巻。

(126) 前掲註(123)佐伯論文二四八頁。

(127) 前掲註(34)本多論文三四～三六頁、前掲註(38)黒嶋論文六〇頁。

(128) 前掲註(12)荒木論文六～八頁。

(129) 前掲註(12)荒木論文八～一〇頁。

(130) (正長元年)一〇月二三日付足利義教御内書案「蜷川家文書」『大日古二十一』一五号。

(131) 『満』永享元年一〇月七日条・同二五日条。なお、足利義教が大内盛見の帰国を許した理由ははっきりしないが、「代官」として子息を上洛させることが条件のひとつだったようである。『満』永享二年一二月一七日条によれば、盛見は永享元年の内に上洛させると返事したという(ただ、翌年になってもそれを履行せず)。

(132) 『満』永享元年一一月一四日条。なお、大内盛見の在京が二ヶ月弱に留まった点について、先学の多くは少弐・菊池両氏の蜂起にともなう九州情勢の悪化を理由とするが、近世に編纂された『歴代鎮西志』以外の根拠はいまのところあげられていない。

(133) 川岡勉「大内氏と周防・長門」(『山口県史　通史編　中世』第三編第三章、山口県、二〇一二年)三七九～三八一頁。

(134) 『満』永享二年一二月一四日条、前掲註(123)佐伯論文二四九頁。

(135) 対立の原因を明確に記した一次史料は管見に入らない。ただ、『満』永享三年八月二二日条に記された「今度儀、大内徳雄入道依致無理之儀、如此罷成条、非私造意、無力次第也、自今以後事、尚々可任上裁云々、筑前国内大友譜代知行来所々、如此間令知行計也、其外事不存知仕云々」という大友持直の主張は手がかりとなろう。すべては大内盛見の「無理之儀」のせいだという前半部分はさておき、「筑前国内大友譜代知行来所々、如此間令知行計也、其外事不存知仕云々」と述べる後半部分からは、「譜代知行来所々」を以前のように「知行」することが大友サイドの譲れない点であった様子が読みとれる。つまり、筑前「御料国」化と盛見の代官就任にともない、これらの「知行」のとり扱いが争点になったとみられるのである。

(136) 博多息浜の領有と貿易拠点としての実態については、佐伯弘次「中世都市博多の発展と息浜」(川添昭二先生還暦記念会編『日本中世史論攷』文献出版、一九八七年)を参照。

(137) 前掲註(38)橋本論文二五〇～二五三頁。

(138)(永享三年)一〇月八日付大友持直知行預ヶ状「入江文書」『大友一〇』三巻一七号。

(139) 探題渋川満直の動向については、前掲註(35)小澤論文、前掲註(123)野下論文を参照。

(140)(永享四年)一一月一日付畠山満家書状写「阿蘇文書写第三十二」『大日古十三之二』六四一頁。

(141)「渋川系図」『続群書類従　第五輯上　系図部』巻一一六、四二一頁。

(142) ちなみに、敗戦した菊池元朝はやがて肥後葦北郡に亡命、相良氏に匿われた。元朝には、肥後玉名郡の港湾都市高瀬を押さえる有力庶子家の高瀬泰朝が与していたが、彼も敗戦後は相良領に移ったらしく、文安元年頃には薩摩山門院にいたようだ。なお、元朝・泰朝の動向については、青木勝士「中世後期の肥後国菊池氏による港湾都市「高瀬」統治」(熊本歴史学研究会編・発行『菊池川がはぐくんだ歴史と文化』二〇一八年)、小川弘和「人吉相良氏と葦北郡」(『日本歴史』八五九号、二〇一九年)を参照。

(143)『看』永享七年七月二五日条には、大友持直が「肥後」に没落した後、大内・河野両勢が「彼国へ発向」したところ、「難所」へ誘い込まれて敗北し、「河野も討死」した、と記されている。その一方、『高野山過去帳』(東京大学史料編纂所データベース「史料稿本」)には、河野通久は「於豊後姫嶽討死」した、と記されている。

(144)『如是院年代記』永享八年三月八日条、(永享八年)壬五月二一日付鷲頭弘忠書状写「大友家文書録」『大分三一』三〇三号。

(145)(永享八年)五月一三日付室町幕府奉行人連署書状写「大友家文書録」『大分三一』二九八号。

(146)(永享八年)三月一〇日付景臨書状写「大友家文書録」『大分三一』二九一号。

(147)(永享八年)四月一九日付大内持世書状写「大友家文書録」『大分三一』二九七号。

(148) 姫岳城没落後の大友持直一派の活動とその討伐については、差し当たり前掲註(123)野下論文を参照。

(149) 前掲註(13)新名論文四三〇～四三四頁。
(150) なお、筆者は前掲註(110)山田貴司論文を執筆したおりにも、同じように対立構造の変化をまとめた。ただ、修正すべき点もみられるため、今回改めて提示した次第である。
(151) 前掲註(35)小澤論文、前掲註(123)野下論文。
(152) たとえば、前掲註(123)柳田・佐伯両論文、前掲註(34)本多論文、前掲註(12)荒木論文など。
(153) 前掲註(123)野下論文。なお、石見勢については、大内持世による戦功注進事例は確認されないものの、永享三年六月に益田兼理が大内盛見とともに戦死した際には、その「註進」が「大内左京大夫入道跡輩」によってなされている(〈永享三年〉七月一六日付足利義教御内書「益田家文書」『大日古二十二』一一四号)。ややイレギュラーなものだが、今回はこの事例をもってカウントに入れた。
(154) 前掲註(123)佐伯論文二六〇～二六四頁。
(155) 大覚寺義昭の追討にかかる概要と影響については、さしあたり桑山浩然「大覚寺義昭の最期」(同著『室町幕府の政治と経済』吉川弘文館、二〇〇六年。初出は一九九一年)、新名一仁「大覚寺義昭事件の政治的影響—島津家文書「年欠卯月一四日付大内持世書状」の意義—」(『室町期島津氏領国の政治構造』二〇一五年、初出は二〇〇七年)などを参照。
(156) たとえば、大覚寺義昭の追討を催促する年月日未詳足利義教御内書案「樺山文書」『都城市史　史料編　古代・中世』三六五号には、「巨細猶大内修理大夫可申候也」と記されている。
(157) 永享の北部九州争乱後にみられた大内氏と諸勢力の関係をあげると、大内教弘が嘉吉元年に少弐教頼等を討つべく渡海した際には、安芸の毛利氏や平賀氏が合力している(前掲註(123)佐伯論文二六二頁)。永享一一年に大友親綱が大友親隆への家督譲与を室町幕府に申請した際には、大内氏の在京雑掌安富定範が窓口を務めている(前掲註(110)山田貴司論文)。なお、本書掲載の前掲註(123)野下論文は、このような大内氏の影響力の拡大プロセスを整理した貴重な仕事である。
(158) 室町時代から戦国時代にかけて確立されていった大内氏の政治的地位については、野下俊樹「応仁・文明の乱における大内政弘の政治的役割—西幕府・地域権力間の意思伝達を通して—」(『九州史学』一八五号、二〇二〇年)、前掲註(123)野下論文、山田貴司a「足利義材の流浪と西国の地域権力」(天野忠幸他編『戦国・織豊期の西国社会』日本史史料研究会企画部、二〇一二年)、同b「西国の地域権力の対京都政策(関係)と在京雑掌」(『中世後期の守護と文書システム』二〇二二年)などを参照。

(159) なお、一六世紀第二四半期まで連続する対立構造の見通しについては、すでに前掲註(12)荒木論文二〇頁に示唆される。荒木和憲は「永享・嘉吉期の大規模争乱と大内氏を軸とする幕府軍の編成・投入を契機として、北部九州においては、南北朝期以来の政治構造が払拭され、戦国期へと連続する新しい政治構造が生み出された」と指摘する。永享の北部九州争乱後にみられた大内・大友両氏の対立関係については、山田貴司「大友氏からみた大内氏」(大内氏歴史文化研究会編『室町戦国日本の覇者　大内氏の世界をさぐる』勉誠出版、二〇一九年)を参照。それと、永享年間以降には、筑前をめぐって少弐氏が大内氏と対立する場面が目立つようになっていくが、これもまた北部九州の「室町時代」の特質である。その詳細については、前掲註(123)佐伯論文、堀本一繁「明応の政変と少弐氏」(『福岡市博物館研究紀要』一〇号、二〇〇〇年)等を参照。

(160) かかる大内氏の政治的立場については、前掲註(123)野下論文、前掲註(158)山田貴司a論文、山田貴司「室町・戦国期の地域権力と武家官位―大内氏の場合―」(同著『中世後期武家官位論』戎光祥出版、二〇一五年)などを参照。

(161) なお、応永年間と永享年間の差異を強調するだけでよければ、「室町」という言葉で時代をあらわす必要はないのかもしれない。ただ、永享年間から天文年間にかけては、京都と強い結びつきを有する大内氏の影響力が拡大・定着したことにより、中央との関係や中央政局の影響が現地の大規模紛争とリンクするという傾向が続いていく。この間に共通するかかる様相を踏まえ、本章では、永享年間から天文年間の時期をあえて北部九州の「室町時代」ととらえることとする。

(162) (永享八年)三月九日付大内持世書状写「大友家文書録」『大分三一』二八九号。

(163) 文明二年一二月二三日付麻生全教置文写「麻生文書」『新修福岡市史　資料編　中世一』三二―三〇号。なお、永享八年頃の信濃村上氏の動向については、花岡康隆「応永～永享期における信濃村上氏の動向と室町幕府」(『信濃』七〇巻五号、二〇一八年)を参照。

(164) 『建内記』永享一二年二月二九日条、(同年)三月六日付大内持世書状写「阿蘇文書写第八」『大日古十三之二』二〇一～二〇二頁。なお、少弐頼嘉の「御免」については、佐伯弘次「永享十二年少弐嘉頼赦免とその背景」(地方史研究協議会編『異国と九州　歴史における国際交流と地域形成』雄山閣出版、一九九二年)を参照。

(165) 前掲註(145)室町幕府奉行人連署書状写。

(166) 大内氏の在京雑掌については、前掲註(60)須田論文、萩原大輔「中世後期大内氏の在京雑掌」(『日本歴史』七八六号、二〇一三年)、前掲註(158)山田貴司b論文を参照。なお、室町幕府へのアプローチの重要性は、大友持直も忘れてはいない。永享四年四月に突然「移徙」御礼として五万疋を献上し、足利義教への接近を図っているのは、その証左であろう（『満』同二八日条）。

(167)（永享五年）閏七月八日付足利義教御内書「阿蘇家文書」『大日古十三之一』二五九号。

(168) 前掲註（144）鷲頭弘忠書状写など。ちなみに、応永年間を最後に、探題を軍事支援するために大内勢が渡海する事例はみられなくなる一方、永享年間以降に大内氏が「公戦」の担い手となった場合には（たとえば、嘉吉年間・文安年間・文明一〇年に大内勢が渡海したおりなど）、同氏を軍事支援するために中国勢（安芸・石見勢）が渡海するケースが継続している。これらは、永享の北部九州争乱で培われたスキームといってよいものかもしれない。なお、こうした中国勢の渡海については、前掲註（123）佐伯論文を参照。

(169) 今川了俊の九州渡海については、前掲註（22）川添著書八四～九七頁を参照。

(170) 前掲註（123）佐伯論文二六〇頁。

(171) 前掲註（7）桜井著書一四五～一四七頁。

(172) 前掲註（7）桜井著書一四七～一四九頁。

(173) 前掲註（7）今谷論文四二頁。

(174) いわゆる「大和永享の乱」については、酒井紀美『人物叢書　経覚』（吉川弘文館、二〇二〇年）を参照。

(175) 永享の乱については、植田真平「永享の乱考」（黒田基樹編『関東足利氏の歴史　第4巻　足利持氏とその時代』戎光祥出版、二〇一六年）を参照。

(176) 桜井英治は、とくに畠山満家の死去の影響の大きさを指摘している（前掲註（7）桜井著書一六一～一六三頁）。

(177) 前掲註（12）荒木論文一九頁。なお、永享の北部九州争乱のために軍事動員された諸勢力がこれだけ大規模になれば、争乱に参加した人々は少なくなかっただろうし、各地で話題にもなったであろう。加えて、「大友家文書」には、応仁元年四月一一日付で写された永享八年六月九日付姫岳着到交名写が伝来しており（「同」『大分二六』〈大友記録〉一四号）、大友氏のもとで争乱の「記憶」が語り継がれていた可能性もある。

(178) 永享一〇年一二月二九日付室町幕府奉行人連署奉書「橘中村文書」『佐賀県史料集成十八』五五号。

(179) 永享一一年閏正月二五日付室町幕府奉行人連署奉書「橘中村文書」『佐賀県史料集成十八』五六号。

(180)（永享一〇年）八月一六日付森下浄蔭書状案「住吉神社蔵文書（住吉神社文書）」『山口県史　史料編　中世4』一五七号。

(181) 実際に、大覚寺義昭を追討した島津忠国は室町幕府の支持をとりつけることに成功したとおぼしい。嘉吉元年一二月一二日付で幕府が島津分国の国人に対して島津持久一派の追討を指示しているのが、その証左である（同日付室町将軍家御教書「野辺文書」『都城市史　史料編　古代・中世』三八六号）。
(182) （嘉吉元年）四月一六日付赤松満政書状「島津家文書」『大日古十六』二七六号。
(183) （嘉吉元年）四月一五日付赤松満政書状「島津家文書」『大日古十六』二七五号。
(184) 前掲註（7）桜井著書一六一～一六三頁。
(185) 前掲註（13）新名論文、新名一仁「一五世紀島津奥州家の対幕府関係と伊集院氏」（本書所収）。
(186) 前掲註（185）新名論文。
(187) 一五世紀半ば以降に活発化していった九州の諸勢力の都鄙関係については、前掲註（110）山田貴司論文、前掲註（122）同論文を参照。また、政治・経済・文化的都鄙関係が戦国時代以降にむしろ活発化する点については、仁木宏「戦国京都都市論―首都社会・都鄙関係の変動と戦乱―」（『歴史評論』八三〇号、二〇一九年）も参照。
(188) この点については、前掲註（159）山田貴司論文を参照。
(189) 松尾弘毅「中世後期における田平・平戸松浦氏の朝鮮通交と偽使問題」（『古文書研究』六一号、二〇〇六年）。
(190) 「敬孝述事」『大日史八編之三』五一一～五一二頁。
(191) 《絹本著色松浦義像》については、渡邊雄二「松浦義（天叟）像について」（『大和文華』一〇七・一〇八合併号、二〇〇三年）を参照。
(192) 前掲註（189）松尾弘毅論文四二頁。
(193) （永享八年ヵ）八月九日付細川持之書状案「足利将軍御内書并奉書留」『松浦党関係史料集』一〇〇一号。
(194) 永享八年一二月二九日付下松浦住人等一揆契諾状「来島文書」『松浦党関係史料集』一〇〇三号。
(195) （年未詳）九月一三日付細川持之ヵ書状案「足利将軍御内書并奉書留」『松浦党関係史料集』一〇〇二号。なお、文中にみえる大内持世の官途（修理大夫）と、本章で述べてきた彼の政治・軍事的動向を踏まえると、本文書は永享五年から同一二年の間に発給されたものと思われる。
(196) ここでは足利義教期における室町幕府の影響力・求心力の高まりについて指摘したが、本来かかる見解を打ち出すにあたってはピークアウトの時期についてもあわせて論じる必要がある。ただし、今回はそこまで厳密に検討することができなかった。他の課題も含めて後日を期したいところだが、いまの見通しを述べておくと、文安二年以降から寛正年間にかけては軍事紛争の発生が目立たなくなり、幕府と諸勢力を繋いでいた大内氏のかかわりも薄れていく（このあたりについては、前掲註（35）山田徹論文、前掲註（123）野下論文を参照）。そうすると、少なくとも軍事的な影響力という点では、いったんここでピークアウトしたとみなすこともできようか。ただ、それが九州政治史に対する幕府の規定性の消滅に直結するわけでもない点には注意が必要である。

（197）本章で検討対象時期とした南北朝時代後半から永享年間にかけては、周知のように明との勘合貿易、朝鮮王朝との通交、東南アジアの華僑系勢力との交流・交渉が進められており、九州はその往来の拠点、人的・物的資源の供給地となっている。また、九州の諸勢力もそうした交流・交渉にかかわっていた（その詳細は、伊藤幸司「外交からみた九州の地域権力」〈本書所収〉を参照）。それゆえ対外通交の問題が、室町幕府関係者が九州情勢に関心を寄せ、場合によってはそれに応じた施策を打ち出す動機となったり、九州の諸勢力が幕府関係者と交渉・交流する際に、自身を優利に導く対応を引き出したりする駆け引きの材料としていた様子もみられる。また、それに加え、対外通交の拠点確保や物的資源の産地確保が現地勢力間の軍事紛争の一因となった可能性も指摘される。たとえば、永享の北部九州争乱のきっかけになったとおぼしき大内・大友両氏の博多息浜をめぐる対立や、硫黄産地を押さえる島津氏庶子家の伊集院氏と島津奥州家の争いなどは、そのことを端的に示している（前掲註（185）新名論文）。本章では充分に展開できなかったが、ここまで述べてきた政治史的展開の一部は、対外通交の展開も視野に入れつつ理解されねばならないものである。

（198）この点には課題が多いが、たとえば、九州に「室町の平和」は最後までこなかったのか、という点もそうである。これについて、北部九州（豊前・豊後・筑前・筑後・肥前・肥後の北部）に限って現時点での見通しを示しておくと、永享の北部九州争乱の後に確認された軍事紛争は、大内持世が肥前千葉氏の内訌に介入した永享一〇年の肥前小城への出兵、嘉吉の変後に少弐教頼が対馬から筑前へ渡海したことにより発生した嘉吉元年の大内勢と安芸・石見勢の九州渡海、やはり少弐勢を討伐すべく発生した文安元年の大内勢と石見勢の九州渡海などである（前掲註（12）荒木論文）。けっきょく、永享年間以降も北部九州では軍事紛争が続いている。ただ、文安元年以降については、前掲註（196）でも触れたように、寛正年間に入るまで明確かつ大規模な軍事紛争は確認されない。そうすると、この間に生じた軍事紛争の小康状態をもって、九州にも「室町の平和」がようやく訪れた、とみなしてよいのかもしれない。

（199）本章では、南北朝時代後半から永享年間にかけて九州の武家がかかわった政治史の展開過程と対立構造、そして、それに対する室町幕府のかかわりを描き出すことに注力すべく、軍事紛争の当事者となった武家をまとめて「諸勢力」と称してきた。そのため、この間における探題・守護・国人の政治的立場や役割に目配りしつつ行論するに至らなかった。ただ、「はじめに」で整理したように、列島の政治・社会体制の議論との（具体的には、室町幕府―守護体制論との）接続を考えていくには、本章で示してきたような政治史的展開の中に九州の探題・守護・国人の活動を位置づけ、それぞれの政治的立場・役割を整理する作業が本来は必要である。この点については、後日を期したい。

【付記】本稿は、JSPS科研費（21K00884・24K00109・24K00113）および福岡大学の研究助成（課題番号GR2404）による研究成果の一部である。

第二章　室町期における九州探題渋川氏の活動とその役割

小澤尚平

はじめに

室町期における九州探題渋川氏は、応永三年（一三九六）二月に今川了俊の後を受けて渋川満頼が就任したことに始まる。その後、応永二六年に満頼の息義俊が、正長元年（一四二八）に義俊の甥満直が、永享六年（一四三四）には満直が敗死したことでその子息万寿丸（教直）がそれぞれ探題となった。そして、永禄二年（一五五九）一一月に大友宗麟が九州探題に補任されるまで渋川氏による九州探題の世襲は続く。

この九州探題渋川氏の研究は、主に川添昭二氏と黒嶋敏氏によって行われた。川添氏の研究は、まず渋川満頼の九州経営の実態究明を通じて応永期九州の政治情勢を考察することを目的として、主に博多支配および筑前・肥前経営を中心に検討された[(1)]。川添氏によれば、渋川満頼の直接発給文書をみると、筑前国の領域的支配は少弐氏に劣るが肥前国は少弐・千葉両氏と比べても弱い支配ではなく「渋川氏が探題としての実を失いながらも東肥前における一勢力として探題の名を戦国期に至るまで保持し続け得たのは、応永期における右のような満頼の肥前経営に由来する」とする。次に探題渋川氏の衰滅過程を辿って九州探題が室町幕府の九州支配の出先機関としての実体と意味を喪失する経過を考察された[(2)]。川添氏は「渋川義俊らが少弐満貞に攻め敗られたのをきかっけとして九州探題の勢力は急速に衰え、東肥前の一勢力となり、ついにはその存在を失なうに至る」とした。これらの研究は、探題渋川氏の発給文書を網羅的に収集しその政治過程を復元された点で重要であり、この政治過程が今の通説である。

黒嶋氏の研究は、渋川氏の発給文書を分析して九州在地勢力や幕府政治史との関係を重視して探題渋川氏の位置づけを検討された[3]。そのなかで、永享期、足利義教が九州守護や国人と直接結びつき、それを補完するために大内氏を筑前代官としたことで、九州探題は幕府の九州統治の主軸から外され、肥前守護職からも分離、外交権も喪失し、探題のもとには九州における権威と軍事指揮権は残され、北部九州の要地である探題領の領主として継続すると評価した。

両者の研究は、室町期から戦国期に至るまでの探題渋川氏の発給文書を軸に、長いスパンで制度的検討および領国経営について考察している。その他にも、今川了俊のときのような強大な権限を持った探題を誕生させないために守護職ほか様々な権限が付与されなかったという指摘も大きな影響力を持つ[4]。しかし、九州在地勢力（守護・国人）そして幕府から探題としてどのような役割を期待されていたのか、はたまたされてこなかったのか、その実態は明らかでない。

室町期九州探題の機能については、まず柳田快明氏が「本来九州幕府軍を統轄し南朝撲滅を主目的として設置された探題が、軍事的機能を果たす地位から行政的機能を担う一地方機関的存在へ変貌」したと指摘する[5]。しかし、鎌倉期の鎮西探題にみられた裁許状の発給や評定衆・引付衆の設置などといった行政的機能は九州探題には確認できず、また室町期における九州探題の行政的機能については十分に検討されていない。一方の黒嶋氏は、先にも述べたが永享年間に大内盛見が筑前代官となった際、「探題のもとには、九州における権威と軍事指揮権は残され、北部九州の要地である探題領の領主として継続する」[6]としている。ほかにも軍事的機能の面では、谷口雄太氏が応永三〇年（一四二三）に鎌倉公方の足利持氏が反乱を企てた時に室町幕府は九州にも出陣要請をしているが、その際の中核となったのは渋川義俊であったと指摘されている[7]。柳田氏と黒嶋氏の評価は対照的で、果たして室町期九州探題は軍事的機能を果たす存在なのか、それとも行政的機能を遂行する存在へと転化したのか、明らかではない状態にある。実際にどのような役割を担っていたのか改めて検討しなければならない。

よって、本稿の目的は、室町期九州において探題がどのような活動を中心に行ったのか。そして幕府による九州支配においてどのような役割を期待されたのか。守護との関係に注意しながら検討を加えたい。

一　室町期以前の「探題」の役割と守護

1　「鎮西探題」と「九州探題（鎮西管領）」

はじめに、室町期九州探題の役割を検討する前に、それ以前の「探題」の役割について確認しておきたい。「鎮西探題」の成立時期についてはいまだに解決していないものの以下の二点が重視される[8]。まず、全九州に対する「軍事指揮」を重視した永仁元年（一二九三）の北条兼時・北条時家の下向、次に訴訟に対して「確定裁判権」を有することを重視した永仁四年の金沢実政の下向である。村井章介氏によれば「探題」のもっとも核心的な機能は軍事指揮権で、派生したのが裁判を中核とする統治的機能であると指摘する[9]。どちらが「鎮西探題」の機能の中核であるかはさておき、鎌倉期において最終的には、対外の脅威に備える軍事指揮を有しつつ、評定衆や引付衆などを整備し訴訟に対して裁判を行う体制を持った鎮西探題となり、守護を評定衆・引付衆に組み込んだ体制を確立したのは明らかである。すなわち、鎮西探題は軍事的機能から行政的機能を充実させ、鎌倉幕府―北条氏による地方統治機関として存在したのである。

一方の南北朝期の九州探題（鎮西管領）は、建武三年（一三三六）四月に足利尊氏が九州から再び上洛を目指す際に、一色道猷を鎮西管領として配置したのが始まりである。この一色道猷は統治というよりは守護・国人が尊氏の上洛に従うため九州南朝方の抑えとしての役割を担っていた[10]。その後に守護が下向した際、一色道猷は軍事力を守護に期待しつつそれを補完する形で軍事活動を展開し、九州という遼遠の地域において恩賞宛行を行う「将軍の分身」的側面を持っていた[11]。そして、今川了俊が九州探題となった場合も、応安四年（一三七一）一二月に征西府方（九州南朝方）に敗北し上洛した守護・国人を率いて了俊は下向し、守護・国人を含めた軍勢を組織し、それを統轄することで征西府を電撃的に敗走させた。ここに、南北朝期の九州探題は統治機関としてではなく軍事指揮者「大将」としての役割に終始しており、目的は九州探題方を組織し征西府方を征伐することであった。すなわち、地方統治機関として確立した鎌倉期の鎮西探題と、征西府討伐の「大将」として機能した南北朝の九州探題とでは全く異なるものであったのである。この南北朝期の九州探題が、鎌倉期のように地方統治機関として再編されるのか、それとも「大将」としての機能を継続していくのかを検討することは室町期の九州探題の役割を考えるために重要であろう。

もうひとつ注目しておきたいのは、九州探題は「将軍の分身」であるかという問題である。川添氏は「将軍の分身観」[12]と評するが、これは基本的には今川了俊による「自称」であることに注意しておきたい。すなわち、「我々事ハ、将軍の御身をわけられて、くたされ申候間、誰人もいやしまれ候ハしと存候」[13]や「但我等か事ハ、既九州官領時分に候、則将軍家の身を被分位に被告哉」[14]としているのである。確かに、一色道猷については恩賞として所領を九州探題方に給付する「将軍の分身」と評価したこともあるが、果たして室町期九州探題にまで同じ評価が可能であるかは検討する必要があると思われる。

2　南北朝期の「九州探題（鎮西管領）」と守護

そしてもうひとつ言及しておきたいのは、探題と守護の関係である。近年でも荒木和憲氏が「応永期～嘉吉期の争乱の過程で渋川氏と少弐氏が没落し、「九州探題対筑前守護」という南北朝期以来の対立軸は解消された[15]」とするように南北朝期から探題と守護は対立関係にあるというのが通説である。これは、鎌倉期のような鎮西探題を中心とする九州支配から免れようとする守護の志向とそれを妨げる九州探題によって両者の対立的関係があったという佐藤進一氏の指摘[16]が代表されるように、支配しようとする九州探題とそれに反発する守護という対立構造を前提として論じられている。

しかし、一色道猷が探題在任中は守護と軍事的に協力関係にあったことは以前指摘した[17]。さらに、今川了俊については、征西府から大宰府を奪還するときに少弐冬資・大友親世・島津氏久・同伊久・大内弘世との軍事的協力関係を築いており、永和元年（一三七四）七月に今川了俊が水島の変で少弐冬資を殺害した後も、少弐頼澄・同貞頼・大友親世・大内義弘とは協力関係にあった[18]。むしろ、水島の変後の島津氏との断続的な対立こそが異例なのである。一方で、南北朝内乱が終結した後に親了俊派（少弐貞頼・菊池武朝）と反了俊派（大内義弘・大友親世・島津伊久・同元久）に分かれて対立したとされる[19]。探題と守護の対立という構造はむしろ室町期に入って激化した。すなわち、征西府討伐が探題と守護・国人を結束させる重要な目的であったのである。しかし、九州制圧が今川了俊の軍事活動そして南北朝合一という形で達成されたことで、大内・大友両氏は今川了俊との協力関係を維持せず、一方の少弐貞頼・菊池武朝はもともと征西府方であった者たちで了俊に帰順したことでその身を保証されていたため協力関係が維持された。この立場の違いが親了俊派と反了俊派に分かれる一要因であったものと思われる。

また国人層でも南北朝合一によって問題を抱えたものと考えられる。例えば、阿蘇氏の問題である。当時、探題方の阿蘇惟村と征西府方の阿蘇惟政が対立していたが、今川了俊の活躍による征西府の影響力低下によって阿蘇惟政が離反し、南北朝合一を機に探題方に帰順した。これによって、阿蘇惟村と惟政の間でトラブルがないように処理が試みられた。すなわち、明徳五年（一三九四）三月一一日付の阿蘇郡沙汰事書写に「参当方輩号本知行所事、大宮司申候、両方申趣支証状等、可有注進、依理非令成敗、以其下可令遵行候、其間ハ於相論地者、大宮司方申談可点定也[20]」として、探題方に帰順した阿蘇郡の国人の「本知行所」について、探題方と元征西府方であった国人の「支証状」を提出させてそれに準じて成敗して打ち渡すこと、そして相論となった所領については阿蘇惟村と相談して「点定」としているのである。ここに、阿蘇惟政の帰順の影響によって探題方と元征西府方の間での所領問題が想定されて対応が練られていることが知られる。このような状況は各地で広がっていたものとみられるが、この所領問題に対する対応は、明徳二年七月一九日付の今川了俊書状案で了俊は「落居ハ京都御沙汰ニ合候へく候[21]」とし、一方の幕府は安堵について先送りにしている様子がうかがえる。[22]このような在地勢力の問題と幕府・探題の対応、そして大内・大友・島津氏と探題との対立が相まって、九州を親了俊派と反了俊派に二分してしまったことが想定される。[23]そして、この問題が了俊の跡を引き継いだ新探題の渋川満頼に残されたのである。

二　探題渋川満頼の活動とその役割

1　今川了俊解任の混乱と渋川満頼

応永二年（一三九五）八月、大友氏・大内氏・島津氏と敵対関係になった今川了俊は筑前国博多を放棄して肥前国小城へと没落する。これにより、今川了俊は将軍足利義満から上洛命令を受け、菊池武朝・少弐貞頼の支援のもと上洛を果たす。そして、応永三年二月に新たな探題として渋川満頼が就任し九州へ下向する。渋川満頼が下向した九州は、いまだ親了俊派と反了俊派に分かれたままで、菊池武朝は肥後・筑後両国において軍事活動を展開し、肥前・肥後・筑後国人を率いていたことが山本隆一朗氏によって指摘されている。[24]そして応永四年正月八日、渋川満頼は「貞頼・武朝之同心」に対応しており、下向早々から渋川満頼と菊池・少弐両氏が対立していた様子がうか

がえる。(25)

では、菊池武朝・少弐貞頼が蜂起するなかで渋川満頼が九州に下向した際の目的とは何だったのか。

【史料一】室町幕府御教書案（「広瀬貞雄氏所蔵文書」『大宰府・太宰府天満宮史料』巻十一　四六七頁）

属今河伊与入道了俊上洛輩本領・新恩地事、就令注進在所之名字、可被成下安堵如件、

応永三年二月卅日　御判（足利義満）

右兵衛佐殿（渋川満頼）

【史料二】室町幕府御教書（「中村令三郎氏所蔵文書」『大宰府・太宰府天満宮史料』巻十一　四六七頁）

属今河伊予入道了俊参洛九州地頭御家人着到相副之本領・新恩事、於証分明之地者、不日可被沙汰付之由、所被仰下也、仍執達如件、

応永三年三月十日　沙弥（斯波義将）（花押）

松浦中村越前守殿（中村要）

【史料一】で幕府は渋川満頼に対して、今川了俊に従って上洛してきた者の所領は「在所之名字」の報告に従って安堵を発給するように命じている。さらに、【史料二】では幕府が渋川満頼に対して、今川了俊に従って上洛した地頭御家人の所領を、「証」が明らかであればすぐに打ち渡すように命じている。これは両史料ともに肥前松浦党の中村氏に発給されているが、この中村要は今川了俊が下向する直前の応永二年（一三九五）閏七月一三日に今川了俊とその子息貞臣から安堵を獲得している。(26) すなわち、大内氏・大友氏らによって肥前国小城へ追い詰められた今川了俊の状況から、それを支持した中村要も自らの立場が不安定になっていたものと考えられる。その不安定な状況下で今川了俊が上洛し解任されたために、【史料一】および【史料二】の発給を幕府に求めたものとみられる。そして、今川了俊が探題であった際の対立関係を解消するべく、九州在地勢力の所領安堵を実施、これを主導した

のが渋川満頼であった。また、わざわざ「属今河伊予入道了俊参洛九州地頭御家人」と指定して所領の「安堵」と「沙汰付」を命じたのは、中村要のみならず多くの地頭御家人が、自らの立場を不安視し幕府へ安堵を要求した結果であろう。これにより、渋川満頼は在地勢力の求めに応じて安堵状や継目安堵[27]を発給し、それに関わる所領打渡も実施している。

では、渋川満頼が安堵状を発給した対象はどのような者たちなのか。発給文書をみると大隅禰寝氏・肥前綾部氏・肥前後藤氏・肥前深堀氏・肥前牛嶋氏・豊前佐田氏・肥後詫磨氏・肥後阿蘇氏である【表1】。ほとんど最後まで今川了俊を支持した国人[28]に発給していることから、幕府―渋川満頼は反了俊派の島津氏・大友氏との和解を達成しつつ、親了俊派を保護するものであったとみられる。また、大隅禰寝氏や豊前佐田氏も安堵状が発給されているた

【表1】探題渋川氏安堵状一覧

No.	和暦年月日	文書名	差出	宛所	内容	分類	底本名	冊	頁
渋川満頼									
1	応永4年6月15日	渋川満頼安堵書下	右兵衛佐（花押）（渋川満頼）	禰寝山城守殿（禰寝清平）	大隅国本領地事、知行不可有相違之状如件、	禰寝文書	鹿児島県史料家わけ	1	120
2	応永4年12月17日	渋川満頼安堵状写	右衛門佐判（渋川満頼）	綾部愛房丸殿	肥前国綾部庄事、任相伝之旨、知行不可有相違之状如件、	綾部家文書写	佐賀県史料集成	21	15
3	応永7年7月28日	渋川満頼安堵状	右兵衛佐（花押）（渋川満頼）	宇都宮佐田掃部助殿（佐田親景）	本領事、於支証分明之地者、不可有相違状如件、	佐田文書	熊本県史料	2	188
4	応永7年9月10日	渋川満頼安堵状	右兵衛佐（花押）（渋川満頼）	宇都宮佐田掃部助殿（佐田親景）	豊前国犇田・伊方両庄并元永村事、領掌不可有相違之状如件、	佐田文書	熊本県史料	2	188
5	応永8年閏正月28日	渋川満頼安堵状	右兵衛佐（花押）（渋川満頼）	後藤武雄三郎殿（氏門）	本領事、於相続之支証分明之地者、不可有相違之状如件、	武雄神社文書	大宰府・太宰府天満宮史料	12	518

6	応永8年11月12日	渋川満頼安堵状	右兵衛佐（花押）（渋川満頼）	詫磨別当五郎殿（詫磨満親）	本領所々事、任注進注文之旨、領掌不可有相違之状如件、	詫摩文書	大宰府・太宰府天満宮史料	12	522
7	応永8年12月17日	渋川満頼安堵状	右兵衛佐（花押）（渋川満頼）	宇都宮薩摩守殿（佐田親景）	筑後国松門寺地頭職菅大輔房跡事、任御下文并大友修理権大夫親世状之旨、知行不可有相違之状如件、	佐田文書	熊本県史料	2	190
8	応永11年4月21日	渋川満頼安堵状	右兵衛佐（花押）（渋川満頼）	当社太宮司殿（阿蘇惟村）	阿蘇社雑掌申肥後国守富庄事、本神領云々、早任先例、致其沙汰、可抽公私祈祷精誠之状如件、	阿蘇文書	大宰府・太宰府天満宮史料	12	536
9	応永11年8月29日	渋川満頼安堵状	右兵衛佐（花押）（渋川満頼）	（深堀時清）	「深堀遠江守時清申肥前国於神崎郷〔郡〕勲功恩賞地事、中郷内箱郷三町、蒲田郷内結嶋五町、西郷内境三町、此等下賜次目安堵御判、弥為忠節、粗言上如件、 応永十一年八月　日」 文書無子細者、不可有相違之状如件、	深堀文書	大宰府・太宰府天満宮史料	12	545
10	応永13年12月21日	渋川満頼（?）安堵状案	御判（渋川満頼）	牛嶋房童殿	肥前国長嶋庄下村内牛嶋百弐拾町事、任証文之旨、領掌不可有相違之状如件、	小鹿島家文書	佐賀県史料集成	17	249
11	応永16年12月20日	渋川満頼安堵状	沙弥（花押）（渋川満頼・道鎮）	詫摩（ママ）別当太郎殿（詫磨親家）	親父摂津入道曇慶跡事、任譲状之旨、領掌不可有相違之状如件、	詫摩文書	熊本県史料	5	585
12	応永19年7月25日	渋川道鎮（満頼）安堵状	沙弥（花押）（渋川満頼・道鎮）	欠（阿蘇惟郷）	阿蘇社大宮司職・同神領并恩賞地等事、任惟村譲状之旨、惟郷領掌不可有相違状如件、 「渋河探題御判」	阿蘇文書	大宰府・太宰府天満宮史料	12	577
13	応永24年9月30日	渋川道鎮（満頼）安堵状	沙弥（花押）（渋川満頼・道鎮）	阿蘇大宮司殿（阿蘇惟郷）	筑前国早良郡比伊郷内勲功之賞田地以下事、任相伝之旨、領掌不可有相違之状如件、	阿蘇文書	新修福岡市史	2	23

14	応永24年11月7日	渋川道鎮（満頼）安堵状	沙弥（花押）（渋川満頼・道鎮）	東妙寺長老	肥前国神崎庄中郷内力田里弐町事、任宗寿（板倉美濃入道）寄進之旨、不可有相違之状如件、	東妙寺文書	大宰府・太宰府天満宮史料	12	601
渋川義俊									
15	応永25年正月18日	渋川義俊安堵状写	義俊御判（渋川義俊）	綾部兵庫助殿	肥前国佐嘉郡安富庄内泉村惣領職事、任代々相続之旨、知行不可有相違之状如件、	綾部家文書写	佐賀県史料集成	21	17
16	正長元年11月16日	渋川義俊？安堵状案	沙弥（渋川義俊？）	後藤治部少輔殿	肥前国杵嶋郡塚崎庄後藤備前守跡事、任先例、知行不可有相違之状如件、	後藤家文書	佐賀県史料集成	6	72
渋川満直									
17	応永32年11月12日	渋川満直安堵状写	中務大夫満直（判）（渋川満直）	綾部兵庫助殿	肥前国三根郡満幸本領所々事、 一所　沢水村事 一所　坊所村事 一所　江見村事 一所　松枝村事 一所　綾部内陣内分事 右所々地之事、任本証文旨、領掌不可有相違之状如件、	綾部家文書写	佐賀県史料集成	21	18
渋川教直									
18	嘉吉2年4月21日	渋川教直安堵状	教直（花押）（渋川教直）	渋江下野守殿（渋江公代）	肥前国杵嶋郡長嶋庄之惣地頭職、所々本領等事、任代々証文旨、知行不可有相違之状如件、	小鹿島文書	大宰府・太宰府天満宮史料	13	239
19	応仁2年2月15日	渋川教直所領安堵状	右衛門佐（花押）（渋川教直）	渋江弥次郎殿（渋江公忠）	肥前国杵嶋郡長嶋庄橘家惣領職下村之内百二拾町事、任渋江下野守公代譲之旨、可有其沙汰也〈並〉高橋十町・有知田十六町・久津久之内太郎丸名十町・秋次分六町事、心中依異于他、去渡也、任先例、知行不可有相違之状如件、	小鹿島家文書 二	佐賀県史料集成	17	277
20	（寛正年中）	渋川教直外題安堵	（花押）（渋川教直）	（光浄寺）	（外題）「当寺本願檀那板部六郎［　］法名宗全之裏判之本坪付□」	光浄寺文書	佐賀県史料集成	5	81

め、渋川満頼の守護職兼帯の有無にかかわらず九州全域で実施されたといってよい。では実際に渋川満頼の所領安堵はどのようにして行われたのか。

　例えば、肥後国詫磨氏を確認したい。詫磨満親は親了俊派の国人として今川了俊を支持し菊池武朝のもとで活動していた(29)。では、渋川満頼が探題となった後どのような活動を見せたのか。応永五年一〇月二七日に渋川満頼は詫磨満親に対して被官の戸賀崎氏範を肥後国凶徒討伐のために派遣したので同心を命じている(30)。実際に、反満頼派から離れて渋川満頼のもとで活動したとみられ、応永八年一一月一二日に渋川満頼は詫磨満親の「注文」に任せて「本領所々」を安堵している(31)。この「注文」に注目したい。

【史料三】詫磨満親本領注文（「詫摩文書」『新熊本市史』史料編第二巻古代中世　四八五頁）

　　詫磨別当五郎満親本領注文

一、肥後国詫磨西郷神倉庄地頭職并庶子分同本庄
一、同郡東郷黒石原
一、同国飽田郡鹿子木東庄内留吉名・恒清名・五郎丸名・南山室
　村
一、同郡大浦皆白
　　（裏花押）（渋川満頼）
一、同国玉名郡大野別符内尾崎村南北・狩塚村
一、同国野原庄内荒尾号同丸名
一、筑前国志登社地頭職
　以上

【史料三】は肥後国人である詫磨満親が安堵を受けるために本領を書き出したものであるが、その注文に渋川満頼の裏花押が確認できる。つまり、詫磨満親が安堵状を発給してもらうために注文を作成、これを受けた渋川満頼は承認として裏花押を据えて、作成した安堵状とともに返却したものと考えられる。渋川満頼は、もともと今川了俊を支持していた詫磨満親を一方的に排除するのではなく、味方に参じて所領の「証」が明らかであるために安堵したのである。

また、肥前深堀氏についても確認したい。肥前深堀氏も「彼忤人々」(32)として今川了俊に付き従った国人であるが、応永一一年八月二九日に渋川満頼は肥前国人の深堀時清に対して所領を安堵している。

【史料四】渋川満頼外題安堵（「深堀文書」『佐賀県史料集成　古文書編』第四巻　二二三頁）

深堀遠江守時清申肥前国於神崎郷勲功恩賞地事、中郷内箱郷三町、蒲田郷内結嶋五町、西郷内境三町、此等下賜次目安堵御判、弥為忠節、粗言上如件、

応永十一年八月　日

「(外題)文書無子細者、不可有相違之状如件、

応永十一年八月廿九日　右兵衛佐(渋川満頼)（花押）」

【史料四】において応永一一年八月二九日以前、深堀時清が渋川満頼に対して「肥前国於神崎郷勲功恩賞地」について安堵の申状を送り、それに渋川満頼は「文書無子細」とし外題に安堵の文言を載せて返却している。その後、翌年一一月一四日に「去年八月廿九日外題安堵并今月十二日［　　　］書之旨」に任せて渋川満頼の被官と思われる「頼員」が所領の打渡を行っていること(33)から、幕府の「於証分明之地者、不日可被沙汰付」という指示を満頼が実行していると考えられる。とはいえ、応永三年の御教書から年月が経って、かつ打ち渡しまでに一年かかってい

る。これは、少弐貞頼が応永一一年六月に敗死し、翌年に渋川満頼と大内氏によって少弐残党が制圧されたことによると思われる。つまり、少弐氏の影響力低下によって少弐氏から深堀時清が離反して渋川満頼に安堵を申請したのである。渋川満頼は反満頼派の国人を排除せずに帰順したものに対して安堵を発給していたのであろう。

これら詫磨満親や深堀時清の所領安堵を渋川満頼が行っていることは、満頼に対して国人らがその役割を期待したことに他ならない。今川了俊の解任以降、親了俊派と反了俊派に分かれた九州を立て直すべく派遣された新探題渋川満頼は、最終的に幕府に支持された大友氏・島津氏との協力を考え、一方の親了俊派を討伐対象とするのではなく所領を安堵することで両派の掌握を試みたものとみられる。すなわち、ここから渋川満頼は所領安堵を行う役割そして求められる対象として認識されたのである。

2　渋川満頼の軍事活動と守護

幕府―渋川満頼は、大友氏・島津氏の意向（今川了俊の解任）を優先したことで両者の協力を得ることに成功したものの、それに対抗していた少弐氏・菊池氏との協力関係の形成は難しくなった。実際、今川了俊を解任して対立関係を清算しようとした幕府の意向に反して、九州は親満頼派（大友親世・島津伊久・元久）と反満頼派（少弐貞頼・菊池武朝）に分かれて軍事衝突に至る。今川了俊の際と全く逆の対立構造になった。

この少弐貞頼と菊池武朝の征伐を目的に軍事活動を展開し、主に筑後・肥後両国が主戦場であった。では、渋川満頼は少弐・菊池氏をどのようにして討伐したのか。そもそも渋川満頼と少弐貞頼・菊池武朝との抗争に対して大友氏が参加していたことは知られているが[34]、渋川満頼と大友親世自身はいかなる関係になったのか。

【史料五】大友親世書状（「島津家文書」『大日本古文書　島津家文書之一』六三五頁）

去月十七日御状、今月十二日到来、委細承候畢、抑其方様御事、属無為候、仍可有御出津之由承候、先以目出候、定探題（渋川満頼）悦喜候哉、則彼方御返状、付遣之候、兼又、京都御礼御申事、目出候、随而代官安治方にも、種々拝領候之由申下候、不思寄事候、乍去御懇志之至恐悦候、尚々、恐入候、雖不甲斐〳〵候、自然之時者、可立御用候之旨、申付候、将又、筑後凶徒対治事、去月廿二日、馳渡長田河候、於溝口及合戦候、則時打勝候、仍菊池武朝家僕等以下三百余人討取候了、其身事者、具足切捨候、落散候、当日肥後山鹿に罷着候、其後取籠菊池陣候之間、自是差遣一勢候、又貞公致籌策候之間、依難堪忍候歟、今月七日捨在所、山中に逃籠候、於今者無差事候、其段先日りよ阿弥陀仏申候、遁世人被参之時、委細令申候、定参着候哉、尚々、京都事無御等閑候之様、連々御申候者、尤可目出候、他事併期後信候、恐々謹言、

十二月十三日　　　　親世（大友）（花押）

【史料五】は宛所を欠くものの「島津家文書」に所収されていることから島津氏宛で間違いなかろう。そして、後に大隅守護の島津元久が渋川満頼から「被仰下」として指示を受けて肥後国に軍勢を派遣している様子を確認できることから、これは島津元久宛のものと考えられる(35)。内容を確認すると、大友親世は島津元久に対して、南九州国人一揆との対決を収め「出津」すなわち博多に出向くとしたことを喜び、「探題」渋川満頼も同様であると伝えている。そして、大友親世は筑後国において菊池武朝の「家僕」を多数打ち取り肥後国に下ったことを報告している。ここに、大友親世が渋川満頼の「悦喜」を伝える立場、つまり両者が一体となって菊池武朝討伐を行っていたものと考えられる。さらに、島津元久もこの渋川・大友両氏と博多において合流する予定であったものとみられる。実際に、先にも述べたが島津元久は渋川満頼より「被仰下」として肥後国に軍勢を派遣し、渋川・大友両氏を支援している様子が史料上うかがえる。

下向当初においては渋川満頼を中心とした軍事活動を展開することが当然のように行われており、ここに反満頼派を討伐する「大将」として渋川満頼が守護・国人から期待されていたと理解できる。そして、それは幕府から担

わされた役割の一つでもあった。しかし、この菊池武朝・少弐貞頼との抗争は渋川満頼・大友親世・島津元久らの連携のみでは達成されない大規模な北部九州の争乱であった。

【史料六】足利義満願文写（「伯家雑記」『大宰府・太宰府天満宮史料』第十二　四九七頁）

かけまくもかしこき伊勢二所太神宮、神祇官、石清水八幡大菩薩、賀茂下上、平野、春日、住吉、日吉、吉田、祇園、北野、御霊の広前に沙門、、、恐み恐みも申賜はくと申事のよしハ、近年四海静謐、いよ〱神慮をたのみたてまつる者也、爰菊池藤原武朝、少弐藤原貞頼、鎮西を掠領し、やゝもすれハ下知に応せす、御退治をくはへんため、官軍をさしつかはす、国家の安全ハ神明の誓約なり、はに血ぬらすして、賊虜こと〱くほろふるハ、神国の草創、我国の佳躅なり、彼凶徒等不日に廃亡せしめ、与力同心の輩、たちまち頓滅して、天下弥静謐、息災の運命をたもつへきものなり、此条専冥助を加たまへ、神祇大副兼治部卿右馬頭卜部兼敦をもつて祈念せしめ、神祇官御幣、吉田社神供、里神楽、幣帛、大般若経、又千度御祓勤仕せしむる者也、此状を平けく安けく聞召て、微臣所存のことく、征伐時をかへす、国土安穏に、身躰つゝかなくして、金石よりもかたく、寿算長く保て、松竹よりもひさしく、子孫繁昌、ときはかきはに、夜の守日の守に護幸給へ、仍敬白如斯、

応永五年十月十七日　沙門（足利義満）、、

【史料六】は足利義満の願文である。[36] 傍線部に注目すると「爰菊池藤原武朝、少弐藤原貞頼、鎮西を掠領し、やゝもすれハ下知に応せす、御退治をくはへんため、官軍をさしつかはす、国家の安全ハ神明の誓約なり」として、足利義満が菊池武朝・少弐貞頼の蜂起を重くみて「官軍」大内義弘を派遣することで鎮圧を目指そうとしていたことがわかる。鎮西管領の斯波氏経が窮地の際に大内弘世が派遣されたように、また探題今川了俊が九州へ下向する際に大内弘世・義弘が派遣されたように、南北朝期同様、探題と九州在地勢力（守護・国人）のみで凶徒の鎮圧が達成されない場合は大内氏の派遣が行われた。そして、このような願文が残されていることは足利義満にとって菊池

武朝・少弐貞頼の蜂起は非常に危険なものであったことを示す。

この菊池武朝・少弐貞頼との対立は、「応永の乱」の際に大内義弘が幕府へ敵対したため対抗措置として強引にも幕府が武朝・貞頼を赦免することで終結をみる。しかし、応永一〇年に肥前千葉氏の内訌を発端として渋川満頼と少弐貞頼が再び対立し、菊池武朝もこれに合わせて蜂起したことで再び北部九州は争乱状態になる。この争乱は応永一一年六月二〇日に少弐貞頼が死去、同年に大内義弘の跡を継いだ大内盛見も幕府へ帰参、応永一二年に豊前国猪嶽において渋川満頼と大内盛見が貞頼亡き後の少弐氏を中心とした反満頼派を破ったことで鎮圧されていく[37]。この応永一〇年以降の菊池武朝・少弐貞頼の蜂起についても、渋川満頼は大友親世との協力関係を継続し、九州へ渡海した大内盛見とも新たに協力関係を形成した[38]。

この争乱において一つ注目しておきたい事例として以下の史料を確認しておきたい。

【史料七】渋川満頼書状写（「阿蘇文書」『大宰府・太宰府天満宮史料』巻十二　五四五頁）

肥後国守護職事、先年拝領云々、仍為九州対治料国所預置也、早守先例、可有其沙汰之状如件、

応永十一年十月二日　右兵衛佐花押（渋川満頼）

阿蘇大宮司殿（阿蘇惟村）

【史料七】では渋川満頼が阿蘇惟村に対して、肥後守護職を拝領したため「九州対治料国」として預け置くとしている。この文書は応永一一年一〇月二日の発給であるが、同二二日には阿蘇惟村の「御同心」を承ったと渋川満頼はしていることから阿蘇惟村の軍事的動員を意図したものであったと理解される[39]。このような守護職を利用した軍事的動員は、前探題今川了俊が「探題の分国」の肥後守護職を阿蘇惟村へ預けている事例もあり、探題が兼帯している守護職の裁量も南北朝期の九州探題を引き継いでいるといえる[40]。つまり、室町期九州探題は今川了俊が探題であった頃と同様に「大将」としての位置づけから始まり、兼任していた守護職の人事の裁量などをも引き継いで

いたのである。加えて凶徒制圧が困難な場合、幕府から大内氏の派遣が行われることもまた南北朝期と同様の処置であった。

三　九州探題の役割の変質と永享の争乱

1　九州争乱の鎮静化による影響

応永一三年（一四〇六）頃まで渋川満頼と少弐・菊池両氏との対立は続いたものの、応永一一年六月の少弐貞頼敗死、応永一四年の武朝死去によって反満頼派は支柱を失い抗争は鎮静化した。それから応永三二年に満頼の息で九州探題となった渋川義俊が少弐満貞（貞頼息）に没落させられるまで政治情勢は安定状態となったとされる[41]。

しかし、肥後国では南北朝期以来から解決していない阿蘇大宮司職をめぐる問題があった。応永二一年頃、肥後国では阿蘇大宮司職をめぐって阿蘇惟兼と阿蘇惟郷が対立し、これに惟兼派として菊池兼朝（武朝息）が、惟郷派に大友親著（親継息）がそれぞれ与した。これを肥後国人の河尻実昭は「世上之忩劇、於今者相極于当国候[42]」と表現し、肥後国の混乱状況を伝えている。これに対して、応永二一年六月二〇日に足利義持は渋川満頼に使節として小早川則平（法名常嘉、以下則平で統一）を派遣するので、特別に扶持を加えるように命じている[43]。この小早川則平は「上使」とも呼ばれており、応永二一年一〇月から永享四年（一四三二）五月頃まで九州での活動が断続的に確認できる[44]。この「上使」がどのようなものを指すかは明らかではないものの、応永三一年に比定される三月二八日付の渋川義俊書状によると「去々年大友（親著）申談取陳候之処、為上意互令退散要害開陳、追可申上所存之由、以小早川美作入道常嘉（則平）、被仰下[45]」としているように、「上意（足利義持の意向）」を伝えるために派遣されていることは確かである。九州という遼遠の地において抗争を調停する幕府の意思を直接伝えることは重要であったのだろう。このように、足利義満が危惧した少弐・菊池両氏の蜂起ほどではないものの対立は生じていた。当然これに探題渋川氏は無関係ではない。

では、この「探題」渋川氏と「上使」小早川則平はどのような関係にあったのか。

【史料八】足利義持御内書[46]（「小早川家文書」『増補訂正編年大友史料』九　二八四頁）

菊池肥後守(兼朝)与大友式部大夫(親著)間事、先無為無事、目出候、就其大友分領以下事、任事書之旨、探題(渋川義俊)相共令成敗、落居以後、可参洛候、其間者可有在国候也、

(応永二九年)十月廿六日　(足利義持)（花押）

小早川美作入道殿(則平・常嘉)

【史料八】は、応永二一年の小早川則平下向から八年ほど経っており、探題も渋川満頼から子息の義俊へと変わっているものの、「探題」と「上使」の関係を見るうえで重要な史料である。内容は、足利義持は小早川則平に対して菊池兼朝と大友親著の対立が無事であることを喜び、「大友分領以下事」については事書に任せて「探題」渋川義俊とともに判断して解決するまで在国するよう命じている。菊池兼朝と大友親著が「大友分領」をめぐって対立しているが、この時期の両者は筑後国支配で対立していたとされる[47]。それを指しているかは判断できないが、両者の対立を解決するために幕府の「事書」に従って渋川義俊と小早川則平の活動が求められたとみられる。これだけでは、明らかに幕府からの指示と小早川則平の派遣によって探題渋川氏が抑制されたようにもとれるが、次の文書に注目したい。

【史料九】小早川則平書状追書写（「阿蘇文書」『大日本古文書　阿蘇文書之二』二二七頁）

逐申候、

料足十結送給候、恐悦候、御取乱之時分如此沙汰、殊ニ令悦喜候、重恐々謹言、

自京都御使小早河美作守殿(則平)、応永廿一年十月博多ニ下着候、自是進物使者を進候ニとて如此返事、十月廿
九日到来候、菊池兼朝不慮ニ当方ニ致勢仕之間、小早川方被致其沙汰候時也、探題しふ河殿(渋川満頼)御奔走有りテ
御沙汰いたされ候云々、為後代書置候、
惟郷(阿蘇)

【史料九】はそもそも小早川則平が阿蘇惟郷へ送ったもので「逐申候~重恐々謹言」までがその文である。しかし、その後の文章については「為後代書置候」として阿蘇惟郷が書き加えたものであろう。この阿蘇惟郷が記したところに注目すると、菊池兼朝が唐突に阿蘇惟郷へ攻撃を仕掛けたため小早川則平が対応したとし、またこのような対応になったのは探題渋川満頼の「御奔走」あって幕府から「御沙汰」が出されたとする。すなわち、小早川則平の派遣は渋川満頼の「御奔走」とみるべきで、これは菊池氏・少弐氏との抗争のような事態を満頼が避けたいという意思の反映であり、幕府もそれに同調したものと考えられる。小早川則平の派遣によって一時的に阿蘇氏の対立や菊池兼朝と大友親著との直接対決は避けられたものの、阿蘇惟兼と惟郷の対立に菊池・大友両氏が直接介入したことで状況が変化した。

【史料一〇】阿蘇惟郷申状写（「阿蘇文書」『大日本古文書　阿蘇文書之二』二八四頁）

目安

九州肥後国阿蘇大宮司惟郷謹言上、
欲早蒙御裁許、停止惟兼社職競望、令全四箇社領并所々恩賞地事、
右当神自草創以来廿七代至于惟郷、社職相続無相違処也、然間、帯代々御判上、去応永廿四年当御代(足利義持)安堵之任
御判旨、令社領知行処、惟兼父祖代々宮方仕、不忠仁乃為子孫、背御判旨、致押妨間、探題御方(渋川満頼)・大友方(親著)仁申談、
取陣及合戦処、為　上使小早川方(則平)、先惟兼要害被破却、次当陣之事、御成敗之間、可罷退之由依承、驄上意申

処、惟兼任雅意、翌日水口城如本取誘楯籠之条、以外振舞也、仍探題　上使御方仁注進仕畢、定可有御披露哉、爰亡父惟村者、先年九州為一統、宮方蜂起之時、為無二御方、致山中数十年堪忍、於所々尽軍忠申畢、如此旨趣、如何而欲令達　上聞刻、去々年七月十一日飯尾加賀守方以書状、証文等令備進者、可有　上覧之由被仰下云々、則御判次第相続文書、相副探題御吹挙、以雑掌同九月十一日進上仕、奉仰御成敗処、惟兼不帯代々御判、当家不相続、而構虚言致乱訴事、無是非次第也、所詮、為相続忠節子細申披、重而探題以吹挙進雑掌、早任惟郷理運旨、預御裁許者、弥々致御祈祷精誠、為抽武略忠勤、粗言上如件、

応永卅一年三月　日

【史料一〇】の傍線部によれば、応永二四年に足利義持によって阿蘇惟郷に安堵状が発給されたが、阿蘇惟兼がこれをよしとせず押妨を繰り返すため、探題渋川満頼と豊後守護大友親著に要請し合戦に至ったが、上使である小早川則平によって惟兼の要害が破却され、「当陣」も「御成敗」によって撤退したとする。阿蘇惟郷が幕府から支持されていたことで渋川満頼と大友親著らとともに惟郷は軍事的な制圧を目指すが、小早川則平によって制止されたのである。ここに、探題渋川満頼が阿蘇惟郷の要求に応えつつも、一方の「上使」小早川則平が要害の破却などを行うことで阿蘇惟郷と惟兼の軍事衝突を避けようと試みていることが理解できる。また、阿蘇惟郷が「聽上意申処、惟兼任雅意、翌日水口城如本取誘楯籠之条、以外振舞也」として渋川満頼と小早川則平に注進していることからも、両者が連携してこの阿蘇氏の問題に当たっていたことが察せられる。しかし、幕府へ裁許を求める場合は波線部で「探題以吹挙進雑掌」としているように探題が窓口であったとみられ、小早川則平の活動はあくまでも幕府の方針を伝え探題とともに実行するものであった。

少弐・菊池両氏の帰順以降、阿蘇大宮司をめぐる抗争のなかで、探題渋川満頼は幕府へ上使の派遣を依頼し、上使との連携で紛争を仲裁し解決を図った。つまり、幕府は探題渋川満頼に対して軍事的衝突を回避する調整役を上

使とともに行う役割を期待したといえる。一方で阿蘇惟郷が探題渋川満頼を頼ったように在地勢力は大義名分として期待し、軍事的には豊後・筑後守護の大友親著に期待したものと考えられる。

探題渋川満頼は、少弐氏・菊池氏の蜂起以降大きな争乱がなくなり、肥後国における阿蘇氏の対立などは軍事的な制圧ではなく「上使」とともに仲裁そして解決を望んだことで、それまで根幹をなしていた軍事的役割を必ずしも担う必要がなくなった。在地勢力側も、軍事的な対立となった際、自らの正当性を保証するはずの探題ではなく、国を支配して軍事的にも頼れる守護に期待していったと考えられる。一方の幕府も行政的な探題へと再編を行うわけではなく上使の派遣とその連携を望むのみにとどまった。

ただし、確かに九州在地勢力が大規模な軍事衝突に及ばないように調整する役割を担ったが、もちろん九州における軍事指揮者「大将」としての役割は失っていない。

【史料一二】足利義持御内書写（「阿蘇文書」『大日本古文書　阿蘇文書之二』一四八頁）

就関東対治事、雖差遣近国之軍勢、於京都発向者、未定也、早鎮西之輩令用意、重而可相待左右之状如件、

御判（足利義持）

（応永三〇年）十月廿三日

左近大夫将監殿（渋川義俊）

「（裏花押）（渋川義俊）」

【史料一二】は足利義持が満頼の跡を襲って探題となった渋川義俊に対して、反乱を起こした鎌倉公方の足利持氏を退治するため「鎮西之輩」も用意をして支持を待つように命じている。先にも述べたが谷口氏によると、応永三〇年に足利持氏が反乱を企てた際に、室町幕府は関東征伐のために軍勢を派遣するが、その際に九州に対しても出陣要請、この際の中核となったのは渋川義俊であったと指摘している[48]。つまり、守護を含む九州在地勢力を率いる必要がある場合、幕府はやはり九州探題を「大将」として考えていたのである。幕府は九州探題に対して行政的

役割は求めず、あくまでも軍事的役割「大将」としての立場を求め続けた。

2　永享年間の九州争乱と渋川満直

以上のように、在地勢力の調整役を担った渋川義俊であったが、応永三二年（一四二五）に阿蘇氏の問題で反発した菊池兼朝とそれに与同した筑前守護の少弐満貞に襲われたことで博多から肥前国へと没落した[49]。最終的に渋川義俊を排除することで自らの目的を達成しようとする菊池兼朝によって敗退したのである。これを画期として探題の機能は停止していき東肥前の一領主まで没落してゆくとされる。この少弐氏・菊池氏の蜂起に、幕府は在京する大内盛見に鎮圧を命じて、盛見はすぐさま京都から九州へ渡りこれを破った。そして、正長元年（一四二八）には大内盛見が渋川満直を探題に推挙して幕府がこれを認めたものとされる[50]。幕府が渋川義俊の没落に対して新たな探題を派遣するのではなく、大内盛見の推挙にもとづく渋川満直の補任という形をとったのは、新たな人物を選出するよりも探題渋川氏そしてそれを軍事力で支える守護大内氏の意見を優先したからであろう。とはいえ、渋川氏が探題を続けたことで対立関係の清算はなされず、一度は少弐氏・菊池氏といった九州在地勢力からの支持を失った探題渋川氏は、大内盛見とその軍事力だけが頼りであった。

その後、足利義持が死去して義教が新たな将軍となった直後に九州においては大きな争乱が起こる。永享年間の九州争乱は、永享元年（一四二九）～二年に足利義教が筑前国を料国化し、それに伴って大内盛見を代官としたのが発端となった[51]。これによって、大内盛見と大友持直の間で筑前国内の大友氏所領をめぐって対立して軍事衝突にまで至る。そして、永享二年に始まったこの抗争は、大友持直側に少弐満貞と菊池持朝が同心したことで大規模なものへと展開する。さらに、永享三年六月二八日に大内盛見が戦死したことによる大内持世・持盛の対立や、幕府の敵となった大友持直に対抗すべく立てられた大友親綱の登場などで大内・大友両氏は内訌も起こる。これに、幕府から備後・安芸・石見・伊予の軍勢まで派遣されたことで嘉吉年間まで続く争乱になるのである。この争乱のなかでの探題渋川満直の評価は、永享四年五月一九日に上使小早川則平が「九州探題可然仁躰早々可被定下条、尤当時九州之儀可宜」[52]として、渋川満直の資質を疑って新たな探題を派遣するべきと幕府へ進言しているように、決して高くはなかった。

この争乱の発端となった大内盛見の筑前代官就任は、荒木氏によると探題渋川満直および少弐満貞が筑前国から不在となったことで「政治的空白」が起き、それに対応したものとされる[53]が改めて確認しておきたい。

【史料一二】足利義教御内書案（「後鑑」『新訂増補国史大系』第三十五巻　八四八頁）

筑前国事、為料国之処、致狼藉輩在之云々、然者令談合大内左京大夫入道（盛見）、属無為様、可有沙汰、巨細友雲和尚・妙斎西堂可被申候也、

二月廿五日

中務大輔殿（渋川満直）

【史料一二】において足利義教が渋川満直に対して、筑前国の「致狼藉輩」を大内盛見と鎮圧するように命じている。この「致狼藉輩」とは同日付で大内盛見に対して大友持直と和解するように指示していることから、大友持直に同心する輩のことを指す[54]。これをみると、足利義教は渋川満直と大内盛見のもとで筑前国を管理する方針であったとみられる。そもそも、応永一五年八月から同三二年七月頃までは筑前国守護職は少弐氏であって渋川氏ではない[55]。そのため、直ちに筑前国の「政治的空白」とこの料国化が渋川満直の活動へ大きな影響を与えたとは考えにくい。例えば、次の史料を確認したい。

【史料一三】渋川満直書状（「阿蘇文書」『大日本古文書　阿蘇文書之一』　六九八頁）

「（端裏切封）」

御状委細承候了、
筑前国御本領事承候、不可存等閑之儀候、如御存知候、為料国大内被仰付候、彼方へも可被仰候、自是其段可
申遣候、不可有疎略候、具御使申候、恐々謹言、
七月二日　　　　　　　満直（花押）（渋川）
阿蘇大宮司殿（阿蘇惟郷）

【史料一三】では渋川満直が阿蘇惟郷に対して、「筑前国御本領」については承ったが、筑前国は「料国」となって大内盛見が代官であるのでそちらにも連絡するように要請している。筑前国の運営において、渋川満直は大内盛見と連携して活動している実態があった。そして、阿蘇惟郷も「筑前国御本領」について、大内盛見が筑前国代官になったことを「御存知」であったにもかかわらず探題渋川満直に期待して連絡を取っている。

つまり、渋川満直はこの時点でも九州在地勢力から「筑前国御本領」のような問題を解決できる存在として認識され、幕府も大内盛見と共に筑前国において「致狼藉輩」を制圧できる存在と判断されていたのである。そして少弐満貞・菊池兼朝の蜂起そして大友持直との対立も合わせて考えれば、幕府としては探題渋川満直と筑前国代官大内盛見の連携によって筑前国だけにとどまらず九州全体の政治的安定を図ろうとしたものとみられる。

しかし、その後の永享年間の争乱で渋川満直の存在はほとんど確認できない[56]。これは、永享五年三月六日に少弐氏・大友氏治罰御教書と「御旗」が大内持世に下され、九州・中国・四国の連合軍の「大将」となったことに起因するものであると考えられる[57]。そして、永享六年一月には渋川満直が敗死したことで、幼少の万寿丸（教直）が当主にならざるを得ない状況となったことも大きく影響した。渋川満直の死去と幼少の万寿丸について幕府そして前探題渋川満頼・義俊が問題としている様子もなく、軍事的役割を担えなくなった探題を放置したと言ってよい[58]。これにより、嘉吉年間まで続くこの争乱は、幕府から「大将」に指名された大内持世が引き続き幕府軍の中心として

活動することになった。つまり、これまで探題が担っていた「大将」としての役割は、渋川満直の敗死と万寿丸の当主就任によって軍事的機能を発揮することが名実ともに叶わなくなった探題ではなく、九州の凶徒討伐で活躍する守護大内氏に幕府も在地勢力も期待したものと考えらえる。実際、その後においても渋川万寿丸に対して幕府は期待していない。

【史料一四】飯尾貞連書状写（「蜷川家文書」『大宰府・太宰府天満宮史料』巻十三　二一七頁）

太宰少弐（少弐教頼）事、被成治罰御教書候、目出度候、次御旗事、定以前可有御所持候哉、然者無用候、仍大友持直・道瑛（大友親著）・親重（大友）（繁）・菊池元朝（兼朝）・千葉胤鎮并孫太郎等事、度々御治罰之旨、被仰下之間、是又今度不被成御教書候、内々可得其意候、恐々謹言、

（嘉吉元）十月十四日　性通（飯尾貞連）在判

大内新介（教弘）殿

【史料一四】で幕府奉行人の飯尾貞連は大内教弘（盛見息）に対して、少弐教頼の「治罰御教書」が出されること、「御旗」は以前のものを所持しているはずなので下されることはないことを報じている。また、永享の九州争乱の延長線上と捉えているためか大友持直らの「御罰御教書」はなしとしている。幕府は、大内教弘に改めて「大将」としての活動を求めているために、すでに軍事統率者として探題渋川万寿丸に期待をしていないことが察せられる。

渋川満直は、筑前国代官となった大内盛見とともに筑前国の経営や対立していた少弐満貞・菊池兼朝の対応を行った。しかし、大内盛見が大友持直と筑前国の所領をめぐって対立し、大友氏側に少弐氏・菊池氏が与同したことで大きな争乱に発展した。ここに、探題渋川満直は少弐氏・菊池氏・大友氏といった九州守護からの支持を完全に失ったのである。そして、永享五年三月六日、大内持世が少弐・大友氏治罰御教書と「御旗」を幕府から拝領し、九州・中国・四国の連合軍の「大将」となったこと、そして翌年一月に渋川満直が敗死し幼少の渋川万寿丸が当主になっ

たことで探題渋川氏は名実ともに役割を果たせなくなった。これ以降、探題が担っていた軍事的役割は大内氏に期待された。

おわりに

本稿では、九州探題渋川満頼から万寿丸（教直）までの活動を通して、室町期九州探題の役割を概観してきた。

征西府方を制圧して中央において南北朝合一が行われたことで、探題方として統一された九州は共通の目的を失い、今川了俊と守護の協力関係は解消された。そして、今川了俊と大内氏・大友氏・島津氏の軍事的対立が生じたことで、了俊は敗走する形で上洛することになった。この親了俊派と反了俊派の対立を解決して掌握することを目的に新探題渋川満頼は九州へと下向することになる。渋川満頼は、今川了俊の解任によって結果的に幕府から支持された反了俊派の大友氏・島津氏との和解を達成しつつ、立場を失った親了俊派を保護するために、国人側から要請されたと考えられる所領安堵を積極的に実施した。

しかし、探題であった今川了俊を支持したにもかかわらず、その立場を失った少弐貞頼と菊池武朝は渋川満頼に反発して蜂起したのである。これを制圧するため渋川満頼は軍事活動を展開するが、その際に大友・島津両氏と協力関係を形成し、阿蘇氏など有力国人を誘引するために今川了俊と同様に「九州対治料国」として守護職を渡すなど、積極的に「大将」して守護・国人を統括して制圧を図ったのである。この蜂起は、将軍足利義満が危惧するほどのものであり、渋川満頼を中心とした九州在地勢力での討伐が困難であったため、幕府から大内義弘・盛見が派遣されることもあった。新探題として九州に下向した渋川満頼は、南北朝期以来の九州探題を継承する形で軍事活動を展開しており、統治機関への転化は行われずにあくまでも軍事的な役割を継続した。そして、本来は幕府に求められた所領安堵や守護職を「料国」として預け置く点など幕府の役割を代行するという意味でいえば「将軍の分身」として活躍したといってよい。

応永一四年（一四〇七）頃になると、反満頼派は菊池武朝・少弐貞頼の死去により支柱を失ったことで次第に鎮圧された。しかし、いまだ解決しない阿蘇氏の内訌とそれに関わる大友氏と菊池氏の対立が肥後国を中心として危機的状況にあった。渋川満頼は菊池氏・少弐氏との抗争のような状況を避けるために幕府に「上使」派遣を要請したものと考えられ、それに応じた幕府は小早川則平を九州に下向させた。これにより、探題渋川満頼そしてその跡を継いだ義俊は、「上使」小早川則平とともに在地勢力の対立を調整する役割を担ったのである。在地勢力からは軍事的役割を期待され探題として活動しても、ひとまずは「上使」とともに仲裁を行ったものと考えられる。ただし、足利持氏の反乱の際の対応のように幕府は探題の軍事的機能を失わせたわけではなく、あくまでも残しながら「上使」との連携を望んだ。

このように、調整役として活躍した渋川満頼・義俊であったが、応永三二年（一四二五）に阿蘇氏の問題で反発していた菊池兼朝とそれに与同した少弐満貞によって博多を追われて没落した。幕府はこれまでと同様に探題への支援として大内盛見を派遣して少弐・菊池両氏の排除を行わせた。しかし、探題の再編はなされずに大内盛見の推挙によって渋川満直が新探題に就任したため、少弐氏・菊池氏と探題渋川氏との対立は継続した。少弐・菊池氏ら九州在地勢力から一度支持を失った探題渋川氏にとって、幕府より派遣された大内氏のみが政治的にも軍事的にも拠り所になったといえよう。

そして、少弐満貞の没落によって「政治的空白」となった筑前国は、幕府の料国に設定されて大内盛見が代官となった。この筑前国は代官大内盛見と探題渋川満直との連携のもとで運営することが目指され、阿蘇惟郷が渋川満直を筑前国に関与できる存在として認識していたように、この筑前国料国化と大内盛見の代官就任は直ちに探題としての立場を揺るがすものではなかった。むしろ代官大内盛見と探題渋川満直によって筑前国を中心とした九州全体の政治的安定を幕府は期待したものと考えられる。

しかし、この大内盛見の代官就任を発端として、大友持直らが蜂起して大内盛見と軍事衝突し、これに少弐・菊池両氏が介入して盛見が敗死するなど大規模な争乱となる。ここに、渋川満直は大内氏の支持を受けているものの、少弐氏・菊池氏・大友氏といった九州守護からの支持を完全に失ったといってよい。そして、幕府は探題の代わりにそれまで軍事力として期待していた大内持世に九州・中国・四国連合軍の「大将」としての役割を担わせて少弐氏・大友氏治罰御教書と「御旗」を与えてその立場を保証した。加えて、渋川満直が敗死して幼少の万寿丸（教直）が当主となったことで探題は軍事的役割を果たせなくなったのである。もともとから軍事力として期待のできない探題よりも守護に比重が傾いた結果といえよう。この争乱以降、大内氏に軍事指揮者「大将」としての立場が期待されるのである。

註

（1）川添昭二「渋川満頼の博多支配及び筑前・肥前経営」（竹内理三博士古稀記念会編『続荘園制と武家社会』吉川弘文館、一九七八年）。
（2）川添昭二「九州探題の衰滅過程」（『九州文化史研究所紀要』二三号、一九七八年）。
（3）黒嶋敏「九州探題考」（同著『中世の権力と列島』高志書院、二〇一二年）。
（4）佐藤進一『日本の歴史9　南北朝の動乱』（中公文庫、一九七八年）、前掲註（1）川添論文、前掲註（3）黒嶋論文。
（5）柳田快明「室町幕府権力の北九州支配―十五世紀前半の筑前国を中心に―」（木村忠夫編『戦国大名論集7　九州大名の研究』吉川弘文館、一九八三年）。
（6）前掲註（3）黒嶋論文。
（7）谷口雄太「「危機の応永三十年」における九州勢の関東出陣計画」（『室町遺文月報3』東京堂出版、二〇二〇年）。
（8）この議論については一九七〇年代から八〇年代にかけて盛んに議論が重ねられてきた。この論点や鎮西探題の機能については『太宰府市史』や竪月基「鎮西探題の評定に関する一考察」（『鎌倉遺文研究』三八号、二〇一六年）にて簡潔にまとめられている。
(9) 村井章介『アジアのなかの中世日本』（校倉書房、一九八八年）。
(10) 拙稿「建武年間の九州情勢と鎮西管領一色道猷の軍事活動」（『七隈史学』二〇号、二〇一八年）。
(11) 亀田俊和『室町幕府管領施行システムの研究』（思文閣出版、二〇一三年）、拙稿「南北朝期室町幕府の九州統治」（『日本歴史』八七九号、二〇二一年）。
(12) 川添昭二「室町幕府成立期における政治思想─今川了俊の場合─」（『史学雑誌』六八編一二号、一九五九年）。
(13) 今川了俊書状案（「大隅禰寝文書」『南北朝遺文　九州編』五四五六）。
(14) 「今川了俊書札礼」（『続群書類従』二十四下　四五四頁）。
(15) 荒木和憲「室町期北部九州政治史の展開と特質」（『日本史研究』七一二号、二〇二一年）。
(16) 前掲註（4）佐藤著書。
(17) 前掲註（11）拙稿。
(18) 毛利元春軍忠状案（「毛利家文書」『南北朝遺文　九州編』五一一二）、島津伊久書状写（「薩藩旧記所収」『今川了俊関係編年史料下』九三〇）、菊池武朝申状写（「菊池古文書」『南北朝遺文　九州編』五八二六）。
(19) 堀川康史「今川了俊の探題解任と九州情勢」（『史学雑誌』一二五編一二号、二〇一六年）。
(20) 阿蘇郡沙汰事書写（「肥後阿蘇家文書」『南北朝遺文　九州編』六三〇四）。
(21) 今川了俊書状案（「詫摩文書」『南北朝遺文　九州編』六一八八）。
(22) 齊藤聖信書状写（「肥後阿蘇文書」『静岡県史　資料編6中世二』六〇五〜六〇六頁）。
(23) なお、九州探題今川了俊の活動とその役割については、本論から外れるため別稿に譲りたい。
(24) 山本隆一朗「応永年間の九州情勢と菊池武朝」（『菊池一族解體新章　巻ノ二』二〇二一年）。
(25) 渋川満頼書状写（「阿蘇文書」『大宰府・太宰府天満宮史料』巻一二　四八〇頁）。
(26) 今川貞臣安堵状（「中村令三郎氏所蔵文書」『新修福岡市史』資料編中世二　六八七頁）、今川了俊本領安堵坪付（「中村令三郎氏所蔵文書」『新修福岡市史』資料編中世二　六八七頁）。
(27) 継目安堵は島津氏にみられるが、これについては新名一仁氏の指摘がある。すなわち「御文書　六十三通」と題された巻子もあり、この紙継目には了俊後任の九州探題渋川満頼の裏花押が確認できる。少なくとも島津総州家伊久は、九州探題を「権威」と認めて島津氏の由緒を確認させていた」とする（新名一仁『室町期島津氏領国の政治構造』戎光祥出版、二〇一五年）。

(28) 足利義満御内書并着到状案（「諸摩文書」『新熊本市史』史料編第二巻古代中世　五三六頁）。

(29) 前掲註（24）山本論文。

(30) 渋川満頼軍勢催促状（「詫摩文書」『大宰府・太宰府天満宮史料』巻十二　四九九頁）。

(31) 渋川満頼安堵状（「詫摩文書」『大宰府・太宰府天満宮史料』巻十二　五二二頁）。

(32) 前掲註（28）足利義満御内書并着到状案。

(33) 頼員遵行状（「深堀文書」『佐賀県史料集成』古文書編第四巻　二三二頁）。

(34) 大友氏奉行人連署願文（「柞原八幡宮文書」『大分県史料』第九巻　一六二頁）。

(35) 島津元久書状写（「旧記雑録」『鹿児島県史料　旧記雑録前編二』六一三号）。

(36) 【史料六】は文明年間に吉田家が書写した「凶徒御退治御告文」にも同様の文書がみられる。この「伯家雑記」と「凶徒御退治御告文」の信憑性の高さは、桐田貴史氏によって評価されている（桐田貴史「『凶徒御退治御告文』に見る足利義満の神祇祈祷」〈『古文書研究』九〇号、二〇二〇年〉）。

(37) この豊前国猪嶽合戦については有川氏の研究に詳しいためここでは述べない（有川宜博「御領越後入道本仏の死―豊前猪嶽合戦について―」〈『少弐氏と宗氏』七号、一九八六年〉）。

(38) 絶海中津書状（「大友文書」『増補訂正編年大友史料』九　九〇頁）、渋川満頼書状（「阿蘇文書」『大宰府・太宰府天満宮史料』巻十二　四九九頁）。

(39) 渋川満頼書状（「阿蘇文書」『大宰府・太宰府天満宮史料』巻十二　四九九頁）。

(40) 今川了俊書状写（「阿蘇文書」『南北朝遺文　九州編』五一三四）において、「肥後国事、先年守護御拝領候しかとも、今度九州の国々守護人とも多分あらためられ候之間、当国事も探題の分国ニなされ候て、拝領して拝領して候を、今年河尻御方ニ参候よし申候て、当国の守護を所望申候間、さりあつけて候へとも、今まで御方ニも参す候ほとニ、かやうに候ハんニハ、京都の御ハからひも候ましく候、身とし候ても又さりあつけ候ましく候間、もとのことくこれよりさたし候へく候」としている。すなわち、肥後守護が「探題の分国」となったこと、そして肥後国の河尻氏が守護職を望んできたけれども九州探題方として活動しないため、改めて了俊自身で経営することを伝える。肥後守護職を交渉材料として国人を味方に誘引する政策をとった。また、今川了俊は筑後守護を条件に島津氏久を誘い込むこともしており、九州探題の「分国」となっている国については誘引の材料として機能していた。

(41) 佐伯弘次「室町時代の大宰府」(『太宰府市史　通史編Ⅱ』二〇〇四年)、前掲註(15)荒木論文。

(42) 河尻実昭契状(「阿蘇文書」『大日本史料』七編一三冊　三九七頁)。

(43) 足利義持御内書(「小早川家文書」『大宰府・太宰府天満宮史料』巻十二　五八九頁)。

(44) 川添昭二「九州探題渋川満頼・義俊と日朝交渉」(同著『対外関係の史的展開』文献出版、一九九六年)。

(45) 渋川義俊書状(「阿蘇文書」『大宰府・太宰府天満宮史料』巻十三　七〇頁)。

(46) 【史料八】の年次について、『大宰府・太宰府天満宮史料』は「応永二一年」に、『増補訂正編年大友史料』は「応永二九年」にそれぞれ比定する。『大日本古文書』は年次比定をしていない。「応永二一年」については、菊池氏と大友氏の対立や「大友分領」について関連する史料は見られないが、【史料九】でみえるように小早川則平が応永二一年に博多へ下着したことや阿蘇氏の問題に「菊池兼朝」が介入したため小早川則平が対応したことなどが比定の根拠であると思われる。一方「応永二九年」については、「応永二一年」と同じく「大友分領」をめぐった対立に関連する史料は見られないが、阿蘇氏の問題に関して応永二九年五月一六日付の室町幕府御教書(「小早川家文書」『増補訂正編年大友史料』九　二八四頁)に「所対帯陣軍勢等悉令退散、各以代官不日可申披子細、就彼落去、可有成敗之旨、可被相触親著・兼朝之由、所被仰下也」として大友親著と菊池兼朝が対立している様子がうかがえ、これを根拠としているのだろう。どちらか確定するのは困難であるけれども、「親著・兼朝」の対立が明らかである「応永二九年」にひとまず比定しておきたい。なお、【史料八】の年次比定について「応永二一年」と「応永二九年」の説があることを、山田貴司氏よりご教示いただいた。

(47) 中村知裕「筑後における菊池氏の権力形成と大友氏の領国支配」(『福岡大学大学院論集』三二巻二号、二〇〇〇年)。

(48) 前掲註(7)谷口論文。

(49) 前掲註(15)荒木論文。

(50) 前掲註(2)川添論文、前掲註(5)柳田論文。

(51) 永享の九州争乱については山田貴司氏によって詳しくまとめられている(山田貴司「西国の地域権力と室町幕府」(川岡勉編『中世の西国と東国―権力から探る地域的特性』戎光祥出版、二〇一四年))。

(52)『満済准后日記』永享四年五月一九日条（『満済准后日記〈京都帝国大学文科大學叢書第四〉』巻三　四六三頁）。
(53)前掲註（15）荒木論文。
(54)足利義教御内書案（「後鑑」『新訂増補国史大系』第三十五巻　八四八頁）。
(55)本多美穂「室町時代における少弐氏の動向―貞頼・満貞期―」（『九州史学』九一号、一九八八年）。
(56)唯一、阿蘇惟郷の軍忠を幕府に注進している事例のみ（渋川満直書状「阿蘇文書」『大宰府・太宰府天満宮史料』巻十三　一八三頁）。
(57)前掲註（15）荒木論文。
(58)渋川満頼の死去は文安三年（一四四六）三月、義俊は永享六年（一四三四）一一月であって存命中である。また渋川満頼は京都、義俊は筑後国酒見にいたとされる。

第三章　室町幕府と九州国人

山田　徹

はじめに

　ここ二〇年ほどの間に、南北朝・室町時代の研究は、守護論批判、室町期荘園制論など、いくつかの点で進展をみている[1]。とくに室町期荘園制論の提起によってある程度求心的な社会像が描かれたことは、室町時代像を根本的に問いなおす研究動向として、きわめて重要といえるだろう[2]。しかしその一方で、九州のように地域権力・在地領主など、現地で割拠する勢力の問題を中心に据えて考えるべき地域があるのも事実であり、そうした地域差の問題をどのように整理しながら室町時代の全体像を描いていくのかが、喫緊の検討課題となっている[3]。

　そのような問題意識から企画された今回のシンポジウム「九州の「室町時代」」において、筆者には、九州と京都（室町幕府）との関係というテーマが割り当てられた。それを受けて今回は、「幕府と九州国人の関係」という視角を設定したうえで、幕府・京都との関係が相対的に疎となっていた当該期の状況について、示してみたいと考えている。

　室町幕府と地方との関係を考える際、義持・義教期に関しては『満済准后日記』という幕府内の内情を記す史料に恵まれているため、幕府側の志向について精緻に検討をおこなうことが可能である。そのため、室町幕府研究では実際にそうした研究が志向されてきたし、その成果も十分にあがっている。そのようななか、現代の室町幕府研究では、以下のような見方がある程度共有されつつあるように思われる。

①幕府側が必ずしもその地方の支配それ自体を重視していたとは限らず、それに積極的・主体的に関わろうとしていたとも限らないこと。[4]
②幕府側の内部が一枚岩ではないこと。[5]
③御判御教書・御内書・管領奉書などで地方側に表明された幕府側の方針が、幕府のトップである将軍・室町殿の考えと完全に同じとは限らないこと。[6]
④幕府側の対応は、状況の変化を受けて変動しうるものであり、一貫した志向性を強調しないほうがよい場合も多いこと。[7]

こういった諸点を踏まえたうえで、室町幕府と九州国人の関係を論じる際に言及されてきたいくつかの論点を、とらえなおしておく必要がある。たとえば、応永二年（一三九五）の「京都不審条々」には、豊後・日向・薩摩・大隅四ヶ国の国人「三十餘人」の名を、足利義持の「小番之衆」の番帳に書き入れたという記事がある。古くから知られてきた史料で、[8]これについて最近では「多分に名誉的な面が大きかった」という評価が広まりつつあるが、[9]実際のところ、この国人たちにとって「小番之衆」に認定されたことにどれほどの意味があったのだろうか。[10]また、近年の研究において、幕府から直接命令を受ける「直属国人」の存在に注目が集まっており、[11]九州地域の研究においてもその概念はひとまず受容されている。[12]しかし、当時の九州において、そのように幕府から直接命令を受ける存在とは、どれほど自明の存在だったのだろうか。以上のような論点について、本シンポジウムでも強調されている九州内部の地域差の問題とも関わらせながら、論じていく余地がある。

本稿では、そうした諸点を視野に入れつつ室町幕府と九州国人の関係を考えていくために、以下のような構成を採る。まず第一節では、応永二年の「京都不審条々」の前後のことを整理する。最近堀川康史によって研究が進展した[13]この時期についてわざわざ一節を割くのは、この年に生じた九州探題今川貞世罷免前後の政情と室町幕府のスタンスを理解することが、「九州の「室町時代」」を考える際にも重要と考えるためである。また、第二節・第三節では、室町幕府から九州国人に対して発給された文書（御判御教書、御内書、管領奉書、奉行人連署奉書）を可能な限り収集・一覧化しながら、時系列的な変化や、九州内部の地域差について論じる。そうした過程を経て、「小番之衆」「直属国人」をめぐる先述のような疑問に対して筆者なりの見解を提示するとともに、室町幕府と九州国人の関係、そして「九州の「室町時代」」を見渡すための足場をかたちづくっていければと考えている。[14]

なお、今川貞世（了俊）について、慣習的に法名で了俊と表記されることも多いが、本稿では実名の貞世に統一する。文化的事跡の顕著な人物（今川了俊など）や、軍記物でよく知られる人物（赤松円心など）のみを法名で示す傾向があるが、そのような人物だけを特別扱いするのは不統一でよくないと考えるためである。[15]

一　応永二年の二史料

1　「京都不審条々」の「小番之衆」

本節では、応永二年（一三九五）の二つの史料を取り上げるが、その一つ目が【史料1】の「京都不審条々」である。

【史料1】『鹿児島県史料　旧記雑録拾遺　家わけ一』「禰寝文書」四〇五号

京都不審条々

一、[①]若君去年十二月十七日御元服、五位中将、当日将軍之宣旨御かふり候矣。

一、[②]御所十二月廿七日大政大臣ニ御上候。正月七日可有御拝賀云々。御代ハ悉若君ニ御譲と云々。

一、[③]探題九州地頭御家人諸侍安堵恩賞事。不可有京都注進候。可為探題沙汰御事書云々。

一、[④]御感斗ハ、就于注進、可有御沙汰云々。

一、⑤両嶋一諸本領当知行、大隅・薩广両国守護職闕所以下、悉九州静謐御恩賞、探題御給了。
一、⑥嶋津縦雖被参洛、両国ニハ有入部、可有知行上意御判候と云々。
一、⑦国地頭御家人、兼日より御所奉公之名字之中ニ、百余人小番之衆とて被書抜、若君(義持)御所番帳ニ被書候。九州之人々ニハ、探題御右筆にて三十余人か。豊後ニハ戸次、日田、佐伯、田原ニ三人、吉弘一人、日向ニハ、伊東大和、宮崎薩摩、守永入道、土持財部、和田、高木、薩摩ニハ渋谷、朱屎(牛)、和泉、谷山、阿多、ゑ(頴娃)、大隅ニハ税所、加治木、平山、袮寝と見えて候。是は遠国之習、人にひかれ、又在所ニよりて、難立御用候間、忠ニより、公方よりも執しおほしめし、永代御所奉公名字うしなハすして、国々にふまゐ候て、たといふしきの乱世にも不可有相違上意にて候由、御事書ニ見えて候。大かいなり書進候。若又此外も望人々候ハヽ、忠節ニより候て、探題御注進候ハヽ、可被入御やくそくにて候と、御書ニ見えて候。

⑦の途中に「御事書」「御書」とみえ、②〜⑦に「云々」とあるから、この文書は「御事書」「御書」の内容（をはじめとする幕府側の対応）について、九州探題今川貞世周辺にいた人物から禰寝氏に伝えたものと考えられる。[16]②に応永元年一二月二七日の義満太政大臣任官がすでに起こった出来事、翌二年正月七日の拝賀が「可有御拝賀」（傍点筆者）と記されているため、もとの「御事書」「御書」はこの間の作成といえる。また、①では応永元年の義持元服が「去年」のこととされているため、この「京都不審条々」自体は確実に応永二年に入ってから作成されたものである。伝達日数を考慮すると、本来の「御事書」「御書」が発された日付と「京都不審条々」が記された日付との間に、若干のタイムラグがあるとみなすのが自然だろう。[17]

本史料にみえる諸条のうち、⑦については筆者自身もこれまでに取り上げたことがある。[18]足利義持のもとに出仕する「小番之衆」の番帳に豊後・日向・薩摩・大隅四ヶ国の人々の名が書き入れられたが、京都への出仕を免除し、「国々にふまゐ」ているだけでも「御所奉公名字」を永代失わずに済むように保証した内容である。一見すると優遇措置にみえるものの、本来の小番衆の職務が御所奉公であることを考えると、やはりどこかおかしな措置といえる。

本稿では、ここにみえる「小番之衆」認定にどれほどの意味があったのか、ここにみえる四ヶ国が九州のなかでどのような地域性を有していたのか、という点をみていきたいが、その二点と関わるのがこの直前の時期の状況である。薩摩・大隅・日向三ヶ国では、貞世がここにみえるような反島津派国人に呼びかけて島津元久の討伐を進めていたが、元久が幕府に帰順して「参洛」することが警戒されていた（⑥）。一方豊後国では、大友親世とその庶流で貞世と関係が深い田原・吉弘両氏との間の対立が、かなり深刻化していたと指摘されている[19]。四ヶ国がそのように緊張した状況下だったからこそ、これ以前に貞世がこの各氏を義満に推挙し、幕府から何らかの庇護を引き出そうとしていたと思われ、今回の措置は、幕府側がその動きに応えたものと理解される。

この「京都不審条々」で評価が分かれているのが、③④である。③は、安堵・恩賞については京都に注進する必要がなく、探題のもとで処理してよいとする条目、④は、軍事的な働きに対する感状について、注進を受けて京都で対応することを定めた条目である。この二ヶ条については、④を重視して探題権限の制約を強調する説[20]と、③を重視して探題権限の強化を重視する説[21]の双方があるが、筆者として気にかかるのは別の点である。

最近堀川康史が丁寧に示したように、この時期の大友一族の内訌はかなり深刻なものであり、それを受けて田原・吉弘両氏には幕府から「安堵御教書」が出されていた[22]。一方、島津元久が一時的に帰順していた明徳三年（一三九二）頃、室町幕府は元久を利用して天龍寺領・相国寺領を維持することを図り、国人高木氏の知行を実質的に否定していたことが知られるが、このケースは島津氏と幕府が直接交渉を持ったことで、反島津国人が切り捨てられた実例といえる[23]。また、今川方に参陣した国人たちに幕府へ「自訴」する志向性があったこと、貞世がそうした「自訴」への対応に意を尽くしてきたことについてすでに指摘があるが[24]、以上のような諸点を踏まえるならば、安堵・恩賞について京都に注進せず、探題のもとで処理させるという③の指示は、国人側の求めにもかかわらず、幕府が京都で安堵を発給しないという意志を示しているものといわざるをえない。たしかに、⑤には今川貞世に大隅・薩摩の闕所地処分権を与えたこと、⑥には島津元久が上洛しても貞世の大隅・薩摩入部は実行することが示されているが、元久の勢力が温存された場合、貞世が入部して闕所地配分をおこなうこと自体の実現性も危ういところであっただろう。

そもそも幕府側は、探題今川氏に安堵や恩賞を委任することで、四ヶ国の国人たちに対して酬いることができ、九州支配もうまくいくと考えていたのだろうか。『難太平記』によると、大友親世は貞世のことを「敵仁」と理解しており、そのことを義満も認識していた[25]。大友氏と豊後国内の反親世派との間で問題となっていた紛争地が、探題の裁定によって解決するとは考えにくいところである。また、島津氏の離反と帰順はこれまでにも幾度かあったが、先に挙げた高木氏の事例のように、島津氏と反島津方国人との間の所領紛争はそのたびごとに繰り返されてきたことだった。そうした点を踏まえるなら、大友・島津両氏との関係で問題となっている所領紛争地に対して貞世が安堵をおこなったとしても、幕府が大友氏を否定せず、島津氏の帰順を許すのであれば、四ヶ国の国人たちに不利益になること、紛争がなくなるわけがないことなどは、容易に想定できるところである。幕府側も、そうした点をまったく認識していないことはなかっただろう。

「御事書」「御書」には、幕府直属の関係を約束した⑦を含め、一見すると親今川国人を重視するような内容が書かれていた。しかし、深刻な状況にある彼らを実際に支援し、所領を保全させる気が本当に幕府にあるのかどうか、疑念を感じるような面があったのも否めないところである。今川氏関係者たちが幕府の対応に「不審」を感じた部分があったとすると、そのような点だったろうと思われる[26]。

２「了俊下向以後同心人々著到」

そののち豊後の情勢は悪化し、応永二年（一三九五）三月までに大友親世と、反親世派（田原氏など）との間で戦端が開かれ、貞世は後者を支援した。ところが、この頃から「荒説」が流れ始める。その具体的内容は、堀川康史が応永二年に比定した吉弘直輔（了曇）書状の「あまりに探題御沙汰のやう心外候間、別人御下向あるへく候よし治定候」という記載から論じたとおり[27]、京都で探題交代が決定したという情報と考えるのが自然だろう[28]。親世側が積極的に流していたと思われるこの「荒説」への対応が、次の【史料２】（ａ）である。

【史料２】『新熊本市史　史料編　第二巻』「詫摩文書」一三四号[29]

（ａ）

九州事、有荒説風聞云々。太不可然。不相替先例、守探題成敗、可振舞也。

（応永二年）五月廿一日　御判

面々方へ御内書案文にて候、

（ｂ）

了俊下向以後同心人々著到

少弐（貞頼）　麻生筑前々（人脱カ）

千葉（胤泰）　宗像

菊池両人（武朝・貞□）　原田

底井野

勝一揆（大村・蒲池・白石・多久・平井）　頓野

橘家人々

三池　　　　後藤人々
河尻　　　　日田
宇土　　　　松浦人々中
木山　　　　彼杵人々
詫广　　　　高来人々
筑後国人々　秋月

了俊判

以上

尤神妙也、
御判(足利義満)

（a）は、そのような「荒説」を否定しつつ「探題成敗」を守って振る舞うように命じたものだが、その（a）と並んで書写されているのが（b）「了俊下向以後同心人々著到」である。ここに挙げられたのは、守護クラスの少弐・菊池両氏[30]のほか、麻生・宗像・原田・底井野・頓野・秋月が筑前、千葉・勝一揆[31]・橘家人々・後藤人々・松浦人々・彼杵人々・高来人々が肥前、三池・筑後国人々が筑後、河尻・宇土・木山・詫磨が肥後、日田が豊後となる。「了俊下向以後同心人々著到」とあるものの、貞世下向の当初から協力し続けた人々ばかりではなく、「菊池・宇土など、明らかに南朝方として最後まで了俊と戦った武家の名がみられる」とされるとおりである[32]。ここにみえるのは、あくまでこの応永二年五月の段階で貞世が自身に「同心」していると認識していた人々である。

ここにみえる人々は、豊後の日田氏を除いて【史料1】と重なっておらず、地域差が明白である（【地図】参照[33]）。豊前が含まれないのは大内氏分国であるため、豊後（の大半）と薩摩・大隅・日向の勢力が含まれないのは、前段

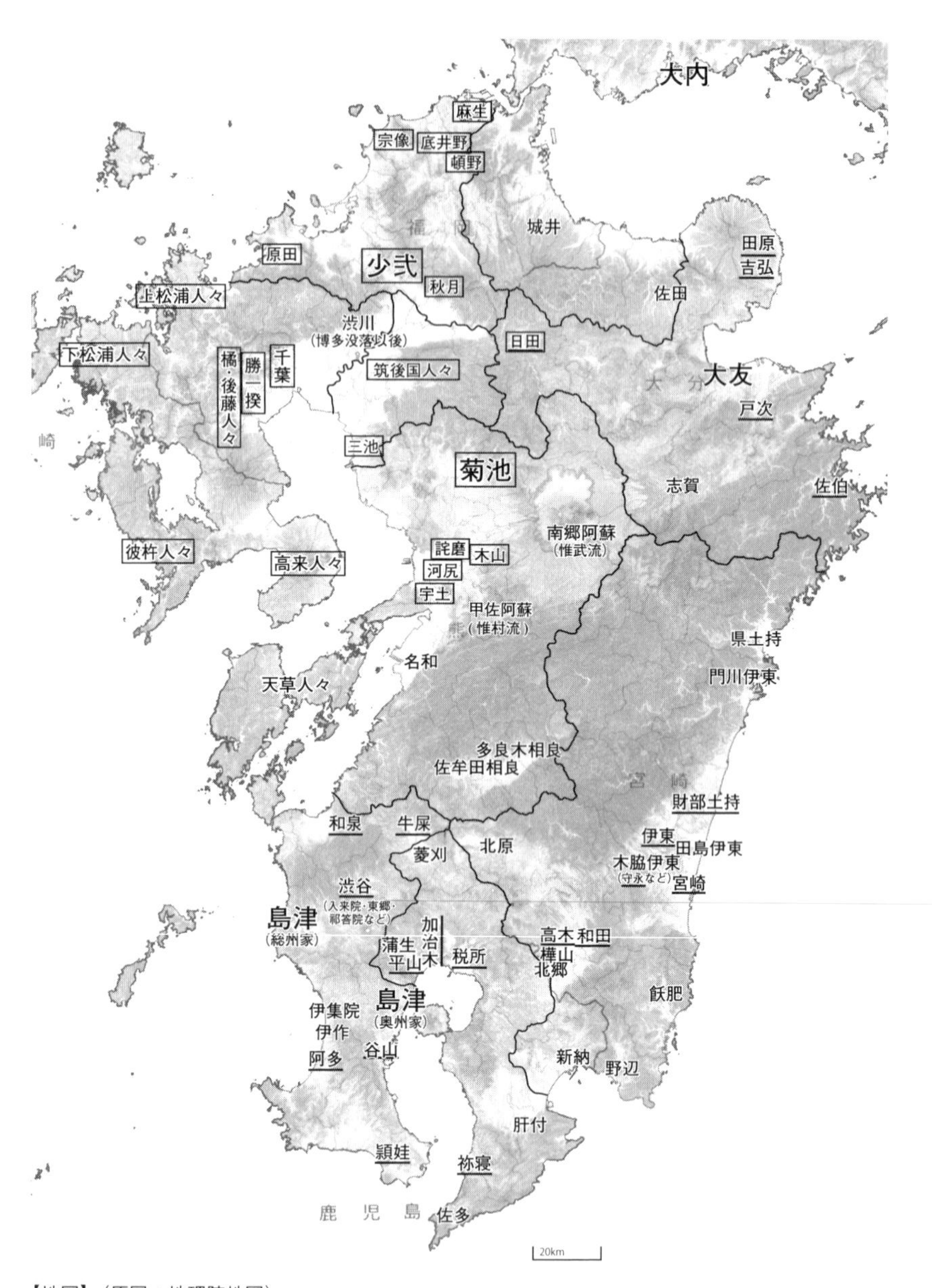

【地図】（原図：地理院地図）
国人名：「京都不審条々」の「小番之衆」
国人名：「了俊下向以後同心人々着到」

階ですでに親今川諸氏を注進していたためだろう。ここにみえる筑前・筑後・肥前・肥後（北部）という四ヶ国は、筑前大宰府（応安五年〈一三七二〉）→筑後高良山（応安七年〈一三七四〉）→肥後菊池（永徳元年〈一三八一〉）→肥後八代（明徳二年〈一三九一〉）と九州南朝を追い詰め、攻略してきた貞世にとって（自分自身が守護職を有したかどうかは別にして）基盤となるような地域であり、そうした意味で、島津氏との戦いが続いていた薩摩・大隅・日向や、大友氏と深刻な対立関係にあった豊後と性格が異なっていた。

ところが、大友氏の内訌によって応永二年三月に武力衝突が発生して以後、数ヶ月の間に混乱はこの四ヶ国を含む九州北部全体に波及し、「無尽之錯乱」となった[35]。一見すると今川氏のほうが大友氏より強大なようにみえ、【史料2】（a）によって義満が同年五月まで貞世を後援し続けていたと理解するならば、貞世の権力の急速な崩壊が不思議に思えてしまうところである。しかし、注意が必要なのは、そもそも武力衝突が生じて以降、幕府が大友親世の追討を命じた形跡がみえない点である[36]。幕府は、たしかに公的に探題今川氏を後援する立場を崩していなかったが、逆にいえば対抗する大友氏を反乱軍と認定することもなかったのである。

同年三月に今川貞世が豊後国国東半島の衛比須城を救援しようとした際、①大内分国の豊前から直接国東半島に入るルートと、②筑後から豊後に入国して玖珠経由で国東半島へ向かうルートの双方があったが、①を経由する場合、義弘が親世に「合力」する事態になりうるという噂が流れていた[37]。貞世はこれを警戒し、ひとまずは②から軍を送り、①からも進軍できるように大内義弘と交渉することを試みたが、結局義弘は協力的ではなかったものと思われる[38]。②も大友分国たる豊後国の内部を進軍する道筋であり、救援はもたついた可能性が高く、そうしたなかで先述のような「荒説」が広まった結果、「無尽之錯乱」となってしまったものと思われる。

（b）の人々のうち、少弐貞頼・菊池武朝・千葉胤泰などは貞世支持で一貫していたが[39]、それ以外の人々には切り崩された人々もいたようである。大友親世被官の吉弘直輔が、肥後詫磨氏に出した書状[40]のなかで、今川貞世を批判しつつ、現在詫磨氏が確保している「くまもとの城」を絶対に貞世方の菊池武朝に引き渡さないよう求めているが、この書状のなかでは「諸事三池殿御たんかう（談合）あるへく候」と記されており、すでに筑後三池氏が大友方に通じていたことがわかる。【史料2】（b）「了俊下向以後同心人々著到」にみえた人々も、堅固な貞世支持であり続けたとは限らないのである。

そののち貞世は、八月に上洛を余儀なくされた。親今川国人のなかには、貞世とともに上洛した者もいれば、使者を京都に派遣する者もいたようで、幕府に対して安堵を求めている。しかし、幕府はそのまますぐに彼らの安堵をおこなわず、明春におこなうと決定した(41)。そして、実際に翌応永三年（一三九六）になって、彼らの安堵をおこなうよう命じられたのは、代わって探題に任じられて下向した渋川満頼であった。

【史料3】

（a）『松浦党関係史料集』九〇〇号（「中村令三郎氏所蔵文書」。後掲【表】1）

九州内本知行地事。就注進在所之名字、可被成下安堵之旨、被成御判御教書〈案文相副之〉於探題畢。可存知之由、所被仰下也。仍執達如件。

応永三年三月十日　　沙弥（斯波義将）（花押）

松浦中村越前（要）守殿

（b）『松浦党関係史料集』九〇二号（「廣瀬正雄氏所蔵中村文書」）

属今河伊予入道（貞世）了俊参洛九州地頭御家人〈着到相副之〉本領・新恩事。於証分明之地者、不日可被沙汰付之由、所被仰下也。仍執達如件。

応永三年三月十六日　　沙弥（斯波義将）御判

右兵衛佐殿（渋川満頼）

みてのとおり、渋川満頼は「属今河伊予入道了俊参洛九州地頭御家人」の所領安堵にあたることが命じられており、実際にこののち応永四年（一三九七）以降、満頼から安堵がなされた勢力もいる。[42] ただ、ここで注意しておきたいのが、この応永二年前後において、京都で安堵をおこなわないという点で一貫していることである。探題交代前後に緊迫した状況が存在したからこそ、所領問題に対して幕府が中途半端に関わってしまうことを避けているかのようにみえるところである。

二　応永期の状況

1　九州北部と渋川氏

こののち（渋川満頼下向以後）、幕府から九州国人に対して発給された文書を一覧にしたのが【表】である[43]（探題・守護層宛のものは除いた。番衆である麻生氏[44]関連のものも挙げてはいるが、別に考える必要があるため、通番からは除き、あくまで参考として挙げているだけである）。全体的にいえば、応永一四～永享三年（一四一七～三一）の間に空白期間があり、それ以前と以後で大きく性格が変わっていることがわかるが、ひとまず本章では、転換以前の応永年間のことについていてみていきたい。

応永年間の1～18を通覧して注意しておきたいのが、次の三点である。（ア）幕府からの発給文書は御判御教書と管領奉書のいずれかである。（イ）応永六年（一三九九）の大内義弘の乱の際に「薩摩国地頭御家人中」宛に軍勢催促がおこなわれた6を除いて、幕府からの発給文書が出された国は筑前・筑後・肥前・肥後などを中心としており、地域差が明確である。（ウ）軍勢催促もあるが、安堵の事例が多く、再び幕府の安堵が発給されるようになっている。

このうち、まず踏み込んでおきたいのが（イ）である。ここにみえる諸地域のうち、筑前・筑後・肥前は探題渋

【表】室町幕府から九州武士への発給文書

No	年月日	史料名	発給者	国	受益者	内容	出典
1	応永3（1396）／3／10	管領奉書	斯波義将	筑前など	松浦中村越前守（要）	（注1）	『福岡市史資料編中世2』「中村令三郎氏所蔵文書」23　※「広瀬文書」20にも同文の文書（宛所を欠く）あり
2	応永4（1397）／3／30	御判御教書	足利義満	肥後	阿蘇大宮司惟村	安堵	『阿蘇家文書1』213（13巻3号）　※大日本古文書は花押・筆跡に疑念ありとする
3	応永4（1397）／4／20	管領奉書写	斯波義将	筑後	三池中務少輔	軍勢催促	「児玉韞採集文書」
4	応永4（1397）／12／18	管領奉書案	斯波義将	肥前	渋江下野入道性淳	安堵（返付、探題宛）	『佐賀県史料集成17』「小鹿島文書」65
5	応永5（1398）／8／21	御判御教書	足利義満	肥後	阿蘇大宮司惟村	安堵	『阿蘇家文書1』214（13巻4号）　※大日本古文書は花押・筆跡に疑念ありとする
6	応永6（1399）／11／3	御判御教書写	足利義満	薩摩	薩摩国地頭御家人中	軍勢催促	『鹿児島県史料旧記雑録前編』627
7	応永8（1401）／6／11	御判御教書	足利義満	肥後	小代左近将監広行	妨停止、領掌	『熊本県史料中世編1』「小代文書」43
8	応永9（1402）／4／25	管領奉書	畠山基国	豊前	佐田薩摩守（親景）	軍勢催促	『熊本県史料中世編2』「佐田文書」55
9	応永11（1404）／8／9	管領奉書	畠山基国	豊前	佐田薩摩守（親景）	軍勢催促	『熊本県史料中世編2』「佐田文書」57
10	応永11（1404）／8／11	管領奉書	畠山基国	筑前	宗像大宮司氏経	安堵施行（探題宛）	『宗像大社文書2』「出光佐三氏所蔵文書」34
11	応永11（1404）／11／27	御判御教書写	足利義満	肥後	阿蘇前大宮司（惟村）	感状	『阿蘇家文書1』222
12	応永12（1405）／5／10	御判御教書写	足利義満	肥後	阿蘇大宮司（惟村）	軍勢催促	『阿蘇家文書1』223
13	応永17（1410）／12／3	御判御教書	足利義持	肥後	小代左近入道宗祐	当知行安堵	『熊本県史料中世編1』「小代文書」45

14	応永18（1411）/11/19	管領奉書	畠山基国	筑前	宗像大宮司氏経	安堵施行（探題宛）	『宗像大社文書2』「出光佐三氏所蔵文書」35
15	応永19（1412）/10/19	御判御教書	足利義持	肥後	詫摩別当太郎親家	当知行安堵	『新熊本市史史料編2』「詫摩文書」165
16	応永19（1412）/11/12	管領奉書	細川満元	筑後	赤司土左入道性淳	安堵施行（探題宛）	『小郡市史5』中世編年史料135（「草野文書」※九州大学文学部所蔵）
17	応永24（1417）/5/13	御判御教書写	足利義持	肥後	阿蘇大宮司惟郷	安堵	『阿蘇家文書2』「阿蘇文書写」第6
18	応永24（1417）/閏5/16	管領奉書写	細川満元	肥後	大宮司（惟郷）	安堵施行（本人宛）	『阿蘇家文書2』「阿蘇文書写」第7
19	（永享3（1431））/2/25	御内書写	足利義教	筑前	原田刑部少輔	感状	「昔御内書符案」
—	（永享3（1431））/2/25	御内書写	足利義教	筑前	麻生次郎左衛門尉（家見）	軍勢催促	『麻生文書』81
20	永享4（1432）/9/5	奉行人奉書写	飯尾貞連	薩摩	伊集院弾正少弼入道（頼久）	弓矢停止	「御前落居奉書」97
21	永享4（1432）/9/5	奉行人奉書写	飯尾貞連	大隅	当国々人御中 ※薩摩・日向両国文章同前	弓矢停止	「御前落居奉書」98・99
—	永享5（1433）/5/3	御判御教書	足利義教	筑前	麻生治部少輔家春	宛行	『麻生文書』17
22	永享5（1433）/11/14	御判御教書写	足利義教	肥後	阿蘇大宮司惟忠	安堵	『阿蘇家文書2』「阿蘇文書写」第6
—	永享6（1434）/6/25	御判御教書	足利義教	筑前	麻生上総介家春	安堵	『麻生文書』18
—	永享6（1434）/9/26	管領奉書	細川持之	筑前	麻生上総介（家春）	感状	『麻生文書』20

23	永享9（1437）/8/7	管領奉書	細川持之	豊後	志賀民部大輔（親賀）	感状	『熊本県史料中世編2』「志賀文書」237
—	永享10（1438）/9/10	御判御教書写	足利義教	筑前	麻生十郎（弘家）	相続安堵	『麻生文書』76
—	（永享8～10頃）/12/18	御内書	足利義教	筑前	麻生十郎（弘家）	感状	『麻生文書』19
24	永享10（1438）/12/29	奉行人奉書	飯尾為種 飯尾貞連	肥前	中村左衛門五郎	感状・軍事指示	『佐賀県史料集成18』「橘中村文書」55
25	永享11（1439）/閏正/25	奉行人奉書	飯尾為種 飯尾貞連	肥前	中村左衛門五郎	軍勢催促	『佐賀県史料集成18』「橘中村文書」56
—	永享11（1439）/8/29	御判御教書写	足利義教	筑前	麻生十郎左衛門尉弘家	安堵	『麻生文書』79
26	永享12（1440）/2/25	管領奉書	細川持之	豊後	志賀民部大輔（親賀）	軍勢催促	『熊本県史料中世編2』「志賀文書」239
27	永享12（1440）/2/25	管領奉書写	細川持之	肥後	阿蘇大宮司（惟忠）	（注2）	『阿蘇家文書2』「阿蘇文書写」第7
28	永享12（1440）/2/25	管領奉書写	細川持之	肥後	阿蘇大宮司（惟忠）	軍勢催促	『阿蘇家文書2』「阿蘇文書写」第7
29	（永享4～12頃）/9/2	御内書写	足利義教	肥前	高来北方一揆	軍勢催促	「佐々木文書」10
—	（永享5～12頃）/9/15	御内書写	足利義教	筑前	麻生上総介	感状	『麻生文書』77
—	永享12（1440）/9/21	御判御教書写	足利義教	筑前	麻生上総介弘家	（注3）	『麻生文書』80
—	（永享5～12頃）/10/26	御内書写	足利義教	筑前	麻生上総介	感状	『麻生文書』78
30	（嘉吉元（1441））/4/13	御内書	足利義教	日向 大隅	樺山美濃守（孝久）	感状	『鹿児島県史料旧記雑録拾遺家わけ5』「樺山文書」124

31	(嘉吉元(1441))4/13	御内書	足利義教	大隅	肝付三郎(兼忠)	感状	『鹿児島県史料旧記雑録拾遺家わけ2』「肝付氏系図文書写」160
32	嘉吉元(1441)/閏9/26	管領奉書写	細川持之	肥前	北高来一揆	軍勢催促	「佐々木文書」11
33	嘉吉元(1441)/10/5	管領奉書	細川持之	豊前	佐田因幡守(盛景)	軍勢催促	『熊本県史料中世編2』「佐田文書」69
34	嘉吉元(1441)/10/14	管領奉書	細川持之	豊後	志賀民部大輔(親賀)	感状	『熊本県史料中世編2』「志賀文書」245
35	嘉吉元(1441)/12/12	管領奉書	細川持之	日向	野辺刑部大輔(盛仁)	軍勢催促	『宮崎県史史料編中世1』「野辺文書」8
36	嘉吉元(1441)/12/12	管領奉書	細川持之	日向 大隅	樺山美濃守(孝久)	軍勢催促	『鹿児島県史料旧記雑録拾遺家わけ5』「樺山文書」129
37	嘉吉元(1441)/12/12	管領奉書	細川持之	大隅	禰寝右馬助(重清)	軍勢催促	『鹿児島県史料旧記雑録拾遺家わけ1』「禰寝文書」228
38	嘉吉元(1441)/12/12	管領奉書写	細川持之	薩摩	吉田若狭守	軍勢催促	『鹿児島県史料旧記雑録前編』1273
39	嘉吉2(1442)/10/25	管領奉書	畠山持国	大隅	禰寝右馬助(重清)	軍勢催促	『鹿児島県史料旧記雑録拾遺家わけ1』「禰寝文書」230
40	嘉吉2(1442)/10/25	管領奉書写	畠山持国	薩摩	吉田若狭守	軍勢催促	『鹿児島県史料旧記雑録前編』1287
41	嘉吉2(1442)/10/25	管領奉書	畠山持国	薩摩	入来院弾正少弼(重長)	軍勢催促	『入来文書』「入来院家文書」151
42	嘉吉2(1442)/12/15	管領奉書	畠山持国	豊後	志賀民部大輔(親賀)	軍勢催促	『熊本県史料中世2』「志賀文書」246
43	嘉吉2(1442)/12/15	管領奉書	畠山持国	豊後	志賀山城守(親泰)	軍勢催促	『熊本県史料中世2』「志賀文書」247
—	嘉吉3(1443)/6/9	管領下知状写	畠山持国	筑前	麻生上総介弘家	安堵	『麻生文書』82

—	文安2（1445）／12／12	奉行人奉書	飯尾貞連 飯尾為行	筑前	麻生上総介（弘家）	過書	『麻生文書』21
—	文安2（1445）／12／15	奉行人奉書	飯尾為種 飯尾為行	筑前	麻生上総介（弘家）	過書	『麻生文書』22
—	文安4（1447）／2／30	奉行人奉書	飯尾貞連 飯尾為行	筑前	麻生上総介（弘家）	過書	『麻生文書』23
—	宝徳元（1449）／12／29	奉行人奉書	飯尾貞連 飯尾為秀	筑前	麻生上総介（弘家）	過書	『麻生文書』24
44	宝徳2（1450）／8／29	管領下知状案	畠山持国	筑前	開田（底井野）備中入道大柱	当知行安堵	『蜷川家文書』3
—	康正元（1455）／11／19	御判御教書	足利義政	筑前	麻生孫次郎弘国	安堵	『麻生文書』25
45	寛正6（1465）／6／20	奉行人奉書写	飯尾元連 飯尾之種	対馬	宗刑部少輔（成職）ほか	渡唐船警固	「戊子入明記」
46	（応仁2（1468））／8／6	御内書	足利義政	大隅	島津修理亮（豊州家忠廉）	軍勢催促	『鹿児島県史料旧記雑録拾遺家わけ6』「黒岡文書」7 ※『都城市史』は応仁元年とする
47	応仁2（1468）／10／28	管領奉書	細川勝元	肥後	相良次郎三郎（為続）	軍勢催促	『相良家文書』204
48	応仁2（1468）／10／28	管領奉書	細川勝元	大隅	島津修理亮（豊州家忠廉）	軍勢催促	『鹿児島県史料旧記雑録拾遺家わけ6』「黒岡文書」8
49	文明元（1469）／2／4	御内書写	足利義政	豊後	戸次修理亮（親貞）	軍勢催促	『西国武士団関係史料集26』15 ※文明改元は4／28
50	文明元（1469）／7／18	御内書写	足利義政	豊後	戸次修理亮（親貞）	感状	『西国武士団関係史料集26』16
51	（文明2（1470））／5／22	御内書	足利義視	肥後	相良左衛門尉（為続）	感状	『相良家文書』209
52	文明7（1475）／10／8	奉行人奉書	飯尾為信 飯尾元連	肥前	肥州小豆大嶋殿	渡唐船警固	『松浦党関係史料集』1084（「来島文書」）

—	文明9(1477)3/26	御内書写	足利義政	筑前	麻生上総入道(弘家)	軍事指示	『大分県史料31』「大友家文書録」392
53	文明10(1478)12/14	奉行人奉書写	飯尾元連 飯尾貞有	肥後	阿蘇大宮司(惟家)	(注4)	『大分県史料31』「大友家文書録」450
—	文明11(1479)10/26	御判御教書	足利義政	筑前	麻生上総入道全教(弘家)	安堵(返付)	『麻生文書』27
54	文明16(1484)8/3	御内書案(土代)	足利義政	対馬	宗刑部少輔(貞国)	贈答	「諸状案文」(国立公文書館所蔵)
55	文明18?(1486)8/6	御内書案写	足利義政	対馬	宗刑部少輔(貞国)	贈答	「昔御内書符案」

・渋川・大内・大友・少弐・菊池・島津各氏を除く(ただし、大友・島津両氏の分家は含んでいる)。
・このうち、五番衆(小番衆)の麻生氏の文書以外のものに通番を付した
・20・56の「昔御内書符案」は阿波谷伸子ほか「大館記　三」(『ビブリア』八〇、一九八三年)、30・33の「佐々木文書」は山口隼正「佐々木文書」(『九州史学』一二五、二〇〇〇年)。

注1：今川貞世に属して参洛した地頭御家人の本領・新恩につき、証拠分明な地は沙汰付するよう命じたもの。
注2：少弐嘉頼の降伏を告げ、今後もし嘉頼に「別心儀」があれば注進せずに治罰するよう伝えたもの。
注3：麻生氏庶子上津役が惣領の所勘に従わない場合、その所領を麻生弘家が進止してよいことを命じたもの。
注4：筑後国をめぐって大友政親・菊池重朝の戦闘が生じたため、菊池氏の妨を排除するよう、国中に触れることを命じたもの。

川満頼の影響が相対的に強い地域で[45]、3は満頼の手に属することを求めた軍勢催促、4・10・14・16は満頼に安堵・返付の旨を伝えたものである。このほか、文書原本が残っているわけではないが、宗像大宮司家については10・14のほかに、応永五年(一三九八)一一月七日付「義満将軍御下文」(御判御教書と思われる)、応永八年(一四〇一)七月一一日・応永九年(一四〇二)四月二五日付の「管領(畠山基国)畠山徳元御教書」(管領奉書)という三通の「御感状」があったようである。[46]豊前の8・9は、応永九〜一一年の時期だが、これは応永の乱ののち、大内盛見討伐のため一時的に満頼が同国守護職を「拝領」していた時期であり、そのような時期の例外的な現象とみるべきだろう。

残る肥後についてはもう少し説明が必要である。たとえば17・18について次のような史料がある。

【史料4】

（a）『阿蘇家文書』「阿蘇文書写」第六（【表】17）

（足利義持）花押

阿蘇大宮司惟郷申、阿蘇四ヶ社大宮司職并神領所々事。早任当知行之旨、領掌不可有相違之状如件。

応永廿四年五月十三日

（b）『阿蘇家文書』「阿蘇文書写」第七（【表】18）

阿蘇四ヶ社大宮司職并神領所々事。早任去五月十三日安堵之旨、領掌不可有相違之由、所被仰下也。仍執達如件。

応永廿四年潤五月十六日　沙弥（細川満元）花押

（阿蘇惟郷）太宮司殿

（c）『阿蘇家文書』「阿蘇文書写」第七

安堵御判成申施行副進候。殊自大友方（親世）執申事候間、早速成申候。珍重候。仍貳千疋到来。悦入候。恐々謹言。

（応永二四年）閏五月十九日　道歓（細川満元）花押

阿蘇大宮司殿

御返事

当時、肥後の大族阿蘇氏では南朝征西府のもとで大宮司を継承していた惟武系の惟政（南郷阿蘇氏）と、室町幕府方から大宮司として扱われてきた惟村・惟郷父子（甲佐阿蘇氏）が対立関係にあった(47)が、これらは後者の惟郷への安堵に関わるものである。（a）の安堵状（御判御教書）の発給を受けて、（b）が発給されたが、この一連の文書発給は、（c）

惟村——惟郷——惟忠
惟武——惟政——惟兼

阿蘇氏系図

によれば大友親世の「執申」によるものだった。応永八年に7、応永一七年に13を受給した小代氏も、応永六年に大友親世から筑後に所領を預け置かれており、[48]大友氏と関係があった勢力と評価できる。肥後については、渋川氏だけではなく豊後大友氏の影響力も軽視できないといえよう。しかし、渋川満頼と阿蘇惟村とのやり取りも早い段階からみられ、17以前に満頼が推挙状を出していたこと、[49]17を受けて満頼が施行状を出していたこと[50]も確実である。それを考慮すると、この肥後も渋川氏が影響力を有する国の一つと理解して問題はなかろう。

以上を総合すると、おおよそ探題渋川氏の影響力が強い地域で幕府文書も発給されていると評価できる。先にも述べたとおり、幕府からの安堵がみられる点が注目され、（応永二年前後と異なって）こうした地域の国人の要求に対応する気がこの時期の幕府にあったこと、こうした地域においては渋川氏が国人と幕府との接点としてそれなりに機能していたことをみてとれる。[51]

2　明確な地域差

以上のような諸国では国人に対して発給された幕府文書が現存しているが、その一方で、先の【史料1】（a）「京都不審条々」にみえていた豊後・日向・薩摩・大隅の四ヶ国ではほとんど確認できず、明確に地域差が認められる。豊後田原氏では、先述のように応永元年（一三九四）に「安堵御教書」を獲得していたが、[52]それ以降に幕府文書を確認できない。薩摩・大隅の国人のうち薩摩入来院氏・大隅禰寝氏も、明徳元年（一三九〇）七月の管領奉書で軍勢催促を受けて[53]以降、幕府からの文書受給が一旦途絶している。先にも挙げたように、応永の乱時に一国単位で「地頭御家人中」という大雑把な括りで軍勢催促をおこなった6を除いて、九州南部宛の文書は発給されていない。こうした状況をみていくと、「京都不審条々」とされた人々はその後の政治過程のなかで優遇されたとはいいがたく、むしろ幕府との関係が希薄化したとさえいえそうである。

むろん、これらの地域の国人と中央との接点が皆無だったとまではいえない。応永一七年に島津元久が上洛した際には、「御一家」の北郷・樺山両氏、「国方」の加治木・野辺・北原・蒲生・飫肥・肝付の六氏、「御内方」の阿多・平田両氏がともに上洛し、義満との対面の場に列席した[54]。「小番之衆」とされた氏族では加治木・阿多両氏が含まれているが、これは島津氏を通じて幕府と接点を持った事例といえ、かつての反島津国人がその立場を維持し続けながらそのまま将軍家につながることは難しかったのではないかと思われる。

少し下って、次のような史料も知られる。

【史料5】『満済准后日記』永享四年五月二二日条

廿二日、晴、飯尾肥前守(為種)為御使参申了。題目ハ「『豊後国人〈大友若党共也、〉肥田(日田)・田原・佐伯等ニ、大内新介(持盛)立帰長門へ渡海事在之ハ、大内修理大夫(持世)ヲ可合力旨、可被成御内書歟』之由、愚身先日意見申様被思食。其儀歟」ト云々。御返答、「此三人方へ御内書事、曾不申入事也。『大友左京亮(親綱)方へハ、重厳密御文章ヲ被載、可合力大内修理大夫旨、可被仰下歟』由申入也。若悪申哉」云々。

これは足利義教から三宝院満済に対して九州情勢への対応に関する意見が確認された際の記事[55]だが、ここで注目されるのが、かつて「京都不審条々」で「小番之衆」とされた日田・田原・佐伯の三氏が「大友若党」と認識されている点である。若党とは、当時の日記類では有力被官に対しても使用されており[56]、被官と同義とみてよい。三氏のうち少なくとも田原氏については、実際に遅くとも応永末年頃までに大友氏に被官化していたとされており[57]、幕府との距離が疎になった結果、大友氏の旗下に入ることを余儀なくされたものと推測される。反大友・反島津のために親今川の立場を取った国人たちにとって、「小番之衆」とされたことは、そののちほとんど意味を有さなかったと評価しておくべきだろう。

【史料2】（b）で今川貞世が「了俊下向以後同心人々」と認識していた筑前・筑後・肥前・肥後などの人々のな

かには、宗像氏や三池氏、そして肥前国の橘一族など、そののち渋川氏に従って幕府からの文書発給を受ける勢力もそれなりに存在していたため、ここに大きな地域差があることは明白である。「九州国人」と一口にいいがたいほど、彼らの置かれた状況は異なっていた。幕府が探題今川氏より大友・島津両氏を結果的に選択することとなった応永二年前後の政治過程は、このような地域差をもたらしたという意味で、そののちを大きく規定したといえるのである。

三　永享以降の状況

1　「九州錯乱」と「九州静謐」

状況に大きな変化がみられるのが、応永末〜永享初年のことである。応永三二年（一四二五）に少弐満貞・菊池兼朝が挙兵して、渋川満頼の後継者である義俊を没落させた[58]。そののち足利義持・義教は、大内氏（盛見・持世）に渋川氏を後援させようとするが、大友持直も離反するなど、大内氏を基軸とした体制は必ずしもうまくいかず、九州北部（筑前・筑後・肥前・肥後・豊前・豊後）は慢性的に戦乱状況が継続することとなった[59]。

ここで注意しておきたいのが、京都における「九州」という言葉の使われ方である。①永享三年（一四三一）三月、菊池兼朝・大友持直が連合して大内盛見の軍を破ったことについて、伏見宮貞成親王が「九州錯乱」と表現している[60]。②同六月、足利義教は、ひとまず大内盛見・大友持直を和睦させて「九州令属無為」たうえで、双方の訴訟については追って聞き入れる、という意向を三宝院満済に伝えており[61]、大内・大友両氏が和睦することで「九州が無為に属する」と理解していたことがわかる。そののち少弐満貞・大友持直らによって大内盛見が討たれ、戦局はさらに混迷を迎えたが、③永享五年（一四三三）九月、少弐満貞らが筑前国秋月城で討たれたという報が京都に届い

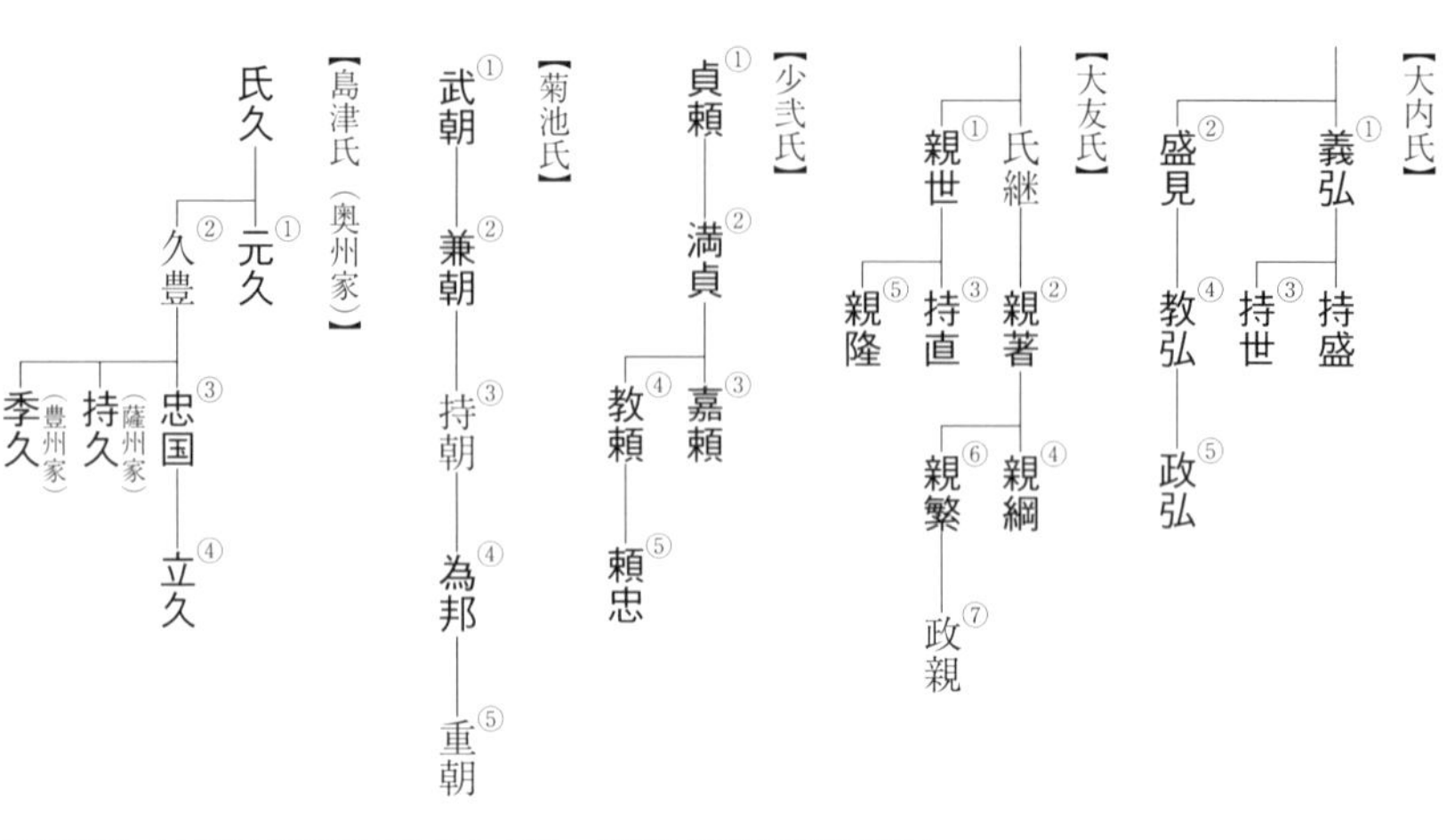

関係系図（太字は本稿で言及する人物。○数字は室町期の代数）

た際には、「九州事落居」（管領細川持之の認識）、「九州事静謐」（伏見宮貞成親王の認識）が祝われた。[62]④また、永享九年（一四三七）正月、豊後国で大友持直の勢力が一掃された際には、それが「九州落居」（正親町三条実雅の認識）といわれている。[63]

そしてさらに時期が下るが、⑤嘉吉元年（一四四一）、嘉吉の変で足利義教・大内持世が討たれたのち、少弐教頼が蜂起したことが大内氏側・幕府側の双方に「九州」の「錯乱」と評価されており、[64]⑥翌二年（一四四二）、教頼軍が「退散」した結果が、「九州静謐」と理解されていた。[65]

以上を一覧しても明らかなように、永享・嘉吉年間においては、大内氏・少弐氏・大友氏・菊池氏らの対立関係によって軍事危機が生じれば「九州錯乱」、討伐や和睦によってその危機が回避されれば「九州落居」「九州静謐」とされていたが、そこで意識されていたのは明らかに筑前国を中心とする九州北部であった。『満済准后日記』永享四年二月一〇日条に「九州事重事也。諸大名意見可被尋聞食」という有名な足利義教の発言があるが、ここで「重事」とされている「九州事」も、当然ながらそうした含意を有している。

もちろん、同時期の九州南部も決して平和だったわけではない。永享四年（一四三二）に島津忠国が日向国山東地域への侵攻を試みたことを契機にして、伊集院氏・山北国人（渋谷一族・牛屎氏）・菱刈氏らによる反島津「国一揆」が生じ、そこに島津忠国・持久兄弟の内訌（武力衝突は嘉吉元年以降）が重なって、混乱が継続していた(66)。京都側でもそうした九州南部の内乱は認識され、次のような文書も発給されている。

【史料6】『室町幕府引付史料集成　上巻』「御前落居奉書」九六〜九九条（【表】20・21）

一、分国弓矢事。早令停止之、追就注進子細可有御成敗。若於不承引輩者、不日可被加治罰之由、所被仰下也。仍執達如件。

永享四年九月五日　大和守（飯尾貞連）

嶋津陸奥守（忠国）殿

一、弓矢事。可停止之。若有子細者、追就注進、可被経御沙汰之由、所被仰下也。仍執達如件。

永享四年九月五日　大和守

伊集院弾正少弼（頼久）入道殿

一、大隅国弓矢事。可停止之。有子細者、就注進、可有御成敗。若於不承引輩者、不日可被加治罰之由、所被仰下也。仍執達如件。

永享四年九月五日　大和守

当国々人御中

一、薩摩・日向両国、文章同前、

ただ、この問題が足利義教周辺で話題になっている記事のなかでは、これを「九州」の戦乱として話題にしていたのではなく、忠国と伊集院氏との合戦によって遣明船の硫黄獲得に難が生じることを危惧する文脈で言及している(67)。新名一仁は「当時の幕府の九州への関心は、永享三年（一四三一）六月、大内盛見討死以降の北部九州での争乱と、この渡唐船用硫黄のみであった」と述べているが、まさに重要な指摘である。[68] 面的・領域的な平和維持がある程度意識されている九州北部、硫黄獲得といったような特定のピンポイントな要素に関心が集中している九州南部という対比になるわけである。【表】の永享以降の情報を位置づけていく際に、このように幕府側の関心に地域差があるという点は非常に重要と思われるため、あえて強調しておくことにしたい。

2　永享以後の幕府発給文書

【表】の19以降をみていくと、とくに永享・嘉吉年間には多数の幕府文書が発給されていることがわかるが、第二節で応永年間について確認した事項と対比するならば、まず（ア）（ウ）に関して次のような点がいえる。（ア）幕府からの発給文書には、御判御教書・管領奉書のほか、奉行人連署奉書や御内書がみられる。（ウ）応永期には軍事関係文書が少なく、安堵関係のものが多かったが、この時期には軍事関係（軍勢催促と感状）がほとんどとなっていて、安堵は麻生氏の事例と、国人のなかでやや格が高かったと思われる阿蘇氏の事例（22）、そして特殊な背景が想定される[69]44の一例のみに限られている。つまり、多くの九州国人に対して、幕府は「命令を出して軍事動員し、感状だけは発給するけれども、所領・所職の保証はおこなわない」という状況になるのであり、[70]その点で大きな転換があったといえるだろう。

一方、応永期に明確だった（イ）の地域差の問題については、豊後や九州南部に対して発給された事例があり、一見すると地域差が解消されたようにもみえるため、やや踏み込んで確認していく必要がある。

まず、先に【史料6】として挙げた永享四年（一四三二）の「弓矢停止」の際に幕府からの文書を受給したのが、守護島津忠国以外では硫黄交易に関わっていた伊集院氏のみで、そのほかの勢力は個別に認識されていない（20・21）。そののち嘉吉元、二年（一四四一、四二）に個別勢力への感状と軍勢催促の事例が集中するが、その起点となったのが、足利義教に叛して日向国櫛間に身を寄せていた大覚寺義昭（義教弟）を、嘉吉元年に島津忠国関係者が殺害した事件である。まず、忠国の命で義昭殺害にあたった樺山教久・新納忠続・北郷持久・肝付兼忠・本田重恒の「五人面々」に感状が発給された（30・31）。そして、こののち忠国が幕府との関係を深め、対立する弟持久を討伐するために幕府を利用し、野辺・樺山・禰寝・吉田・入来院などの諸氏への軍勢催促の文書を獲得している[71]（35〜38、39〜41）。ただし、この時期以後には再び幕府文書発給事例が確認できなくなることを考慮すると、このように島津氏を媒介にして国人たちへ軍事関係文書が発給される状況は、一時的なものと評価せざるをえず、彼らが「直属国人」的な立場を確立したようにはみうけられない。

九州北部のほうはどうだっただろうか。19と麻生氏の事例が筑前、22・27・28が肥後、23・26・34が豊後、24・25・29・32が肥前で、そのほかに33が豊前である。このうち、19は大内盛見に筑前国を「料国」として与えることを連絡するもの、23・24は大内持世からの注進を受けた感状で、29は大内持世への談合、32・33は大内教弘への合力を求めるものである。また、26〜28は大内持世が少弐嘉頼の赦免の取次をおこない、認可されたことを受けての軍事指示である。永享五年の阿蘇氏の安堵拝領（22）の際にも大内持世が関わっていた[72]ことを考慮すると、全般に大内氏が幕府との接点になっていたことは明らかだろう。このように分国外にも関わり、機能している大内氏について、佐伯弘次は「九州探題的立場」と評している[73]。

【史料7】『佐賀県史料集成　第一八巻』「橘中村文書」五六号（【表】25）・五七号

（a）

千葉介胤鎮事。尋究落所、厳密可被致其沙汰。若有許容族者、可為同罪之旨、触催国中、於令物惜者、共以不日可被加対治之由、所被仰下也。仍執達如件。

永享十一年閏正月廿五日　　　　大和守（飯尾貞連）（花押）

肥前守（飯尾為種）（花押）

中村左衛門五郎殿

（b）

千葉介胤鎮事。尋究落所、不日可致其沙汰之旨、各被成奉書者也。堅可被催促。若有難渋之輩者、可被注申交名之由、所被仰下也。仍執達如件。

永享十一年閏正月廿五日　大和守在判

肥前守在判

大内修理大夫（持世）殿

また、【史料7】をみると、（a）の文面には大内氏の名はみえないが、こうした奉書を発給したことを大内持世に伝える史料（b）が残っている。「各被成奉書者也」とあるように、同様の奉書が複数の相手に出されていることがわかる。

【史料8】

（a）『蜷川家文書』二八一一号

太宰少弐教頼治罰事、各被成御教書畢。次豊後国残党事、子細同前。不廻時日、可被加退治之由、所被仰下也。仍執達如件。

嘉吉元年十月十四日　右京大夫（細川持之）

大内新介（教弘）殿

（b）『熊本県史料　中世一』「志賀文書」一四五号（【表】34）

豊後国持直（大友）以下残党事。令合力大友出羽守（親隆）并左京亮（親綱）云々。尤神妙。早可被抽忠節之由、所被仰下也。仍執達如件。

嘉吉元年十月十四日　　　　　右京大夫（花押）
志賀民部大輔殿（親賀）

【史料8】（a）でも、少弐教頼や「豊後国残党」（大友持直ら）の討伐のため、「各被成御教書畢」と記されており、（b）（【表】34）も「豊後国残党」治罰のために発給されたうちの一通と思われる。

こうした諸事例は、先述の島津忠国が媒介となった九州南部国人への軍勢催促発給に似ているが、忠国がそのような動きをみせたのは一時的だったのに対して、この九州北部では、幕府が大内氏をバックアップするかたちで継続的な戦乱に対応していた。大内氏が指定した人物に対して軍勢催促をおこない、大内氏が軍功を注進すれば幕府が感状を発給する、という過程が繰り返され、そのようななかで「幕府が直接命を下す（べき）国人」について、幕府と大内氏の間である程度の共通認識が形成されていた可能性が高い。吉田賢司は、幕府の命令を直接受給する存在を「直属国人」と呼んだが、少なくとも永享～嘉吉頃の九州北部には、そのように評価できそうな勢力がそれなりに存在していたのではなかろうか。[74]【表】に示したとおり、九州北部への幕府発給文書はそれほど多く現存するわけではないものの、そのように想定しておくほうが自然と考えられる。

ただし、「直属国人」的な立場がそののちも安定的に存続したのかというと、おそらくそうではないだろう。特殊な性格を持つ44や麻生氏宛のものを除くと、嘉吉二年（一四四二）末の42・43と寛正六年（一四六五）の45は二〇年以上空いており、その間、九州国人への幕府発給文書が確認できなくなっているのである。[75]軍勢催促さえ確認できなくなっているのは大きな変化といわざるをえず、同時期に安芸・石見・備後などの国人たちが伊予や大和・河内など「室町殿御分国」内の紛争へ動員されていることと対比すると、非常に特徴的な現象といえる。45に松浦党関係者の名前がみえるように、[76]そして対馬宗氏が幕府と直結し始めるように、[77]幕府が関心を有し続けた対外交易（唐船警固や硫黄調達など）に関わる勢力は、幕府から直接命令を受ける立場を維持した可能性が高く、[78]それ以外にも今後の史料調査によって「発見」される事例があるかもしれないが、やはり大半の九州国人にとって、幕府は遠い存在になっていたものとみられる[79]。このことは、盛見・持世の頃には幕府の九州政策を担い、幕府文書をふんだんに利用して軍事行動をおこなっていた大内氏が、教弘代には（初期を除いて）ほとんど幕府文書を利用していない点と表裏の現象と思われる[80]。

この期間に独自支配を強化した大内氏が追討対象とされたのち、応仁の乱の時期には次のような史料がある。文明元年（一四六九）、東軍細川勝元の意を受けて九州入りした野辺盛仁の書状である[81]。

【史料9】『鹿児島県史料　旧記雑録拾遺　家わけ九』「志布志野辺文書」一二〇号

謹言上　　野辺刑部大輔（盛仁）申

（中略）

一、大友方（親繁）江之御教書、三月廿九日付候。四月十日大友方立在所、豊州江打入、及半国静謐候。

一、筑前国秋月・千手・原田・宗像大宮司、豊前国紀井・野中・彦山別当・黒川、彼面々江可被成下御教書候。国々依時代、大友方申談可遣候。

（中略）

一、私下着遅々候事。聊非緩怠之儀条、捧起請文候。以此旨可有御披露候。

（文明元年）五月十一日　　盛仁

進上　真鍋太郎左衛門尉殿

中略部分も含めて全体をみると、野辺盛仁が大友親繁・少弐頼忠・菊池為邦宛の「御教書」（管領奉書。西軍大内政弘の追討を命じるもの）を持って九州に下向していたことがわかるが、ここで特徴的なのは傍線部である。筑前の秋月・千手・原田各氏や宗像大宮司家、豊前の城井宇都宮・野中・黒川各氏や彦山別当などは有力国人だが、盛仁はそのような人々に対して「御教書」を発給するよう、細川勝元被官の真鍋太郎左衛門尉に伝えている。つまり、この段階で管領奉書は、この人々に対してまだ発給されていなかったのである。

この前後の時期、東軍の足利義政・細川勝元は、西軍大内政弘に対抗するために南部も含む九州の諸勢力に軍勢催促を発給している（46～51など）[82]。ところが、このように新しい動きをみせた彼らも、豊前・筑前の有力国人に対してはまだ管領奉書を出していなかった。おそらく、両国の有力国人に関する情報を、義政・勝元らが十分に把握できていなかったためと考えられる。誰に対して軍勢催促を発給するのかは、接点となって軍事行動をおこなう大名の有した情報と、認識・判断による部分が大きかったのだろう。

以上にみてきた諸要素を総合するならば、九州においては、幕府に直属する国人という枠組自体が非常に不安定で、時期による変動も大きいことがわかる。少なくとも九州に関しては、「直属国人」を固定的なものとして実態視しすぎないほうがよいように思われる。

おわりに

以上、「幕府と九州国人との関係」について検討してきたが、それによって「小番之衆」や「直属国人」に関する議論を相対化しつつ、九州内部の地域差や時期差の問題を整理できたはずである。筆者の史料収集・分析に及ばない点があり[83]、不十分な点を残している可能性はあるが、それでも室町時代の「幕府と九州国人との関係」について、おおよその傾向は判明したのではないかと考えている。

そのうえで、本稿を結ぶにあたって改めて強調しておきたいのは、室町時代、全体としてみれば「幕府と九州国人との関係」が疎になっていたという点である。もちろん「疎」の実相は時期により、地域により違いがあったし、幕府の利害に関係し、幕府側が強い関心を寄せていた部分（遣明船警固、硫黄獲得など）については、個別的に密な関係を形成・維持するケースもあった。しかし、①他地域同様に、南北朝時代の前半などと比べると、幕府文書の発給される国人が減少していること、②同時代の他地域に比べて、幕府文書を直接受給する存在は不安定であったことなどは明らかである。

このことは、おそらく「室町時代の九州」の特質として本シンポジウムで話題になった諸論点とも関わるように思われるため、最後に若干の論点に言及しておきたい。

第一に、守護をめぐる論点である。本稿では、「幕府と九州国人との関係」が疎となる契機について示した[84]（応永初年の大友氏・島津氏、文安以降の大内氏など）が、それらは守護権力の拡大強化の動きと関わるものであった。また、幕府文書が多数発給される時期・地域においても、探題や守護クラスの人々（ただし、その国の守護職を有しているとは限らない）が接点となっていることが多く、彼らのそのような役割が前提となっていた。守護権力の問題といういわゆる「室町殿御分国」に顕著な要素と考えられることも多いが、九州でもこうした条件のもとで、守護権力の存在感が維持・強化されえたのである。

その結果として強まっていくと思われるのが、守護を別格とする意識である[85]。小川弘和は、室町期の島津家中のなかで「島津・少弐・大友・菊池各氏を同等とする意識」が存在したと評価したが[86]、それ以外にも大友義鑑が天文八年（一五三九）、「代々御字・官途以下被下候人数之事、島津〈代々陸奥守〉・菊池〈代々肥後守〉・千葉介・大宰少弐以下、其外之衆者、彼衆中被官並事候、各存知之前候」と述べたことがよく知られている[87]。大友氏に特徴的なのが、大友・島津・菊池・少弐各氏と肥前千葉氏（厳密にいえば千葉氏は室町段階では守護でないが、鎌倉期に大隅守護に任じられる有力御家人だったために、ここに含まれているものと思われる）のほかは「被官並」であるという認識で、実際に大友氏は肥後相良氏を大友被官、肥前有馬氏を少弐被官としている[88]。こうした認識は、大友氏が鎌倉期以来守護だったことを前提としつつ、一五世紀後半以降に幕府との関係が希薄化した有力国人を被官に組み込んでいく歴史過程のなかで、より顕著化していったものと考えておくべきだろう。

第二が、九州の守護・国人たちが自家の由緒を語る際に、同時代の室町幕府ではなく、あえて平安末期〜南北朝初期的な要素を重視する傾向である。まず国人でいえば、南北朝後期から室町時代にかけて、日向伊東氏が鎌倉時代の文書を偽作したこと[89]、島津氏庶流が足利尊氏から拝領した所領をあえて重視したことなどが知られているが[90]、こうした動きとはまさに、九州国人と室町幕府との関係が薄くなり、同時代の室町幕府との関係に由緒を求めえなくなったことと関わるだろう。

興味深いのが、守護層にも同様の志向がみえることである。島津氏においては、南北朝内乱期に氏久が地域支配の確立を進めた際に島津荘という荘園の枠組の論理を前面に押し出したことや、その孫忠国が頼朝落胤説・源氏姓を主張したことが知られている[91]。また、大内氏は、一五世紀半ばから御家人制を整備し、下文の発給をおこなうようになるが[92]、これもまた鎌倉幕府〜初期室町幕府に範を取るものだった。彼ら自身はこの時期にもある程度室町幕府と直接関係を取りうる立場にあったはずだが、幕府との関係が疎になり、同時代の室町幕府に関するイメージも薄くなった国人の多い地域で由緒を主張する際に、あえて古い平安末〜南北朝初期の要素を演出することを有効とみなしたのかもしれない。

そして第三が、一五世紀半ばの転換についてである。一五世紀半ばとは、室町幕府の権力が揺らぐ一方、守護権力の自立化が進む時期とされているが[93]、九州においては、そのような時期あたりから戦国期にかけて、かえって京都(室町幕府・朝廷)―九州間の関係が密になると評価できそうな事象が指摘されている[94]。本稿では十分に示せなかったが、そのような点を含めて、この時期をどうとらえていくのかが、「九州の「室町時代」」から「九州の「戦国時代」」への転換を見通していく際に、きわめて重要な論点となろう。

註

（1）すでに拙稿「南北朝期の守護論をめぐって」（『室町・戦国期研究を読みなおす』思文閣出版、二〇〇七年）・「社会史を経た室町期権力論・支配体制論（上）」（『人文学』二〇二一年）・「室町期の荘園制」（『論点・日本史学』ミネルヴァ書房、二〇二二年）などで整理をおこなったため今回は省略する。なお、本稿では基本的に副題を省略した。

（2）伊藤俊一『室町期荘園制の研究』（塙書房、二〇一〇年）。ほか、「室町時代の支配体制と列島諸地域」（『日本史研究』六三一、二〇一五年）をはじめとした拙稿も、これに関わる論点を提示している。

（3）列島全体の地域区分に関しては、前掲註（2）拙稿、拙稿「「室町時代」の地域性」（『室町文化の座標軸』勉誠出版、二〇二一年）など。また、本論集でも論点になっている、さらに地域を絞った地域差の究明の必要性については、拙稿「鎌倉後期～南北朝期研究の諸論点」（『日本史研究』六五八、二〇一七年）でも触れている。

（4）たとえば桜井英治は、明徳三年（一三九二）正月に陸奥・出羽両国を鎌倉府に移管したことについて、明徳の乱という非常時において「氏満と山名氏が結びつく危険性を見越した義満」が氏満との間で結んだ「政治的取引の結果」とした（桜井『室町人の精神』講談社、二〇〇九年、原著二〇〇一年、六一頁）。この点について筆者は「奥羽の支配それ自体よりも、鎌倉府の懐柔のほうが重視されている」事例と理解している（拙著『京都の中世史第四巻　南北朝内乱と京都』吉川弘文館、二〇二一年、二六八頁）。

（5）かつては「合議と専制」という枠組のもと、守護の合議が将軍の専制を掣肘するという点が強調されていたが、最近は守護層が一枚岩ではなかったことのほうが重視されている（前掲註（4）桜井著書など）。そうした研究は枚挙に暇がなく、拙稿「第四代足利義持」（『室町幕府将軍列伝』戎光祥出版、二〇一七年）なども、そのような立場から執筆したものである。

（6）足利義教嗣立直後、義教は足利持氏討伐に積極的だったが、大名たちの反対によって対決が回避されたことなどは、よく知られるところだろう。また、最近亀ヶ井憲史は、永享三年頃の関東使節対面問題に関して、実際の義教の意志と、足利満直に対して発給された御内書の文面との間にずれがあったことを論じている（亀ヶ谷「足利義教期の対関東政策」『史林』一〇五―六、二〇二二年）。康暦の政変後に足利義満が不本意ながら細川頼之討伐を命じたと思われる（拙稿「南北朝後期における室町幕府政治史の再検討（中）」『文化学年報』六七、二〇一八年）ことなど、『満済准后日記』の残存していない時期にも似たような事情を想定しておいたほうがよいケースはあり、慎重に論じていく必要がある。

（7）幕府側の対応が時々の状況に規定されたものであることについては、公武関係史について論じた松永和浩の諸論考（松永『室町期公武関係と南北朝内乱』吉川弘文館、二〇一三年に所収）が刊行された頃から、強く意識されるようになった。拙稿でも「南北朝中後期における寺社本所領関係の室町幕府法」（『日本史研究』六三五、二〇一五年）をはじめとするいくつかの論文でこのことを意識している。なお、本稿で取り上げる堀川康史の「今川了俊の探題解任と九州情勢」（『史学雑誌』一二五―一二、二〇一六年）をはじめとする一連の論考も、そのような立場から記された重要な成果と理解している。

（8）たとえば川添昭二『今川了俊』（吉川弘文館、一九六四年）、佐藤進一『南北朝の動乱』（中央公論新社、二〇〇五年、原著一九六五年）、柳田快明「室町幕府権力の北九州支配」（『九州史学』五九、一九七六年）、荒川良治「室町幕府小番衆豊後田原氏の成立」（『鷹陵史学』一八、一九九二年）など。

（9）森幸夫「室町幕府奉公衆の成立時期について」（『中世の武家官僚と奉行人』同成社、二〇一六年、初出一九九三年）。この見解は、たとえば新名一仁「南北朝・室町期における渋谷一族と島津氏」（『新薩摩学　中世薩摩の雄　渋谷氏』南方新社、二〇一一年）などで引用されている。

（10）たとえば荒川良治に前掲註（8）荒川「室町幕府小番衆豊後田原氏の成立」という論文があるが、応永二年に田原氏が将軍直勤の「小番衆」として「成立」したとみなして、本当によいのだろうか。後掲するように、田原氏が応永年間に大友氏の被官となる先行研究の指摘があり、荒川自身もそのことに触れている。「小番衆」の過大評価に陥っていないか、検討が必要なのである。

（11）吉田賢司『室町幕府軍制の構造と展開』（吉川弘文館、二〇一〇年）。

（12）荒木和憲「室町期北部九州政治史の展開と特質」（『日本史研究』七一二、二〇二一年）。

（13）前掲註（7）堀川論文、堀川「今川了俊の京都召還」（『古文書研究』八七、二〇一九年）。この二論文で堀川は、応永初年の大友氏の内訌について整理したうえで、三月四日付今川貞世書状（『大分県史料　第一〇巻』「田原達三郎文書」七号〈『南北朝遺文　九州編』六三八七号〉）と三月二〇日付吉弘直輔（了曇）書状（『新熊本市史　史料編　第二巻』「詫摩文書」一九六号）の二点を応永二年のものと喝破するなど重要な論証をおこない、前後の政治史について新たな解釈を打ち出している。

（14）なお、原稿化にあたり、報告当日の内容を補訂・取捨選択した。

（15）出家後の人物をすべて法名で記すという方向で統一するという可能性もありえるが、その場合は出家後の足利義満を道義、足利義持を道詮、斯波義将を道将、畠山基国を徳元、細川満元を道歓、畠山満家を道端、山名時熙を常熙、畠山持国を徳本、渋川満頼を道鎮、大内盛見を徳雄、島津元久を玄仲……などと表記しなければならない。一々そのような煩瑣なことをする必要はまったくなかろう。

(16) 堀川康史は前掲註(7)堀川論文一六頁において、幕府から探題今川貞世に宛てたものとする佐藤進一・川添昭二説を批判し、禰寝氏をはじめとする探題派の南九州国人に対して義満の意向を間接的に知らせたものとみなしている。なお、この「京都不審条々」の作成者について、本稿では「九州探題今川貞世周辺の人物」としたが、禰寝氏関係者の雑掌のような立場で貞世周辺に出入りしていた人物である可能性もあることを付言しておきたい。

(17) 「京都不審条々」の作成自体が正月七日よりも下る可能性は十分にある。

(18) 拙稿「室町領主社会の形成と武家勢力」(『ヒストリア』二二三、二〇一〇年)、前掲註(4)拙著。

(19) 前掲註(7)堀川論文。

(20) 前掲註(8)佐藤著書。

(21) 前掲註(7)堀川論文。

(22) 『三重県史　資料編　中世二』「皇學館大学国史学科研究室所蔵文書」六号、前掲註(7)堀川論文九頁。

(23) 新名一仁『室町期島津氏領国の政治構造』(戎光祥出版、二〇一五年)一〇〇頁。新名はこの幕府側の措置について、「「将軍への直の忠」を一貫して国人らに説いてきた今川了俊父子にとっては、まさに青天の霹靂であったろう」と評価している。

(24) 中島丈晴「今川了俊の軍事動員と所務沙汰訴訟」(『歴史学研究』八二九、二〇〇七年)。

(25) 「難太平記」(『群書類従』第二一輯所収)に「我等参洛の時、直に御尋有て、何事に大友はそれの事をは敵仁に存て斯申事共候哉と御尋有き」とある。

(26) ⑦も、安堵要求へのゼロ回答をはぐらかすような表面的な対応にみえていた可能性がある。あえて「京都へ出仕しなくてもよい」ことが強調されている点なども含めて、興味深いところである。

(27) 『新熊本市史　史料編第二巻　古代中世』「詫摩文書」一九六号。前掲註(13)堀川論文。

(28) なお、この書状では、貞世が九州の有力武士の討伐を企んでいるとも記されており、「荒説」の内容にこの点も含まれている可能性がある。

(29) 【史料2】(a)が応永二年のものであることについても、前掲註(13)堀川論文に言及がある。

(30) 阿蘇品保夫は、「菊池両人」として武朝とともに記される貞□を、武澄系の貞雄とする可能性を提示している(阿蘇品『改訂新

版　菊池一族』新人物往来社、二〇〇七年、原著一九九〇年、一六二〜一九四頁）。

（31）勝一揆に記された五氏のうち、蒲池氏は一般的に筑後国の国人として知られている。しかし、白石・多久・大村・平井の四氏は肥前の国人、勝も肥前国の地名で、勝一揆は白石町・多久市あたりの武士団の一揆と考えられている（田渕義樹「蒲池氏の歴史」『柳川の歴史二　蒲池氏と田尻氏』、二〇〇八年、三七〜四一頁）ため、今回はまとめて肥前に分類した。なお、大村氏が藤津郡（藤津荘）の出身であることについては、久田松和則「大村氏の出自」（『新編大村市史　中世編』、二〇一四年）。

（32）前掲註（30）阿蘇品著書一六三頁。

（33）【地図】の原図は「地理院地図」。本論文で言及する諸氏を中心に、当時の守護や国人の名を書き入れたものである。国人の拠点は時期によって異なる場合もあるが、本【地図】では、応永初年頃の拠点を示したつもりである。

（34）なお、このように考えた場合、【史料2】（ｂ）に肥後国の八代以南や阿蘇・天草の勢力が含まれていない点には注意をしておく必要があろう。

（35）この戦乱について、「六ヶ国之事無尽之錯乱」と認識されていたことについては、前掲註（7）堀川論文一八頁。

（36）前掲註（13）今川貞世書状には、「とても豊後の事ハ、たとひその城をすてられ候とも、かたくしすゐ申候へとの御教書の下ニて候間、事を大ニ仕候て、しすゐ申候へく候間」とあり、田原・吉弘両氏を支援する「御教書」が出されていたようだが、これは「しすゐ」を命じる文書のようである。所務沙汰関連の「御教書」であって、大友氏を追討するものではないと思われる。

（37）前掲註（13）今川貞世書状。年次は前掲註（7）堀川論文一二頁による。

（38）それ以前に義弘が親世と連携していたことについては、「難太平記」にもみえている。康応元年（一三八九）頃より在京奉公をおこない、明徳の乱や南朝神器の接収にも功を立てていた大内義弘が、義満から重視されていたことは、「九州にをひての度々忠節と申、去内野かせん（合戦）の忠たにことに候間、向後もふかくたのミ入て候間、一そくの准に思給候」とする自筆御内書を賜っていることからもわかる（『蜷川家文書』九号。なお、以下『蜷川家文書』『阿蘇家文書』『島津家文書』は『大日本古文書』からの引用である）。そのような義弘との間に戦端が開かれてしまった場合、自身が反乱軍と認定されてしまうことを貞世が意識していた可能性も否定できない。

（39）『鹿児島県史料　旧記雑録拾遺家わけ一』「禰寝文書」三一一号。なお、千葉一族の人名比定については、大塚俊司「肥前千葉氏の発給文書について」（『中世小城の歴史・文化と肥前千葉氏』佐賀大学地域学歴史文化研究センター、二〇〇九年）。

（40）『新熊本市史　史料編第二巻　古代中世』「詫摩文書」一九六号。

（41）『阿蘇家文書』「阿蘇文書写」第一七所収（応永二年）一一月一五日付斎藤聖信書状。

（42）渋川氏の文書発給については、小澤尚平「室町期における九州探題渋川氏の活動とその役割」（本シンポジウム小澤報告）。

（43）麻生氏に関しては、川添昭二「室町幕府奉公衆筑前麻生氏について」（『九州中世史の研究』吉川弘文館、一九八三年、初出一九七五年）、『中世史料集　筑前麻生文書』（北九州市立歴史博物館、二〇〇一年）。

（44）【表】に組み込んだものとそうでないものについて、いくつか言及しておく。

①『阿蘇家文書』二一三・二一四号には、応永四年三月三〇日付・応永五年八月二一日付の足利義満御判御教書があるが、大日本古文書においては「以下、二通原本ヲ検スルニ、花押、筆跡等、当時ニ於ケル義満ノ文書ト趣ヲ異ニシ、文言又疑フベキ点アリ」とされている。たしかにこの時期の義満の花押と細部が異なっているため、少なくとも正文ではないと思われるが、両方または一方が実在する御判御教書の写である可能性も念頭に置いておく必要があると考え、念のため組み込んでおいた（【表】2・5）。

なお、同様に疑いをかけられている二一五号の御内書について、堀川康史は正文と位置づけ（前掲註（7）堀川論文注35）、同じく「紙質・墨色当時ノモノニアラズ、今写トシテコ、ニ収ム」とされている二二三号の御判御教書写について、山本隆一朗は「文書そのものは同時代の正文ではないが同時期の足利義満の軍勢催促を命ずる御判御教書と形式・文言等は大きな相違はなく、原本に近い写と考えたい」としており（山本「応永年間の九州情勢と菊池武朝」『菊池一族解體新章　巻ノ二』、二〇二一年、六六頁）、近年、大日本古文書の判断にみなおされている部分があるようである（なお、山本は二一三号も利用可能な文書とみなしている〈山本論文五八頁〉）。阿蘇家文書を使用する際に、なかなか悩ましいところである。

②「小鹿島文書」に含まれる応永一三年一二月二一日付の牛嶋房童宛の安堵状（『佐賀県史料集成　第一七巻』「小鹿島文書」一九号）について『佐賀県史料集成』では「室町幕府所領安堵状案」とされているが、六日後の一二月二七日に渋川氏関係者が遵行状を発している（同六六号）ことを考慮すると、京都で発給された幕府文書とは考えにくく、渋川満頼の安堵状とみなすべきだと判断して除外した。この点に関しては、前掲註（42）小澤報告に示唆を受けた。

③『島津家文書』一一八〇号には、「和田殿」に対して島津忠国の討伐を命じる康昌（正カ）元年一〇月二六日付の管領奉書（のような文書）が存在するが、これについては、浜口誠至が「本文書の花押の形状は、細川勝元のものとは異なる。また、書止文言も室町期の管領奉書のものではない。書体・文面なども当時のものとしては違和感があり、検討を要する」と指摘している（『戦国史研究会史

料集８　細川勝元文書集（１）』戦国史研究会、二〇二〇年、九一頁）。花押がまったくの別物であることについては、東京大学史料編纂所のＨＰで公開されている画像によって確認可能であるため、今回この文書は除外した。

④日向伊東氏関係文書のなかに寛正二年三月二五日付の足利義政御内書写があるが、これは偽文書とされる（宮地輝和「中世日向伊東氏関係文書の基礎的研究」『九州史学』一六四、二〇一二年）ため除外した。

(45) それぞれの問題が発給された時点での渋川氏の立場については、難しい問題がある。まず肥前国については、渋川氏が守護兼補とする説がある（川添昭二「渋川満頼の博多支配及び筑前・肥前経営」『続荘園制と武家社会』吉川弘文館、一九七八年）。筑前国については、少弐氏が断続的に守護に補任されていたが、10・14が発給された応永一一〜一三年頃とは、少弐氏が反乱を起こして討伐されていた時期であるので、探題渋川氏が守護を兼任していた可能性がある。筑後国については、大友氏や菊池氏が守護であったと理解されているようである。今のところ応永一九年に筑後国（竹野荘）河北郷内安永名・弥益名を赤石土佐入道性淳に安堵した16一例のみなので、一時的に渋川氏が守護を兼任していたという可能性のほか、河北郷、もしくはこの郷を含む竹野荘全体が渋川氏の所領となっていた可能性も念頭に置いておきたい。

(46)『宗像大社文書　第二巻』「宗像社家文書惣目録」。

(47) 両阿蘇氏と対立抗争とその拠点については、山田貴司「中世後期における阿蘇大宮司家の動向とその拠点」（『熊本史学』一〇三、二〇二三年）。

(48)『熊本県史料　中世編二』「小代文書」四二号。

(49)『阿蘇家文書』二三〇号。応永二四年の閏五月二七日には、京都に置かれた探題雑掌の伊香均等に対して、催促をおこなっている。興味深いことに、すでに五月一三日に安堵状が出されていたにもかかわらず、渋川満頼が閏五月二七日に催促をおこなっていることで、大友氏経由のルートと渋川氏経由のルートが別であること、今回は前者のルートが決定打になって発給されたことなどがわかるだろう。

(50)『阿蘇家文書』二三四号。

(51) 先に指摘した国人側のニーズを考慮すると、渋川氏の仲介によって幕府側が安堵を発給することは、探題渋川氏の権威を強化することにつながったものと思われる。「幕府と探題のどちらが安堵権を握るか」という視角ではみえにくくなる点であり、注意しておく必要がある。

(52) 前掲註(36)の史料・論文を参照。
(53) 「入来院家文書」一五三号、『鹿児島県史料　旧記雑録拾遺　家わけ一』「禰寝文書」一四四号。
(54) 『大日本史料』応永一七年六月一一日条所収の諸史料。
(55) 足利義教は、満済が「豊後国人の日田・田原・佐伯三氏に対して、大内持世に合力するよう御内書を出したほうがよい」と意見を申したように記憶しており、そのことについて満済に確認した。これに対して満済は、「この三人に御内書を出すようにとは申していませんで、大友親綱に御内書を出したほうがよいと申しました」と返事している。結局のところ義教の勘違いだったわけだが、おそらくは誰か別の人物が「この三人に御内書を出したほうがよい」という意見を義教に伝えていたのではないかと推察される。
(56) たとえば、『看聞日記』応永二四年五月四日条で「柿屋」(垣屋氏)を「山名若党」とし、『満済准后日記』永享三年七月二七日条で「内藤肥後入道」(智得)を「大内若党」としており、『建内記』嘉吉元年六月二九日条では畠山氏の「若党」として「遊佐勘解由左衛門兄弟三人・斎藤因幡入道父子等」が挙げられている。
(57) 田原親幸が大友親著から「京都使節」(大友氏から京都に派遣される使節と思われる)とされていること(『大分県史料　第一〇巻』「荒巻文書」六号)、応永三二年(一四二五)に大友持直から所領を預け置かれていること(『大分県史料　第一三巻』「草野文書」上巻二三号)、豊前国田染荘の政所とされていたことなどが知られており(吉永暢夫「守護大名大友氏の権力構造」『九州中世史研究』三、一九八二年)、惣領家への被官化が指摘されている(上田純一「解説」『入江文書』続群書類従完成会、一九八六年)、前掲註(8)荒川論文)。
(58) 本多美穂「室町時代における少弐氏の動向」(『九州史学』九一、一九八八年)。
(59) 本稿では、「九州北部」「九州南部」という言葉を使用するが、通例により、大まかには筑前・筑後・肥前・肥後・豊前・豊後の六ヶ国を九州北部、薩摩・大隅・日向の三ヶ国を九州南部と呼称する。地形に即してやや細かいことをいえば、【地図】にも明らかなように九州山地がよこたわる日向国北部・肥後国南部がこの両者の中間地帯となっていた点を評価しておく必要があろう。
(60) 『看聞日記』永享三年三月三日条。
(61) 『満済准后日記』永享三年六月九日条。
(62) 『満済准后日記』永享五年九月五日条、『看聞日記』永享五年九月一〇日条。
(63) 『看聞日記』永享九年正月二三日条。同じ内容は「薩戒記目録」同日条にもみえるが、そこでは「九州静謐」と記されている。

(64) 大内側の認識としては『蜷川家文書』五四号、佐伯弘次「室町時代における大内氏と少弐氏」(『史淵』一三〇、一九九三年)、幕府の認識としては『熊本県史料　中世二』「佐田文書」六九号を参照。
(65) 『室町幕府関係引付史料の研究』「足利将軍御内書并奉書留」一二二号。
(66) この間の情勢に関しては、前掲註(23)新名著書に詳しい。
(67) 『満済准后日記』永享四年七月一二日条。
(68) 前掲註(23)新名著書一五四頁。硫黄獲得のための島津氏への命令については、伊藤幸司「硫黄使節考」(『アジア遊学一三二　東アジアを結ぶモノ・場』勉誠出版、二〇一〇年)・「遣明船と南海路」(『国立歴史民俗博物館研究報告』二二三、二〇二一年)、新名一仁「南北朝・室町期島津氏の対幕府関係」(『中世後期の守護と文書システム』思文閣出版、二〇二二年)。
(69) 筑前国底井野郷は、応永三二年(一四二五)足利義持から渋川満頼に与えられていた五ヶ所の一つで、同三四年に満頼から底井野氏へ返却していたものであった(『蜷川家文書』三号)。この五ヶ所は後年「筑前国河上」という名の御料所としてあらわれるが、応永三二年段階で伊勢貞経が「可被渡申探(題)御代官」ことを命令しており、それ以前に貞経の知行下にあったことがわかる。おそらくその頃から御料所だったものと推測される(恵良宏「中世後期の遠賀町」『遠賀町誌』、一九八六年)。この地は、そのような特殊な事情を有する地域であり、また、時期的にも宝徳年間という事例の僅少な時期である。この安堵発給にも何らかの個別的な事情があったことが推測される。
(70) 吉田賢司は、足利義持の時代に幕府から直接安堵・軍勢催促を受ける国人が限定されることを論じて、これを(幕府)直属国人と呼んだ(前掲註(11)吉田著書)。制度的変化を大づかみにとらえた吉田の議論は非常に興味深いが、九州の状況に即してみると、「軍勢催促は受けるが安堵はもらえない」という勢力を想定していないなど、いくつかの点に問題を感じる。
(71) 先に禰寝・入来院両氏について「幕府からの文書受給が一旦途絶している」という表現をしたのは、このように嘉吉年間に幕府文書を再び受給しているためである。
(72) 『阿蘇家文書』「阿蘇文書写」第八所収の(永享五年)一〇月二一日付大内持世書状写。ただし、それ以前に渋川満直経由の軍勢催促がおこなわれていたらしい(『阿蘇家文書』二五九号)。
(73) 佐伯弘次「大内氏の筑前国支配」(『九州中世史研究』一、一九七八年)二六四頁。
(74) 史料を残す家でいえば、麻生氏のほか、肥後阿蘇氏や豊後志賀氏なども比較的「直属国人」らしい存在といえるのではなかろうか。

(75) 前掲註（44）③に挙げた管領奉書写はまさにこのような時期の年紀を有するものだが、偽文書と思われる。

(76) 寛正六年（一四六五）、渡唐船警固が命じられた際、大内教弘・大友親繁や中国地方の諸守護、対馬の宗成職のほかに、「上松浦一族中」「下松浦（一族中）同前」、そして「松浦壱岐守呼子」「奈留方」「佐志志佐（一族中）同前」「大嶋方」「宇久大和方（勝）」「平戸松浦肥前守方（田平義）」宛の奉行人奉書が発給されている。永享六年（一四三四）の「唐船警固」の「御教書」（管領奉書）が発給されたのが「上松浦・下松浦〈肥田・但馬〉・千葉・大内（持世）」「菊池」の五ヶ所であった（『満済准后日記』永享六年正月二三日条。なお、当初はこのほか島津・伊集院両氏も候補に挙がっていたが、義満の頃の先例がないということで最終的には外された）ことを考慮すると、永享～寛正間に松浦党関係者のなかで幕府文書を個別的に直接受給する人物が増加したことは確実で、この間も松浦党関係者と幕府との関係が深まっていたことがわかる。具体的な例としては、松浦田平氏が知られている（松尾弘毅「中世後期における田平・平戸松浦氏の朝鮮通交と偽使問題」『古文書研究』六一、二〇〇六年）。ただ、伊藤幸司によると、松浦党のなかでも対外通交に積極的な家とそうでない家があるのだという（伊藤「外交からみた九州の地域権力」〈本シンポジウム伊藤報告〉）。

(77) 荒木和憲『対馬宗氏の中世史』（吉川弘文館、二〇一七年）。

(78) 幕閣山名氏と個別的な関係を構築した薩摩伊集院氏（新名一仁「室町期島津氏の特質」〈本シンポジウム新名報告〉）や、足利義教と密接な関係を形成した松浦党田平氏（前掲註（76）松尾論文）など、興味深い事例が報告されている。

(79) こうした対外交易とは、まさに幕府が九州という地域に求めていた要素であり、そのような意味で重視しておく必要がある。とはいえ、「幕府と九州国人の関係」を全体として考える際には、非常に特殊な部分的領域である点を確実に認識しておくべきであろう。

(80) この点をどう位置づけるのかについては、嘉吉の乱後の幕府・大内氏の志向性と九州の政治軍事情勢全体を踏まえて、総合的に検討をおこなう必要がある。

(81) 年次比定は前掲註（73）佐伯論文三〇四頁、『太宰府市史　中世資料編』二六六号など。

(82) このほか、大友親繁宛の足利義政御内書（『大分県史料　第二六巻』「大友家文書」大友書翰五―二～四号）や島津立久宛の細川勝元書状・畠山政長書状（『島津家文書』八〇号・二七八号）もみられる。

(83) 佐伯弘次「室町時代の九州の文書」（『史淵』一五八、二〇二一年）も示しているように、福岡県・長崎県には県内の史料を網羅しようとした史料集が存在しておらず、そのこともあって、まだ不十分な部分が残っている可能性がある。本稿では、「（今のところ）史料が確認できないこと」に意味を持たせる論法を取っているため、今後の史料発掘の結果によって再考を迫られる可能性を、想定しておかねばならない。

（84）本稿では、①応永初年に幕府が豊後の反大友国人、九州南部の反島津国人との関係を希薄化させたことにより、彼らのなかに大友・島津被官に転じる者があった点、②文安・宝徳年間以降に幕府から九州国人への発給文書が確認できなくなることが、大内氏の独自支配展開と表裏の現象であった点などを指摘した。ただし、このように幕府と九州国人の間の関係が疎に転じても、必ず守護権力が拡大するわけではないのはもちろんである。

（85）九州の状況を考えるに際して、守護としての家格を重視する今岡典和の説明（今岡「戦国期の守護権力」（『史林』六六―四、一九八三年）が重要であることを、窪田頌「大永年間の九州南部情勢と大内氏・大友氏」（『古文書研究』九三、二〇二二年）が強調している。段銭・守護役が日常的に繰り返し賦課されることで存在感が増大していく畿内近国地域の守護とは異なる部分もあるだろう（したがって「室町幕府・守護体制の展開」を論じる際には趣の違う部分も大きいかもしれない）が、似た部分があることは事実であり、今後もそのようにして地域間の比較をおこなっていくことが重要と考える。

（86）小川弘和「二見園田一族と相良氏領国」（『九州史学』一八七、二〇二一年）。ただし、小川の述べるように大内氏を排除する意識があったのかどうかについては、判断を留保しておきたい。

（87）『大分県史料　第三二巻』「大友家文書録」九八二号。山田貴司「西国の地域権力と室町幕府」（『中世の西国と東国』戎光祥出版、二〇一四年）一八三～六頁。

（88）「相良か事、肥後当国きせつ（義絶）の時より、当家披官たるへきよし申候て、于今無相違候」（『大分県史料　第二六巻』「大友家文書大友記録一一号）。「彼有馬ハ少弐被官人にて候由申之」（『大舘常興日記』天文九年二月八日条）。

（89）前掲註（44）宮地論文。

（90）新名一仁「日向国人樺山氏の成立過程とその特質」（註（23）新名著書、初出二〇〇三年）。

（91）前者については、前掲註（23）新名著書。新名はこれを「〝擬制的島津荘支配権〟とでもいうべきロジック」と呼んでいる（同書三八一頁）。後者については、水野哲雄「島津氏の自己認識と氏姓」（『境界のアイデンティティ』岩田書院、二〇〇八年）、前掲註（68）新名論文など。これらについては前掲註（78）新名報告でも取り上げられている。

（92）萩原大輔「大内氏の袖判下文と御家人制」（『古文書研究』六八、二〇一〇年）。

（93）川岡勉『室町幕府と守護権力』（吉川弘文館、二〇〇二年）。
（94）大友氏・相良氏について前掲註（87）山田貴司論文・「中世後期における相良氏の都鄙関係」（『中世相良氏の展開と地域社会』戎光祥出版、二〇二〇年）、対馬宗氏について前掲註（77）荒木著書などを参照。ほか、今回は言及できなかったが、文芸面でもいくつかの興味深い動きがみられる。後年伊東氏が足利義政御内書を偽作したこと（前掲註（44）宮地論文）なども、この時期に都鄙の対流が活発化したことを背景にしているように思われる。

【追記】本シンポジウムの報告の前後には、企画にあたられた山田貴司氏・野下俊樹氏や報告者の皆様をはじめとする多くの方々よりご教示を頂戴した。心より御礼申し上げる次第である。また、遡って二〇二一年一一月六日、「武家拠点」科研（仁木宏代表、日本学術振興会科学研究費基盤研究B、課題番号19H01312）の熊本研究集会（「四州」中世史研究会共催）でも報告させていただいたが、集会をセッティングいただいた仁木宏氏・春田直紀氏・兒玉良平氏やその際にご教示を頂戴した皆様にも、同じく御礼を申し上げたい。

なお、本論文には、日本学術振興会科学研究費基盤研究C（課題番号21K00841）の成果を含んでいる。

第四章　外交からみた九州の地域権力

伊藤幸司

はじめに

本稿に与えられた課題は、室町期九州の地域権力を「外交」（ここでは、異国との通交貿易の意）という視角から比較考察することである。室町期九州の時期区分についてはさまざまな見解があるが、本稿では一五世紀を中心とした活動に焦点を定める。異国との通交貿易は、東国の地域権力が持ち得ない西国の地域権力の際立った特徴の一つである。それゆえに、これまでも西国における個別の地域権力ごとに異国通交の実態解明の蓄積がなされてきた。さらに、個別事例研究の蓄積を踏まえつつ、西国の地域権力による異国通交のありようを室町幕府政治史の文脈のなかに位置づける成果や〔橋本二〇〇五、二〇一〇〕、西国の地域権力を東アジアの動向と関連させて理解しようとする試み〔長谷川二〇〇五〕、西国の地域権力の特質としての異国通交に注目するもの〔鹿毛二〇一九〕などが登場している。一方、個別権力の枠を超え、各々の異国通交のありようを比較することで、西国における地域権力の異国通交の個々の特質に迫ろうとする試みもなされているが〔伊藤二〇一三〕、いまだ全体を俯瞰して比較考察したものはない。しかし、異国通交の最前線をになった九州の地域権力[1]のありようを俯瞰的に比較考察することができれば、当該期の異国通交の特質をより明確にできるものと考える。

一　九州の地域権力と朝鮮通交

一四世紀末期に建国された朝鮮は、高麗末期以来続く倭寇問題に苦慮するなか、倭寇対策の切り札として懐柔策を導入した。倭寇をする倭人に対して経済的利益を供与するという政策は、一定程度、倭寇を平和的通交者へと転身させることに成功した〔田中一九五九：二二～二六頁〕。一方、朝鮮の優遇策は、多様な日本側通交者を誕生させることになった。しかし、一五世紀前半から朝鮮は倭人接待の経済的負担を軽減するために、徐々に通交統制を導入し、日本側通交者を限定して受け入れるようになる。本節では、先学に導かれつつ、地域権力ごとに高麗・朝鮮との通交貿易のありようを概観し、その特質を確認する。

1　九州探題の高麗・朝鮮通交

足利義満から九州探題に任命された今川了俊は、一三七二年には大宰府を奪還した。一三七八年には、高麗側の要請を受けて倭冦討伐のための軍勢を朝鮮半島に派遣したほか、一三七九年以降は倭寇によって拉致された被擄人の送還も行うなど、積極的な高麗・朝鮮通交を展開した〔田中一九七五：九五～一〇一頁〕〔川添一九九六：一六三～一七八頁〕。従来、了俊の展開する高麗・朝鮮通交は、対外交渉上の主導権の掌握をめざす足利義満の脅威となったため、一三九五年に了俊は義満によって探題職を罷免されたと理解されてきた〔村井一九八八：八七～八八頁〕〔佐藤二〇〇五：四九四頁〕。しかし、高麗・朝鮮との直接通交に受動的な対応をする義満にとって、九州探題という将軍の分身として積極的な高麗・朝鮮通交を展開する了俊のありようは、義満が高麗・朝鮮と直接関与しなければならないような状況を回避させていたことになる。おそらく、了俊は義満から異国との交渉を一定程度委任されていたと考える〔伊藤二〇二四〕。しかし、了俊は、最終的に大内氏・大友氏・島津氏と敵対したことで九州大名との協力関係の断絶を招き、探題主導で九州支配を行うという幕府の基本構想を崩壊させたため、義満から探題職を解任された〔堀川二〇一六〕。

新たに九州探題として下向した渋川氏は、室町幕府外交権の一部をにない、「九州に着岸した外国船の警固権を持ち、上京を必要としない外国船には、使節の応対や探題名義の外交文書の発給も行っていた」〔黒嶋二〇一二a：六六頁、二〇一二b〕とされるが、これは今川了俊のありようを継承したものと考える〔伊藤二〇二四〕。渋川氏の朝鮮通交は、一四一九年に勃発した応永の外寇を画期として活発になる〔田中一九五九：三六～四二頁〕。朝鮮が、日本側通交者の渡航規制を渋川氏に期待し、九州の諸氏は探題の書契（外交文書）を受けて渡航するよう定めたため、日朝通交における渋川氏の立場が著しく向上したからである〔中村一九六五：四五〇～四五二頁〕。渋川氏は、朝鮮側の通交統制を最大限に活用し、探題管下の人びととともに頻繁な朝鮮通交を展開したが〔川添一九九六：一八三～二一七頁〕、その内実は博多商人が請け負う貿易活動であった。渋川氏は、みずからの特別な朝鮮通交権を梃子にして、博多商人からの求心力を獲得したのである〔伊藤二〇二一a：一四五～一四七頁〕。その結果、一四二四年朝鮮は渋川氏名義の通交を春秋二回に制限した。渋川氏の朝鮮通交は、朝鮮側の政策によって躍進し、そして制限されたのである。

しかし、一四二五年七月頃、渋川義俊は少弐満貞・菊池兼朝から攻められて没落し〔本多一九八八〕、渋川氏一族は分散した。以後、渋川氏名義の朝鮮通交権は、博多商人による請け負いから偽使へと変容していく〔伊藤二〇二一a：一四七頁〕。

2　宗氏の朝鮮通交

対馬の宗氏は、朝鮮との通交関係を生命線とした。一四三八年、朝鮮は対馬島主宗氏の文引〔渡航証明書、発給手数料あり〕を携帯する渡航者のみ受け入れるという文引の制を導入した〔当初は例外あり〕。増加する日本側通交者の渡航規制を、朝鮮が宗氏に期待したことが背景にあった。結果的に、文引の制は、宗氏に日朝通交の要（かなめ）としての立場を与え、宗氏は文引発給権を政治的・戦略的に運用することで求心力を高めた〔中村一九六五：四五九～四八〇頁〕〔長一九八七：一六九～一八〇頁〕〔荒木二〇〇七、二〇一七〕。

対馬は、耕作地に乏しい地形であるため、朝鮮通交権益を知行として家臣に与えているのが、宗氏の領国支配の特徴である。もちろん、「少弐・宗体制」のもと、少弐氏を補弼して北部九州地域に軍事侵攻した際は、家臣に知行地を与えることができたが、最終的にそれらは喪失した。ゆえに、宗氏にとって朝鮮通交権益の維持・拡大は、領国支配においても必須であった。しかし、一四四三年の癸亥約条で島主歳遣船が五〇船に制限され、後に島主特送船や護軍受職船までもが島主歳遣船の枠内で運用しなければならなくなると、島主歳遣船権益は深刻な不足状況となった〔長二〇〇二a：二七八～三〇〇頁〕〔荒木二〇〇七、二〇一七〕。

これを打開するために、一五世紀半ば以降、宗氏は王城大臣名義や深処倭名義などの大量の偽使派遣を組織的に展開することで、朝鮮通交権益の集積をはかった。しかし、一四八二年に日朝通交の場で牙符制が発効し、偽日本国王使や偽王城大臣使の派遣ができなくなると、「夷千島王（えぞがちしま）」のような架空国家の偽国王使を創出した。宗氏は、対馬島や肥前地域などの諸酋使レヴェルの通交権益も確保するなど、偽使通交権益の集積に躍起となった。こうして、宗氏は、多様な通交権益を知行制の枠内で効率的に運用〔権益の分配〕することができるように「朝鮮通交権管理体制」を確立した。しかし、宗氏が構築した「朝鮮通交権管理体制」は、一五一〇年の三浦の乱によって、一端、崩壊することになる〔長一九八七：二五一～二二四頁、二〇〇二ab〕〔荒木二〇〇七：一三三～一四八頁、二〇一七〕。

3　松浦党諸氏の朝鮮通交

朝鮮半島に近い壱岐・松浦地域は、倭寇との関係も密接であったため、倭寇懐柔策によって多くの諸氏が朝鮮通交を展開した。松浦党諸氏のなかでも、壱岐島を統治していた志佐氏・佐志氏・鴨打氏・呼子氏・塩津留氏は、各々朝鮮に遣使しているが、とりわけ一五世紀初頭から活発な通交を展開したのは志佐氏である。志佐氏は、他の諸氏と比べても非常に早い段階で受図書人にもなっており〔松尾二〇二三：三五頁〕、朝鮮通交に対する強い志向性があった。しかし、その通交名義は、文引の制が確立した一四三八年一〇月以降、一端、途絶する。

壱岐の松浦党諸氏と朝鮮との関係をみる上で指標となるのは、一四四三年に勃発した西餘鼠島事件に対する反応である。西餘鼠島事件とは、壱岐倭寇が朝鮮半島近海にある西餘鼠島で朝鮮船を襲撃した事件で、朝鮮は事件に関与した壱岐倭寇への尋問と連れ去った被擄人の刷還を松浦党諸氏に要請した。当時、朝鮮は志佐氏・佐志氏・鴨打氏・呼子氏らが壱岐の倭寇を支配下に置いていたと認識していた。こうした朝鮮側の要請に対して、佐志氏と鴨打氏は倭寇勢力を保護するなど朝鮮に反発する姿勢を取り、呼子氏・塩津留氏・真弓氏(2)は倭寇捜捕に積極的に協力した〔松尾二〇二三：三六〜三七頁、四四〜六四頁〕。前者は、事件以前から朝鮮との通交歴があったが、朝鮮との友好関係よりも倭寇に寄り添う態度を重視しており、朝鮮通交を維持・拡大しようとする優先度は低かったことがわかる。一方、後者は通交統制によって通交貿易が低調化しつつあるなか、倭寇捜捕の功績によって受図書人としての通交権を獲得した。朝鮮の歓心を買うことで、独自の通交権を確保することに成功したのであり、彼らの朝鮮通交に対する意欲が高かったことがわかる。とりわけ、塩津留氏は、本拠地であった上松浦から壱岐島に移住しており、多くの土地を支配できない代わりに、朝鮮通交の権益を拡大することに活路を見出すことで、壱岐において社会的上昇をとげた〔長一九八七：二四〇〜二四一頁〕〔村井二〇一三：一八六頁〕。

一五世紀半ば以降、対馬宗氏による大規模な偽使派遣が始まると、松浦党諸氏名義による朝鮮通交も急増した。例えば、波多氏・神田(こうだ)氏・五島宇久氏・松浦氏は、一五世紀前半から積極的な通交事例がなかったにもかかわらず、突然、通交が展開された〔松尾二〇二三〕。佐志氏・鴨打氏は、西餘鼠島事件や孤草島釣魚禁約違反などを契機として、朝鮮との関係に消極的であったにもかかわらず、やはり、突然、通交が再開された。いずれも、非常に不自然な動向であり、状況的にも宗氏によって創出された偽使の可能性が非常に高い。一方、志佐氏・呼子氏・塩津留氏・真弓氏・田平氏は、一五世紀前半から朝鮮通交に積極的であったが〔松尾二〇二三〕、朝鮮の通交統制による低調化は否めなかった。このうち、呼子氏・塩津留氏・真弓氏は、西餘鼠島事件を画期として通交権を維持したことは述べた。一方、志佐氏は一四七二年の波多氏の壱岐島侵攻によって壱岐支配を後退させており〔荒木二〇二四：一〇六〜一〇七頁〕、田平氏は田平氏名義の木印が宗氏のもとにあったことから、両氏名義の通交権は宗氏の偽使派遣に活用されていた可能性が高い。しかし、宗氏が構築した「朝鮮通交権管理体制」のなかに松浦党諸氏の通交名義が組み込まれていたとはいえ、呼子氏・塩津留氏・真弓氏などのように朝鮮通交を志向する人びとが、獲得した通交権を放棄するとは考えにくい[3]。ゆえに、宗氏は彼らの通交権に上乗せする形で、偽使通交を展開していたと推断する。そこには、塩津留氏と宗氏や、塩津留氏と牧山氏との間で交わされた朝鮮通交権益にかかる契約関係のようなものが存在したと思われる。塩津留氏は、一四七二年の波多氏の壱岐島侵攻後、対馬に亡命した際、宗貞国にみずからの通交権の一部を譲渡した。その後、三浦の乱（一五一〇年）以前に牧山「源正」印を獲得したようで、塩津留氏は自分名義の通交権と牧山氏名義の通交権を保持していた[4]。ただし、塩津留氏は「源正」印の名義人である牧山氏に名義料を支払っており、本来の名義人に権益の一部が保留されていた〔長一九八七：二一七〜二七六頁〕。

このように、松浦党諸氏の朝鮮通交への意欲を確認すると、強弱があることがわかる。倭寇と密接であった松浦党諸氏でさえも、必ずしも誰もが積極的に朝鮮通交を望んだわけではなく、朝鮮との良好な関係よりも倭寇との絆を重要視することもあった。一方、当初は朝鮮通交を展開していた諸氏も、朝鮮の通交統制によって通交が低調化するなか、受図書人化をはかるなど、通交権の確保に努力する諸氏もいた。一五世紀半ば以降、対馬宗氏の大規模な偽使派遣活動のなかで構築された「朝鮮通交権管理体制」において、松浦党諸氏の通交名義も宗氏によって縦横無尽に利用されていくことになるが、そのなかには宗氏との間で朝鮮通交権益にかかる契約関係を結ぶなど、一定程度の主体性を確保をしていた松浦党諸氏も少なからずいたと考えられる。

4　少弐氏の朝鮮通交

少弐氏の朝鮮通交は、『朝鮮王朝実録』によれば、一五世紀初頭から行われているが、少弐貞頼・満貞の通交は、基本的に少弐氏家臣として対馬島を支配していた宗氏との密接な連携のもとに展開された。しかし、筑前をめぐる争乱のなかで、一四三三年に少弐満貞が死去すると、満貞名義の使送は途絶した。その後、嘉頼・教頼・頼忠（政尚・政資）といった少弐氏当主は、宗氏を頼って対馬島に寄寓した。この間、少弐氏は、「少弐・宗体制」のもとで北部九州地域に対して軍事行動を断続的に展開しつつ、朝鮮通交も行っているが、それは宗氏により依存することで行われた。一五世紀半ば以降、宗氏は大規模な偽使派遣活動を展開するため、宗氏に依存する少弐氏の通交名義も、宗氏によって活用されたであろう。ただし、一四六九年に死去する少弐教頼までは、死者の通交名義が継続して使用されるということはなかった。

応仁・文明の乱が始まると、少弐頼忠は宗貞国とともに筑前への軍事侵攻を展開した。しかし、少弐氏と宗氏との協調関係は長続きせず、一四七一年春には宗貞国が筑前から対馬に帰島してしまう。これ以降、少弐氏の通交名義は、頼忠から政尚、政尚から政資という改名に対応しなくなる。さらに、一四七八年の宗氏と大内氏との軍事和睦の成立により、少弐氏と宗氏との決裂は決定的となり、政尚（政資）は肥前に退去した。以後、朝鮮には少弐政尚名義の使節が継続して登場している。状況を考慮すれば、宗氏の支援を失った一四七一年以降の少弐氏の朝鮮通交は、宗氏によって展開された偽使であると考えなければならない[5]。少弐氏の朝鮮通交は、宗氏の協力を大前提とするものであったといえる。

5　島津氏の朝鮮通交

南九州地域の地域権力による朝鮮通交は、一四世紀末期から行われている。この地域から朝鮮通交を行うためには、一四世紀中葉以降に活性化した日中航路である南島路や、琉球船・南蛮船が往来した九州西岸に接する薩摩半島の掌握が重要であった。当初、その薩摩半島に大きな影響力を及ぼしていたのが伊集院氏である。惣領となった島津奥州家（島津本宗家）でさえも、伊集院氏の協力がないと薩摩半島に覇権を及ぼすことができなかった。伊集院氏の朝鮮通交は、一三九五年の頼久使送から始まり、煕久へと続いている。しかし、一四三六年に島津貴久と伊集院煕久との和睦で、薩摩半島の覇権は島津薩州家に糾合されてしまった。その結果、一四五〇年に煕久が没落したにもかかわらず、その後も伊集院煕久名義の朝鮮通交が継続した。伊集院氏の通交名義が、完全に偽使化したことがわかる〔増田一九七〇〕〔伊藤二〇一八、二〇二一a：一七〇頁〕。

薩隅日三カ国守護職を獲得した島津奥州家の元久は、一四一一年に死去し、その後、クーデターによって弟の久豊が後継者となった。しかし、一四一五年一二月、「日向州島津源元久」名義の朝鮮通交が突然開始され、以後、数回にわたって確認できる（『太宗実録』一五年一二月癸巳条）。一四二三年正月、元久の後継者を名乗る「日本国日向大隅薩摩三州太守源朝臣久豊」名義の使節が登場すると、同年一〇月には「日向大隅薩摩州太守修理大夫匠作源久豊及子源貴久」と称して、久豊とその子貴久名義の朝鮮通交も行われた（『世宗実録』五年正月甲午条・一〇月甲戌条）。以後、島津貴久や、貴久から改名した忠国名義の使送が一五世紀後半まで続き、一四六九年三月には忠国の後継者である立久名義の使送も登場する（『睿宗実録』元年三月甲午条）。

こうした島津奥州家の朝鮮通交については、偽使である可能性が高い。まず、元久使送については、元久死去後に開始される不自然さが際立つ。久豊使送は、一四一六年に久豊自身が出家して存忠という法名になっているにもかかわらず、俗名での通交となっている。一四一八年に島津久豊が派遣した遣明使では、法名の存忠を名乗っていることを考慮すれば不審である。また、久豊は、出家前に「修理亮」を名乗ることはあっても（『旧記雑録』前編二・九一六号）、「修理大夫」ではなかった。「修理大夫」とその唐名の「匠作」を連ねて名乗るのも違和感がある。貴久使送では、貴久から忠国に改名後も、貴久名義の使送が継続するという点が疑わしい。これらは、島津奥州家の朝鮮通交が真使であったならば起こりえず、偽使派遣勢力が介在していたことの証左といえる。

さらに、鎌倉中期頃から藤原姓を名乗る島津氏が、朝鮮に対して源姓を名乗ることにも違和感がある。もちろん、室町期において島津氏が一時的に源姓を使用した例はある。ただし、日本国内の島津氏関連史料において源姓の使用が確認できるのは、島津貴久が当主であった一四二五年に発給されたわずか三通のみである（水野二〇〇八：一六三頁）。島津奥州家の朝鮮通交では、元久名義の通交から源姓が使用されている。しかし、島津氏は明や琉球との通交において源姓を使用したことはなく、一貫して藤原姓を用いて名乗っている（『（明）太宗実録』永楽一六年四月乙巳条、『旧記雑録』前編二・一八一六号、『南浦文集』中巻）。

以上の諸点から、島津奥州家の朝鮮通交は偽使の要素が色濃く、そのまま事実とみなすことはできない[(6)]。こうした偽使は、朝鮮―九州―琉球を往来する海商が、南九州の有力者である島津奥州家の名義を活用して朝鮮通交を行っていたため出現したと考える。おそらく、島津元久使送が登場する背景には、前年に朝鮮側が示した「日本国王・対馬島・大内殿・少弐殿・九州節度使」など一〇箇所以外の「倭使」の渡航禁止の影響があったと推断する（伊藤二〇一八）。また、島津奥州家名義の使節の往来が、文引の制導入以降に停滞し、一五世紀半ば以降増加するのは、対馬宗氏による大規模な偽使派遣活動と連動していることを示している。一四七八年の島津立久名義の使者である舎交老愁戒が、宗氏が創出した偽使と思われる平方忠吉の使者にもなっていることは（伊藤二〇二一ａ：一七六頁）、その有力な証左といえる。

6　大友氏の朝鮮通交

大友氏の朝鮮通交は、九州探題渋川氏の没落後、一四二九年に大友持直が博多息浜（おきのはま）の領有を回復したことを契機として開始される。しかし、大友氏の息浜支配は現地の博多商人に委託されたゆるやかなものであり、大友氏の朝鮮通交も多くの面で博多勢力に依存するものであったと考えられる。一方、朝鮮から「大友殿」と称され、渋川氏没落後に分散した書契発給権をもつ大友氏の博多進出は、朝鮮との貿易を維持したい博多商人にとっては好都合であり、彼らは大友氏の朝鮮通交を請け負ったり、名義借りのような形態で通交を展開していたと思われる。大内持世との抗争による一四三六年の大友持直の没落後や、一四四五年の持直死去後も、持直名義の朝鮮通交が続いているのは、大友氏の朝鮮通交を博多商人が実質的にになっていたことを傍証するものといえる。また、一四三九年の段階で、朝鮮側が大友殿の書契を持参して渡航する者が多いと苦言しているのは、博多商人が大友氏名義の偽使を頻繁に派遣していたことを示している。さらに、朝鮮に渡航した複数系統の大友氏名義の使節によってもたらされた情報で記された『海東諸国紀』大友殿条には、永享年間以降に勃発した北部九州地域の政治的混乱に対する大友氏内部の分裂状況が述べられているが、これが国内史料によって復元できる実際の変遷と合致していない。これも、大友氏名義の通交が偽使であったことを物語っている〔伊藤二〇一三：四九三〜四九五頁、二〇二一a：一四八〜一五〇頁〕〔橋本二〇一八〕。

一五世紀における大友氏の朝鮮通交の実態は、みずからが強力なイニシアティブを持って展開するというものではなかった。だからこそ、容易に偽使派遣勢力によって利用される都合の良い通交名義であったといえる。それは、大友氏が朝鮮通交に対する志向性がなかったからではなく、大友氏による博多息浜支配の脆弱さや、対馬宗氏を中心に展開しつつあった日朝通交の場において、みずからの名義を騙る偽使を排除しようとした大内氏のように、直接介入できるほどの術を持ち合わせていなかったことに起因する。

7　大内氏の高麗・朝鮮通交

大内氏と高麗との関係は、大内氏が高麗の倭寇禁圧要請に応えたことから開始された。大内氏は、九州探題今川了俊とともに倭寇討伐のための軍事行動に参加した後、単独での倭寇討伐軍も派遣した。こうした行動により、大内氏は高麗から信頼される存在として評価された〔須田二〇一一a：四三～五一頁〕。

大内氏の朝鮮通交は、今川了俊の九州探題職罷免後から間もない時期より、義弘によって積極的に展開される。大内氏の異国通交と密接な関係にあったのが、中世日本最大の国際貿易都市博多の勢力である。一四〇七年、大内盛見は氏寺である興隆寺のため朝鮮に大蔵経を求請する使節（「蔵経船」）を派遣し、その獲得に成功した（「興隆寺文書」）。その際、盛見の使節として渡海したのが、博多承天寺ゆかりの禅僧である。また、朝鮮への献上品として日本産品に加えて東南アジア物産も混じっていることは、博多商人の協力があったことをうかがわせている。応永の乱で足利義満に義弘が討たれた後、盛見は周防・長門を実効支配することで、室町幕府から大内家の後継者として認められたが、「蔵経船」派遣時では、ようやく豊前守護職を回復したばかりであった〔伊藤二〇〇二：一七一～一七四頁〕。大内氏は、博多を擁する筑前守護職を獲得することなく、独自に博多勢力との間に密接な関係を形成していたことになる。大内氏は、幕府権力に頼ることなく博多進出を実現していたのである。その後、永享年間初期に筑前国が幕府料国になると、盛見は料国代官として博多進出を促進する。一四三五年に「聖福寺新命全亭西堂」、一四三八年に「承天寺新命従隗西堂」へ各々大内持世が吹嘘状を発給しているのは（『蔭凉軒日録』）、大内氏が幕府のシステムも活用して博多との関係強化をはかっていたことを示す。大内氏の博多進出は、鎌倉期以来、博多の貿易拠点であり、都市基盤として存在していた禅寺との関係から始まったといえる〔伊藤二〇〇二：一四六～一五〇頁、一六九～一七五頁〕。

大内氏の際立つ特徴の一つが、朝鮮半島に始祖を求める系譜認識である。大内義弘は、朝鮮に百済後胤を主張して、百済故地の「土田」下賜を要請した〔松岡一九六六：一六四～一六八頁〕〔須田二〇一一a：二一六～二一八頁〕。当該期、異国に始祖を求める地域権力は列島周縁地域に存在したが、それを実際に異国に対して主張し、土地までも要求したものはいない。義弘は、朝鮮から瓦工を招聘し、本拠地山口にある菩提寺の乗福寺を、朝鮮風の屋根で飾り立てる伽藍整備もした。乗福寺の異様は、日本国内で大内氏と朝鮮との関係の深さを可視化する装置であったといえる〔伊藤二〇〇八〕。一四八六年、大内氏は百済国聖明王第三王子琳聖太子を始祖とする祖先神話を完成させた〔須田二〇一一a：二〇一～二四七頁〕〔伊藤二〇〇八〕。

大内氏の朝鮮通交で重要なのが、一四五三年に朝鮮から通信符（銅製の通信符右符印）を下賜されたことである。通信符は、大内氏との「通信」を望む朝鮮が、大内氏のみに下賜した特別な印鑑であり、大内氏当主名義を名乗る偽使の横行を排除するために、大内教弘が朝鮮に要請して獲得したものであった〔伊藤二〇〇九a〕。日朝通交の場では、朝鮮が有力な日本の通交者に対して通交名義人の名前を刻んだ図書（銅製の印鑑）を下賜していた。通信符も図書も、使節が持参する書契（外交文書）に捺印することで往来の査証とし、通交者の優遇策とした〔中村一九六五：四五〇頁〕。ただし、通信符は無期限に使用できたが、図書は名義人の代替わりごとに改給する必要があったため、通交証明の恒久制という点では、通信符が図書より圧倒的に優れていた〔須田二〇一一a：六九頁〕。朝鮮は、図書を下賜した日本側通交者の上位に大内氏を位置づけて特別視していたのである。

朝鮮をめぐる大内氏と室町幕府の相違点と類似点も興味深い。一四世紀末期、大内氏は、九州探題今川了俊に替わって室町幕府と朝鮮との媒介者としての役割を果たした〔伊藤二〇二四〕。その後、大内氏も幕府も数多くの朝鮮通交を行っているが、そのスタンスはまったく異なっている。室町幕府が大蔵経獲得の手段として仕方なく朝鮮通交を行うのに対して、大内氏は領国経営の主軸として戦略的に朝鮮通交を展開した。一四四三年、嘉吉の変で死去した足利義教と大内持世を弔問するために朝鮮国王使が来日した際、幕府は弔問使を歓迎しないばかりか、朝鮮側から回礼使派遣を要請されても、「旧例」によって請経使を派遣するという非礼な対応をした。一方、大内氏は弔問使を厚遇し、「旧例」を違えて謝恩使を派遣した。ただし、大内氏の派遣する謝恩使も、実態は請経使であった。大内氏の外交戦術は、朝鮮側の意に沿いつつも、みずからの欲求を達成するという巧みなものであった〔伊藤二〇〇二：二一～六頁〕。

大内氏も室町幕府も朝鮮から積極的に大蔵経を輸入することができた。とりわけ、足利義政は大蔵経を求める特定寺社のために日本国王使を朝鮮へ頻繁に派遣することで、幕府―将軍の求心力や権威を高めようとした。義政の大蔵経請負活動は、美濃承国寺（土岐氏）・建仁寺・天龍寺・美濃一宮（土岐氏）・多武峰・天龍寺・薬師寺・高野山西光院・大和円成寺・越後安国寺（上杉氏）・京都般舟三昧院と多岐にわたっていた〔関一九九七〕。こうした形態の朝鮮通交は、当初は義政の日本国王使のみに集約されていたが、応仁・文明の乱後、大内氏が博多を回復して朝鮮通交を再開すると、大内氏は領国内の寺社のみならず、平戸普門寺（松浦氏）・大和長谷寺・紀伊安楽寺のためにも大蔵経請負活動を展開した。大内氏の行為は、足利義政の活動と競合するものであったといえる〔伊藤二〇〇二：一六～二一頁〕。大内氏の朝鮮通交が、幕府（室町殿）と比肩しうるものであったことを物語っている。

8　朝鮮からみた九州の地域権力

高麗末期以来、倭寇の跳梁に苦心するなかで誕生した朝鮮にとって、倭寇対策は喫緊の課題であった。こうしたなか、沿岸防備の強化や日本への倭寇禁圧要請に加えて朝鮮が行ったのが、経済的利益を供与することで倭寇を平和的通交者に転身させようとする懐柔策であった。この結果、朝鮮に対する倭寇は減少したが、一方で大量の日本側通交者を朝鮮側が受容せざるを得なかったため、その経済的負担は非常に大きかった。

一五世紀前半になると、朝鮮は大量の日本側通交者の受け入れを徐々に制限し、日本の有力者名義の通交を優遇する統制を導入していく。例えば、一四一四年には、「日本国王・対馬島・大内殿・少弐殿・九州節度使」など一〇箇所の「倭使」以外の渡航を禁止した（『太宗実録』一四年八月丁未条）。ただし、この規制は有効に機能しなかった。一四一九年には、九州の諸氏は九州探題の書契（外交文書）を受けて渡航させる書契による統制が導入された。この統制は、その後、一四二〇年には対馬島人は対馬島主の書契を、一四三九年には「佐志殿・志佐殿・薩摩州・石見州・大友殿」の書契を各々受けて渡航させようとするなど、書契の発給者が分散した。一四三八年には、対馬島主宗氏の発給する文引（渡航許可書）を持参しない日本側通交者を接待しないという文引の制が導入されるが、当初、「日本国王・管領武衛・大内殿・菊池殿」らは、この制度の適用外とされた（『世宗実録』二一年二月乙卯条）（中村一九六五：四四八〜四七六頁）。

朝鮮は、日本に国王使を派遣する際、日本の諸氏に対して贈物を用意していた。このうち、九州の地域権力については、一四二二年には渋川義俊・少弐満貞・宗貞盛、一四二四年には渋川満頼・少弐満貞・早田左衛門太郎・大内盛見・渋川義俊・宗貞盛および貞茂妻子、一四二八年には宗貞盛・早田左衛門太郎・少弐満貞・渋川義俊・志佐重・佐志氏・大内持世、一四三二年には大内持世・渋川義俊・大友持直・佐志氏・宗貞澄・宗貞盛、一四四三年には大内教弘・少弐教頼・大友持直・宗貞盛・佐志氏・志佐義、一四五九年には大内教弘・大友親繁・宗貞盛・志佐義・佐志源次郎というように、贈物がなされている（須田二〇一一a：六六〜六七頁）。これらの諸氏は、対馬島、壱岐松浦、北部九州地域に集中しており、彼らが朝鮮国王使の上京ルート沿いの有力者であることから、贈物は朝鮮国王使の護送を期待しての行為であった。

朝鮮が編纂した日本・琉球ガイドブックともいうべき『海東諸国紀』（一四七一年成立）には、日本側通交者の応接ランクを定めた朝聘応接紀・諸使定例条がある。それによれば、「諸使を館待するに四例有り。国王使を一例と為す。諸巨酋使を一例と為す。〈日本畠山・細川・左武衛・京極・山名・大内・小二等を巨酋と為す。〉九州節度使（探題）と対馬宗氏特送を一例と為す。諸酋使と対馬島人の受職人を一例と為す。」とある。九州の地域権力でいえば、大内氏と少弐氏が巨酋として日本国王に次ぐランク、九州探題と対馬宗氏が巨酋に次ぐランクとして位置づけられている。『海東諸国紀』には、「日本国西海道九州之図」という地図も収載されているが、そのなかで九州の有力者として筑前に「小二殿」、肥前に「千葉殿」「節度使」、豊後に「大友殿」、肥後に「菊池殿」が記されている。また、「日本本国之図」の周防には「大内殿」が明記されている。こうした有力者の記載は、南九州にはない。

以上からわかることは、朝鮮が、対馬宗氏・壱岐や松浦地域の諸氏、九州探題、大内氏、少弐氏を優遇していたことである。朝鮮と密接な宗氏は当然であるが、壱岐や松浦地域の志佐氏や佐志氏も登場するのは、倭寇対策や朝鮮国王使の護送の意味合いがあったからである。しかし、その後、九州探題が衰退すると渋川氏への重要度は低下し、かわりに博多息浜の領有を回復した大友氏名義の朝鮮通交が始まると、大友氏が重要視されるようになる。そのなかでも、朝鮮は大内氏の実力を極めて高く評価しており、例えば一四二八年には、少弐氏への贈物をやめて、その分を大内氏に加増する提案が出されたが、結局、少弐氏は「我が国使臣の経過の地に非ず」ではあるが「曾て三島を制し、大功我が国に有る」ということで、少弐氏への贈物は旧例通り贈り、大内氏への贈物はほぼ倍増させるという措置がとられた（『世宗実録』一〇年一一月甲戌条）。なお、菊池氏と千葉氏についても、朝鮮が一定程度の配慮を見せているのは興味深い。

しかし、こうした朝鮮側の認識は、日本側の実態を必ずしも反映したものではなかった。とりわけ、一四四三年に朝鮮国王使が来日して以降、日本本土への実際の遣使が途絶え、朝鮮側は直接日本事情を入手できなかった（橋本二〇〇五：五七～五八頁）。その結果、朝鮮は対馬宗氏による大規模な偽使派遣によって創出される偽りの日本像を見せられることになる。[7]「外交」という視点でいえば、朝鮮側が九州の有力者として重要視した宗氏・松浦党諸氏・九州探題・大内氏・少弐氏・大友氏・菊池氏・千葉氏では、宗氏と大内氏[8]を除けば、一五世紀半ば以降に宗氏が構築した「朝鮮通交権管理体制」のなかに通交権益が位置づけられていた。とりわけ、九州探題と少弐氏は、その没落以降、完全に名義が偽使化しており、菊池氏と千葉氏も通交当初から名義人の意志が反映されていない偽使であった〔佐伯ほか二〇〇六〕〔松尾二〇〇六〕〔橋本二〇〇五：一三三〜一四三頁〕。

二　日明貿易と九州の地域権力

1　明初の通交

一三六八年、大明を建国した洪武帝は、周辺諸国に使節を派遣して朝貢を呼びかけ、日本に対しては倭寇禁圧も強く要請した。日本で最初に明使節に対応したのが、当時、大宰府や博多を制圧していた南朝方の懐良親王である。懐良は、一三六九年に来日した明使節を殺害するなど伝統的外交慣習・対外観にのっとった対応をしたが、再度来日した明使節に対しては態度を翻し、「良懐」名義で「表箋を奉り、臣と称して」祖来らを初の遣明使として渡海させた（『（明）太祖実録』洪武四年一〇月癸巳条）。懐良の行動の背景には、明と連携して北朝に対抗しようとする意図があったとされる〔村井一九八八：二八八〜二九三頁〕〔橋本一九九八ａ：二三頁〕。

ただし、懐良は、その後、北朝方の九州探題今川了俊によって駆逐された。懐良を「日本国王良懐」として冊封するために来日した明使節は、了俊によって拘留後、上洛して足利義満と交渉した。義満は、明使節の帰国にあわせて幕府最初の遣明使（応安度遣明船）を派遣したが、この使節には大内弘世や大友親世もかかわった可能性がある〔伊藤二〇一五：一一六〜一一七頁〕。ただし、応安度遣明船は、表文がなかったため、明に受け入れられなかった。

義満の遣明使が明に受け入れられるのは、一四〇一年の応永八年度遣明船まで待たねばならなかった。

初期日明関係において、積極的な通交姿勢を見せたのが島津氏である。島津氏久は、足利義満の応安度遣明船において貿易物資である硫黄調達の協力をしていたが〔伊藤二〇一〇〕、同時に独自の遣明使も派遣していた。島津氏の遣明使は、表文はあったが陪臣使であるため明から退けられた。ただし、志布志大慈寺のために宋版大蔵経を獲得することには成功した（『（明）太祖実録』洪武七年六月乙未条）。懐良の入貢以後、「日本国王良懐」名義の通交が何度も行われているが、これは没落した懐良による明通交ではなく、北朝勢力などによって創出された偽日本国王使である可能性が高い〔佐久間一九九二：六五〜七五頁〕〔橋本一九九八a：二五〜二六頁〕。明側が、大宰府征西府崩壊後も「良懐」を「日本国王」とする態度を変えなかったため、「日本国王良懐」名義が日明通交を希求する勢力によって利用されたからである。そのなかでも、一三七九年に登場する「日本国王良懐」名義の遣明船は、劉宗秩や通事の尤虔・兪豊らをともなうものであった（『（明）太祖実録』洪武一二年閏五月丁未条）。このうち、尤虔は一三七四年に島津氏久が派遣した遣明船にも搭乗していた通事であるため、一三七九年の「日本国王良懐」名義の通交は島津氏久によるものと考えられる〔佐久間一九九二：七〜六八頁〕。このとき、島津氏久は表文を奉り、馬・刀・甲・硫黄等を献上した。

応永八年度遣明使が建文帝に、同一〇年度遣明使が永楽帝に各々受け入れられ、一四〇三年に明使節の趙居任が誥命（こうめい）・金印・勘合を足利義満にもたらしたことで、応永一一年度遣明使から日明勘合による遣明船派遣が開始される。以後、義満が死去するまで、応永年間の日明通交は頻繁に行われた。しかし、室町殿が代替わりすると、足利義持は応永一七年度遣明使を派遣した後、来日した明使節を拒絶し、日明関係を断交した。この日明断交期に明通交を目論んだのが島津久豊である。一四一八年に明使節の呂淵が来日したが、義持は受け入れを拒否した。久豊は、帰国する呂淵に便乗して土官性運らを乗せた島津船一艘を渡航させ、「国王源義特（持）」の使者と称して表文を奉り、硫黄と馬を献上した（『（明）太宗実録』永楽一六年四月乙巳条、『善隣国宝記』）〔小葉田一九四一：三三〜三四頁〕[9]。この遣明使は、いわゆる島津氏による偽日本国王使といってもよい。翌年、一四一九年に呂淵は明使節として再来日するが、明船には島津氏の派遣した性運らも乗船していた〔佐伯二〇一〇：二八～三二頁〕。

島津氏の明通交は、いずれも「外交」的には明側に正式に受容されるものではなかった。しかし、朝貢に不可欠な表文を常に用意しており、陪臣使という立場を回避するために「日本国王」号を活用するなど、一定程度の「外交」スキルを保持する存在を配下に抱えていた可能性をうかがわせている。

2　九州の地域権力による遣明船経営

足利義持によって断交された日明関係は、足利義教によって再開された。永享年間に派遣された二度の遣明船には、公方船に加えて、幕府周辺の有力大名や公家、畿内の寺社が経営する船も登場した。しかし、一五世紀半ば頃になると、幕府財政の悪化により公方船を仕立てることが困難となったため、義政は室町殿（日本国王）が保有する日明勘合を、遣明船派遣を希求する勢力に切り売りすることで、勘合礼銭という収入を獲得しようとした〔橋本一九九八b〕。その結果、宝徳度遣明船は遣明船史上最大となる一〇艘（実際の渡航は九艘）という船団構成となったが、そのうちの四艘は九州の地域権力が経営する船であった。宝徳度遣明船は、九州の地域権力が初めて遣明船経営に参入できた遣明使であり、渋川教直の四号船、島津忠国の五号船、大友親繁の六号船、大内教弘の七号船が存在した。

このうち、渋川教直の四号船は、博多の聖福寺造営船として位置づけられており、筑前守護として博多を支配する大内教弘[10]によって実質的に経営されていた。それは、少弐氏の焼き討ちで打撃を受けた博多を、日明貿易の利益によって復興したい大内氏が、九州探題という渋川氏の権威を活用することで勘合を獲得して実現した遣明船（四号船）であった。一方、大内氏は七号船も経営することで、大内氏としての貿易利益の確保もしていた。その際、大内氏は貿易物資の調達のために琉球通交を行い、大内船には明の朝貢・海禁政策によって入明の機会を奪われていた防長地域の禅僧たちが、祖師顕彰活動のために乗船していた〔伊藤二〇〇三、二〇〇九b、二〇一二〕。

島津忠国の五号船は、日明勘合を獲得はしたものの、最終的に派遣されなかった。その理由は、薩摩国山北国人による国一揆の鎮圧が宝徳年間までかかった〔新名二〇一四：一六四～一六六頁〕ことが背景にあると思われる〔伊藤二〇一八〕。同時期、島津忠国名義の朝鮮通交が行われているが、いずれも偽使である可能性が高い〔伊藤二〇一八〕。おそらく、島津氏は遣明船経営を円滑に進められるような状況になかったのであろう(11)。

大友親繁の六号船は、一四四四年に家督を継ぎ、家中が落ち着きつつあった親繁にとって、求心力を高める絶好の機会であった。当該期、大友氏名義の使節が朝鮮通交を展開しているが、それらは大友氏が主体的に意思を反映させたものとはいえず、偽使である可能性が高い〔伊藤二〇一三：四九三～四九五頁、二〇二一a：一四八～一五〇頁〕〔橋本二〇一八〕。ゆえに、宝徳度遣明船の六号船は、大友氏が主体的に展開できる唯一の異国通交であった。この時、大友氏は六号船に貿易物資として硫黄を九万二〇〇〇斤も積み込んでいる。遣明船九艘で合計三九万七五〇〇斤の硫黄を輸出しているが、六号船の積載量は群を抜いていた（『唐船日記』『大乗院日記目録』）〔鹿毛二〇一九：三二一～三三一頁〕。硫黄鉱山を支配する大友氏らしい判断といえる。硫黄は、日宋貿易以来、日本の主要輸出品であり、遣明船では進貢物や公貿易品として扱われた。しかし、当該期、明には琉球からも硫黄が供給されており、宝徳度遣明船のように日本から硫黄を大量に持ち込めば、供給過剰となり、当然、公貿易での取引価格も暴落した。事実、硫黄の値段は永享四年度遣明船の場合と比較して二〇分の一になり、伊勢法楽社の枝船（一〇号船）は二万三〇〇〇斤の硫黄を持ち帰らざるを得なかった。八号船（多武峰船）で入明していた楠葉西忍も、この時の貿易について「唐朝の儀散々」と感想を漏らしている（「経覚私要鈔・唐船誂物日記」宝徳三年八月一六日条）〔三浦一九三〇：九四五頁〕〔小葉田一九四一：四〇二～四〇三頁〕〔田中二〇一二：一三四頁〕〔山内二〇一九：一二九頁〕。さらに、明側も日本に対する返書で「進貢の方物は、濫りに硫黄を将って壱概に報じて附搭の数と作すを得ること毋れ。其の正貢の硫黄も亦参万斤を過ぐるを得ず」（『善隣国宝記』巻下・七号）と記し、以後の硫黄の持ち込み量の制限をした。ゆえに、大友氏は宝徳度遣明船の硫黄貿易で大きな利潤を上げたとの評価もあるが〔鹿毛二〇一九：二三三頁〕、それは妥当ではなく、むしろかなりの不調に終わったというのが実態だと思われる〔橋本二〇一八：二五六頁〕。この時の大友氏の遣明船にまつわる逸話として、帰国時、大友船に乗船した商人から徴収する抽分銭を、親繁が他船より三割減額したというのがある（『臥雲日件録抜尤』享徳四年正月五日条）。瑞渓周鳳は、これを親繁の清廉さや善政ぶりをあらわす逸話の一つとして語っている。しかし、この逸話は親繁の人となりではなく、大友船の貿易収支の不調を明示するものとして評価すべきだと考える。硫黄貿易の不調は、他船より大量の硫黄を積載した大友船の貿易収支の低調に直結したと考えられる。貿易物資が硫黄に偏重していた大友船は、当然、貿易利益も他船より低くなってしまったであろう。予定していた貿易利益をあげられなかった大友船の商人たちの不満も大きかったに違いない。だからこそ、親繁は経営者として、商人の不満を抑える手段として抽分銭を減額せざるを得なかったというのが実態であったと推断する。

遣明船史上最大船数で渡海した宝徳度遣明船は、結果的に明から景泰約条（一〇年一貢・三艘以内・一艘一〇〇人以内）という渡航制限を突きつけられて帰国した。次の応仁度遣明船は三艘の船団構成とせざるを得ず、一号船（足利義政）・二号船（細川勝元）・三号船（大内教弘・政弘）となった。景泰約条の導入は、九州の地域権力の遣明船参入を阻むものになったが、その例外であったのが大内氏である。自前で公方船を仕立てることができない足利義政は、大内教弘に公方船の経営を任せる代わりに、朝貢回賜品と「御物注文」の納入を求めた。大内氏としては、公方船の経費を肩代わりするためには二船の確保が必須であったため、公方船（一号船）に加えて大内船（三号船）も確保し〔橋本二〇一一：二五〇頁〕、南海産物獲得のために琉球通交も行った〔伊藤二〇〇三〕。しかし、応仁度遣明船が明に渡航中、日本国内で応仁・文明の乱が勃発したため、大内政弘と足利義政・細川勝元とは対立関係となった。そのため、細川船は大内氏の勢力圏である瀬戸内海を避け、南海路経由で堺に帰港した。しかし、公方船は実質的に大内氏が運営していたために、大内船とともに赤間関に帰港した。この結果、公方船に積載されていた「唐荷」〔朝貢回賜品と「御物注文」〕が大内氏によって抑留されることとなり、その返還は応仁・文明の乱の最終決着の条件の一つとなった〔須田二〇一一b〕〔伊藤二〇一二〕。

文明年間には、八年度と一五年度の二回、遣明船の派遣があったが、堺商人の台頭などもあって、大内氏も遣明船から排除された[12]〔小葉田一九四一：八〇〜九〇頁〕〔伊藤二〇〇九a〕。この間、大内政弘は、足利義政に唐物贈与をするなどして日明勘合を獲得しようと試みたがうまくいかなかった〔橋本二〇一一：一三一〜一三六頁〕。しかし、大内氏は、文明年間に遣明船の発着港となった堺や堺商人との関係構築のため、家臣の杉弘相に堺に邸宅を保有させたり、堺の禅宗勢力との関係強化をはかったりしている〔伊藤二〇〇二：二二三〜二二四頁〕。次の明応度遣明船では、当初、大内氏は遣明船経営の約束を足利義材からされており、その準備として南海産物獲得のための琉球通交も行ったが〔伊藤二〇〇三〕、結果的に排除された〔橋本二〇〇五：二一〇頁〕。

3　室町幕府の遣明船派遣を支える九州の地域権力

日明勘合を獲得し、経営者として遣明船に参入できる者は非常に限定されていた。しかし、遣明船は、その派遣に際して多くの協力者の存在が不可欠であった。

朝貢品調達

朝貢と貿易が一体化していた遣明船では、積載する貿易物資の調達が重要であった。とりわけ、公方船に積載される明皇帝への進貢物の確保は必須となる。『戊子入明記』や「天文十二年後 渡唐方進貢物諸式注文」によれば、多岐に及ぶ進貢物は多くの大名や国人、五山などから調達されている。このうち、九州の地域権力がかかわったものとしては、硫黄や進貢馬の餌の調達がある。

室町幕府は、硫黄の産出地（薩摩硫黄島、豊後くじゅう連山など）を支配する島津氏と大友氏に、遣明船派遣ごとに御内書や奉行人奉書を発給して、硫黄の進上を求めた。その際、幕府は硫黄調達の褒美として太刀などの武具を下賜した（『蔭凉軒日録』長享二年一〇月七日条）。一四八一年、足利義尚は大友政親に対して「真恒」銘の太刀一振を下賜して硫黄調達のことを「前々の如く申し付け」ている（「大友家文書録」四五七号『大分県史料』三二）。天文一六年度遣明船では、足利義晴が島津忠良に対して「旧例」通り銘物の太刀一振・鞍・鐙を下賜して硫黄調達のことを命じた（「諸式注文」）。島津氏や大友氏のもとには、経済的手腕に優れた五山僧が硫黄使節として派遣され、使節は硫黄の調達と遣明船への積載が円滑に進むようにとりはからった。硫黄の積載は、遣明船の航路沿いとなる平戸、博多湾岸、関門海峡、坊津などで行われた〔伊藤二〇一〇、二〇二一bc〕。なお、遣明船への硫黄調達量でいうと、圧倒的に島津氏の硫黄島から供給された薩摩産が多かった。これは、産出地からの硫黄搬出が、硫黄島の方が容易であったことによる〔伊藤二〇二一b：二八一頁〕。

室町幕府の硫黄調達は、島津氏と大友氏に依存することで行われていたため、九州の地域権力の争乱が硫黄調達に影響を及ぼすこともあった。永享四年度遣明船では、一四三一年に室町幕府から島津忠国に対して一五万疋の硫黄上納が伝達されていた。しかし、硫黄島を含む薩摩半島の川辺郡を事実上掌握する伊集院熙久と守護島津奥州家の忠国との間で合戦が勃発し、硫黄の調達が滞っていた。そのため、幕府は島津忠国と伊集院熙久に対して、硫黄使節として下向する瑞書記に硫黄を渡すよう指示する御教書を発給した（『満済准后日記』永享四年七月八日条）。幕府は、合戦の結果にかかわらず、確実に硫黄を調達するために両面外交という手段をとったのである〔伊藤二〇一〇〕〔新名二〇一五：一五三～一五四頁〕。

このように、島津氏と大友氏は、硫黄鉱山を支配したことで、他の地域権力には決して真似できない硫黄の調達を室町幕府から期待され、それを遂行することで幕府から一目置かれる存在になった。硫黄は、彼らが幕府と交渉するときの重要な切り札となったと思われる。それゆえに、彼らは硫黄を確保するために、領国内の硫黄をめぐる採取・流通ネットワークを掌握する努力をした。遣明船事業が、地域権力の領国支配に大きな影響を及ぼした事例として注目できる〔橋本二〇一〇：一二八頁〕。

進貢物には日本の馬もあった。貢馬は、進貢物のなかでも特別な位置づけにあり、紫禁城奉天門の貢進儀礼において貢馬のみ皇帝の御覧が行われた。日明勘合による遣明船往来においては、応仁度遣明船までの貢馬は二〇匹が定数となっており、それ以降は四匹程度に減らされた〔入間田二〇〇五：三〇二～三一二頁〕。『戊子入明記』によれば、応仁度遣明船では幕府周辺の有力大名から馬を調達しているが、その貢馬二〇匹を遣明船で移送する際の飼料（「御馬糠藁事」）を、「麻生　宗像　千葉　白石　大村　秋月　平井　原田　大友　大内」といった航路沿いの長門・豊前・筑前・肥前の地域権力に対して賦課している。その分量は、一匹につき一日大豆三升換算で、半年分が求められた。おそらく、遣明船が寄港する関門海峡、芦屋、博多湾岸、呼子、平戸などで積載されたのであろう。天文八年度遣明船の際は、大内義隆が二匹、筑前守護代の杉興運と平戸の松浦隆信から各一匹が供給され、飼料として「大豆一石・糠・藁」が積載された（「諸式注文」）。

遣明船警固

遣明船は、往路は貿易物資を、復路は唐物を、各々満載した宝船であったため、室町幕府は航路上の地域権力や「諸国所々海賊中」に警固を依頼した。とりわけ、九州では大小さまざまな地域権力が遣明船警固に関与した。また、九州地域の政治情勢が遣明船のルート選定にも影響を及ぼすこともあった〔伊藤二〇二一c〕。

永享四年度遣明船では、北部九州をめぐる大内持世・大友親綱・菊池持朝と少弐満貞・大友持直との争乱が遣明船警固に影響を及ぼした。当該期、足利義教は、幕府料国である筑前国を実効支配する少弐氏に批判的でありながらも、宗氏を介して対馬にも影響力を持つ少弐氏を「唐船警固に就き第一簡要方」として、警固依頼の御教書を発給した（『満済准后日記』永享四年七月一二日条）。その後、遣明船が帰国する際にも争乱が続いていたため、幕府は「上松浦・下松浦肥田但馬・千葉・大内・島津奥州・同伊集院孫三郎・菊池、以上七人」に御教書を出して警固を依頼しようとした。ただし、足利義満の時期に遣明船警固が命令されなかった島津忠国と伊集院熙久は、最終的に除外された（『満済准后日記』永享六年正月二三日・二六日条）（佐伯一九九〇）。当該期、大内持世を支持する幕府は、大友・少弐治罰御教書と「御旗」を大内氏に下賜しており、持世は幕府の九州征討軍の「大将」としての正当性が担保されたことで、臨時的に九州探題に代わる存在となっていた。ゆえに、大内氏（豊前・筑前守護）や菊池氏（筑後守護）は、幕府方の守護として警固依頼されたことになる。一方、治罰の対象となっている少弐氏を活用できない幕府は、少弐氏との関係が強い対馬・壱岐・肥前の国人（上松浦・下松浦・千葉）に対して、直接、警固命令を出さざるを得なかった（荒木二〇二一：二三〜二四頁）。こうして、遣明船が通過する北部九州地域の地域権力に警固の依頼がされることになったが、航路上にいない島津氏と伊集院氏も警固衆として一時的に名前があがったのは、同時期に両者の争いが硫黄調達に影響を及ぼしていたことの余波の可能性があろう。

応仁度遣明船では、遣明船警固を依頼する室町幕府奉行人奉書が、「宗刑部少輔（成職）」「上松浦一族中」「松浦壱岐守〈喚子〉」「下松浦同前（一族中）」「奈留方」「佐志〈志佐同前（一族中）〉」「大嶋方」「大友方」「宇久大和方」「大内方」「平戸松浦肥前守方」といった、北部九州の地域権力に対して発給されている（『戊子入明記』）。対象が守護系統と国人系統にわかれているのは、永享六年度遣明船の時と同じであるが、関門海峡―響灘―玄界灘―的山（あづち）大島・平戸島―宇久島―五島列島の沿線に影響を及ぼす中小国人にまで命令を徹底しているのが特徴といえる。

応仁・文明の乱の勃発を契機として、遣明船の航路として堺を起点とする南海路の利用が登場すると、従来は警固依頼の対象外であった南九州の地域権力も警固衆として編成されるようになった。文明八年度遣明船は、往路・復路ともに南海路を使った初めての遣明船であるが、この時、幕府は島津忠昌に対して警固依頼の奉行人奉書を出している（『島津家文書』一―二八〇号）。以後、幕府は遣明船が南海路を使う場合は、島津氏に警固依頼をしている〔小山二〇〇四〕〔伊藤二〇二一ｃ〕。

以上、九州の地域権力は、遣明船の派遣にあたって、進貢物にかかる調達や警固の面で重要な役割をになっていた。遣明船は、九州の地域権力の協力がなければ派遣できなかったともいえる。それゆえに、九州地域で展開される争乱などの政治情勢は、直接、遣明船にも影響を及ぼした。また、室町幕府が進貢物などの調達や警固を依頼する場合、必ずしも幕府―守護ルートのみでは完結させることはできず〔橋本二〇一〇：二二七頁〕、現地の実情にあわせて幕府―国人ルートも重要な手段として機能していた。

唐船公帖

宝徳度遣明船は、一四四七年に焼失した天龍寺再建を主目的として派遣された〔伊藤二〇〇二：七二～七四頁〕。ゆえに、三艘もの天龍寺船の渡海が許可されたのである。しかし、室町幕府は、檀越として天龍寺船を仕立てる費用を捻出できる財力がなかったため、一〇六通の公帖を発給し、その公文官銭を遣明船費用にあてた。この時、公文官銭を払って諸山・十刹・五山の公帖を獲得した者は、「関西諸僧」であった。「関西諸僧」とは、九州の禅僧をいう。そのなかには、一一七貫文で南禅寺公帖を購入する者もいた（『臥雲日件録抜尤』享禄四年正月五日条）。また、同時期に天龍寺から坐公文二〇通が申請され、それを九州で売却したところ、秉払（ひんぽつ）を経ていない禅僧らが購入したという（『蔭凉軒日録』文明一九年五月一九日条）。このように、遣明船派遣費用を公文官銭で捻出するために発給される公帖は、「唐船公帖」とよばれていたようである（『鹿苑日録』明応八年三月二五日条）。

公帖を獲得するためには、公文官銭を支払う必要があるが、その拠出は守護・国人層や有力商人層などの禅宗檀越勢力に依拠していた可能性が高い。財力のある禅宗檀越が、帰依する五山僧の出世のために、経済的な支出をしたのである〔斎藤二〇一八：六〇頁〕。天龍寺船の場合、多くの公帖が九州で売却されていることからも、公文官銭を支払ったのは九州の地域権力たちであった。例えば、菊池氏が外護する肥後の正観寺には、一四五〇年天龍寺住持東岳澄昕から「当寺(天龍寺)造営渡唐并びに諸国奉加の事に就き、申し沙汰し候。仍て門徒公文を望まらる方は、御注進有るべく候」とする書状が到来した（「正観寺文書」）。そして、翌年、正観寺は突然、諸山から十刹に昇格した。おそらく、公文を望む一定程度の正観寺僧が、公文官銭の支払いという形で天龍寺船の派遣に貢献したことを、幕府が評価した結果、正観寺の寺格が上昇したのであろう〔橋本二〇〇五：一四四〜一四六頁〕。そして、正観寺僧のために公文官銭を実際に支払ったのは、正観寺を外護する菊池氏であったと考えられる。当該期、菊池氏は、宝徳度遣明船と直接かかわることはなかったが、公文官銭の支出という方法で派遣費用の捻出に貢献したことになり、間接的にかかわっていたのである。一方、菊池氏としても、正観寺僧を中央に出世させたり、正観寺を五山官寺体制の十刹に昇格させることで、幕府との関係強化や自己の権威の荘厳化を達成することができた。

いずれにしても、宝徳度遣明船の派遣にあたって、室町幕府は九州の地域権力の財力をあてにするところが大きかった。宝徳度遣明船において、幕府財政の悪化のため、日明貿易を希求する九州の地域権力に日明勘合を初めて売却したことも考え合わせるならば、幕府は天龍寺船を仕立てる費用の捻出先として、九州の地域権力を念頭に置いていたとしなければならない。

おわりに

室町日本においては、多様な勢力が異国との通交を行うことができた。一五世紀後半、畿内から琉球に渡海する商船に対して、細川氏が印判制を導入して統制しようと試みたことはあったが〔黒嶋二〇一二b：一四三〜一四五頁〕、室町幕府や朝廷も異国への渡航に対して具体的に規制をかけることはなかった。室町殿（日本国王）は、日明勘合や日朝牙符という符験によって日本国王名義（朝鮮に対しては王城大臣名義も）による通交貿易を排他的にできる外交権を確立し、明や朝鮮との通交貿易を希求する人びとからの求心力を獲得することができた。しかし、その淵源となる符験は明や朝鮮から与えられたものであった。つまり、室町殿の外交権とは、明や朝鮮からの保障によって初めて完結するものであったといえよう〔橋本二〇〇五：三〇四頁〕。このように、室町日本における異国通交とは、基本的に異国側が日本側通交者を受け入れてくれるか否かにかかっていた。そして、室町殿（日本国王）に外交権が一元化されていた明通交とは異なり、多元的な通交関係の構築が可能であった朝鮮通交や琉球通交は、幕府の権威や権力に依存することなく、その埒外でかかわることが可能であった。ただし、独自の朝鮮通交が可能であった九州の地域権力とは異なり、独自の異国通交ができるような環境になかった畿内以東の地域権力は、例えば朝鮮から大蔵経を入手しようとした際、幕府に依存するしか手段はなかった〔伊藤二〇二二〕。

朝鮮は、当初、倭寇対策から多様な日本側通交者を受け入れたが、一五世紀前半から通交統制を徐々に整備し、日本側通交者を制限するようになる。日朝通交の場において、日本側通交者が朝鮮と主体的に通交できるか否かは、まず朝鮮側の通交統制に対応できるか否かが分水嶺となる。一方、朝鮮が、通交統制の切り札とした文引や書契の発給を有力な九州の地域権力に委ねたため、発給権を委任された地域権力は朝鮮通交において有利な立場を獲得することになり、その通交名義も朝鮮側に受容されやすかった。一四三四年、博多商人道性が朝鮮に渡航した際、「素より相通信せず、且つ有土の人に非ず」として、通交貿易を拒まれているように（『世宗実録』一六年正月庚子条）、朝鮮は渡航者の通交歴の有無や領主か否かを重要視した。朝鮮通交を望む人びとは、「有土の人」である有力な地域権力の使者になることで朝鮮との通交貿易を維持するか、受図書人や受職人という独自の通交権を獲得しようと試みた。こうしたなか、朝鮮から文引発給権を委任された対馬宗氏は、その特権を梃子にして日朝通交の要としての立場を確立していった。一四四三年、宗氏は、癸亥約条によって島主歳遣船が五〇船に制限されたことを画期として、一五世紀半ば以降、大規模な偽使派遣を展開することで、多様な朝鮮通交権益を集積することに成功した。宗氏による偽使派遣には、中世日本最大の国際貿易港という巨大市場で活躍した博多商人らとの協力関係も不可欠であった。そして、宗氏が「朝鮮通交権管理体制」を構築したことにより、朝鮮通交の是非は、文引発給権を持つ宗氏との関係がより重要となった(13)。

こうした日朝通交の場では、九州探題渋川氏・松浦党諸氏・少弐氏・島津氏・大友氏といった地域権力の通交名義でさえも、名義人から乖離して完全に偽使化したり、請負通交や名義借通交が展開されることで、名義人の主体性が反映されない使節も多く存在した。この状況下において、真使を主体的に派遣し続けることができたのが大内氏である。朝鮮から日本国王（室町殿）に次ぐ巨酋として遇された大内氏は、朝鮮半島にルーツを求め、頻繁な朝鮮通交を外交活動の主軸として位置づけ、大蔵経などの文物の獲得を積極的に行い、領国経営にも活かした。大内氏の名を騙る偽使が出没した際も、大内氏は朝鮮から通信符を獲得し、その査証を朝鮮側に強く要請するなどして、大内氏当主名義の偽使を排除した。みずからの通交名義にかかる偽使の存在に気付き、その防止策を講じたのは大内氏と日本国王（室町殿）のみである。一四七八年、少弐氏と袂を分かった宗氏と、博多を押さえる大内氏との間で軍事和睦が成立した。これは、宗氏にとっては大規模な偽使派遣にかかる貿易物資の調達や回賜品の売却に不可欠な巨大市場である博多との関係の安定化をもたらし〔関二〇〇二：二二〇～二二二頁、二三一～二三七頁〕、大内氏にとっては文引発給権を持つ宗氏との関係改善をもたらした。大内氏と朝鮮との関係は、宗氏を除けば、九州の地域権力のなかでも際立っていたため、例えば平戸松浦氏は大内氏を通じて朝鮮から大蔵経を獲得している。大内氏は、一六世紀半ばに滅亡する以前は、宗氏が構築した「朝鮮通交権管理体制」の埒外の存在であり、宗氏とともに、日本における朝鮮の窓口的な存在であったといえる。

琉球通交も朝鮮通交とおなじく多元的な通交関係の構築が可能であったが、朝鮮が日本側通交者の通交統制をしたのに対して、琉球はそうした渡航規制をしなかった。九州の地域権力と琉球との関係では、一五世紀半ばに琉球王国による北への版図拡大によって、支配領域を接するようになった島津氏との間で軍事的緊張が生じたが、一四六一年に島津忠国と琉球国王尚徳との間で友好関係が形成された〔荒木二〇〇六：二六～二七頁〕。その後、クーデターで王位を奪取した金丸の第二尚氏王朝と島津氏との間でもやりとりがなされた。島津氏は、琉球―室町幕府間の仲介者としての役割を果たしたり、堺商人の琉球渡海船を統制しようとする細川氏印判制への協力を求められたほか、みずからの家督継承の正当性を領国内に喧伝する目的で、祝賀使の派遣要請を琉球側に行ったりしている〔荒木二〇〇六：二七～三〇頁〕。

一五世紀後半は、島津氏が琉球との外交関係の緊密化を進めた時期であるが、当該期には大内氏も琉球との関係を構築している。大内氏の琉球通交は、一五世紀中頃に始まり、宝徳度遣明船、応仁度遣明船、明応度遣明船にかかる貿易物資を調達する目的で行われた(14)。一四八八年の琉球通交では、大内氏が琉球渡海船の警固を島津忠昌に依頼しているのが注目される〔伊藤二〇〇三〕。当該期の大内氏の琉球通交はわずか三回であるが、大内氏領国と琉球との関係はより密接につながっていたと考えられる。一五世紀後半の琉球王国では、集中的に梵鐘が製作されたが、銘文があるものはヤマト出身の鋳物師の製作で、銘文がないものでもその形態の特徴から豊前小倉系鋳物師や筑前芦屋系鋳物師の製作だといわれている〔坪井一九七〇〕。とくに一四九五年の年次を持つ円覚寺の殿前鐘と殿中鐘は、周防国防府の鋳物師大和相秀によって鋳造されていた。大和相秀は、大内氏の氏寺興隆寺や菩提寺の闢雲寺の梵鐘も鋳造した鋳物師である。このように、琉球王国の梵鐘製作にかかわるのが、いずれも大内氏領国の鋳物師であったことは、大内氏領国と琉球王国との密接なつながりをうかがわせている〔伊藤二〇〇三〕。

室町殿（日本国王）に一元化されていた明通交では、一五世紀半ばの宝徳度遣明船において九州の地域権力の参入が初めて実現した。しかし、遣明船の船数を三艘に限定する景泰約条の導入が、その後の九州の地域権力の遣明船への参入を遠ざけた。そのなかにあって、遣明船の経営に携わることができたのが大内氏である。大内氏は、他の九州の地域権力と比べて室町幕府との距離感が近く、日明貿易をにらんだ在京雑掌の暗躍や、伊勢貞親と大内教弘との親密な関係があった〔萩原二〇一三〕。一方、多くの九州の地域権力の協力なしには遣明船の派遣ができなかったのも事実である。とりわけ、島津氏と大友氏は重要な貿易物資である硫黄調達によって存在感を示し、遣明船の航路沿いに位置する大小さまざまな地域権力が遣明船警固に従事した。なお、一五世紀中葉までは北部九州の地域権力が遣明船警固の対象であったが、応仁・文明の乱後に南海路が注目されるようになると、南九州の地域権力も遣明船警固に組み込まれるようになった。

こうした一五世紀における九州の地域権力の異国通交のありようは、一四九三年に勃発した明応の政変で将軍権力が分裂したことによって変化が生じる。対立する足利義稙と足利義澄の両陣営が、それぞれ求心力を確保するために、日明勘合と日朝牙符を九州の地域権力にばらまいたからである〔橋本二〇〇五：一八三～二四五頁〕。これにより、一六世紀になると九州の地域権力の間でにわかに異国通交に対する熱量が上昇した。

以上、九州の地域権力の異国通交の実態を確認してきた。日本のなかでも明・朝鮮・琉球などとの距離が近い九州の地域権力は、他地域の地域権力に比べて異国との通交貿易に接する可能性は高かった。しかし、九州の地域権力の誰もが異国通交ができたわけではない。また、例えできたとしても、誰もがおなじレヴェルの異国通交ができたわけではなく、異国通交のかかわり方にはさまざまなレヴェルが存在した。そのなかにあって、朝鮮と特別な通交関係を形成しながら、遣明船の経営にも参入し、琉球通交まで展開することができた大内氏の存在は非常に際立つ。九州の地域権力による異国との多様なかかわり方を考慮すれば、「外交」は九州の地域権力のみならず西国大名の特質を比較する際の重要な指標となり得るのである。

註

（1）周防国山口を本拠地とする大内氏は、室町戦国期において北部九州地域を広域に支配しており、中央勢力も同氏を「九州大名」として認識していたため〔伊藤二〇一九：一六〜一七頁〕、本稿の重要な考察対象としている。

（2）真弓氏は、志佐氏の代官として壱岐島唯多只（湯岳）郷にいた〔村井二〇一三：一八二頁〕。

（3）松尾弘毅は、田平（松浦）氏が日明貿易への志向性を高める一方、朝鮮通交に対する意欲を減退させたと評価するが〔松尾二〇二三：九三頁、一〇三頁〕、一五世紀後半に松浦氏が大内政弘を通じて朝鮮に大蔵経を求請している事実からすると、当該期にいたっても松浦氏の朝鮮通交への意欲は一定程度あったと思われる〔伊藤二〇二二：一八頁〕。

（4）牧山氏は、呼子氏の代官として壱岐島小于（庄）郷にいた〔村井二〇一三：一八二頁〕。

（5）宗氏は、少弐「政尚」の図書（九州国立博物館蔵）を所有していた。

（6）島津奥州家の朝鮮通交を偽使とする拙論〔伊藤二〇一八、二〇二一a：一六五〜一六七頁〕に反して、それらを真使とみなし、朝鮮に対する島津奥州家の源姓使用を評価する意見がある〔谷口二〇一九：二二二〜二二三頁〕。しかし、拙論は、藤原姓の使用を基本とする島津奥州家が、朝鮮通交において源姓を使用していることのみをもって偽使と判断しているわけではない。源姓使用以外でも不審点が多々あることに加えて、一五世紀における日朝通交全体の動向のなかでの島津奥州家名義のありようから偽使の可能性が高いと判断している。島津忠国使送を真使とみなす長節子の主張〔長二〇〇二b〕についても、すでに拙論で批判している。こうした拙論に対する有効な反論がないまま、島津奥州家名義の朝鮮通交を単純に真使とみなすことはできない。当然、そうした使節が源姓を使用することについても、島津奥州家の意志が反映されたものとは考えがたい。そもそも、『海東諸国紀』が偽使名義を複数載せる文献だというのが斯界の常識となっているのは〔橋本二〇二四：七〇頁〕、ほかならぬ長節子の主張が根拠となっている。

『海東諸国紀』では、「源忠国」（島津忠国）を「国王の族親」とするが、「忠国の族親」と記される持久（忠国弟、島津薩州家）は藤原姓とする。確実に源姓である大友氏の説明では、「源氏」と明記されてはいるが「国王の続親」とは書かれていない。少なくとも、『海東諸国紀』の記載では、源姓＝「国王の族親」とはみなしていない。島津忠国のみに「国王の続親」と書かれているのは、島津忠国名義の使送を仕立てた偽使派遣勢力が、朝鮮に偽忠国使送の印象を良くするためにアピールしたからではないかと推断する。この点、かつて竹内理三は忠国が「国王の族親」とされる背景について、「貿易の利を高めるために、日本国王足利将軍の族親と称して威を張ったものであろう」としたのは〔竹内一九五二〕、妥当な評価であったといえる。以上のことから、谷口雄太の提示する足利的秩序論には賛意を示すものの、「源忠国」を「国王の族親」とする『海東諸国紀』の記載をその論を補強するもの（島津氏が足利一門たることを喧伝した事実を示す史料）として援用することには疑義を呈したい。

（7）村井章介は、『海東諸国紀』や『朝鮮王朝実録』の記述をもとに壱岐の社会関係を復元することは、偽使の横行にもかかわらず、方法的には可能だとする〔村井二〇一三：一八六頁〕。

（8）一五世紀の段階でも大内氏の名を騙る偽使は出没したが、大内氏が偽使の存在を把握し、朝鮮側に防止策を依頼している。なお、一六世紀になると宗氏が大内氏が持つ通信符の印影を盗み取り、通信符を木印で偽造し、大内氏の偽使を派遣するようになる〔伊藤二〇〇九〕。

（9）島津奥州家の家督を奪取した久豊は、一四一七年に薩摩半島に影響力を持つ伊集院氏と島津総州家との抗争を終わらせていた〔新名二〇一五：一二九～一三一頁〕。

（10）当該期、都市博多は大内氏と大友氏による二元支配体制のもとにあったが、聖福寺は大内氏の支配する博多浜にあった。

（11）『大乗院日記目録』享徳二年後付に、宝徳度遣明船にかかる書き上げがあり、「五号船、大内申請不渡之」と記される。島津船に積載される貿易物資にかかる記述なのか、島津船の渡海にかかる記述なのかは判然としない。しかし、この時の島津船が渡海しなかったことに大内氏が関与していた可能性があるのかもしれない。

（12）文明八年度遣明船には、家督を継ぐ前の平戸の松浦弘定が乗船している〔伊川二〇〇七：九六頁〕〔伊藤二〇二一b：七〇頁〕。

（13）対馬宗氏と協調関係にある博多商人でも、宗氏の意向に反すると文引を発給してもらえない可能性があった〔伊藤二〇二一a：一六三頁〕。

（14）ただし、最終的に大内氏は明応度遣明船の経営から外された。

【引用文献一覧】＊50音順

荒木和憲二〇〇六「一五・一六世紀の島津氏―琉球関係」『九州史学』一四四
荒木和憲二〇〇七『中世対馬宗氏領国と朝鮮』山川出版社
荒木和憲二〇一七『対馬宗氏の中世史』吉川弘文館

荒木和憲二〇一一「室町期北部九州政治史の展開と特質」『日本史研究』七一二
荒木和憲二〇二四「戦国期壱岐をめぐる政治史的展開」中野等（編）『中近世九州・西国史研究』吉川弘文館
伊川健二二〇〇七『大航海時代の東アジア』吉川弘文館
伊藤幸司二〇〇二『中世日本の外交と禅宗』吉川弘文館
伊藤幸司二〇〇三「大内氏の琉球通交」『年報中世史研究』二八
伊藤幸司二〇〇六「一五・一六世紀の日本と琉球」『九州史学』一四四
伊藤幸司二〇〇八「中世西国諸氏の系譜認識」九州史学研究会（編）『境界のアイデンティティ』岩田書院
伊藤幸司二〇〇九a「偽大内殿使考」『日本歴史』七三一
伊藤幸司二〇〇九b「日明交流と肖像画賛」東アジア美術文化交流研究会（編）『寧波の美術と海域交流』中国書店
伊藤幸司二〇一〇「硫黄使節考」西山美香（編）『東アジアを結ぶモノ・場〈アジア遊学一三二〉』勉誠出版
伊藤幸司二〇一二「大内教弘・政弘と東アジア」『九州史学』一六一
伊藤幸司二〇一三「大内氏の外交と大友氏の外交」鹿毛敏夫（編）『大内と大友』勉誠出版
伊藤幸司二〇一五「遣明船に乗った人々」村井章介ほか（編）『日明関係史研究入門』勉誠出版
伊藤幸司二〇一八「南北朝・室町期、島津氏の「明・朝鮮外交」の実態とは？」新名一仁（編）『中世島津氏研究の最前線』洋泉社（新書）
伊藤幸司（責任編集）二〇一九『大内氏の世界をさぐる』勉誠出版
伊藤幸司二〇二一a『中世の博多とアジア』勉誠出版
伊藤幸司二〇二一b「『戊子入明記』と「硫黄の道」」鹿毛敏夫（編）『硫黄と銀の室町・戦国』勉誠出版
伊藤幸司二〇二一c「遣明船と南海路」『国立歴史民俗博物館研究報告』二二三
伊藤幸司二〇二二「美濃土岐氏による大蔵経請来と朝鮮」森平雅彦ほか（編）『日韓の交流と共生』九州大学出版会
伊藤幸司二〇二四「室町幕府による異国通交の特質」中野等（編）『中近世九州・西国史研究』吉川弘文館
入間田宣夫二〇〇五『北日本中世社会史論』吉川弘文館
長節子一九八七『中世日朝関係と対馬』吉川弘文館
長節子二〇〇二a『中世 国境海域の倭と朝鮮』吉川弘文館

長節子二〇〇二b「朝鮮前期朝日関係の虚像と実像」『年報朝鮮学』八
小山博二〇〇四「室町時代の島津氏の渡唐船警固について」高橋啓先生退官記念論集編集委員会（編）『地域社会史への試み：高橋啓先生退官記念論集』原田印刷出版
鹿毛敏夫二〇一九『戦国大名の海外交易』勉誠出版
川添昭二一九九六『対外関係の史的展開』文献出版
黒嶋敏二〇一二a「室町幕府と南蛮」『青山史学』三〇
黒嶋敏二〇一二b『中世の権力と列島』高志書院
小葉田淳一九四一『中世日支通交貿易史の研究』刀江書院
斎藤夏来二〇一八『五山僧がつなぐ列島史』名古屋大学出版会
佐伯弘次一九七八「大内氏の筑前国支配」川添昭二（編）『九州中世史研究』第一輯、文献出版
佐伯弘次一九九〇「室町時代の遣明船警固について」九州大学国史学研究室（編）『古代中世史論集』吉川弘文館
佐伯弘次二〇一〇「応永の外寇と東アジア」『史淵』一四七
佐伯弘次ほか二〇〇六「『海東諸国紀』日本人通交者の個別的検討」『東アジアと日本』三
佐久間重男一九九二『日明関係史の研究』吉川弘文館
佐藤進一二〇〇五『南北朝の動乱（新装改版）』中央公論新社（文庫）
須田牧子二〇一一a『中世日朝関係と大内氏』東京大学出版会
須田牧子二〇一一b「大内氏の外交と室町政権」川岡勉ほか（編）『日本中世の西国社会3 西国の文化と外交』清文堂
関周一一九九七「室町幕府の朝鮮外交」阿部猛（編）『日本社会における王権と封建』東京堂出版
関周一二〇〇二『中世日朝海域史の研究』吉川弘文館
竹内理三一九五二「島津氏源頼朝落胤説の起り」『日本歴史』49
田中健夫一九五九『中世海外交渉史の研究』東京大学出版会
田中健夫一九七五『中世対外関係史』東京大学出版会
田中健夫（訳注）一九九一『海東諸国紀』岩波書店（文庫）

田中健夫二〇一二『増補 倭寇と勘合貿易』ちくま書房（文庫）
谷口雄太二〇一九『中世足利氏の血統と権威』吉川弘文館
坪井良平一九七〇『日本の梵鐘』角川書店
中村栄孝一九六五『日鮮関係史の研究』上巻、吉川弘文館
新名一仁二〇一五『室町期島津氏領国の政治構造』戎光祥出版
萩原大輔二〇一三「中世後期大内氏の在京雑掌」『日本歴史』七八六
橋本雄一九九八a「室町幕府外交の成立と中世王権」『歴史評論』五八三
橋本雄一九九八b「遣明船と遣朝鮮船の経営構造」『遙かなる中世』一七
橋本雄二〇〇五『中世日本の国際関係』吉川弘文館
橋本雄二〇一〇「対明・対朝鮮貿易と室町幕府―守護体制」荒野泰典ほか（編）『日本の対外関係4 倭寇と「日本国王」』吉川弘文館
橋本雄二〇一一『中華幻想』勉誠出版
橋本雄二〇一八「大友氏の日明・日朝交流」鹿毛敏夫ほか（編）『戦国大名大友氏の館と権力』吉川弘文館
橋本雄二〇二四「書評 伊藤幸司著『中世の博多とアジア』」『史学雑誌』一三三―四
長谷川博史二〇〇五「戦国期西国の大名権力と東アジア」『日本史研究』五一九
堀川康史二〇一六「今川了俊の探題解任と九州情勢」『史学雑誌』一二五―一二
本多美穂一九八八「室町時代における少弐氏の動向」『九州史学』九一
増田勝機一九七〇「室町期に於ける薩摩の対朝鮮貿易」『鹿児島短期大学研究紀要』五
松尾弘毅二〇〇六「中世後期における肥前地方の朝鮮通交者と偽使問題」『東アジアと日本』三
松尾弘毅二〇二三『中世玄界灘地域の朝鮮通交』九州大学出版会
松岡久人一九六六『大内義弘』人物往来社
三浦周行一九三〇『日本史の研究』第二輯、岩波書店
水野哲雄二〇〇八「島津氏の自己認識と氏姓」九州史学研究会（編）『境界のアイデンティティ』岩田書院
村井章介一九八八『アジアのなかの中世日本』校倉書房

村井章介二〇一三『日本中世境界史論』岩波書店
村井章介ほか（編）二〇一五『日明関係史研究入門』勉誠出版
山内晋次二〇一九「日本・琉球から中国への硫黄輸出」鈴木英明（編）『東アジア海域から眺望する世界史』明石書店

【附記】

本稿は、二〇一九〜二〇二三年度科学研究費補助金（基盤研究C）「比較史的考察からみた中世西国の地域権力の特質と外交活動」（研究代表者・伊藤幸司／課題番号・19K00954）および二〇二四〜二〇二七年度科学研究費補助金（基盤研究B）「九州の地域権力の特質からみた中世後期の日本像」（研究代表者・伊藤幸司／課題番号・24K00113）による研究成果の一部である。

第二部　室町九州の武家権力の動向・政治的立場・秩序観

第五章　中世後期少弐氏の権力基盤と政治的地位の成立

松尾大輝

はじめに

本稿は、九州における「室町時代」の特質や画期を探る一つの事例として少弐氏を取り上げ、同氏の中世後期における権力基盤と政治的地位の成立過程を考察するものである。

まず、少弐氏に関する研究史を整理しておきたい。鎌倉期の少弐氏については、九州各国の守護職や鎮西奉行としての活動、鎮西談義所や鎮西探題下における地位、大宰府との関係など多くの点が重厚な研究によって明らかにされている[1]。一方、中世後期に関しては、特に南北朝期の少弐氏による「守護権」行使の実態を中心に研究が進められた[2]。

しかし、中世後期の少弐氏を考察するにあたっては、以下の特徴に留意しなければならない。すなわち、応永期以降、少弐氏は断続的に幕府の治罰を受け守護職を保持できず、本拠地の筑前大宰府を追われ肥前や対馬に逃亡するものの[3]、一六世紀前半まで九州の代表的な武家として存在し続ける点である[4]。そのため、守護職に必ずしも収斂しない権力基盤を見出す必要がある。その上で、少弐氏の政治的地位をどのように捉えることができるのか、幕府や国人等の認識、さらには少弐氏の自己認識を踏まえて明らかにしたい。この視角は、近年注目されている室町幕府の遠国支配体制の解明と表裏のものである[5]。

考察にあたっては、すでに一五世紀における北部九州の政治的事象が通時的に整理され[6]、少弐氏を取り巻く対立構図がある程度鮮明になっていることに鑑み、本稿では、少弐氏の受発給文書の質的変化を段階的に明らかにすることを目的とする。対象とする時期は、「室町時代」の始期として一般的な南北朝合一や、九州においては大きな画期といえる今川了俊の退去などが生じた一四世紀末から、少弐氏がはじめて幕府の治罰対象となった一五世紀初頭を主眼としつつ、それに至る約一世紀間の過程を検討する。したがって、第一節では、室町幕府成立直後の少弐氏受発給文書を総合的に分析し、以後の様相と比較するための一つの基準を明らかにし、第二節で一四世紀後半における変化を、第三節で応永年間における変化をそれぞれ考察する。以上の分析を通じて、少弐氏を通してみた幕府と九州の関係、およびその変化の様相、さらには「九州の論理」といわれる九州の武士たちの独立性や自立性について考えてみたい[7]。

一　一四世紀前半における少弐頼尚の政治的役割と室町幕府

本節では、室町幕府成立直後の少弐氏の政治的役割を検討する。当時の当主である少弐頼尚は、周知のとおり建武三年（一三三六）足利尊氏の九州下向に際して、多々良浜合戦をはじめとする尊氏の軍事活動を積極的に補佐した。尊氏の上洛にも従軍し、建武式目に名を連ねるなど、室町幕府の成立に大きく貢献している[8]。その頼尚が九州に戻ったのは建武五年の初め頃である。本節ではこの時点から、観応の擾乱で頼尚が足利直冬に与する貞和六年（一三五〇）九月までの頼尚受発給文書を分析していく。

1　幕府との関係を前提とした少弐頼尚関係文書

まずは、幕府との交渉を前提とした頼尚の受発給文書を見ていきたい。すなわち、将軍以下幕府関係者から頼尚に宛てられた文書、および頼尚から幕府側へ宛てた文書、それに加えて頼尚の発給文書の内、幕府への注進文言や幕命の施行文言等が含まれる文書を対象とする。

(1)軍事関係

一般的に想定される合戦の流れに沿って関係史料を列挙していきたい。まず、軍勢催促についてであるが、幕府が頼尚に宛てた軍勢催促状は、僅かに次の史料にその痕跡が窺えるのみである。

紀州凶徒退治事、如去月廿五日御教書者、就　院宣、所差遣左兵衛佐（足利直冬）也、早相催一族并筑前・豊前・肥後三ヶ国勢、可馳参云々、任仰下之旨、急速可被馳参候、仍執達如件、

貞和四年五月廿七日　　大宰少弐（頼尚）（花押）

榊右衛門次郎（貞康・定禅）殿[9]

この史料には、紀伊の南朝勢力攻撃のため筑前・豊前・肥後三ヶ国の軍勢を率いて足利直冬のもとに馳せ参じるよう求めた貞和四年（一三四八）四月二五日付け頼尚宛て御判御教書の一部が引用されている。この御判御教書の発給者は足利直義と見られ、養子直冬の初陣に際して全国に協力を求めていたようである[10]。幕府関係者から頼尚への明確な軍勢催促は、当該期において管見の限りこれのみであり、例外的であったと見られる。次項で紹介するように、頼尚は自らの裁量で軍勢催促を広範に行っていることから、幕府は京都から地理的に隔絶した九州における頼尚の軍事指揮に、基本的には直接関与しなかったと考えてよいだろう[11]。ただし、これも九州の地理的特徴を反映してか、異国警固については、当該期においても幕府の関与が見られる。これは、尊氏・直義が頼尚等に対し、国人を指揮して石築地の修理を行うよう命じていることから窺える[12]。

さて、軍勢が整い合戦を経ると、軍功の承認・注進が行われる。頼尚は、配下の国人から軍忠の報告を受けると次のような文書を出している。

去閏九月二日、肥後国田河内關所合戦時、抽軍忠由事、承了、可注進京都、仍執達如件、

貞和二年十二月三日　　大宰少弐（少弐頼尚）（花押）

相良孫三郎（惟頼）殿[13]

すなわち頼尚は、国人からの報告に基づき軍功の事実を承認するとともに、京都＝幕府への注進を約束するのである。類似の文書のなかには、頼尚が「神妙」と自身の所感を付記する場合もあるが、主眼は幕府への注進と見られる[14]。

実際の幕府への軍功注進には、国人等が求める所領安堵や感状の請求が伴ったようである。これに関して、頼尚が幕府へ宛てたと見られる文書の案文が残っている。

阿蘇太宮司惟時事、相構要害於所々、致抜群之軍忠候、可被成下御感御教書候哉、以此旨可有御披露候、頼尚恐惶謹言、

貞和三年正月八日　　大宰少弐頼尚裏判

進上　御奉行所[15]

裏判や丁重な書止文言等が用いられており、「御感御教書」という文言も見受けられることから、これは頼尚が幕府に阿蘇氏への感状発給を請求した文書と考えられる。頼尚にこうした「御感御教書」発給に関与できる機能があるという点は、国人側にとって頼尚の配下で軍事活動を担う一つの動機となったであろう。

実際に阿蘇氏が受け取った「御感御教書」が左の感状である。

肥後国凶徒退治事、如去正月八日大宰少弐注進状者、重猶致軍忠云々、尤以神妙、弥可励忠節之状如件、

貞和三年三月九日　　　　　　　　（花押）(足利直義)
阿蘇前大宮司殿(宇治惟時)[16]

傍線部のように、頼尚の注進に基づく発給であることが明記されている。尊氏や直義は、このように九州国人に直接感状を発給する場合もあるが、感状は発給せず、頼尚に対して「神妙」等の所感を「軍忠輩」に伝達するよう命じる場合もある。この場合は、それが記された頼尚宛て御判御教書の案文が頼尚から国人等に配布されたようである[17]。

いずれにせよ、こうした方法での軍功注進や恩賞請求は、当該期における頼尚と幕府の密接な連携の証左である。頼尚はこうした幕府との関係を背景に、国人を組織して、九州南朝勢力の掃討に注力した。

⑵所務関係

次に、頼尚が関与した所領・所職に関わる遵行・施行およびそれに類する事柄について見ていきたい。かかる件に関して、頼尚が尊氏から受給した文書は、管見の限り確認できない。一方、直義からは、筑前・豊前の闕所を注進するよう求められた史料が確認できる[18]。

その他の幕府関係者からは、頼尚に対して奉書や施行状が出されている。例えば、執事高師直からは、尊氏が大友氏に充行った筑前国内所領や小代氏に充行った豊前国内所領、および壽勝寺に寄進した肥後国内所領の沙汰付が求められている[19]。他にも頼尚は、尊氏、もしくは直義が主体とみられる宇佐神宮への神馬奉納の実施を命じられているが、こうした内容も執事奉書によってなされた[20]。

幕府の安堵方からは、詫摩氏による肥後国内所領等の安堵申請を受けて、当知行の実否と係争人の有無を確認するよう、頭人二階堂成藤の奉書が頼尚宛てに出されている[21]。

引付・内談方からは、幕府に提訴された所務沙汰への対応が指示されている。筑後山本庄を回復しようとした中院家等、中央の荘園領主からの訴訟に加え[22]、宇佐宮や弥勒寺が豊前国内の膝下荘園に対する押妨の排除を求めたような九州現地の訴訟も、引付や内談方に提起されている[23]。これらの対応として、頼尚が引付・内談方から受け取った奉書には、「訴状・具書如此」等とあり、裁判関係文書や証拠文書の案文が添付されたようである。これらを基に、頼尚は押妨人排除や論人の召喚、沙汰付を執行した。

現地での執行には、頼尚から遵行使が派遣される。その際に発給された遵行状の一覧が【表1】である。これによれば、守護代宛てとその他の国人宛てで形式が異なることがわかる[24]。

まず後者の部類は、書止文言が一様に「仍執達如件」である。差出書は「大宰少弐」で、頼尚の官途書である。また、「根拠文言」の欄に明らかなように、遵行の根拠となる幕府の下文や施行状・奉書が明示されており、その案文が添付される場合もあった。

一方、守護代宛ての場合、書止文言は一様に「状如件」である。差出書は「頼尚」で、実名書である。また、多くの場合遵行の根拠は明示されず、「〜云々」等のように頼尚が認識している事実のみが伝達される。

以上の明確な区別は、相手が自身の被官であるか否かによって、頼尚が下達文書を書き分けていたことを示している。この区別の意味を考えてみると、官途書の使用は実名書に比べ、より公的な立場が表れやすいと言える。「仍執達如件」の使用は、「状如件」と異なり、上位権力の存在が念頭に置かれやすい。幕府の命令を逐一引用・添付することで、それらの効果はより期待できよう。

一方、被官宛ての場合はその逆で、私的かつ自己完結性の強い命令となる。当然ながら、被官の行動原理は、主人たる頼尚の意向次第であるためであろう。すなわち、頼尚や頼尚を通じて幕命を受ける国人等は、鎌倉期の御家人と守護被官の区別に類似した認識を、この時点までは共有していたと言える。

【表1】遵行関係少弐頼尚発給文書

No.	年月日	差出	宛所	対象地・職	申請者	根拠文言	対応	書止文言	出典	『南』号数
1	暦応3年5月20日	頼尚	守護代	筑前国比伊郷内田地屋敷并長淵庄内畠地	禰寝孫二郎清成	—	如元可被返付清成	状如件	大隅禰寝文書	一五二一
2	暦応3年5月28日	頼尚	守護代	肥後国大野別府内岩崎村田畠屋敷荒野	安富恩房丸	—	可止其綺／若有子細者、可注進	状如件	肥前深江文書	一五二三
3	暦応3年12月8日	頼尚	守護代	肥後国岩崎村田畠屋敷山野等地頭職	安富恩房	—	不日可止彼綺	状如件	肥前深江文書	一六一一
4	暦応4年12月14日	頼尚	宗(経茂)刑部丞	肥後国岩崎村地頭職	安富恩房丸	—	莅彼所、不日可被止其妨	状如件	肥前深江文書	一七四〇
5	康永元年11月18日	頼尚	守護代	肥後国高志郡内高樋保地頭職	(壽勝寺雑掌)	去八月十九日御施行如此	詫磨豊前太郎相共莅彼所、沙汰下地壽勝雑掌／載起請之詞、可注申	状如件	肥後壽勝寺誌所収	一八七八
6	康永元年11月18日	大宰少弐	詫磨豊前太郎	肥後国高志郡内高樋保地頭職	(壽勝寺雑掌)	去八月十九日御施行如此	守護代相共莅彼所、沙汰付下地於壽勝寺雑掌／載起請之詞、可被注申	仍執達如件	肥後壽勝寺誌所収	一八七九
7	康永3年11月2日	大宰少弐	野仲郷司	豊前国山国郷安於曾木村地頭職	小代八郎左衛門尉重氏	任御下文并御施行之旨	守護代相共莅彼所、沙汰付重氏／載起請之詞、可被注申	仍執達如件	肥後小代文書	二〇六七
8	貞和3年8月7日	頼尚	守護代	肥後国野原庄西郷三分弐	小代八郎左衛門尉重氏	御下文并去暦応弐年四月四日御施行如此	詫磨別当太郎相共、莅彼所、沙汰付下地於重氏／載起請之詞、可注申	状如件	肥後小代文書	二三五二
9	貞和3年8月7日	大宰少弐	詫磨別当(宗直)太郎	肥後国野原庄西郷三分弐	小代八郎左衛門尉重氏	御下文并去暦応弐年四月四日御施行如此	守護代相共、莅彼所、沙汰付下地於重氏／載起請之詞、可被注申	仍執達如件	肥後小代文書	二三五三
10	貞和3年10月13日	大宰少弐	小代八郎(重氏)左衛門尉	肥後国山本庄北方領家職	久我前太政大臣家雑掌	今年三月十八日御奉書如此	守護代相共、沙汰付所務於雑掌／載起請之詞、可被注申	仍執達如件	肥後小代文書	二三八一

(3)九州探題との関係

ところで、これまで見てきたように、頼尚と幕府との間に九州探題一色道猷は介在していない。[25]後に頼尚は足利直冬に与同するため、頼尚と道猷の対抗関係を想定し、これが頼尚転向の要因となったとする見方が一般的であるが、[26]ここでは、史料に即して両者の関係を読み取っていきたい。

長講堂領筑前国志賀嶋雑掌申一色入道家人等濫妨事、（中略）如今年五月十日院宣者、志賀嶋事、厳密可致其沙汰之旨、可被仰武家云々、爰長講堂領筑前国志賀嶋雑掌宗治申當嶋事、右、如建武四年八月十日　院宣者、長講堂領筑前国志賀嶋雑掌申一為飯尾左衛門入道覚民奉行、可沙汰居雑掌之由被仰大宰少弐頼尚之處、當嶋者、為兵粮料所、被預置道猷之拾ヶ所随一也、不被行替者難打渡之旨、依支申、不遵行云々者、当堂領事、不可有武家妨之由、先被経奏聞訖、随而可止濫妨之旨、及四ヶ度、被下　院宣之上、不及子細、然則、停止道猷知行、可全雑掌所務之状、下知如件、

康永三年十一月十七日

左兵衛督源朝臣（足利直義）（花押）[27]

これは、筑前国志賀島をめぐる一色道猷と長講堂雑掌の相論に関する足利直義下知状である。直義の裁許に至るまでに、幕府奉行人の飯尾覚民が頼尚に対し雑掌側への沙汰付を求めていたことが記される。注目すべきは、頼尚がこれを実行しなかった点である。その理由は、道猷が当該所領を自身の兵粮料所であると主張したためであった。

類似の事例は、次の史料からも窺える。

一、被定鎮西料所、在国程可預置事、（中略）①恩賞事、去年〈暦応二〉四月五日狭小地五箇所拝領畢、而鎮西四箇所内、豊前国天雨田庄〈田数捌十町〉外者、悉相違訖、其段大宰少弐頼尚注進状炳焉也、所詮、不可参洛之旨、御教書既及九箇度訖、此上者就是非、難背上裁之間、先預便宜之料所、救士卒之窮困、欲奉待重御左右、次彼②瀬高以下、帯去建武三年四月七八両日御下文知行之處、可返付本主之旨、就引付御奉書、頼尚并常

陸前司冬綱催促畢、件所々為上裁預給之處、濫妨押妨之由、本主等掠申之條無其謂歟、此外者無所領、将又不相綺闕所地之間、雖為段歩在国料所無之、尤有御沙汰、可被定下之旨、去年二月十八日委細言上畢、未預御返事之處、②重御奉書到来之由、頼尚所触申也、在国事應御定之上者、如載先段預給別料所、可避退瀬高以下否、所仰上裁也、非難渋之儀歟、

一、被定分国、可催促軍勢事、③去建武五年頼尚下向之時、於分国三箇国〈筑前・豊前・肥後〉者、可属彼手、至自余之国々者、道猷可相催之旨、雖被仰下之、筑後国者多分為凶徒之間、御方軍勢於国中致警固、依防濫妨、他所事難及相触、肥前・豊後両国者、構野心□大友式部丞命守護代等、近日申異儀所背催促也、日向・大隅・薩摩三箇国者遼遠之上、為他人奉行〈畠山亮七郎・島津上総入道〉之間、無據于催促歟、当時之躰一身令在国訖、難治次第也、④然早以近国被定仰、欲致士卒之用意焉、

（中略）以前條々目安如件、

暦応三年二月　日[28]

これは、道猷が自身の窮状を幕府に訴えた目安状である。傍線部①からは、道猷が得た恩賞地の多くが不知行状態であることが、頼尚によって幕府に注進されていることがわかる。くわえて、傍線部②には、道猷に預けられていた瀬高庄等の所領を本主に返付するよう命じる引付奉書が頼尚等に発せられていたことが記される。その後、再度頼尚に同様の引付奉書が出されたが、頼尚は遵行を保留して道猷に相談したようである。道猷が当該所領を明け渡すべきか否か直接上裁を仰ぐことができたのは、そのためであろう。

以上の頼尚の行動は、九州探題の料所維持が目的であることが明らかである。少なくとも所務関係の事案において、頼尚は探題の保護者的立場にあると言ってよい程である。その理由について考える際に、本稿でこれまで触れてこなかった守護職の問題に触れておく必要があろう。本項でこれまで列挙・引用してきた頼尚の受発給文書は、

いずれも守護の在職徴証と捉えられるものである。その地域的分布は筑前・豊前・肥後に及ぶ。これまで見てきたように、頼尚による守護分国内の所務沙汰やそれに伴う遵行は、基本的には幕府―守護によって対応される。先にみたような鎮西管領がその一方の当事者である場合は、なおさらであろう。道猷と頼尚は、南朝勢力と対峙する上で、軍事的に協力関係にあることから[29]、頼尚が遵行を担う際、道猷に配慮した対応を講じたとしても不思議ではない。

くわえて、頼尚と道猷の関係を考える上で、傍線部③の幕府による規定は無視できない。すなわち、幕府はこの時点で、頼尚と九州探題で九州の軍勢催促の範囲を二分する原則を設けていたのである。残存する両者の軍勢催促状の分布をみると、実態は必ずしもこの原則通りではなかったようではあるが、当該期の頼尚は、幕府と守護分国の現地を軍事的にも政治的にも媒介する主体であり、幕府も頼尚に九州探題と並立する明確な役割を与えていたことは確かである。

2　独自の活動に伴う少弐頼尚関係文書

本項では頼尚の受発給文書のうち、幕府関係者とのやりとり以外で、かつ幕府からの具体的な指令に基づかない文書を検討していきたい。

⑴軍勢催促

前項で述べた通り、頼尚の九州における軍事活動は、幕府の具体的な軍勢催促を受けたものではなかった。また、頼尚には九州探題の関与なく自身の守護分国に軍勢催促を行えるという原則があった。そこで、軍勢催促を内容とする頼尚の発給文書を集めると【表2】のようになる。

ここからは、№15以前と№16以降で、いくつか相違点が見受けられることに気づく。

まず、前者の特徴を述べる。様式的に見ると、書止文言が「仍執達如件」となる場合がほとんどである。これに

【表2】軍勢催促関係少弐頼尚発給文書

No.	年月日	差出	宛所	攻撃対象	情報源	頼尚の対応	要求文言	攻撃場所	特記事項	書止文言	出典	『南』号数
1	建武5年4月11日	大宰少弐	詫摩七郎（之親）	（菊池）武重以下凶徒等	守護代（饗場）宣兼馳申	相催軍勢、可発向也	不日馳向彼城、可被致軍忠	宇都宮大和太郎城	於訴訟事者、忩可有其沙汰	仍執達如件	豊後詫磨文書	一一六七
2	（建武5年）6月8日	頼尚	詫磨人々御中	菊池武重已下凶徒	―	―	令談合守護代宣兼、可被致軍忠	―	―	恐々謹言	豊後詫磨文書	一一八〇
3	建武5年8月4日	大宰少弐	橘薩摩佐渡四郎	菊池武重已下凶徒等	―	為誅伐、今月廿八日所令発向肥前国也	当日以前令上府、同可被進発	肥前国	於不参之輩者、可有異沙汰也	仍執達如件	肥前小鹿島文書	一二二四
4	暦応2年7月17日	大宰少弐	大隅右衛門佐	肥後国凶徒	―	為退治来八月廿五日所令発向也	早致用意、令不日馳参、致軍忠	肥後国	若令遅怠可有其沙汰也	仍執達如件	歴世古文書一所収大隅文書	一三六六
5	暦応2年11月7日	大宰少弐	河上又次（家久）郎入道	菊池党類以下凶徒	―	致退治沙汰之最中也	忩馳参御方、可被抽軍忠	―	―	仍執達如件	日向河上文書	一四二一
6	暦応3年6月8日	大宰少弐	中村弥五（勇）郎	深江孫次郎種長等	依有其聞	差置筑後小次郎頼貞訖	属彼手、可被致在庄警固	原田庄	於忠節之段者、可令注進候	仍執達如件	筑前中村文書	一五二九
7	暦応3年6月19日	大宰少弐	相良孫次（定長）郎	相良孫三郎経頼・内河彦三郎義真已下凶徒等	今日〈十九日〉所馳申也	―	早相催一族等、可被致軍忠	肥後国球磨郡永吉庄	―	仍執達如件	肥後相良家文書	一五三三
8	暦応3年6月19日	大宰少弐	税所八郎（景宗）	相良孫三郎経頼・内河彦三郎義真已下凶徒等	今日〈十九日〉所馳申也	―	早相催一族等、可被致軍忠	肥後国球磨郡永吉庄	―	仍執達如件	肥後相良家文書	一五三四
9	暦応3年11月10日	大宰少弐	中村孫五郎	肥後国凶徒等	依馳申	為退治来五日所差遣筑後武藤次也	当日以前令上府、属彼手可抽軍忠	肥後国鰐城	於恩賞者、可注進京都候	仍執達如件	豊後広瀬文書	一五九九

10	暦応3年12月10日	大宰少弐	相良孫二郎(定長)	多良木経頼・祐長等	有其聞	―	警固	肥後国球磨郡永吉庄木枝・山田已下所々城郭	城郭警固事、殊所感存也	仍執達如件	肥後相良家文書	一六一三
11	暦応3年12月10日	大宰少弐	相良八郎(税所景宗)	多良木経頼・祐長等	有其聞	―	警固	肥後国球磨郡永吉庄木枝・山田已下所々城郭	城郭警固事、殊所感存也	仍執達如件	肥後相良家文書	一六一四
12	暦応4年6月3日	大宰少弐	得永源五郎	菊池武士・武敏已下凶徒等	―	為退治来月四日所令発向肥後国也	当日以前令上府可被相向	肥後国	於不参之輩者、任御教書之旨、可注進交名候	仍執達如件	筑前徳永文書	一六七二
13	康永2年7月廿日	大宰少弐	多良木(経頼)因幡権守	―	―	―	参御方、被致軍忠	―	本領事、不可有相違、且子細可令注進京都候	仍執達如件	肥後相良家文書	一九四二
14	康永3年11月12日	大宰少弐	相良八郎(相良景宗)	―	―	―	可被致軍忠	肥後国板井城	―	仍執達如件	肥後相良家文書	二〇六八
15	貞和5年7月5日	筑後守	得永源五(実重)	肥後国凶徒	―	既及御合戦之間、所令発向也	早今月中馳参、可被致軍忠	肥後国	―	仍執達如件	筑前徳永文書	二六一〇
16	(貞和5年)10月19日	頼尚	得永源五(実重)	肥後国御敵	馳申候之間	致用意候	急速上府候者悦入候	肥後国山鹿城	―	恐々謹言	筑前徳永文書	二六五〇
17	(貞和6年)正月19日	頼尚	深堀弥次郎(時継)	凶徒	―	―	早々御越候談合候者、悦入候	―	―	恐々謹言	肥前深堀文書	二六九三
18	(観応元年)4月20日	頼尚	―	肥前・肥後凶徒　佐殿御手河尻幸俊・詫磨宗直以下輩	依有注進	為対治、去三日令出府差遣筑後孫次郎(資尚)并筑前・豊前両国守護代同軍勢等／肥前事、沙汰最中候	郡内事、一向憑存候／相構〳〵可有警固候	肥後国大和太郎左衛門尉城	―	恐々謹言	肥後相良家文書	二七四一
19	(観応元年)6月15日	頼尚	深堀五郎(時勝)左衛門尉	凶徒	―	為凶徒対治打立候	早々御越候者悦入候	―	―	恐々謹言	肥前深堀文書	二七七八

対応して官途書の署判がなされる。内容について検討するため、一例を掲げる。

肥後国凶徒等楯籠同国鰐城之由、依馳申、為退治来五日所差遣筑後武藤次也、当日以前令上府、属彼手可抽軍忠、於恩賞者、可注進京都候、仍執達如件、

暦応三年十一月十日　　　大宰少弐（少弐頼尚）（花押）

中村孫五郎殿(30)

基本的には、冒頭で攻撃対象を明記し、その情報源や経緯、現状について述べ、それに対する頼尚自身の対応を記し、これに伴う名宛人への要求事項が記述される。この部分は、命令形で強く言い切る形となる。加えて多くの場合、傍線部のように幕府への注進を行う意思が表明される。その内容は、恩賞や本領安堵、訴訟に関する注進のように名宛人の利益が期待される場合もあれば、催促に応じない場合の交名注進のように、名宛人への圧力となる文言が入る場合もある。これらは前項で明らかにした頼尚と幕府の連携関係が前提となっている。頼尚は幕府の存在を背景として、軍勢催促の強制力を担保していたといえる。

しかしながら、貞和五年一〇月頃になると文書様式が一変する。まず、書止文言が「恐々謹言」となる書状様式が用いられ、記名は実名書の「頼尚」となる。一例を掲げよう。

肥後国御敵令蜂起、可寄来山鹿城之由馳申候之間、致用意候、急速上府候者悦入候、恐々謹言、

十月十九日　　　頼尚（花押）

得永源五殿（実重）(31)

これは『南北朝遺文』で貞和五年に比定される頼尚の軍勢催促である。注目すべきは、名宛人への要求部分が仮定表現となっている点である。それが実現すれば頼尚が抱くであろう心情がこれに続く。言うなれば、命令から協力依頼のような表現に変化しているのである。

こうした変化は何を意味するのであろうか。

申談候間事、於向後者、身大事をも可憑申候、又御大事出来時ハ、身の太事と存候て可申見継候、凡公私大小事、無腹蔵可申談候、更々不可有改変之儀候、若偽　存候者、八幡大菩薩天満天神御罰お可蒙候、恐々謹言、

貞和三

二月廿五日　　　　　頼尚花押

阿蘇太宮司殿（宇治惟時）(32)

この変化の直前、頼尚は阿蘇惟時に右のような書状を送っている。今後自身にとっての「大事」については、阿蘇氏を頼みとし、逆に阿蘇氏に「大事」が起こった際は、自分の「大事」と思って「見継」と記すのである。そして、これに神文を付して起請文の形をとる。つまり、相互に支援しあうという関係を契約のような形で結んでいたのである。

くわえて、頼尚は阿蘇氏に対し、「公私」につき秘め事なく連絡すると述べている。この「公私」という文言は、中世文書に時折見受けられ、特段珍しい表現ではないが、前項での考察を踏まえると、頼尚が用いる「公私」には何らかの意義付けが可能であるように思われる。先述したように、頼尚は自身と名宛人の関係に応じて下達文書の様式を使い分けており、自らの被官相手には私的側面を強調し、その他の国人相手には公的側面を強調していた。国人に対する軍勢催促についても、当初はあくまで幕府の存在を背景に国人を組織するという意味から、公的性格の強い文書様式が用いられていたと言える。それが、貞和五年一〇月前後に私的性格の強い特徴を持った軍勢催促に変化する。その過渡期の文書に記された「公私」は、頼尚が国人との関係を私的なものに組み替えていく過程を表すキーワードといえるのではないか。頼尚はあえて「公」と「私」を混同させることで、国人との間に新たな関係構築を企図したものと見られる。

それでは、なぜこの時期にこうした変化が生じたのであろうか。正平三年（一三四八）二月六日後村上天皇綸旨写には、「頼尚参御方之條、無相違者、定猶令打開歟」との記述がある。[33]直冬の九州下向以前に、頼尚は水面下で征西府方と接触を試みていたようである。[34]そしてこの直後に、軍勢催促の文書様式が変化する。よって、軍勢催促の変化と幕府への反意の間には相関関係を認めざるを得ない。結局、直冬への与同まで頼尚が幕府を離反することはなかったが、こうした変化は、後の頼尚転向の前提といえよう。

そもそも、頼尚が陣営の変更を考慮したのは何故なのか。再度【表2】に立ち返り、頼尚が実際に軍勢催促を行った範囲を確認しよう。頼尚は、幕府から規定された筑前・豊前・肥後三ヶ国の軍勢催促範囲＝守護分国を越えて、肥前（№3・17・19）・筑後（№4）・薩摩（№5）の国人にまで軍勢催促を行っていることがわかる。この点は、頼尚が幕府から与えられた地位＝三ヶ国守護に甘んじるつもりはなかったことを表しているのではないか。後の直冬与同時に、頼尚は自身の転向を「聊存子細候程、佐殿合体申候」と説明し、何らかの思惑があったことを示唆している。[35]頼尚転向原因の一つの仮説として、こうした彼自身の野心があったことを指摘しておきたい。

(2)所領処分

次に、頼尚が所領・所職の処分に如何に関わっていたのか確認しておきたい。頼尚発給の宛行状・安堵状は管見の限り確認できないが、預置状が確認できる。よって、ここでは頼尚による預置を中心に取り上げる。

まず、肥後国球磨郡永吉庄について検討してみたい。この地は、成立当初の室町幕府から新恩として頼尚に給与された所領で、頼尚は庄内の山田城に代官を置いていた。[36]しかし、ここは南朝勢力との衝突の場となっており、建武五年（一三三八）八月日相良定頼軍忠状案には、「定頼僅雖為小勢、相分于二手、籠置親類若党等於山田城、致散々防戦」と記される。[37]すなわち、近隣国人の相良定頼が山田城の防衛にあたったことがわかる。頼尚の被官で肥後守護代を務めた饗庭妙雲が定頼に宛てた書状には、「御預城をも固御持候者、悦入候」とあることから、[38]頼尚は定頼に山田城を預け、防衛を依頼していたようである。

類似の事例が肥後国八代郡八代庄にも見受けられる。

肥後国八代庄三ヶ村郷松村内田地肆拾壹町肆段・同郷大村内田地拾参町壹段・大田郷杭瀬村内田地弐拾玖町・同郷内福生原村田地伍町伍段餘・同郷萩原村内田地拾五町柒段・同郷吉王丸村内田地壹町・同郷内京泊半分田地伍段事、為萩原城料所々預置也、任先例、可被致沙汰、仍執達如件、

貞和三年九月十二日　　大宰少弐（少弐頼尚）（花押）

相良兵庫允（定頼）殿[39]

この史料は、頼尚が相良定頼に庄内に散在する所領を預けたものである。注目すべきは、これらが「萩原城料所」として預けられている点である。頼尚は近隣国人に城郭を預ける場合、料所を付していたことがわかる。他にも頼尚は、庄内の友知・小北地頭職や法道寺村を阿蘇社に寄進しているが、その際、「府衙繁栄」の祈禱を求めている。[40]「府衙」は頼尚の本拠である大宰府を指していよう。この八代庄が頼尚の所領であった確証はないが、永吉庄と同じように頼尚が自由に処分できる権益と化していたようである。[41]

このように、頼尚は自身の権益内の一部である数町～数十町規模の区域を周辺国人に預ける場合があったが、次に示す肥後国球磨郡人吉庄のように、所領一円を預ける場合もある。

肥後国球摩郡人吉庄北方事、為一族等討死之賞、雖令拝領之、為本領之由、被申之上、於所々被抽軍忠之間、先日預置訖、此上者、於京都被望申事、不可有子細候、恐々謹言、

六月廿三日　　頼尚（少弐）（花押）

相良兵庫允（定頼）殿[42]

ここには、頼尚が一族討死の勲功賞として幕府から人吉庄北方を拝領したものの、相良定頼が自身の本領であると

主張したため、定頼の軍忠に鑑み同庄を預け置いたと記される。この沙汰付を肥後守護代に命じた建武五年八月一三日少弐頼尚書下があるため[43]、預置の時期はこの直前とみられる。注目すべきは傍線部で、相良氏が京都＝幕府に本領還付の訴えを行うことに、頼尚は異を唱えないと記した部分である。ここから、頼尚が独断で行えるのは、一時的な預置までで、安堵や宛行など永続的な権利付与に関わる事項は、幕府の専権であるとの認識が窺える。しかしながら、国人との関係に預置が与える影響は大きく、例えば、山田城を預けられていた相良氏家臣の税所氏が防戦の理由を「為令全宰府御領也」と述べるのはその表れである[44]。国人の軍事活動が頼尚への軍忠を目的とするかのように表現されている点は特筆される。

以上、頼尚が自身の新恩地を如何に処分したのか窺える事例を紹介してきた。一方で、当該期の頼尚は、父祖相伝の本領も保持していたはずである。具体的には、筑前国遠賀庄・宗像西郷・夜須庄・原田庄、肥前国与賀庄・千栗、対馬島、遠江国一宮庄である[45]。頼尚がこれらを如何に支配したのか、史料ではほとんど追うことができないが、他地域と比べて史料残存状況が特異な対馬に関しては、ある程度確認できる。頼尚はここでは「地頭殿」「上」と呼ばれ、代官として現地に宗盛国を置き、領内の所務沙汰に対応するなど強力な在地支配を展開していた[46]。

以上みてきたように、本領・新恩地ともに頼尚の所領処分に幕府の関与はない。守護職の有無も直接的には関係がない点をここでは確認しておきたい。

次に、頼尚が自身の所領以外の地に関与した事例を見ていきたい。まずは、闕所地である。主に南朝勢力の所領を没収することで発生するこれらを、頼尚は「兵粮料所」として国人等に預け置いている[47]。この闕所地預置権は、一般に守護職権の一つとされるものである。

くわえて、莇田狼藉に関する訴訟についても、頼尚の関与が確認できる。

筑前国朝町一方地頭佐々目孫太郎禅恵申、同国野坂庄地頭代神崎孫次郎等乱入当村、致莇田、追捕以下狼藉由

事、早野介辰石相共莅彼所、且検見苅跡、且可被鎮当時狼藉候、恐々謹言、

康永三年九月廿三日

沙弥定智（花押）

沙弥妙雲（饗庭）（花押）

打橋兵庫次郎入道殿(48)

これは筑前国朝町一方地頭の佐々目禅恵の訴えを受けて、頼尚の被官饗庭妙雲等が発給した連署状である。禅恵の訴えは、野坂庄地頭代神崎孫次郎から苅田狼藉を受けたというものであった。頼尚は饗庭等を通じて、近隣国人の野介氏と打橋氏に対し、現地に向かい神崎氏の狼藉を停止させるよう求めている。苅田狼藉は本来所務沙汰であるが、鎌倉後期に検断沙汰に変更されて守護の管轄となり、室町幕府においても同様であった(49)。本事例も頼尚による検断沙汰の対応事例と捉えられる。この場合は被官による連署書状が用いられているが、頼尚自身の発給文書で対応する場合もある。その際は、前項で紹介した遵行状に近似する文書が用いられるが、「御下文」「御施行」「御奉書」等と呼ばれる幕府の文書が引用・添付されるのではなく、「訴状副具書如此」というように、頼尚が受理した訴状等が引用・添付され、幕府の方針を表すとみられる「御事書」が根拠に挙げられる(50)。また、苅田（麦）狼藉を行った者に「可上府」と伝える場合もある(51)。ここでの上府は大宰府への召喚を意味しており、こうした検断沙汰の対応を頼尚が守護として主体的に担っていたことを示している。

このように、自身の所領外に対する頼尚の関与は、闕所地預置・検断沙汰対応という守護職権に則ったものであり、所務沙汰を頼尚が裁許した例は確認できない。前項で述べた通り、これには原則幕府が対応し、頼尚はそれを遵行する立場に終始している。

二　一四世紀後半における少弐氏の動向と政治的機能

本節では、少弐頼尚が足利直冬に与同した貞和六年（観応元・一三五〇）九月から、永和元年（天授元・一三七五）八月、頼尚の子息少弐冬資が九州探題今川了俊によって誘殺される水島の変までを検討対象とする。頼尚は貞治元年（一三六二）に引退したとみられるため[52]、これを境に二項に分け、前半で頼尚を、後半に冬資を取り上げる。

1　少弐頼尚

発給文書の年号表記から推定すると、当該期の頼尚は、貞和六年九月の直冬への与同、観応三年一二月の征西府への帰属、さらに正平一四年（一三五九）五月頃の幕府への帰参と、各陣営を渡り歩いたように見える。こうした中で、頼尚の政治的役割や地位に如何なる変化が見られるのか考察していく。

⑴足利直冬与同期

当該期の最大の変化は、頼尚が感状の発給主体となったことである。これ以前も国人等の軍忠を幕府に注進すると約束する文言とともに、「神妙」等と自身の所感を記す場合はあったが、当該期にはこの注進文言が除かれた文書が登場する[53]。これは先述した軍勢催促の私用化と対応する変化であろう。

しかしながら、これ以外、頼尚の役割に目立った相違点は認められない。この時期は厳密に言うと、観応二年三月、直冬は鎮西探題に任じられ、幕府体制下に組み込まれるが、九月には再び尊氏から誅伐対象とされる。この間、頼尚は国人の恩賞請求を直冬側近に取り次ぎ[54]、直冬から遵行命令を受け[55]、国人と被官で構成する遵行使に、異なる様式の文書で沙汰付を命じている[56]。このように、頼尚は一貫して直冬の下で役割を果たしていたようである。その様相のみに焦点を当てれば、前節で明らかにした幕府の下での頼尚の立場とほとんど変わらない。実際、頼尚は直冬を「公方」と呼称しているのである[57]。

この点に意義を見出すならば、頼尚がなぜ幕府を離反し直冬に与同したのか、もう一つの仮説を提示できそうである。頼尚は、九州に落ち延びるも徐々に勢力を増す直冬の姿に、建武三年の多々良浜合戦前後の尊氏の姿を重ねてしまったのではないか。この時点で、直冬が九州の軍勢を束ねて上洛する可能性も十分あったはずである[58]。その上、今回は中央に、これまで幕府を主導してきた足利直義が味方として存在する[59]。先述した自身の野心も相まって、頼尚が陣営の変更を決断したとしても不思議ではない。前節でみたとおり、この時点までの頼尚は、九州探題一色道猷によって自らの活動が掣肘されるような立場ではない。道猷の存在は、眼中になかったとまでは言えないにしても、頼尚転向の主因とはいえないように思われる。しかしながら、頼尚は、現状に強烈な不満を持ち「近国」の「分国」保有を熱望する道猷に[60]、自身に対する軍事攻撃と権益奪取の格好の口実を与えてしまったのである。

⑵南朝年号使用期

頼尚は観応三年一二月頃、征西府に降参した。その経緯は以下の通りである。直冬は、同年二月の足利直義の死去により次第に孤立し、探題一色道猷ら幕府方から追い詰められていった。一一月、頼尚は自身の拠点である大宰府・浦城に直冬を迎え防戦するが、その最中、突如直冬は九州を脱出する。頼尚は、状況の打開のため、征西府方の菊池武光に援軍を乞うた[61]。以上の経緯を踏まえると、頼尚の征西府への降参は直冬への与同の決断と異なり、思慮や政治志向の直接的な発露とは考え難い。

翌年二月、頼尚は武光と共に針摺原合戦で道猷を撃破するが、探題の脅威を除いた後も、南朝年号を使用し続ける。ただし、懐良親王以下、征西府関係者から頼尚に直接宛てられた文書は確認されない。なお、この時期の頼尚発給文書にも、上位権力への注進文言が記されることが多い。例えば、筑前・豊前・肥前の国人に対し、軍功を「可注進也」「其子細可令注進候」と述べた文書が散見される。[62]また、頼尚は、豊前国内の所領をめぐる宇佐宮神官の訴えをうけて発給されたとみられる「御教書」をもとに、「守護代」と使節の国人に沙汰付を命じている。[63]この「守護代」に比定される西郷顕景は、南朝によって「押妨」人と見なされており、[64]頼尚―顕景と南朝―征西府の間には矛盾も見受けられる。実はこの時期、中国地方に転戦した直冬も南朝年号を使用しており、九州内の所領に関与した形跡もある。[65]残存史料が限られており、当該期の頼尚の帰属意識は必ずしも明確ではない。

ところで、頼尚独自の行動に基づく発給文書には、これまでとの相違点が認められる。

筑前国野北松永三郎五郎・同孫三郎入道・高野五郎三郎・北良藤太郎等為御方、致忠節之間、彼輩本領事、悉所返付也、所詮、宗刑部丞相共、莅彼所、打渡下地於面々、載起請之詞、可被注申之状如件、

正平九年二月十三日　　頼尚（花押影）

早岐左衛門蔵人殿[66]

これによると、頼尚は筑前の松本・高野・北良氏が降参したため、本領を返付すべく宗刑部丞と早岐左衛門蔵人に対し、現地に赴き打渡すよう求めたことがわかる。前節で考察した通り、こうした場合は頼尚が守護代等の被官とそれ以外の国人とで構成される使節に、それぞれ異なる様式の文書を発給していた。この文書に見える宗刑部丞は少弐氏の代官を務める被官である。[67]よって、これまでの例に照らせば、早岐氏は非少弐氏被官の国人であり、命令の根拠となる頼尚より上位者の発給文書が引用・添付されるか、少なくとも、書止が「仍執達如件」となる官途書の文書が出されるはずである。しかし、本文書は被官宛と同一の様式となっている。幕府や直冬の下で見られた、少弐被官と一般の国人の明確な区別が当該期消失しつつあることがわかる。その理由は、この本領返付を決定した主体が頼尚自身だったからであろう。そうであれば、頼尚が上位権力の存在を暗示する公的性格の強い文書様式を使用しないのは当然である。

また、訴訟に関しても注意すべき頼尚発給文書がある。

豊前国辛嶋奥太郎並世申宇佐郡葛原郷持岡名内嵐垣畠地参段事、号兵粮料所致違乱之由、申状如此、早令参府、可被明申候、仍執達如件、

正平九年十二月廿日　筑後守（少弐頼尚）（花押）

安永孫太郎殿[68]

先述の通り、これまでも苅田狼藉等の検断沙汰の場合、頼尚は裁定のため関係者を大宰府に召喚する場合があったが、ここでは「違乱」を裁定すべく「参府」を求めている。この語句の意味は、①決められたやり方・法などを勝手に乱すこと、②事態を不服として、異議を申し立てたり実力行使したりして、事を荒立てること、など解釈の余地が広い[69]。所務沙汰に分類し得るような相論だった可能性もあり、そうだとすれば、頼尚による訴訟対応の拡大例として注意を要する。

以上を小括すれば、これまでの頼尚は、軍勢催促や感状発給など自身の軍事活動に直結する権能を除くと、幕府体制下の当初の政治的地位・役割を維持・遵守していたが、南朝に形式上帰属した当該期にこれが弛緩し、国人所領の安堵や訴訟、それに伴う打渡において、裁量を拡大させたと言えよう。

(3)幕府帰参期

頼尚の南朝年号使用が確認できるのは、正平一二年（延文二・一三五七）末までで、延文四年五月には幕府へ帰参したものと見られる。この前年に頼尚を敵視し続けた探題一色氏が九州を離脱しており、頼尚の幕府帰参の障壁が解消したのである。しかし、延文四年八月、筑後大保原合戦で菊池武光ら征西府方から大損害を受けたためか、頼尚の受発給文書は僅少である。まず、軍事関係の役割について確認すると、頼尚は国人への軍勢催促[70]、幕府への軍功注進と「御感御教書」発給に関与している[71]。この点は、前節で検討した時期の特徴と共通する。

次に所務関係に頼尚が如何に関わったのか、京都六条新八幡宮（若宮八幡宮）の筑前国内所領に関する史料を基に検討する。前節で考察した時期と異なり、引付や内談方等、幕府訴訟機関から頼尚に対する文書は消失し、将軍足利義詮自身の御判御教書・御内書によって頼尚に遵行が命じられる。

六條新八幡宮雑掌申社領筑前国鞍手武恒・犬丸并石松名〈号多伊羅村〉事、先度絶切處、軍勢等稱預所、不避進者太以濫吹也、爲厳重神領之上者、違日止彼違乱、沙汰付下地於雑掌、可申左右、更不可有緩怠之状如件、

延文四年十二月七日　（足利義詮）（花押）

大宰筑後守殿（少弐頼尚）(72)

この御判御教書によれば、六条新八幡宮側は、「軍勢等」が社領の筑前国鞍手領武恒・犬丸・石松名を預置地であると主張して、明け渡しを拒んでいると幕府に訴えたようである。義詮は「軍勢等」の行為を「濫吹」と断じ、頼尚に違乱排除と下地の沙汰付を命じている。前節でみた幕府から頼尚への遵行命令と異なり、これらには、裁許の根拠となる文書等は明示されず、訴人の主張のみ引用され、ただ義詮の判断が記される。

その上、これとほぼ同時に、この訴訟に関する御内書が頼尚に宛てられている。

六宮（条）新八幡宮領筑前国武恒・犬丸・石松名〈号多伊羅村〉今度最前被仰了、然而未遵行之由歎申、所詮、以別儀相構、無相違被渡社家雑掌候者、公私可爲祈祷候、且別当三寶院僧正忠實異他仁候間、如此申候也、

（延文四年）十二月十四日　（足利義詮）（花押）

武藤筑後守殿（少弐頼尚）(73)

ここで義詮は、頼尚に「別儀」の対応を求め、これにより「公私」の祈禱に適うと記し、さらに、六条新八幡宮を管轄する三宝院光済の存在を特記して、頼尚の確実な遵行を促している。九州の「軍勢等」を相手とした六条新八幡宮の訴訟は、将軍義詮との所縁・縁故により裁許されたと捉えざるを得ない様相である。このように、幕

府が頼尚に遵行を命じた例は、他に醍醐寺三宝院が所領と主張する筑前国楠橋庄に関するものがあるが[74]、それ以外は管見に触れない。前節で検討した時期と比して、幕府が対応する所務沙汰が、京都・将軍周辺の荘園領主等が持つ九州内権益の保障に偏重していることは明らかである。当該期が九州における征西府支配の全盛期であることも考慮しなければならないが、九州内の訴訟に対する幕府の関与は、格段に低下したと言える。

それでは、様々な理由から征西府には提訴せず、しかし、幕府にも提起できない九州在地勢力による訴訟は、どのように解決が図られるのだろうか。

宗像大宮司氏俊申筑前國宗像庄内山口上下村地頭職事、去文和元年十一月日御教書并引付御奉書如此、早任被仰下之旨、守護代相共莅彼所、打渡下地於氏俊代、載起請之詞、可被注申也、仍執達如件、

延文五年二月十一日　　　　　　　　　前筑後守（少弐頼尚）（花押）

那珂次郎左衛門入道殿[75]

これによれば、頼尚は「御教書并引付御奉書」に則って、宗像氏俊に宗像庄内山口上下村の下地を打渡すよう守護代と使節の那珂氏に求めたことがわかる。一見これは、幕府の遵行命令を頼尚が受け、下地の打渡を守護代と周辺国人に命じた文書と捉えられるが、そうではない。というのも、根拠となる「御教書」と「引付御奉書」が発給されたのは、文和元年（一三五二）一一月である。これらの文書は現存しないが、「宗像社家文書惣目録」によって、前者は足利義詮安堵下文、後者はその遵行を命じた一色直氏宛て引付頭人大高重成奉書であると推定される[76]。当時、頼尚は足利直冬に与同しており、幕府から遵行命令を受ける立場になかった。よって、掲出史料は、宗像大宮司がかつて安堵された所領を知行すべく、頼尚に公験となる足利義詮下文とあわせて、頼尚宛てではない過去の引付頭人奉書を提示し、下地の打渡を求めたため発給されたとみるべきである。幕府の九州内訴訟に対する消極的姿勢を反映し、頼尚のもとにはこうした九州の現地勢力から訴訟が持ち込まれるようになっていたのであろう[77]。頼尚はこ

れに独自に対応せざるを得なかったのである。しかし、「仍執達如件」の書止文言や官途による差出書を用い、根拠となる過去の幕府文書を引用・添付して国人に打渡を命じる頼尚の姿勢は、幕府の政治方針や九州情勢が変化してもなお、前節でみた時期の立場に、頼尚自身が依拠し続けたことを示すものである。

なお、頼尚は執事細川清氏から、義詮の寄進状に則り、四面社に対する肥前国内所領の沙汰付を命じられている。[78]この点は、将軍尊氏による宛行・寄進の施行が執事から頼尚に命じられるという前節で確認した特徴と共通する。

以上で少弐頼尚の分析を終えるが、一時直冬や南朝に与する形で活動した彼も、京都の幕府に抵抗し続ける明確な意志は持ち合わせていなかったように思われる。大保原での敗戦後、程なくして隠居した頼尚が向かった先は京都であった。その頼尚を将軍義詮は呼び寄せ、九州情勢について諮問することがあったようである。[79]頼尚と将軍・幕府・京都との関係は以後の少弐氏当主とは異なり強固であった。

2　少弐冬資

少弐頼尚の隠居後、子息冬資が幕府方勢力の挽回を目指して軍事活動を展開した。[80]その様相は、冬資が承判を据えた肥前・筑前国人の軍忠状などから窺える。[81]冬資は大友氏時との協力はもとより、一色氏に代わる九州探題として下向した斯波氏経とも共同したが、菊池武光ら征西府方に応戦され、康安二年（一三六二）九月の長者原合戦で敗北を喫した。[82]翌年、氏経は九州を離脱し、次の探題渋川義行も九州に到達できない状況が続く。

こうして征西府勢力が強大化するなか、冬資は頼尚以前にみられなかった文書を発給するようになる。

肥前國与賀庄内田地伍町坪付在別紙事、爲給分、所充行也、任先例、可被致沙汰之状如件、

延文六

六月十九日　　冬資（花押）

榊次郎殿（幸康・西信）[83]

これは、冬資が少弐氏の本領である与賀庄内の一部を「給分」として「充行」った文書である。少弐氏が自身の所領の一部を給分として分与する例は鎌倉時代からみられるが、それは、所領内に居住する非御家人を対象としていた。[84]一方、この文書の宛所である榊氏は、筑前国早良郡榊郷を鎌倉期から地頭として知行しており、御家人の系譜である。[85]すなわち、冬資は給分宛行を通じて彼等と新たな関係を結んだわけである。言うまでもなく、これは被官化に通じる行為である。これまで史料上で確認できる少弐氏の被官といえば、饗庭・西郷・宗氏ら、少弐氏の根本被官・家人といえる代官層が主であったが、ここに鎌倉期の御家人の流れをくむ氏族も、個別に被官化する方針が成立したと言える。幕府はもとより、九州探題すら九州に影響を及ぼせない切迫した状況下であったにせよ、これは以後の少弐氏の性格を規定する大きな転換であったといえる。なお、同時期に、少弐氏の本領支配が弛緩し、代官の自立化が進行している点は注意を要する。[86]すなわち、少弐氏の在地支配からの遊離が国人層への給分宛行と表裏となって進行したと捉えられる。

冬資は、応安三年（一三七〇）一一月二六日に京都から鎮西に下向したとする記録があるため、一時上洛していた。[87]嘉慶二年（一三八八）六月日宇都宮親景代申状には「九州於　宮方令一統之時、大友・少弐・親父河内守経景諸共上洛仕、愁訴歎申之處、探題幸御下向之間、成悦喜之思」との記述がある。[88]よって、冬資の上洛理由は、新たな探題を九州に派遣するよう、大友氏・宇都宮氏と共に幕府に要請するためであったことがわかる。応安四年末からの新探題今川了俊の九州入部に際しては、冬資も参陣したらしく、翌年五月の筑前麻生山高見城の合戦では、了俊の指揮の下、大内弘世と並ぶ主力として軍勢を率いている。[89]こうして冬資らは、征西府から大宰府を奪還することに成功した。以上の経過を見る限り、冬資に九州探題を敬遠する動機は見えてこない。むしろ、探題の軍事的機能を冬資側が希求していたように見える。

しかしながら、了俊と冬資の関係は、軍事以外の点でこれまでの探題・少弐氏関係と異なる特徴を有する。

天満宮安楽寺修理少別当信哲申大宰府屋敷還補事、府中退出之段、無其咎之由、令申之者、令還補本屋敷、可勤行月次之講演旨、可被相觸信哲之状、依仰執達如件、

応安六年九月廿一日　　　　沙　彌（今川貞世・了俊）（花押）

大宰少弐殿（冬資）[90]

この文書で、了俊は、天満宮安楽寺の大鳥居信哲の訴えを受け、同人に屋敷を還補するよう冬資に命じている。「依仰執達如件」という奉書の様式であるが、この裁定は了俊が行ったものである。それは了俊が自身の裁定の遵行を命じる書下を他に多数発給していることから推察される[91]。これ以前、少弐氏は幕府から遵行命令を受ける立場であり、九州探題から少弐氏にこうした命令が発せられた例は確認されなかった。しかし、了俊は、九州の現地勢力による訴訟に裁定主体として関与するようになったため、その遵行を引き受ける冬資との間には、これ以前の九州探題と少弐氏との関係とは異なる、明確な統属関係が生じることになったのである。

また、九州に権益を有する中央の権門寺社の訴訟は、これまで通り幕府にもたらされ裁定されたようであるが、その遵行は了俊宛てに命じられる例が多い[92]。管見の限り、幕府が冬資に宛てた文書は確認できない。これを反映してか、冬資は頼尚まで用いていた上位者の存在を暗示する「仍執達如件」などの表現を使用しなくなる。

このように、九州探題の役割が拡大するに伴い、冬資自身も所務沙汰の当事者として、探題による裁定の対象となっていく。この点も頼尚期との大きな相違点である。

宗像大宮司氏俊申筑前国宗像庄内曲村地頭職事、帯御寄附状、為厳重神領之處押妨云々、太不可然、所詮、不日可被停止其妨、若有子細者、出帯公検、可被明申候、仍執達如件、

応安六年七月廿九日　　　　沙　彌（今川貞世・了俊）（花押）

大宰少弐（冬資）殿[93]

例えば、この史料によると、宗像大宮司は神領の筑前国宗像庄内曲村が冬資に「押妨」されていると、了俊に訴えたことがわかる。これを受け、了俊は冬資に対し、「其妨」の停止を命じ、反論がある場合は証拠文書を持参して弁明するよう求めている。このように、今川了俊は、所務相論において、彼以前の探題とは全く異なる姿勢で少弐氏に対峙した。

そもそも、了俊と冬資には政治思想に矛盾があったように思われる。了俊は、全ての国人は「公方」（将軍）のため、「直」に「無私」に忠節を尽くすべきであるとし、自身を将軍権力の分身と捉えていた[94]。一方、冬資は、軍勢催促の論理からの類推になるが、父頼尚と同じく「公私」のため、国人等と「見継」あう方針である。冬資の場合は、さらに給分宛行を通じて国人層の被官化にまで踏み込んだ。冬資は、永和元年（一三七五）八月、いわゆる「水島の変」で了俊によって謀殺されるが、その背景として如上の点を考慮する必要があろう。もちろん、了俊は、冬資死後すぐに彼の所領や得分の掌握に動いていることから[95]、少弐氏の権益奪取が謀殺の直接的な動機であったとみられる。

三、応永期における少弐貞頼「治罰」と「大宰少弐」

本節では、冬資の甥にあたる次代当主、少弐貞頼について検討する。冬資を謀殺した今川了俊は、一時少弐氏の守護職等を奪取したものの、至徳四年（一三八七）には、貞頼に還補した。この点は、了俊やその子息貞臣から、貞頼に宛てて筑前国内所領に関する打渡命令がなされていることから明らかである[96]。しかし、了俊は、貞頼の被官で守護代として活動していた宗澄茂を掌握して筑前支配を継続しており[97]、この間の貞頼の活動は低調である[98]。了俊は、応永二年（一三九五）閏七月、九州探題を罷免され上洛するが、貞頼はこれに協力しており[99]、了俊とは最後まで対立関係になかったとみられる。翌応永三年三月、新たに渋川満頼が九州探題に任命された。本節では了俊上洛以降、貞頼が死没する応永一一年六月までを考察対象とする。

1　少弐貞頼の権力基盤と幕府・探題との関係

まず、当該期に幕府から貞頼に宛てられた文書は、次の史料でその存在が確認されるのみである。

> 其後何條御事候哉、承度候、雖何ヶ日不申入候、聊不存等閑候、御同心ニ候者所仰候、①抑京都御教書并御内書到来候、自當方可付申由、被仰下候間進候、急々御請文可然候、②隨而任御教書之旨、御發向候者、先此境ニ御出、可目出候、諸事申談、同心ニ可注進仕候、恐々謹言、
>
> 十二月廿五日　　　　　　　　貞頼（少弐）（花押）
>
> 嶋津上総入道殿（伊久・久哲）[100]

これは、貞頼から島津久哲（伊久）に宛てられた書状である。傍線部①より、貞頼は幕府から御教書・御内書を受け取っていることがわかり、これらの文書を島津氏に伝達するよう命じられていたことが窺える。この文書が発給されたのは、伊久が出家していることから、応永三年以降とみられる[101]。また、傍線部②より、京都御教書は島津氏に「発向」を求める内容であったことがわかる。これに伴い、貞頼は久哲に、「此境」すなわち自身の許に向かうよう勧めている。当該期、島津氏が北部九州に向かうよう幕府および少弐氏に求められるタイミングと言えば、久哲の次男忠朝らが肥前で新探題渋川満頼に見参した応永四年が想起される[102]。この想定が正しければ、掲出史料はその直前の発給ということになる。一般に、貞頼は当初から満頼に従わなかったと捉えられる傾向にあるが、満頼下向直後の貞頼は、探題への対抗を明確には志向していなかった点をここでは確認しておきたい。なお、これ以前

に大友親世も島津伊久に書状を送っており、「九州之大義一人而難計候」と述べ、九州での主導的立場を自認し、大内義弘・島津伊久との協力を模索している。[103]この親世の認識と貞頼が幕府から期待され、かつ実際に担った役割は、矛盾する。あるいはこの点に、この後の大友・大内氏と少弐氏の対立の前提があるのかもしれない。

応永五年、貞頼治罰の幕府御教書が発せられた。[104]その要因は、貞頼が探題・大友氏・大内氏と対立関係に陥ったことによるが、特に探題との対立の背景を探るため、貞頼の独自の活動に基づく発給文書について、以下検討しよう。まず、所務関係について、関連する貞頼発給文書を一覧化すると【表3】のようになる。

貞頼は安堵状・宛行状・預置状を発給し、その範囲は筑前・肥前・豊前に及んでいるが、やはり特筆されるのは、貞頼が所務沙汰の裁定を担っている点である。これは、裁定にかかる問状や打渡を命じる文書の冒頭に、「～申」というかたちで記されるように、押領や違乱を受けたと主張する寺社や国人が貞頼の裁定を求めたためである。貞頼が裁定の根拠とするのは、「公験證文」や「相続之旨」、「理運」などである。公験として申請者が保持する過去の幕府発給文書が用いられた可能性はあるが、幕府が裁定し、貞頼宛にその遵行を求める文書を発したわけではない。すなわち、これらは全て貞頼による独自の裁定である点が第一節で考察した頼尚期との相違点である。

貞頼の裁定は、論所の打渡を求める書下や書状の形で表出される。こうした文書は、使節宛に出される場合もあれば、押領主体の論人に直接打渡を命じる場合もある。また、訴人側にこうした文書が出される場合もあり、その際は貞頼の「打渡」意志が表現される。これには「不可有知行相違」という表現が付される場合があり、安堵とほぼ同義の文書となる。

しかし、かかる訴訟の裁定に貞頼が積極的であったかというと、一概にそうとは言えない。

下田方状委細一見候了、抑下座郡事、無其隠御神領事之間、於身雖難有成敗地候、自貴殿様承之間、先可渡進候、後日落居者、於京都可爲御沙汰候之間、身之不可有才覺候哉、恐々謹言、

【表3】所務関係少弐貞頼発給文書

No.	年月日	内容	差出	宛所	対象国	対象所領	裁定の申請者	裁定の根拠	貞頼の具体的対応	書止文言	出典	『太宰府12』頁
1	応永2年10月3日	問状	太宰少弐	神邊式部少輔入道	肥前	萱方村	小鳥居萱方法眼信定代	―	何様事哉、早可被明申候也	仍執達如件	太宰府天満宮文書	四六六
2	応永5年4月2日	安堵	貞頼	楠田寺院主御房	筑前	原田庄内楠田寺免田壹町餘畠地	―	任代々支證之旨	不可有相違	状如件	大悲王院文書	四九二
3	応永5年4月2日	打渡（使節宛）	貞頼	守護代	筑前	稲本村内引田坪弐町小	宗像社雑掌	任公験證文等之旨	退違亂輩、可被沙汰付下地於雑掌	状如件	宗像神社文書	四九二
4	応永5年4月27日	安堵	貞頼	塔原寺院主御房	筑前	原田塔原寺開發免田参町	塔原観音堂院主玄意	任先祖代々寄附證状等	知行之、可被抽祈祷丹誠	状如件	藤瀬文書	四九三
5	応永5年閏4月25日	安堵	貞頼	松浦中村越前守	筑前	筑前國怡土・志摩両郡本知行分地等	―	任支證	領掌不可有相違	状如件	中村令三郎氏所蔵文書	四九四
6	応永7年3月1日	宛行	貞頼	筑紫次郎	豊前	規矩郡内曾禰村	―	―	所宛行也	状如件	筑紫古文書	五一〇
7	応永7年5月9日	打渡（訴人宛）	貞頼	成恒（種隆）又五郎	豊前	上毛郡成恒名地頭職	相良方	任代々證状等之旨	成恒又五郎種隆仁打渡候也	状如件	成恒文書	五一一
8	応永7年9月16日	安堵	大宰少弐	田原鶴松（親幸）	筑前	怡土庄内末永拾餘町	―	任相續之旨	知行領掌不可有相違	仍執達如件	碩田叢史田原家文章	五一六
9	応永7年10月26日	預置	貞頼	宗像（氏重）大宮司	筑前	宗像郷内宮永拾七町・牟流木七町分・石田伍町	―	―	爲料所々預置也	状如件	宗像神社文書	五一六
10	2月8日	打渡（論人宛）	貞頼	宇佐囗宮司	豊前	下毛郡河原神殿	―	任相続之旨	可被避渡秣五郎候也	恐々謹言	到津文書	五三七
11	6月15日	打渡（使節宛）	貞頼	土穴新左衛門尉	豊前	下毛郡河原神殿	秣五郎	代々無相違事候	社家違乱之條、不可然候、其段能々可被仰	恐々謹言	到津文書	五三九

12	8月18日	打渡（論人宛）	貞頼	青柳兵部	筑前	博多大馬場屋敷	失上彦四郎	任理運	急速彼仁ニ可被打渡候也	恐々謹言	御油座文書写	五三九
13	8月30日	打渡（訴人宛）	貞頼	立田遠江守	筑前	下座郡	（立田遠江守）	―	先可渡進候	恐々謹言	阿蘇文書	五四〇
14	11月14日	預置	貞頼	―	筑前	稲本村	―	―	預置申候	恐々謹言	宗像神社文書	四九二 五四一

八月卅日　　　　貞頼（花押）

立田遠江守殿[105]

これは、下田氏と立田氏の間で相論となっていた阿蘇社領の筑前国下座郡内の所領について、貞頼が裁定した文書である。下田氏は肥後飽田郡下田郷を本貫とする阿蘇氏被官で、立田氏は肥後立田郷を本貫とする阿蘇氏一族とされる[106]。貞頼は、論所が阿蘇社領であるため、自身は裁定する立場にないと述べる。しかし、立田氏の訴えを無視できず、とりあえず論所を立田氏に打渡すが、後日幕府の沙汰を経た上で「落居」とするよう伝えている。ここから、貞頼が独自の裁定を自らすすんで行ったとは限らないことが窺える。国人層や寺社関係者を含む在地側に、幕府や探題とは別の裁定主体を求める強い動機があったとみられる。

また、論所は貞頼の守護分国内であるにもかかわらず、貞頼は裁定を忌避している。このことから、貞頼が所務相論の裁定を担うか否かを判断する基準は、守護職の有無ではなく「領」であったことがわかる。所務沙汰の裁許は、自身の所領内相論に限定されるという鎌倉期以来の原則を、貞頼は踏襲しつつも、自領以外の相論にも都度関与せざるを得なかったのである。

この点は、再度【表3】に立ち返り、時期的特徴に注目することでも確認できる。貞頼と探題満頼の抗争が表面化し、貞頼が幕府の治罰対象となって守護解任が確実視されるのは、応永四年九月〜応永六年末とされる[107]。【表3】

をみると、この間も貞頼は訴訟や安堵申請を受けている。少弐氏は、守護であるか否かにかかわらず、むしろ幕府の治罰対象となったが故に、紛争に伴う国人層の権益保持・拡大欲求の一つの受け皿とされる傾向を看取できる。

以上を踏まえた上で、探題の裁定と貞頼の関係を確認しよう。まずは、応永九年前後の筑前志摩郡志登社地頭職をめぐって、詫摩満親が提起した訴訟を取り上げたい。探題渋川満頼は、応永八年一一月、同職を含む詫摩氏の本領を安堵した。(108) しかし、志登社地頭職の知行は困難だったとみられ、満頼から貞頼に次の文書が出されている。

詫間別当五郎本領志土社地頭職事、不可有相違之由承候、喜入候、仍此仁参候、早々被仰付候者本望候、恐々謹言、

五月廿四日　満頼（渋川）（花押）

太宰少弐殿（貞頼）(109)

これより先、満頼は貞頼に志登社地頭職について照会したらしく、貞頼から同職に関し、「不可有相違」という考えを聞き、喜んでいることがわかる。そして来訪する満親に対し、沙汰付等の対応を講じるよう、丁重な表現で貞頼に依頼している。これを受け、貞頼は周辺国人の榊・新原両氏に下地の沙汰付を命じた。(110) このように、本事例は、探題の裁定と貞頼の意向が一致し、貞頼が現地執行を担ったものである。

しかし、先述したように、貞頼は紛争に伴う国人層の権益保持・拡大欲求の結集核とされる傾向がある。応永一一年の肥前千葉氏の内訌もこうした視角から見直すと、以下のように捉えられよう。家臣の鎰尼泰高と対立した千葉胤基は、探題満頼の「成敗」によって解決を図ったが、泰高は承引せず、貞頼に接触を図った。貞頼は泰高を支持したため、満頼はこれを貞頼の「陰謀」と判断した。そして、これが二度目の満頼と貞頼の軍事衝突に発展する。このように、紛争当事者の一方を貞頼が支持し、他方が探題の支持を得た場合、貞頼と探題との対立は不可避である。これに様々な矛盾を抱えた国人層や諸々の思惑を抱く守護家が介入し、両陣営に分かれる。貞頼以降の少

弐氏は、頼尚のように、将軍やその周辺と強固な繋がりがあるわけではないため、基本的に幕府は、探題を支持することになる。少弐氏が断続的に幕府の治罰対象とならざるを得ない理由の一つはこうした点にあるものとみられる。しかし、同時に幕府が少弐氏の守護職を解任し治罰対象としたところで、少弐氏の支持基盤に直接的な影響を及ぼすことは難しいのである。

ところで、貞頼はこうした情勢に対し、受動的な姿勢に終始したわけではない。最後に貞頼の感状・軍勢催促状などの軍事関係文書を検討することで、この点を明らかにしたい。

今度参陣之條悦入候、隨而篠原・中村之者共等、適々御分一家之事候上、又先忠之仁之儀、不便次第候、参候者可加扶持候、内々其旨可被存知候、恐々謹言、

三月晦日　　貞頼（花押）

恒光備中入道殿[111]

この史料で貞頼は、自身の下に参陣した恒光氏に対し、「一家」の篠原・中村両氏に参陣を促すよう求めている。注目すべきは、軍勢催促の論理を表す傍線部の表現である。貞頼は、国人層に「扶持」を加えるとして軍勢を募っている。これは、頼尚や冬資が軍勢催促の際、国人層を「見継」対象と捉えていたことを想起すれば、大きな変化と言わざるを得ない。先述のように、貞頼は独自の宛行・預置・安堵・打渡を確立したが、受益者にとってこれらは貞頼からの恩賞とほとんど同義である。貞頼は自らの支持層に、この恩賞化した諸権能を行使して「扶持」の対象とし、これを権力基盤となしたのである[112]。

2　中世後期の「大宰少弐」

ここまで、頼尚・冬資・貞頼三代にわたる権力基盤や政治的役割について検討してきたが、特に貞頼期に顕著な

ように、九州の国人層の一部がなぜ少弐氏に裁定を求め、扶持を望み、果てには幕府への抵抗を意味する軍事活動にまで従うことになるのか、という問題には十分に考察が及んでいなかった。換言すれば、国人層が権益の拡大や保持のために、幕府―探題に対峙しうる結集核として、少弐氏を選択するのは何故かという課題である。最後に、この点について一つの見通しを提示したい。

この問題に迫るには、少弐氏の政治的地位を幕府や他の守護家、国人層等がどのように認識していたのかを明らかにしなければならない。これに加えて、少弐氏自身の自己認識の解明も必要である。これらを探る一つの手段として、少弐氏が文書中でどのように呼称されているのか、少弐氏がどう自称しているのかを【表4】を用いて網羅的に分析することにする。

まず、「守護」の呼称に着目する。国人層が少弐氏に対しこの呼称を用いるのは、観応の擾乱以前と幕府帰参後の頼尚に対してのみである。本稿で明らかにしたように、少弐氏がこの時期、幕府と九州在地勢力の間を媒介する存在であったことと符合する。

このように、一部の時期に使用が限られる「守護」に対して、通時的に使用されるのは、「大宰少弐」である。これは幕府の役職である「守護」と異なり朝廷官途で、かつて九州を統轄した大宰府の次官を指す。初代資頼が九州に下向し、この官途を獲得して以降、少なくとも頼尚までは、正式に任官していたとみられる[113]。この官途を短縮した「少弐」、その任地に因んだ「宰府」、それらが融合した「少府」という呼称も派生し、使用されている。本来の苗字である「武藤」は、当時からこれらの呼称に代替されることがほとんどである。

この利用の特質を考えるうえで、二つの時期に注目したい。一つは頼尚の筑後守任官期である。主に、頼尚の直冬与同期から幕府帰参期が該当する。頼尚は、父祖が代々筑後守に任官していることに因み、自ら所望してこれに任官した[114]。当該期、頼尚は自称として「大宰少弐」をほぼ使用していない。例外的に明記する際も「従五位上前大宰少弐兼筑後守藤原朝臣」と記し、現任ではないことを明示している。しかしながら、この時期の九州国人は、頼尚を「大宰少弐」「宰府」「少府」と呼ぶことがある。「筑後守」を用いたとしても、これに「大宰」を冠している。ここから頼尚に対する国人層の認識が窺えよう。すなわち、現実の任官状況や所在地にかかわらず、頼尚には「大宰少弐」の役割、「大宰府」という場のイメージが仮託されているのである。九州におけるこうした認識は、幕府側にも波及したとみられ、同様に頼尚を「大宰少弐」または「大宰筑後守」と呼称する例が圧倒的である。

次に、幕府―探題から討伐対象とされた時期の貞頼に対する呼称について確認しよう。前提として、これ以前、敵対勢力が少弐氏を呼称する際、官途は用いられない。例えば、一四世紀前半の幕府配下の頼尚を、南朝側は単に「頼尚」、あるいは「凶徒頼尚」と呼ぶし、南朝年号使用期の頼尚を幕府は「頼尚」としか呼称しない。当然ながら、討伐対象の官途を認めるような呼称を用いるわけにはいかないのである。しかしながら、貞頼が幕府―探題と軍事衝突した応永四年九月~応永六年末と応永一一年においては、探題方の国人はおろか、探題自身も、貞頼を「大宰少弐」「少弐」と呼称している。貞頼自身もまた「大宰少弐」以外の官途を用いない。これは、「大宰少弐」という官途の家職化と捉えられよう。少弐氏に対する九州国人の意識が、幕府や少弐氏自身の認識をも変え、当該期に定着したといえる。これと前後して、大宰府という地域の政治性が失われる点も示唆的である(115)。この家職化は、実際の任官とは無関係なため、幕府には剥奪しようがない、認めざるを得ない家柄となり、ひいては少弐氏に権威が生じるのではなかろうか。南北朝期の足利直冬や懐良親王など、国人層の強力な結集核となり得る中央由来の貴種が存在しなくなった一五世紀以降の九州において、一部の国人が少弐氏の下に結集する理由は、此辺にあると考えられる。こうした九州独自の家格・秩序意識は、一六世紀中頃まで継承される。戦国期に少弐氏と対立する大内氏が「大宰大弐」の任官に拘るのも(116)、こうした意識が背景にあると考えられよう。

少弐頼尚 幕府帰参期	少弐冬資	少弐貞頼
太宰筑後守頼尚（4186） 太宰筑後守 （4125·4163·6369·6603·4809） 武藤筑後守（4164） 頼尚（4148·4412） 大宰筑後前司頼尚（4153） 大宰筑後入道本通（4424·4702）		
大宰少弐（4135）		
	大宰少弐 （5038·5054·5057） 少弐（5342）	大宰少弐（*523） 貞頼（*480·508） 大宰少弐貞頼（*493·496） 少弐入道本恵（*531） 本恵（*531） 少弐（*532）
太宰筑後守（4266） 筑後守頼尚（5196）		少弐（*450·486） 少弐冬資（*451）
太宰筑後守頼尚（4129） 少府（4131） 筑前国守護筑後前司頼尚（4159） 守護頼尚（4699）	大宰少弐冬資 （6812·5392） 冬資（4303·4430） 少府（4530） 大宰少弐（5112） 少弐（6062）	少弐（*500）
頼尚 前筑後守（4179）	冬資 大宰少弐冬資 大宰少弐藤原冬資 （4290）	貞頼 大宰少弐（*466·516）

【表４】少弐氏に関する呼称一覧

		少弐頼尚		
		幕府配下期	直冬与同期	南朝年号使用期
他称	将軍	大宰少弐（1610） 大宰少弐頼尚（1779）	太宰筑後守頼尚（2875） 頼尚 （3242･3247･3286･3326）	頼尚（3645）
	幕府関係者	大宰少弐 大宰少弐頼尚	筑後守頼尚（3490）	頼尚（3652）
	九州探題	大宰少弐 大宰少弐頼尚 頼尚（1481） 少弐（6774）	頼尚 筑後守頼尚（3400）	
	足利直冬		筑後守（3451） 大宰筑後守（3017･3127）	
	征西府	頼尚（2033･2215･2351） 凶徒頼尚（2240･2359･2365）		
	守護			
	国人（地頭御家人）	守護（755･2329） 少府（1240） 宰府（1240･1495･2163） 少弐（1524） 大宰少弐頼尚（1654） 筑州（2769）	筑後守（3095） 筑後守頼尚（3239） 宰府（2900） 筑州（3303） 大宰少弐頼尚（3379）	
	被官（家人・代官）	少府（1538） 上･地頭殿（註（24）拙稿）		
自称		頼尚（被官宛） 大宰少弐→筑後守（国人宛） 大宰少弐頼尚→筑後守頼尚（幕府宛）	頼尚 筑後守（3320） 筑後守頼尚（2927）	頼尚 筑後守 従五位上前大宰少弐兼筑後守藤原朝臣（4019）

※（）内は典拠となる『南北朝遺文九州編』の号数。＊を付す場合は『大宰府・太宰府天満宮史料』12の頁数。ただし、事例が多い場合は割愛した。

おわりに

本稿を閉じるにあたって、少弐氏と国人層の関係を、幕府の存在も踏まえて三段階にまとめつつ、九州の「室町時代」の特質や画期に関して、本稿の検討に基づく見通しを述べておきたい。それぞれの段階の特徴は、各時期の少弐氏発給文書に見られる「執達」「見継」「扶持」という語を手がかりに説明できるように思われる[117]。

まず、第一節で検討した一四世紀前半において、少弐氏は、自身の被官を譜代の家人などに限り、これと厳格に区別した形で国人層に接した。少弐氏は幕府から守護に任じられ、幕府と国人層を媒介するが、その活動全てが幕府のコントロール下にあるわけではない。軍勢催促や雑務沙汰、闕所地預置などは事実上、自身の裁量下にある。それでもこれらの行為を、あくまで「執達」と位置付ける。これは「上位を受けて、下に取りつぎ、伝達すること」である。国人側も当該期の少弐氏発給文書を、「御施行」「御奉書」と捉えることが多い[118]。少弐氏の背後に、幕府の存在を想定しているのである。

つづいて第二節で検討した一四世紀後半、足利直冬や征西府が一時強大化し、九州に対する幕府の関与が希薄化するなかで、少弐氏は国人層と相互に「見継」ことを契約するようになる。これは「相手の危機を見て、力を添え、援助する」ことであり、幕府など上位権力と無関係に、国人層を軍事動員できるよう企図したものである。対して、国人層の一部は、幕府が事実上放棄している紛争解決や権益回復の方策として、少弐氏の裁定に依拠するようになった。同時に、少弐氏を実際の任官状況や所在地にかかわらず、「大宰少弐」とみる認識が拡がっていく。

この構図は今川了俊によって一旦解体されるも、第三節で検討した一四世紀末から一五世紀初頭にかけて、より先鋭化した形で復活する。それは国人層の「扶持」である。これは「非力なもの、自立できないものに力を貸して、その存立を支えてやること」であり、さらに「自分の家臣として、俸禄を与えること」をも意味する。守護職では直接説明できない中世後期の少弐氏の権力基盤は、こうして成立したのである。そして、その政治的地位は、実態があるわけではないものの、幕府や国人層、守護家、そして少弐氏自身の認識でもある「大宰少弐」という官途で象徴化されたといえよう。

それでは、九州における「室町時代」の画期は、どこに見出せるのだろうか。九州の「室町時代」の定義が定まっていない現時点で、この問題に立ち入るのは困難である。ただし、少弐氏を素材に本稿で明らかにした変化を、時代を画する転換とみるならば、一四世紀後半から一五世紀初頭における段階的変化に、その画期を見出すことができるかもしれない。

最後に、「九州の論理」と少弐氏の関わりについて触れておきたい。天皇や将軍に連なる貴種で名分化することなく幕府に対峙したという点から、「九州の論理」を最も体現した一人に、少弐貞頼を挙げることは許されよう。一方で、彼を支持する九州の武士たちが、前代以来の朝廷官職や府衙の継承に価値を置く以上、ここに「日本」の枠組からの「独立性や自立性」まで認めることは難しい。「九州の論理」の射程を明らかにするには、さらなる多角的な検討が求められる。

註

（1）佐藤進一『鎌倉幕府訴訟制度の研究』（岩波書店、一九九三年、初出一九四三年）、石井進『日本中世国家史の研究』（岩波書店、一九七〇年）、瀬野精一郎『鎮西御家人の研究』（吉川弘文館、一九七五年）、川添昭二「鎌倉時代の筑前守護」（同著『九州中世史の研究』吉川弘文館、一九八三年、初出一九七一年）、藤田俊雄「鎌倉初期の大宰府機構について」（『熊本史学』五五・五六、一九八一年）、本多美穂「鎌倉時代の大宰府と武藤氏」（九州大学国史学研究室編『古代中世史論集』吉川弘文館、一九九〇年）など。

（2）川添昭二「南北朝時代における少弐氏守護代について」（前掲註（1）川添著書、初出一九六三年）、山口隼正『南北朝期九州守

護の研究』（文献出版、一九八九年）、外山幹夫「少弐氏の衰滅過程と龍造寺氏」（同著『中世九州社会史の研究』吉川弘文館、一九八六年）。

（3）佐伯弘次「大内氏の筑前国支配」（川添昭二編『九州中世史研究』第一輯、文献出版、一九七八年）、同「永享十二年少弐嘉頼赦免とその背景」（地方史研究協議会編『異国と九州』雄山閣、一九九二年）、本多美穂「室町時代における少弐氏の動向」（『九州史学』九一、一九八八年）。

（4）堀本一繁「明応の政変と少弐氏」（『福岡市博物館研究紀要』一〇、二〇〇〇年）、同「少弐冬尚滅亡に関する一考察」（『少弐氏と宗氏』二二、一九九四年）。

（5）山田徹「室町時代の支配体制と列島諸地域」（『日本史研究』六三一、二〇一五年）、堀川康史「室町幕府支配体制の形成と展開」（『歴史学研究』一〇四三、二〇二三年）。

（6）荒木和憲「室町期北部九州政治史の展開と特質」（『日本史研究』七一二、二〇二二年）。

（7）森茂暁『懐良親王』（ミネルヴァ書房、二〇一九年）三二三頁。

（8）川添昭二『菊池武光』（戎光祥出版、二〇一三年、初出一九六六年）一四〇頁。少弐頼尚は南北朝政治史上の重要人物と言えるが、専論はほとんどなく、頼尚と対立・協調関係にあった九州探題、足利直冬、征西府に関する諸論考や各種人物評伝などによって断片的に考察されている程度である。

（9）「筑前榊文書」『南北朝遺文』九州編（以下『南』と略記）二四七五号。傍線等は筆者による（以下同）。

（10）瀬野精一郎『足利直冬』（吉川弘文館、二〇〇五年）九頁。

（11）頼尚は、将軍足利尊氏から畿内における北畠顕家の撃破や足利直義の騒動に関する情報を提供され、これを九州国人に周知しているが、尊氏から畿内や京都への軍事動員を求められてはいない。「豊前薬丸文書」建武五年二月一六日「少弐頼尚施行状」『南』一一三一号、「筑前徳永文書」康永四年二月一日「少弐頼尚施行状」『南』二〇八五号、「筑前徳永文書」貞和六年正月七日「少弐頼尚施行状」『南』二六八八号等を参照。

（12）「筑後大友文書」建武五年後七月一日「足利直義御判御教書案」『南』一二一三号、「筑後大友文書」康永元年五月三日「足利尊氏御判御教書案」『南』一七七九号。

（13）「肥後相良家文書」『南』二二七四号。

(14)「肥後相良家文書」暦応三年八月一八日「少弐頼尚感状」『南』一五六九号、「肥後相良家文書」暦応三年八月一八日「少弐頼尚感状」『南』一五七〇号、「肥後相良家文書」康永元年一〇月六日「少弐頼尚感状案」『南』一八六四号。『南』はこれらを感状と捉えるが、一四世紀後半に見られる頼尚感状とは性格が異なる。この点については第二節で後述する。
(15)「肥後阿蘇家文書」『南』一三八九号。
(16)「肥後阿蘇家文書」『南』一二一〇八号。
(17)「肥後相良家文書」暦応三年一二月六日「足利尊氏御教書写」『南』一六一〇号。
(18)「豊前興国寺文書」暦応四年五月二九日「足利直義御教書」『南』一六七〇号、「肥後相良家文書」暦応四年五月二九日「足利直義御教書」『南』一六七一号。
(19)「筑後大友文書」建武五年正月六日「高師直施行状」『南』一一一四号、「肥後壽勝寺誌所収」康永元年八月一九日「高師直奉書写」『南』一八四二号、「肥後小代文書」康永三年七月二二日「高師直奉書写」『南』二〇三八号。
(20)「豊前上田文書」暦応五年二月五日「高師直奉書案」『南』一七四八号。
(21)「豊後詫磨文書」暦応四年三月一四日「前参河守某奉書」『南』一六三二号。発給者の比定は、佐藤進一「室町幕府開創期の官制体系」（同著『日本の中世国家』岩波書店、二〇二〇年、初出一九六〇年）による。
(22)「豊後土居寛申蒐集文書」建武五年八月五日「足利将軍家御教書案」『南』一二二六号。
(23)「豊前小山田文書」暦応三年三月一四日「足利将軍家御教書」『南』一四八九号、「山城八幡善法寺文書」貞和二年一一月八日「上杉重能奉書案」『南』二二六四号、「山城八幡善法寺文書」貞和三年八月一八日「上杉重能奉書案」『南』二三五六号。発給者の役職については、前掲註（21）佐藤著書参照。
(24)【表1】№4の宗刑部丞経茂は、少弐氏所領の代官等を務めた少弐氏被官であるため、守護代宛ての部類に準じる。拙稿「南北朝期宗氏による対馬支配と少弐氏」（『古文書研究』九二、二〇二二年）参照。
(25)当該期の職名としては「鎮西管領」とすべきであるが、本稿では煩を避けるため、幕府派遣の九州統括者を「九州探題」の呼称で統一する。川添昭二「鎮西管領一色範氏・直氏」（森貞次郎博士古希記念論文集刊行会編『古文化論集』下、森貞次郎博士古希記念論文集刊行会、一九八二年）参照。
(26)前掲註（2）山口著書など。

(27)「山城島田文書」『南』二〇六九号。
(28)「祇園執行日記紙背文書」『南』一四八一号。
(29)小澤尚平「南北朝期室町幕府の九州統治―鎮西管領一色道猷の活動を中心に―」(『日本歴史』八七九、二〇二一年)。
(30)「豊後広瀬文書」『南』一五九九号。
(31)「筑前徳永文書」『南』二六五〇号。
(32)「肥後阿蘇家文書」『南』二二三〇九号。
(33)「肥後阿蘇家文書」『南』二四三七号。征西府関係者の発給とみられる「肥後阿蘇家文書」(正平二年)一一月二七日「某書状写」『南』二四〇五号にも、「頼尚以下参御方之由承候」と記される。
(34)瀬野精一郎「少弐頼尚の足利直冬与同時期について」(同著『歴史の陥穽』吉川弘文館、一九八五年、初出一九八三年)には、根拠は明示されないが、直冬与同以前、「頼尚は道猷の支配下にあることを潔しとせず、征西将軍宮方に与同して道猷と戦うことさえ意図した」との記述がある。
(35)「肥後阿蘇家文書」貞和六年九月二八日「少弐頼尚書状」『南』二八九三号。
(36)川添昭二「鎌倉・南北朝時代における少弐氏の所領」(前掲註(1)川添著書、初出一九六六年)、前掲註(2)山口著書。
(37)「肥後相良家文書」『南』一二四〇号。
(38)「肥後相良家文書」(暦応三年)六月二五日「饗庭妙雲書状」『南』一五三八号。
(39)「肥後相良家文書」『南』二三六四号。
(40)「肥後阿蘇家文書」康永三年三月八日「少弐頼尚書下写」『南』一九九八号、「肥後阿蘇家文書」康永三年三月八日「少弐頼尚書下写」『南』一九九九号。
(41)前掲註(36)川添論文は、頼尚が八代庄に何らかの権益を有していたと推定する。
(42)「肥後相良家文書」『南』六五一八号。
(43)「肥後相良家文書」『南』一二三〇号。
(44)「肥後相良家文書」康永四年一一月日「税所宗圓申状案」『南』二一六三号。
(45)前掲註(36)川添論文。

(46) 前掲註(24)拙稿。
(47)「豊後詫磨文書」建武五年三月七日「少弐頼尚預ケ状案」『南』一一四五号、「肥後阿蘇家文書」康永三年三月二〇日「少弐頼尚預ケ状写」『南』二〇〇二号、「肥後島田文書」康永三年七月晦日「少弐頼尚宛行状」『南』二〇四二号。
(48)「筑前宗像神社文書」『南』二〇五六号。
(49) 羽下徳彦「苅田狼藉考」(『法制史研究』二九、一九七九年)。
(50)「肥前修学院文書」建武五年閏七月一一日「少弐頼尚書下」『南』一二二九号。
(51)「豊前小山田文書」暦応四年閏四月一一日「少弐頼尚書下」『南』一六五一号。
(52) 前掲註(7)森著書。
(53)「筑前由比文書」(観応三年カ)一〇月一〇日「少弐頼尚感状」『南』三四六九号、「筑前由比文書」観応三年一〇月一六日「少弐頼尚感状」『南』三四七二号。
(54)「筑前由比文書」(観応二年)一〇月一三日「少弐頼尚挙状」『南』二九二七号など。
(55)「筑前田村文書」観応三年九月一〇日「足利直冬書下」『南』三四五一号。
(56)「豊前永弘文書」観応三年正月二九日「少弐頼尚施行状」『南』三三二〇号、「豊前永弘文書」観応三年正月二九日「少弐頼尚施行状」『南』三三二一号など。
(57)「肥後阿蘇家文書」(貞和六年)一一月一六日「少弐頼尚書状写」『南』二九二三号。
(58) 亀田俊和『観応の擾乱』(中公新書、二〇一七年)。
(59)「筑前由比文書」(貞和六年)九月二八日「少弐頼尚軍勢催促状」『南』二八六二号などには、「自京都被仰下子細候」とあり、実際に直義からの働きかけもあったとみられる。
(60) 前掲註(28)暦応三年二月日「一色道猷目安状」傍線部④。
(61) 以上の経緯は、瀬野精一郎『足利直冬』(吉川弘文館、二〇〇五年)による。
(62)「豊前高並文書」正平八年七月二三日「少弐頼尚書下写」『南』三五七二号、「筑前由比文書」(正平八年カ)四月一日「少弐頼尚書状」『南』三五四〇号、「豊前高並文書」(正平一〇年)一〇月五日「少弐頼尚感状写」『南』三八二〇号。
(63)「豊前辛島文書」正平一二年八月一七日「少弐頼尚施行状」『南』三九八六号、「豊前辛島文書」正平一二年一二月一七日「少弐頼尚施行状」『南』四〇一六号。
(64)「八幡善法寺文書」正平一一年一〇月二日「後村上天皇綸旨案」『南』三九一一号。前掲註（2）山口著書によれば、征西府は頼尚の豊前守護職を解任し、国司を下向させたという。
(65)「周防国分寺文書」正平九年三月二六日「足利直冬寄進状案」『南』三六六四号。
(66)「古文書集八」『南』三六五五号。
(67)前掲註（24）拙稿。
(68)「豊前奥文書」『南』三七五八号。
(69)『時代別国語大辞典』室町時代編五（三省堂）。
(70)「肥前深堀文書」（延文四年）五月一五日「少弐頼尚軍勢催促状」『南』四一〇九号など。
(71)「児玉韞採集文書」延文五年三月一〇日「足利義詮御判御教書写」『南』四一八六号。
(72)「山城醍醐寺文書」『南』四一六三号。
(73)「山城醍醐寺文書」『南』四一六四号。『大日本古文書』家わけ第十九（醍醐寺文書之一）によれば、この文書は義詮の自筆である。
(74)「山城醍醐寺文書」年未詳八月二二日「足利義詮御内書」『南』六六〇三号、「山城醍醐寺文書」年未詳二月二七日「足利義詮御内書」『南』六三六九号。
(75)『宗像大社文書』第一巻、一二三八頁。
(76)前掲註（75）注解(6)(7)参照。
(77)肥前に派遣されていた頼尚被官の宗経茂は、頼尚側近に対し、肥前国人の高木貞房が「料所訴訟」のため「参府」すると報じている（「深堀文書」（延文五年）八月一二日宗経茂挙状『太宰府市史』中世資料編、四七七頁）。これも九州の国人層が頼尚に所務沙汰への対応を期待していることを示す事例である。
(78)「肥前松尾貞明所蔵文書」延文四年九月二日「室町幕府御教書」『南』四一三五号。
(79)「肥後阿蘇家文書」貞治六年一〇月七日「足利義詮御判御教書」『南』四七〇二号。
(80)なお、冬資の兄弟の頼澄が征西府方として当時活動しているが、本稿では考察の対象としない。
(81)「肥前龍造寺文書」康安二年一〇月日「龍造寺家経軍忠状」『南』四四二三号、「豊前門司文書」康安二年一一月日「門司親尚軍忠状」

(82)『南』四四三五号、貞治四年四月日「門司親尚軍忠状」『南』四五七一号。
(83)「肥前深堀文書」正平一六年九月日「深堀時勝軍忠状」『南』四三〇三号。
(84)「筑前榊文書」『南』四二七九号。
(85)拙稿「鎌倉期少弐氏による対馬支配と代官宗氏」（『九州史学』一八五、二〇二〇年）。
(86)吉良国光「中世村落における古文書の保存と活用―榊文書を素材として―」（大分県立芸術文化短期大学『研究紀要』四六、二〇〇八年）。
(87)前掲註（24）拙稿。
(88)『花営三代記』（『大宰府・太宰府天満宮史料』一二、一五五頁）。
(89)「肥後佐田文書」『南』六〇六二号。
(90)「毛利家文書」應安七年七月日「毛利元春軍忠状案」『南』五一一二号。
(91)「筑前太宰府天満宮文書」『南』五〇五四号。解釈については『太宰府市史』中世資料編五〇九頁を参照。
(92)川添昭二「今川了俊の発給文書」（同編『九州中世史研究』三、文献出版、一九八二年）。
(93)前掲註（91）川添論文。
(94)「筑前宗像文書」『南』五〇三八号。
(95)川添昭二「室町幕府成立期における政治思想―今川了俊の場合―」（『史学雑誌』六八―一二、一九五九年）。
(96)川添昭二『今川了俊』（吉川弘文館、一九六四年）一二三頁。
(97)「東京大学文学部蔵斑島文書」至徳四年一〇月一〇日「今川了俊施行状」『南』六〇二八号、「筑前深江文書」康應元年五月一〇日「今河貞臣書下案」『南』六〇八六号。
(98)前掲註（24）拙稿。
(99)貞頼発給の無年号文書は、了俊配下の時期とは異質な内容のため、本稿では、花押の形態が明確に異なる「筑前大悲王院文書」年未詳一二月三〇日「少弐貞頼巻数返事」『南』六八〇六号以外は、応永三年の渋川満頼探題就任以降の発給という仮定のもと考察を進める。
(99)「薩藩旧記」（応永二年）八月一六日大友親世書状写『大宰府・太宰府天満宮史料』十二（以下『大宰府』と略記）、四五〇頁。

(100)「薩摩島津家文書」年未詳一二月二五日「少弐貞頼書状」『南』六七九七号。
(101)科学研究費補助金研究成果報告書『中世後期守護権力の構造に関する比較史料学的研究』（研究代表者川岡勉）収録島津氏関係受発給文書データベース（新名一仁氏作成）。
(102)新名一仁「島津奥州家による領国形成とその特質」（同著『室町期島津氏領国の政治構造』戎光祥出版、二〇一五年）。
(103)「薩藩旧記」（応永二年）八月一六日大友親世書状写、『大宰府』四五〇頁。
(104)「綾部家文書」応永五年閏四月二二日渋川満頼施行状写、『大宰府』四九三頁。
(105)「阿蘇文書」『大宰府』四五〇頁。
(106)『甘木市史』（ぎょうせい、一九八二年）四六八頁。
(107)前掲註（3）本多論文。
(108)「詫摩文書」応永八年一一月一二日渋川満頼書下、『大宰府』五一二頁。
(109)「詫摩文書」『大宰府』五二三頁。
(110)「詫摩文書」応永九年七月二九日少弐貞頼書下、『大宰府』五一二頁。
(111)「廣瀬貞雄氏所蔵文書」『大宰府』五三八頁。
(112)ただし、貞頼以降の少弐氏権力は、頼尚以前と比べて、支持層が小規模化し、地理的にも筑前や肥前等の一部に限定されていく。こうした特徴も踏まえ、中世後期の少弐氏権力を評価する必要がある。
(113)鎌倉期における「大宰少弐」任官の政治的意義については、前掲註（1）瀬野著書を参照。
(114)「玉燭宝典紙背文書」年未詳九月二日少弐頼尚書状、今江廣道「前田本「玉燭宝典」紙背文書に見える典籍」（『国学院大学大学院紀要』二七、一九九六年）十二―二一。
(115)川添昭二「大宰府の変遷」（同著『九州の中世世界』海鳥社、一九九四年）。
(116)山田貴司「大内義隆の大宰大弐任官」（同著『中世後期武家官位論』戎光祥出版、二〇一五年、初出二〇〇六年）。
(117)以下、これらの語義は、『時代別国語大辞典』室町時代編（三省堂）による。
(118)「肥後相良家文書」（康永二年）八月四日「相良経頼書状」『南』一九五二号など。「執達」が用いられない少弐氏被官は、少弐氏発給文書を「御書下」と表現しており、対照的である（前掲註（24）拙稿参照）。

第六章　肥後からみた室町九州

小川弘和

はじめに

室町時代の九州では九州探題・渋川氏のもとで、筑前少弐氏・豊後大友氏・薩摩島津氏ら鎌倉時代初頭以来の守護家に加えて、南北朝内乱後半に周防・長門から豊前に進出した大内氏、平安以来の在来勢力たる肥後菊池氏が各国守護職を分有した。本稿の課題はかかる室町九州の部分集合としての肥後国の様相を、その全体像把握の素材として提供することにある。また同時に、肥後から俯瞰しつつその秩序観を探ることも試みよう。中世九州は史料に恵まれることもあり、その武家別・地域別の研究蓄積は重厚だ。けれども史料の不足を克服するべく早くから俯瞰的に全体像を描く試みが重ねられた奥羽とは対照的に、個別研究を総合した九州像の追究作業は立ち遅れてきた。[1]だが近年は研究の個別分散化の克服を目指して、また時期と地域の差を考慮しつつも、それを越えて中世日本の全体像を描こうという機運が高まっている。[2]かかる現在こそ、奥羽の蓄積に学びつつ中世後半の九州像を把握し、それを中世日本の全体像に投げ返していくことが求められるだろう。それにはまず何より地域横断的な基礎的事実の解明が必要だが、一方では議論の共通の叩き台となる、全体的秩序の仮説構築も試みるべきではないだろうか。

そこで中世後半の九州を俯瞰した試みを研究史に探ると、やはり川添昭二の業績が第一に挙げられよう。川添は室町・戦国期の総合的概説は残さなかったものの、その理解枠組みは九州探題・渋川氏に関する一連の論文から窺える。[3]それは大友・大内両氏の抗争を軸に、そこに色を添える存在として弱体化した少弐氏を加えたものだったと整理できるだろう。島津氏の本格的登場は戦国末の大友氏との直接対決まで持ち越されており、あの川添をしても、その射程はほぼ北部九州にとどまったのだった。

一方、川添は低く評価した九州探題・渋川氏に着目しつつ、同じく探題が置かれた奥羽と比較のうえで、室町幕府の両「遠国」支配という国制史的問題を考えたのが黒嶋敏であった。[4]かかる視座は一九八〇年代の遠藤巌の研究[5]以来途絶えがちで、また中世九州研究の側では希薄でもあったから非常に重要だろう。ただし、そこでは渋川氏の軍事指揮権と地域における「足利の秩序」の核たり得る権威とが強調されるものの、その事例は北部九州に偏っている。また探題のもとでの儀礼秩序が存在した奥羽とは異なり、渋川氏は自らのもとでの儀礼秩序を構築できなかったことを、書札礼の観点から小久保嘉紀が指摘してもいる。[6]よって黒嶋のように探題を軸に捉える限り、やはり北部九州しか射程に入れられず、また九州には固有の地域秩序はなかったということにもなりかねない。

ところが、近年南九州の研究を精力的に進めている新名一仁は、北部九州の二極対立が肥後を介して南九州に波及するという室町期の構図を提示した。[7]ここに南・北九州を同列に俯瞰・総合する糸口と、その要石としての肥後の位置がみいだせるのだ。これまで肥後の武家については、菊池氏は北部九州の、また相良氏は南九州の抗争の一角をなす存在として触れられるものの、大内・大友・島津各氏と比べると副次的存在として扱われる傾向にあった。だが肥後に視点を置くならば、そこは北西部をテリトリーとする守護家・菊池氏と南部をおさえる相良氏との連携を軸とする地域秩序のもとに、南・北九州を連動させるという、九州全体を俯瞰し得る位置を占めている。ここに一部分集合にとどまらない、室町肥後検討の意義がある。また、その秩序構造は末期征西府の体制に由来し、菊池氏は宮方でありながら九州守護家の一角を占めた。かかる肥後から九州を俯瞰することは、南北朝内乱の室町九州に対する規定性や、その結果としての固有の秩序の有無・様相を考える糸口にもなるだろう。そこで本稿では、近

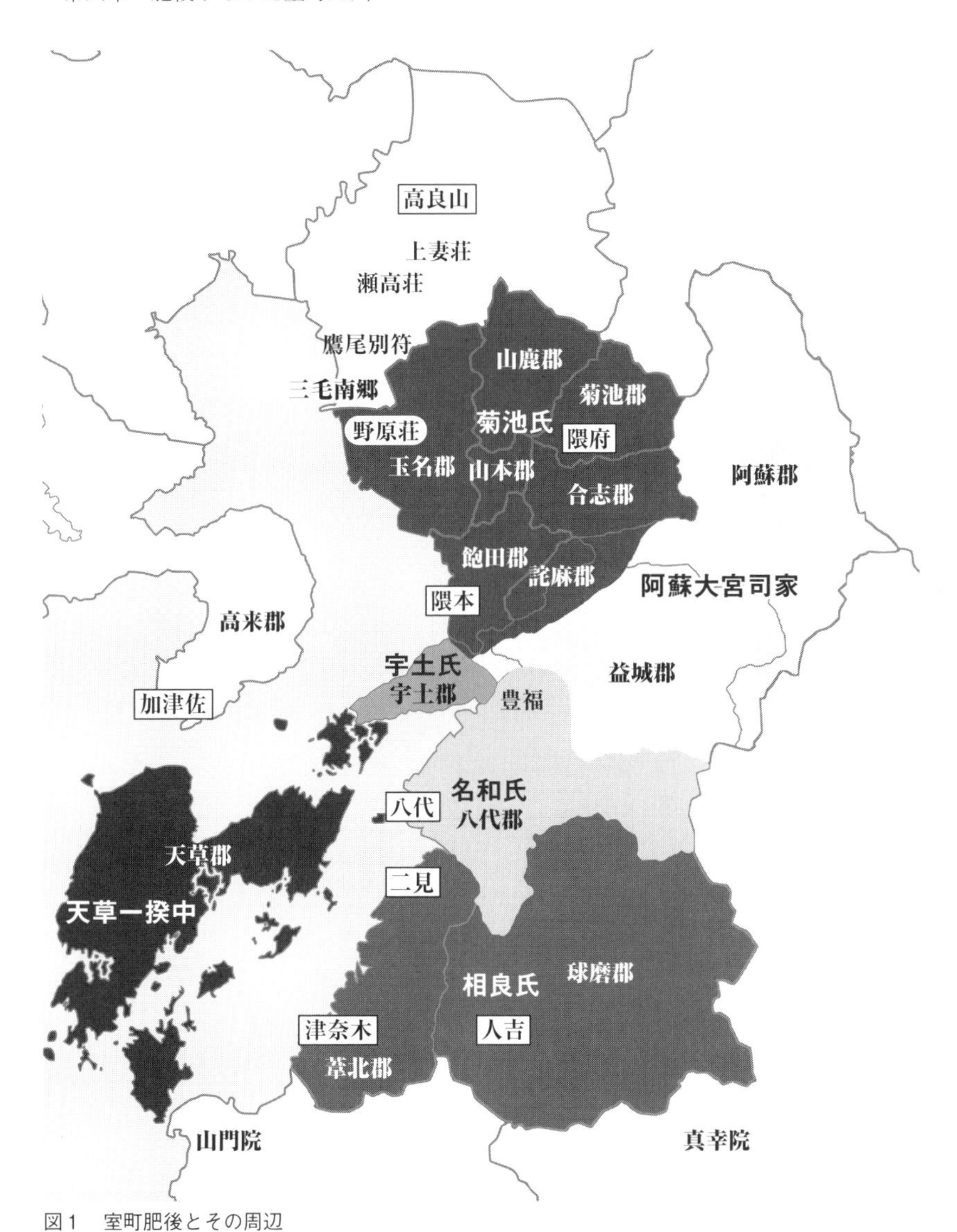

図１　室町肥後とその周辺

年急速に蓄積が図られている室町肥後研究の成果に依拠しながら、政治軍事的動態を規定する枠組みや秩序観のおおまかな整理・把握を試みたい。

一　室町肥後の秩序と前提

1　室町肥後の秩序構造と相良氏

室町期の肥後では北西部をおさえる守護家・菊池氏を中心に、宇土郡の宇土氏、八代郡の名和氏、球磨・葦北両郡の相良氏が協調するという一国規模の地域秩序が成立していた[8]。また菊池氏は阿蘇・益城両郡の阿蘇大宮司家の南北朝内乱以来の分裂・対立にも介入と調停を試みており、そこにも守護を軸とする秩序が一応は及んでいたといえるだろう[9]。

ところで、菊池持朝が追放した父・兼朝と弟・泰朝は相良氏のもとで保護されており、文安元年（一四四四）にはその処遇をめぐって両氏の間で緊張を孕む交渉が行われている[10]。だが同五年一〇月以降に島津氏が葦北郡の津奈木まで侵攻してきた際、菊池・相良両氏は共同でこれを退けた[11]。ここに一時の不和にもかかわらず、守護を軸とする秩序にもとづく国境の防衛体制が発動された様が窺える。また室町肥後ではここで触れた以外の国内武家間の深刻な紛争は確認できないので、その秩序は相応に機能したとみられよう。

そして兼朝・泰朝が身を寄せたように相良氏は、やや特別な位置にあったようだ。それは室町肥後の武家社会の構成員が、分裂していた大宮司家を除けば、八代征西府に集って最後まで武家方に抵抗した面々であるように、この秩序が末期征西府の体制を直接に受け継いだものだったからだろう[12]。山本隆一朗が明らかにしたように、八代征西府では菊池武朝が将軍宮を輔弼し、それと他の武家とを取り次ぐ立場にあったのが相良前頼だった。また山本は、前頼が南朝から「九州惣奉行」に任じられたと武家方で噂されたのは、これを指したものと推測している。[13]かかる八代征西府での相良氏の地位が、室町期にもその立場や菊池氏との関係に影響を残したのではないだろうか。

そしてそれは、南北朝内乱を通して相良氏が獲得したテリトリーと立場を前提としたものだった。鎌倉期には人吉荘に分立する相良諸家の一つだった佐牟田家は、地域的軍事同盟の盟主として、情勢に応じて武家方一色範親・宮方畠山三郎・武家方今川満範といった前線指揮官を迎え入れて肥後と南九州の「四州」境界地帯の顔役となっていき、球磨一郡を掌握するとともに葦北郡への影響も浸透させていく。かくして南九州国人一揆を代表して今川貞世と折衝に当たるに至った前頼の立場は、至徳二年（一三八五）初頭の電撃的な宮方転身後の特別な立場に引き継がれるとともに、内乱終結まで球磨・葦北両郡を死守して、室町期に繋がったのだった。[14]

かかる相良氏は室町期にも、島津氏と敵対する薩摩山北一揆への支援など南九州への影響を行使した。[15]また一時期は葦北と海を介して接する薩摩山門院を島津奥州家から割譲されるなど、[16]国境を跨ぐ存在であり続けたのだった。ただし日向方面への積極的拡大を図った内乱前半とは変わって、その南九州への干渉は島津氏に対する防壁の確保という性質が強まっていく。そしてその干渉は、菊池氏と連携したものでもあった。[17]〈四州境界地帯の武家〉であった南北朝期と異なり、室町期の相良氏は、肥後一国の秩序に依拠しつつテリトリーの南境界の安全保障を図る〈肥後の武家〉となっていくのである。それがひいては肥後一国の南境界を保全して、その秩序構造を保つことにも繋がったのだった。[18]

2　菊池氏と筑後・肥前

八代征西府陥落後に今川貞世に降った菊池武朝は、大内・大友・島津諸氏と対立した貞世によって相良前頼とともに復権し、本領・菊池を回復しつつ守護代に任じられる。京都に召喚・罷免された貞世に代わって送り込まれた九州探題・渋川満頼と、それに従った大内・大友・島津諸氏との衝突を続けた武朝だったが、京都幕府との関係改善によって応永一二年（一四〇五）頃から事実上守護として振る舞ったこと。同一四年の武朝没後、同一七・一八年頃には息子・兼朝が正式に守護に補任されたことを山本隆一朗が最近明らかにした[19]。幕府体制のもとでの肥後の室町的秩序の本格的起動も、この頃に求められるだろう。

また菊池氏は筑後をめぐって大友氏と戦国期に至るまで紛争を繰り返し、永享四年（一四三二）から寛正三年（一四六二）の三〇年にわたって筑後守護、同六年までは大友氏とともに半国守護の地位にあった。その背景には南北朝内乱以来の筑後国人への強い影響力があったことを中村知裕が論じており[20]、これを踏まえて稲葉継陽は室町菊池氏を、肥後北西部と筑後南部に跨がる直接支配域を基盤に肥後一国に対して守護公権を行使した権力体と規定している。また従来は国府・隈本ひいては肥後全域を掌握できない脆弱さの現れとみられていた拠点・隈府の位置を、直接支配域の中心地として積極的に捉え直したのだった[21]。

このような筑後をめぐる紛争の継続が外部勢力侵入を阻むことが、肥後の北境界が保全されるという結果をもたらした。それと南境界を維持した相良氏との連携があわさって、肥後一国の領域と地域秩序が存立したのだった。永正元年（一五〇四）の能運死去で直系が断絶した菊池氏では継嗣をめぐる混乱が続き、結局、大友氏から入った義武と兄・大友義鑑との対立により、一六世紀中葉に領域権力体としての菊池氏は滅亡する。また南九州の統一進展にともなう島津氏の攻勢に、遂に天正九年（一五八一）相良氏は屈服した。かかる南・北からの圧迫が肥後の秩序構造を崩壊させて、大友・龍造寺・島津各氏の草刈り場と称されるような状況を生み出すが、裏を返せばそれまでは、かかる構図が肥後の枠組みを維持・規定していたのである。

ところで、内乱期の菊池氏と筑後武家との関係を示す初例は多々良浜の戦い直後、建武三年（一三三六）三月三日の武家方による追撃命令に「菊池幷三原輩誅伐事」とあることだが[22]、同五月に立て直しを図り大宰府を目指して筑後各地で武家方と衝突した際には「菊池掃部助・大城藤次・三原・秋月・大村・調一族以下凶徒等蜂起之間」とされている。[23] これによれば菊池氏は内乱早期から筑後勢を広汎に編成しており、その射程は筑前秋月氏や肥前大村氏にまで及ぶものだった。このうちの「大城藤次」を大城美知信は、興国三年（一三四二）八月一〇日菊池武士起請文[24]で内談衆とされる「おほきとの」ではないかとみている。[25] そうであれば、菊池氏と筑後武家との関係の深さをよく示すものといえるだろう。

また九州宮方の劣勢が深まる康永二年（一三四三）にも菊池氏・筑後勢、そして薩摩上陸を果たした懐良親王勢の先遣隊とが連携して筑後竹井城を占拠し、二ヶ月余にわたって粘っている。[26] これは結局は撤退を余儀なくされるが、正平元年（一三四六）には五条頼元が肥後菊池との交通・連絡を確保しつつ、筑後に活動拠点を獲得していた。[27] さらに二年後に懐良親王が菊池に入ると筑後侵攻を敢行。徐々にその掌握を進めつつ反転攻勢に転じて、やがて筑後高良山に拠点を移した。そしてこの間武家方は「肥後・筑後凶徒[28]」と捉えたり、ほぼ同文の二通の着到状で「菊池武敏以下凶徒等[29]」と「筑後国凶徒等[30]」とが互換的に用いられるなど、両国敵方を菊池氏に統率された一体の集団と理解しているのだ。

一方、征西府が菊池に追いつめられた永和四年（一三七八）三月の段階でも今川貞世が「筑後・肥後」の「対治」を課題としたように、[31] 菊池氏と筑後勢との繋がりは情勢の優劣を問わず一貫したものだった。柳田快明によれば、国境に接する肥後国野原荘は筑後三毛南郷に加納田を有するとともに、荘鎮守・野原八幡宮の鎌倉期の祭礼役負担は有明海を介して、鷹尾別符・瀬高荘・上妻荘など矢部川流域にまで及んでいた。[32] 菊池氏と筑後武家との関係の前提にも、かかる前代以来の国境地帯の社会的関係があるのかもしれない。

そこで気にかかるのは、建武三年の菊池氏麾下に肥前大村氏も含まれていたことだ。阿蘇品保夫は正平一九年二月二三日大智契状[33]が、肥前高来郡域での千々石氏や八神氏からの「領家年貢」徴収や、高橋兵庫による千々石氏知行地への妨げに難色を示すこと。この高橋兵庫が菊池武澄の使者として大智との間を行き来している兵庫助光信であることから[34]、菊池氏が元弘恩賞地として得た高来郡域の権益が、武澄に始まる有力庶家・肥前守家に伝領されたものと推定した[35]。そのもとで有馬直澄は、大智を招いて正平一三年に加津佐の円通寺を開基している[36]。この所領のその後は不明だが、追放されて島原に逃れた菊池能運が文亀三年（一五〇三）に肥後復帰を試みた際には「高来之衆」を引き連れていた[37]。また兄・大友義鑑に逐われて天文四年（一五三五）に相良氏が迎えた菊池義武も高来より八代徳淵に到着しており、まずは高来に落ち延びていた[38]。どちらも有馬氏の庇護によるもので、その繋がりは中世後半を通して強かったと思われる。

かかる肥前との社会的関係は、僅かながら鎌倉時代後半にも窺える。たとえば玉名郡大野別符の岩崎村は姻戚関係を通して在来領主・大野氏から、鎮西奉行人として下向し高来郡内深江村の小地頭職を得た安富氏に流出した[39]。またその末裔・安富泰行は応永二年の「御大事」や同四年の「高瀬御陣」での忠節を挙げて、菊池武朝に岩崎村の安堵を求めている[40]。これを稲葉継陽は武朝が「菊池川河口を確保し、筑後や肥前の武士をも動員している」と評価したが[41]、その前提には前代からの社会的関係を措定できよう。

以上から室町菊池氏の影響圏は、肥後北西部と筑後南部に肥前高来も加えた、環有明海地域の視座から捉えねばならないだろう。また、それは筑後・肥前ともども、中世前半以来の社会的関係を前提としていた可能性が高いのである。

3　室町肥後と南・北九州

応永年間の抗争を経て島津奥州家は総州家を没落させ、南九州三ヶ国守護職の独占を実現した。新名一仁は総州家の忠朝の子のうち長男・忠氏は肥後国山鹿荘で菊池氏が、四男・伊忠は球磨郡で相良氏が庇護する一方、三男・

忠長は薩摩山北一揆に擁立されたことを明らかにし、その背景に菊池・相良両氏の連携をみいだしている。[42] 一方、忠朝の兄で総州家当主の守久は応永二九年に肥前に出奔しているが、これも菊池氏と肥前との関係を踏まえると、その手引きと保護があったと考えてよいのではないか。そしてかかる守久の存在は、北部九州諸勢力を巻き込んで九州南・北を連動した紛争に向かわせる可能性を潜在させたものだったといえるだろう。

また戦国期に降る事例ではあるが、大永四年（一五二四）から享禄三年（一五三〇）にわたった相良氏の内戦をみておこう。庶家の長定は、ときの当主・長祇を人吉から逐い自害に至らせたが、長祇の庶兄・長唯に逐われて八代に逃れ、さらには退去者が続出した八代を放棄し葦北へと移っていく。これに対して球磨・八代をおさえた長唯は、長定を葦北南部に追いつめていき、これを滅ぼしたのだった。

この内戦は長唯が分裂したテリトリーを再編・掌握しつつ、その拠点を人吉から八代に移して戦国相良氏の体制を確立させる画期となった。だがその過程では内戦の隙を突き、豊福への宇土名和氏[43]や球磨郡への真幸北原氏の侵攻が誘発されて混乱を極めている。その最中の大永八年三月二一日、ⓐ長唯から葦北最北部の二見を預かる園田刑部少輔・田浦安芸守らに宛てた書状と、その副状たる同日付のⓑ丸目長将・相良長歓連署状は、長定を葦北南部に逐ったばかりの長唯が、葦北北部掌握のために働きかけたものである。[44] そこには「乍恐、真幸・八代之分にてハ、時儀難事成候」（ⓐ）という認識が示されつつ、これら境界紛争の解決に向けた動きが記されている。

まず八代方面については「其方之事者、豊州・重治御入魂候間、落着可御心安候」（ⓐ）、「ふもと其方被仰談、国中へ入魂之儀候哉」（ⓑ）とある。これは既に「其方」＝葦北二見と「ふもと」＝八代とで「国中」＝肥後中央部・菊池氏勢力圏と「入魂之儀」＝交渉が行われているということを長唯が把握したうえで、「其方之事」は「豊州」＝豊後守護・大友義鑑と「重治」＝肥後守護・菊池義武兄弟とが「御入魂」＝協調しているので安心してよい、と伝えたものと解し得る。つまり名和氏との豊福紛争を抱えつつ内戦の動揺収拾途上であった八代方面に関しては、菊池氏による安全保障と、その背後からの大友氏の関与が期待されていた。

一方、「当郡之事ハ、悉皆伊東方憑存候」ⓐ、「当郡之事、伊東方弥蜜(密)々申談候」ⓑとあることから、北原氏との和平については日向伊東氏との交渉が重ねられていたことがわかる。これについてはⓑの端裏書に「於真幸、肝付方以越山、此方和解之儀調法候、北原方ハ納得之由候、雖然、伊東方・新納方無入魂候てハ、如何候条、可被相談之由候」とある。大隅肝付氏が山を越えてきて真幸北原氏との和平を調え、北原氏はこれに納得した。だがこれは日向の伊東・新納両氏の同意が得られねば実現しないので、その交渉が必要だというのだ。これはおそらく北原氏との紛争では、伊東・新納両氏が長唯方を支援してきたからなのだろう。

このように大永・享禄の相良氏内戦では、テリトリー南部の境界紛争が南九州武家相互の合従連衡と複合したひろがりをもって展開する一方、北部の境界紛争と動揺は菊池氏を介して北部九州に波及しつつあった。ここに肥後の動向が、九州南・北の連動をもたらし得る様が窺えよう。具体的検証は今後の課題だが、これは前述の応永の事例とともに、肥後を軸とした九州像の俯瞰には一定の意味があることを示唆するものだ。

二　室町九州の秩序観と菊池氏

1　室町幕府の家格秩序と列島諸地域

以上のように室町肥後は守護家・菊池氏を軸とする地域秩序のもと、菊池・相良両氏の連携が九州の南・北を媒介するという位置にあった。それでは、かかる菊池氏を一翼とする室町九州全体の秩序は、どう捉えたらよいのだろうか。室町期には将軍家・足利一門を頂点とする家格秩序観念が武家社会の一定の統合を果たしており、それが室町殿を頂点とする西国の儀礼秩序と、鎌倉公方を頂点とする東国の儀礼秩序との併存によって機能したことは、二木謙一が示している。[45] また探題・大崎氏を頂点とする奥羽の地域秩序も伊藤喜良がその存在を指摘して以降、検討が深められてきた。[46] 加えて「足利の血」を尊貴なものとする観念の定着が、儀礼をとおして図られたことを重視する谷口雄太の研究[47]も見逃せない。

天文二年（一五三三）とやや降るものの「伊勢加賀守貞満筆記[48]」には、ともに「遠国」たる奥羽と九州の武家たちを謹上書衆とする、次のような幕府の書札礼が示されている。

一、謹上書衆。但文言ハ賞翫云々。

伊達左京大夫殿　　大宝寺大膳大夫殿
芦名修理大夫殿　　小林（野）寺左衛門佐殿
南部〻〻〻殿　　葛西〻〻〻殿
湊　民部大輔殿　　島津〻〻〻殿
大友〻〻〻殿　　松浦〻〻〻殿
菊池〻〻〻殿　　少弐殿
伊東〻〻〻殿　　原田〻〻〻殿
阿蘇〻〻〻殿

守護不設置の奥羽ではここに挙がる主要武家は、京都御扶持衆に列して「屋形」と称された。[49] 一方の九州だが、平戸松浦家は壱岐国持とみなされ[50]、伊東氏は日向守護職獲得工作を繰り返す。また阿蘇大宮司家も阿蘇社の格式ゆえか他の様々な書札礼でも同様の扱いを受けた。原田氏のみ具体的事情が不明だが、九州も「屋形」号の国持衆や、それに準ずる諸氏と判断できるだろう。

そして菊池氏の家臣がときの当主・政隆を「屋形」と称し[51]、相良氏も菊池義武を「屋形」と呼ぶ[52]ように、幕府を源泉とする家格秩序観は、宮方だった菊池氏も含めて九州武家にも根づいていた。だが奥羽と違って九州には、探題を頂点とする儀礼秩序を確認できないのも事実だろう。南北朝内乱初頭に九州武家の多くは足利尊氏の京上に供奉しており、たとえば島津貞久は自らの京都屋形に尊氏を迎えて笠懸の機会を持っている。(53)また内乱の後半戦を優勢に進めた今川貞世の陣中では、様々な儀礼が繰り返されたことは想像に難くない。(54)それが九州武家にも将軍家を頂点とする家格観は定着させていっただろう。だが転変激しい紛争のなかに身を置き続けたあげく衰退した渋川氏には、多くの九州武家を揃えた儀礼を繰り返すなど無理であった。(55)そして、それが自らを頂点とする秩序を構築できなかった理由と考えられるのだ。よって幕府としては実際上の窓口は大内氏に委ねつつ渋川氏を支えさせることで、九州も漠然と「足利の秩序」に包摂されているという体を保つしかなかったのだろう。

ただし固有の秩序が強調される奥羽も、明徳二年（一三九一）に鎌倉府管下とされた際には奥羽武家の在鎌倉が義務づけられて、その儀礼秩序に包摂された。(56)十余年に及んだというその滞在が、奥羽武家に「足利の秩序」をより深く定着させることにもなっただろう。一方、再び奥羽の包摂を図った幕府は、奥羽武家を京都御扶持衆たる「屋形」と位置づけたのだった。(57)奥羽独自の秩序観はこのような幕府と鎌倉府とのせめぎ合いのもとで、それらの秩序を読み替えつつ形成されていく。それはたとえば、大崎氏とその庶家で出羽を分掌した最上氏とが、幕府のもとでは同格の「御所」と位置づけられたのに対して、(58)大崎氏の書札礼では自身の方がやや上位となっていること。(59)また大崎氏の儀礼席次は最上氏・高水寺斯波氏・塩松氏・二本松氏などの奥羽の他の足利一門を除外しつつ、陸奥武家だけでなっており、出羽には最上氏を頂点とする同様の秩序があったと推測されることなどに表れていよう。(60)

従来奥羽については、単一かつ実体的な「室町的秩序」の復原が目指される傾向にあった。だが早く羽下徳彦は、奥州余目記録にともに記される室町公方を頂点とする書札礼と奥州探題を頂点とする座次とは「記述の視野が異なる」としたうえで、「奥羽の世界にも公方―探題―国人という縦の秩序は貫徹しているのであって、表出している儀礼の奥に現実の緊張を読みとってゆかねばならない」と喝破していた[61]。これを踏まえて、幕府の秩序観を源泉としつつも、中心と射程を異にし差違も抱えた幾つかの秩序観が生み出されて、重層・葛藤するのが奥羽という場であったとみた方がよいのではないか。文亀三年（一五〇三）、等礼ないしやや薄礼に当たる打付書をもって書状を送ってきた伊達尚宗に対して、越後守護・上杉房能が難色を示したという一件[62]はそれをよく象徴する。奥羽の主要武家を「屋形」に位置づけた京都幕府の秩序観にもとづき、伊達尚宗は越後守護家・上杉氏を自らと同格の「屋形」とみなしたのだろう。だが房能の側はかかる特殊な位置づけなど意に介さず、それを「国人」に過ぎないと考えたのだ。

2　大内・大友両氏の秩序観と島津氏・高良社の秩序観

かかる奥羽の状況を踏まえれば、九州にも幕府の家格観をもとにしながら、それを読み替えた固有の秩序観があったことを想定してもよいだろう。また、それを一つに限る必要もない。まず北部九州からみてみよう。大内・大友両氏の儀礼秩序については、幕府の強い影響のもとに編成されたという小久保嘉紀の評価がある[63]が、両者の秩序観には一括できないところも存している。小久保が素材とした大内氏の「相良武任書札巻[64]」の内容は、①文明年間の幕府・朝廷関係者との文書群、②進物のやり取りに関する書札礼、③享禄年間以降の文書群に大別される。うち③はこの史料を紹介した山田貴司が指摘するように、幕府から菊池・大友・阿蘇大宮司家各氏への働きかけを大内氏が取り次いだために集積されたと思しきもので、大内氏からの書状は菊池氏宛の一通に過ぎない。よってこれは九州についての秩序観を体系的に示すものではないのだが、そのこと自体があくまでも幕府の一員として九州との橋渡しを担うという、大内氏の自意識の発露だろう。

これに対して天文八年（一五三九）一二月五日大友義鑑手日記[65]にみえる秩序観は、大内・大友両氏を諸大夫を名乗れる「西国」の代表としたうえで、島津陸奥守・菊池肥後守・千葉介・太宰少弐を将軍から偏諱・官途を得られる家格とし、他はその「被官並」とするものだ。この「西国」は九州に限られており、その点で大内氏の自意識とは明らかに異なる、九州に根ざした秩序観といえるだろう。ただし幕府に対して主張された戦国九州の盟主という大友氏の立場が、周囲も認めるものであったか疑問であることは、小久保も指摘するところである。

続いて南九州をみてみよう。「山田聖栄自記」には、応永二四年（一四一七）に島津氏が一門の伊集院勢討伐に臨むにあたり家中の本田安了が「屋形之御出馬ハ於九州、少二・大友・菊池なんと二被対ても如何候哉、伊集院方ハ一家と云御事候得ハ家を御執事候得ハ軽々敷成へしと被申」、つまり「島津氏当主が出陣するのは九州では少弐・大友・菊池に対しても憚られる。まして一門如きに対しては如何なものか」と述べたと記されている。これは少弐・大友・菊池・島津を同格とみる自意識であり、そこには建て前上上位な探題はともかく、大内氏も登場しないのだ。島津氏にとって大内氏は、九州という世界の一員ではないのであろう。

これを踏まえて注目すべきは北部九州に属する、筑後一宮・高良山で戦国期頃に成立した縁起「高良記」[66]の二四五条だ。

一、高良大菩薩ヱ社参ノ次第、コリヲトリ、朝妻七社ヲオカミ、初メテ下宮　伊勢　道堂　九堂、殊ニ廻堂ニテ三度ニメクリ、モトユイヲトキ、ハキモノヲ　ヌキオクヘシ、両坂本　善神王　宝塔　山皇　五社　留主七社　天神　本地、其外社内ノ小社ヲオカミテ、住吉　八満　大菩薩トヲカムヘシ、礼殿ノ中ノ間ヨリハ、勅使参玉フナリ、中ノ間ノ左右ノ間ヨリハ　四頭、其外、屋形カウノ人参ラルヽナリ、ハシノ間ノ左右ノ間ヨリハ、守護　参ラルヽ也、国衆其外ノ侍ハ、ツマノ間ヨリ参ラルヽ也、当山ニヲイテモ、職ノ三職ハ　中ノ間ヨリ参ラルヽ也、其外ハ　参ラルヽ叓ナシ

ここには〈勅使―「四頭」・「屋形」号の人―守護―国衆・侍〉という参拝秩序が示されている。この「四頭」は一六条では祭礼の取り仕切り、一八条では九州平均の人別・棟別課役の徴収を委ねられるなど、「高良記」の随所

で特別に位置づけられている。ただし三二条にみえる「小二名代」「大友名代」「キクチ名代」「シマツ名代」から「四頭」とはこの各氏であると推測できるものの、関係者には自明の事柄であるためか「四頭」が何を指すのかの明記は「高良記」にはみいだせない。

これに対して康暦二年（一三八〇）一〇月一三日の年記を持つ神幸之次第[67]は、この「四頭」は島津・菊池・少弐・大友各氏のことと明示する。この文書は正慶元年（一三三二）まで続いた神幸が鎌倉幕府の滅亡によって断絶したと述べるものだが、守護職・受領官途を有しなかった鎌倉期の菊池氏が他の三守護家と同格だったとは考えがたい。またそこで用いられる「国衆」などの語彙・観念も、「高良記」が用いる「屋形」ともども中世後半のものに他ならない。よってこれらは戦国期頃の秩序観にもとづきながら、祭礼の由緒を中世前半に仮託したものとみるべきだろう[68]。中世後半の高良山は、筑後をめぐる大友・菊池両氏の紛争のなかに身を置いた。その秩序観は両氏の主観に対してある程度中立的な、また地域社会が受容したものなのだろう。それは島津氏家中の認識とも重なる、九州の南・北に跨がるものであった。そしてそこに探題の姿はない以上、九州の地域社会にはその権威も定着しなかったといわざるを得ないのだ。

このように九州現地では「四頭」を別格とする秩序観がある一方、大内氏は幕府の秩序観に即して九州と京都の接続を図る。それを幕府は渋川氏の存在に即して「足利の秩序」に連なるものとみなし得た。やはり室町九州も、ともに幕府の家格観に規定されながらも、射程を異にし差違も抱えた秩序観が重層した場と捉えられる。また戦国大友氏の秩序観は、「四頭」観と大内氏の秩序観との狭間に生まれたものといえるだろう。

3　「九州の論理」と菊池氏

ところで「四頭」が少弐・大友・島津という鎌倉以来の九州守護家に菊池氏を加えたものであることや、それが鎌倉期に仮託しつつ発露されているように、「四頭」観は「屋形」「国衆」という室町幕府の家格観を外枠としつつも、その内実は室町幕府の成立前に由来するものだ。ではその形成はいつに求められるだろうか。菊池氏は鎌倉幕府の肥後現地掌握に重きをなし、また異国合戦以降は九州御家人コミュニティで三守護家に迫る存在感を得ていくものの、守護職と受領官途が東国御家人に独占される鎌倉幕府の体制・秩序下では、真に対等とはなり得なかった。その壁を突破したのが、建武政権による肥後守授与と宮方肥後守護の地位獲得だったのである[69]。

一方、自らを少弐・大友両氏とともに「九州」の「三人」とする島津氏の意識の発露は康安元年（一三六一）を初見としている[70]。そこでは、あたかもその意識は三氏が九州各国の守護職を得た、鎌倉初頭以来のものであるように語られる。だが事実は、異国警固体制による九州定着が進む鎌倉後期から南北朝内乱期にかけて、管国御家人の指揮を繰り返すなかで育まれたものとみる方が適切だろう。つまり「四頭」の観念は、三氏の九州定着と菊池氏の地位向上との交点に形成が始まり、内乱を通して定着したものとみなせるのだ。それは四氏の軍事的・領域的拮抗という内乱の実態と、だからこそ室町九州の守護体制が旧宮方も含めてそのありようを概ね追認して成立したことと、表裏一体のものといえるだろう。

その内実の由来が鎌倉幕府と宮方にある点で、「四頭」観は室町幕府を相対化する契機を孕んでいる。ここで想起すべきが森茂暁が提起した、九州武家の京都・鎌倉に対する独立志向を想定する「九州の論理」論である[71]。現状では漠然とした「九州の独自性」に収斂してしまう嫌いもある「九州の論理」論だが、「四頭」観はそこに中世後半の九州に即した歴史的具体性を与えるものではないだろうか。ただし、そこには「九州の独自性」だけで済まない天皇制や鎌倉幕府の規定性、そして西遷東国御家人の自己主張も混在している。また、それが結局は室町幕府の家格観を鋳型に固まったこと。九州武家も「足利の血」の観念は受容したことは、これがあくまで相対的な地域分権の主張にとどまり、九州国家独立論には育ち得なかったことも示すだろう[72]。

だが足利尊氏に供奉した京都や今川貞世の陣中での儀礼が九州武家に「足利の血」の観念を受容させたとするならば、一貫して宮方だった内乱期の菊池氏には、その機会はあり得なかった。また室町期の九州探題・渋川氏が、自らを頂点とする秩序を定着させるに十分な儀礼の機会を持ち得なかったであろうことは前述した。このように「足利の血」の観念を受容したとは考えがたい菊池氏が守護家の一角を占め、しかも九州南・北の政治軍事的情勢を連動させる位置にあったことは、軽視できない事実だろう。そこには「足利の血」という共同幻想を綻びさせる、棘が埋め込まれていたのだった。

ここであわせて想起すべきは奥羽では、津軽浪岡に定着した顕信流とされる浪岡北畠氏が、伊勢北畠氏とも関係を保ちつつ、幕府から大崎氏ら足利一門とともに「御所」に位置づけられていたという事実である。[73] 奥羽もまた、彼ら宮方が粘りをみせたところだった。その結果はこちらでは同格という、より直接的位置づけによって「足利の血」を相対化しているのだ。「足利の秩序」が地域的読み替えをともない重層・葛藤しつつも、地域支配者集団たる武家領主の統合を担っていたとするならば、宮方が九州・奥羽の両「遠国」に残した刻印には、中世後半の国家論・社会論のうえで大変な重みがあるのではないだろうか。

おわりに

本稿ではまず、肥後の室町的秩序は末期征西府体制を追認したものであり、そこでは守護家・菊池氏と、それに次ぐ地位を占めた相良氏との連携が南・北九州を連動させるものであったこと。それは南北朝内乱当初からの菊池氏の筑後・肥前に及ぶ影響と、内乱を通して得られた四州境界地帯での相良氏の主導的地位に支えられたものであったことを指摘した。また、かかる内乱の規定性は九州全域にわたるものであり、その結果が少弐・大友・菊池・島津の「四頭」を別格とみなす九州現地の秩序観の形成であったこと。そこには幕府の一員として九州にも関わるという自意識にもとづく、大内氏の秩序観も重層していたことを論じたのだった。一方、当初から紛争に晒され衰退した九州探題・渋川氏は、その権威を九州の地域社会に定着できなかった。そこで幕府は大内氏に渋川氏を支えさせ、九州をも「足利の秩序」が覆っているという体裁を保ったのだ。

以上のような複数の秩序観のなかで「九州の論理」に最も近いのは「四頭」観だが、それは室町幕府相対化の契機を孕みながらも結局は幕府体制を前提とした地域分権の論理として固着した。ただしそのなかでも菊池氏は「足利の血」の観念を受容したとは考えがたく、その存在は奥羽において探題・大崎氏ら足利一門とともに「御所」に位置づけられた浪岡北畠氏と対をなす。私見では中世後半の日本は「神国」観の民衆にまで至る浸透[74]による下地のうえに、各地域の支配者たる武家領主を将軍家を頂点とする家格秩序に編成することで、政治軍事的分裂のなかでの社会統合を果たしていた。一方でその家格秩序やそれを具体的に表現する儀礼秩序は地域ごとに主体的に読み替えられて、奥羽や九州のようにその重層・葛藤もみられた。それも分裂のゆえだが、そこにも一応は共通の源泉としての幕府の家格観は貫かれていたのだった。ところが宮方が「遠国」に残した刻印は、それを揺るがす危険を秘めたものだったといえるだろう。中世後半の九州の秩序論は、このような国家論・社会論の射程をも備えた領野であることを強調して、本稿を擱筆したい。

註

（1）　奥羽では、大石直正・小林清治編『中世奥羽の世界』（東京大学出版会、一九七八年。新装版は吉川弘文館、二〇二二年）を嚆矢に、『東北の中世史』全五巻（吉川弘文館、二〇一五～一六年）に至る関連研究者を結集した蓄積や、東北大学日本史研究室編『東北史講義【古代・中世篇】』（筑摩書房、二〇二三年）といった最新の概説がある。これに対して九州では過去に、外山幹夫著『中世の九州』（教育社、一九七九年）、川添昭二著『九州の中世世界』（海鳥社、一九九四年）といった個人による総合の試みはあったものの、大庭康時・佐伯弘次・坪根伸也編『九州の中世』全四巻（高志書院、二〇二〇年）が初の大規模企画として刊行されたばかりだ。ただしこれはまだ各地域の事例集積という性格が強く、その総合による全体像構築作業は奥羽に約半世紀の後れを取りつつ、ようやくスタートラインに立ったというべきだろう。

（2）熊谷隆之「鎌倉幕府支配の展開と守護」（『日本史研究』五四七号、二〇〇八年）、山田徹「室町時代の支配体制と列島諸地域」（『日本史研究』六三一号、二〇一五年）、同「「室町時代」の地域性」（芳澤元編『室町文化の座標軸　遣明船時代の列島と文事』勉誠出版、二〇二一年）、春田直紀編『中世地下文書の世界　史料論のフロンティア』（勉誠出版、二〇一七年）、同編『列島の中世地下文書　諏訪・四国山地・肥後』（勉誠出版、二〇二三年）など。

（3）川添昭二「九州探題渋川満頼・義俊と日朝交渉」（同著『対外関係の史的展開』文献出版、一九九六年。初出は一九七七年）、同「渋川満頼の博多支配及び筑前・肥前経営」（竹内理三博士古稀記念会編『続荘園制と武家社会』吉川弘文館、一九七八年）、同「九州探題の衰滅過程」（『九州文化史研究所紀要』二三号、一九七八年）。

（4）黒嶋敏「九州探題考」（同著『中世の権力と列島』高志書院、二〇一二年。初出は二〇〇七年）。

（5）遠藤巌「京都御扶持衆小野寺氏」（『日本歴史』四八五号、一九八八年）、同「応永初期の蝦夷反乱―中世国家の蝦夷問題によせて―」（北海道・東北史研究会編『北からの日本史』三省堂、一九八八年）。

（6）小久保嘉紀「書札礼から見た室町・戦国期西国社会の儀礼秩序」（同著『室町・戦国期儀礼秩序の研究』臨川書店、二〇二一年。初出は二〇一三年）。

（7）新名一仁「永享・文安の薩摩国「国一揆」―薩摩国山北国人の反島津闘争―」（同著『室町期島津氏領国の政治構造』戎光祥出版、二〇一五年。初出は一九九九年）。

（8）小川弘和「中世菊池氏の虚と実」（熊本県立美術館編『日本遺産指定記念菊池川二千年の歴史　菊池一族の戦いと信仰』展図録、菊池川二千年の歴史展実行委員会、二〇一九年）、同「人吉相良氏と葦北郡」（『日本歴史』八五九号、二〇一九年）。

（9）稲葉継陽「室町・戦国期の菊池氏権力」（前掲註（8）図録）、同「室町期守護菊池氏の権力とその拠点」（『熊本史学』一〇三号、二〇二三年）。なお浦々を名字に分立した天草郡の諸武家は、戦国期には複雑な合従連衡を展開しつつも全体としては一揆中として一郡の知行を実現していた。よってやはり内乱末期に宮方に属したまま室町的秩序の一角を構成した可能性があるが、その内乱期・室町期の去就・動静は不明瞭だ。また緑川河口の川尻を拠点とした河尻氏は観応の擾乱で足利直冬方となり、そこから宮方に吸収されて内乱終結を迎えたと思われる。だが阿蘇大宮司家・宇土氏のテリトリーに挟まれ圧迫されたためか、応永年間末を最後に姿を消してしまう。肥後の宮方では稀有な例だろう。一方、肥後武家方の中心的存在だった詫磨氏も戦国期までには肥後を退去し、本宗家たる豊後大友氏のもとに移ってしまった。代わって詫麻郡には菊池氏庶家が入って詫磨氏を称している。ここにも室町肥後に対する宮方の規定性が窺えよう。

(10) 前掲註（8）小川「人吉相良氏と葦北郡」。
(11) 前掲註（7）新名論文、前掲註（8）小川「人吉相良氏と葦北郡」。
(12) 前掲註（8）小川論文。
(13) 山本隆一朗「南北朝後期菊池氏の政治的動向」（『九州史学』一七一号、二〇一五年）。
(14) 小川弘和「「四州」境界地帯の内乱と相良氏」（『熊本史学』一〇〇号、二〇一九年）。
(15) 前掲註（7）新名論文。
(16) 服部英雄「戦国相良氏の誕生」（『日本歴史』三八八号、一九八〇年）。
(17) 前掲註（7）新名論文。
(18) 小川弘和「二見園田一族と相良氏領国」（『九州史学』一八七号、二〇二一年）。
(19) 山本隆一朗「応永年間の九州情勢と菊池武朝」（『菊池一族解體新章』二号、二〇二一年）。
(20) 中村知裕「筑後における菊池氏の権力形成と大友氏の領国支配」（『福岡大学大学院論集』三二巻一号、二〇〇〇年）。
(21) 前掲註（9）稲葉論文。
(22) 同年月日足利尊氏軍勢催促状写（「佐田文書」『南北朝遺文　九州編』四二八号文書〈以下「南四二八」のように表記する〉）。
(23) 同年月日青方高直軍忠状案（「青方文書」南六二二）。
(24) 「広福寺文書」南一八四〇。
(25) 大城美知信「南北朝内乱期の筑後地方と小郡」（小郡市史編集委員会編『小郡市史　第二巻　通史編　中世・近世・近代』小郡市、二〇〇三年）。
(26) 同年七月五日龍造寺家平軍忠状（「龍造寺文書」南一九三八）。
(27) （同年）七月五日菊池武光書状写（「阿蘇家文書」南二一一五）。

(28) 康永元年八月三〇日足利尊氏御教書案（「大友文書」南一八四五）。
(29) 暦応三年一〇月日藤原通幸着到状（「武雄神社文書」南一五九二）。
(30) 暦応三年一〇月日藤原遠明着到状（「武雄鍋島文書」南一五九三）。
(31) （同年）三月五日今川了俊書状案（「禰寝文書」南五四五六）。
(32) 柳田快明「鎌倉期肥後国野原荘の名体制と小代氏」（工藤敬一編『中世熊本の地域権力と社会』高志書院、二〇一五年）。
(33) 「広福寺文書」南四五二六。
(34) （正平一一年）六月二〇日菊池武澄書状（「広福寺文書」南三八七八）、（同年）七月一六日兵庫助光信書状（「広福寺文書」南三八八四）。
(35) 阿蘇品保夫「肥前家と広福寺―無視されてきた人と寺―」（同著『改訂新版菊池一族』新人物往来社、二〇〇七年）。
(36) 同年六月二三日有馬直澄寄進状案（「広福寺文書」南四〇五〇・四〇五一）。
(37) （同年）四月二三日菊池武運（能運）書状（『大日本古文書家わけ第五　相良家文書之一』二五八号文書〈以下「相良二五八」のように表記する〉）。
(38) 『八代日記』同年一二月一三日条（刊本は熊本中世史研究会編『八代日記』青潮社、一九八〇年）。
(39) 小川弘和「大野別符の成立と展開」（同著『中世的九州の形成』高志書院、二〇一六年）。
(40) 同四年一〇月日安富泰行申状（『佐賀県史料集成　四』「深江家文書」九六号）。申請先を菊池武朝とする判断は、前掲註（19）山本論文に拠る。
(41) 前掲註（9）稲葉「室町期守護菊池氏の権力とその拠点」。
(42) 前掲註（7）新名論文。
(43) 南北朝・室町期に八代郡を領した名和氏は、戦国時代初頭に相良氏に逐われて宇土郡へと移った。宇土郡を領していた宇土氏は、菊池氏から養子に入った為光が菊池氏の当主に擁立されたが、菊池能運の反撃によって滅亡していたのである。こうして相良氏の八代郡知行が定まるとともに、宇土・八代両郡の境界地域である豊福は、相良・名和両氏が争奪を繰り返す場となっていった。
(44) 相良三〇四・三〇五。服部英雄「戦国相良氏の三郡支配」（『史学雑誌』八六巻九号、一九七七年）はこの二通を大永七年に比定したが、前掲註（18）小川論文では大永八年（八月享禄に改元）に改めた。その結果、服部による内戦の具体的経緯と評価に批判・修正を行うこととなった。二見が長定勢力圏から長唯勢力圏へと変わって程ないという判断はⓐ冒頭の「依弓箭、久敷不申進候、心外候」

による。
(45) 二木謙一著『中世武家儀礼の研究』（吉川弘文館、一九八五年）、同著『武家儀礼格式の研究』（吉川弘文館、二〇〇三年）。
(46) 伊藤喜良「国人の連合と角逐の時代」（同著『中世国家と東国・奥羽』校倉書房、一九九九年。初出は一九七八年）。研究史と最新の成果は、白根靖大「東北の国人たち」（同編『東北の中世史3　室町幕府と東北の国人』吉川弘文館、二〇一五年）参照。
(47) 谷口雄太著『中世足利氏の血統と権威』（吉川弘文館、二〇一九年）。
(48) 『続群書類従　第二十四輯下　武家部』。
(49) 前掲註（5）遠藤論文、前掲註（46）白根論文。
(50) 「大乗院旧記」文明九年一二月一〇日条（『後鑑』巻二一三　義政将軍記二五下　応仁元年是年所収）。
(51) （永正三年）一〇月一六日山北邦続・内田重国連署状（相良二七五）。
(52) 『八代日記』享禄五年六月七日条。
(53) 「山田聖栄自記」（『鹿児島県史料集Ⅶ』）。
(54) たとえば、これ自体は貞世本人の臨席ではないが、至徳元年閏九月二三日犬追物手組覚書（「志岐文書」南五八四三）によれば、八代征西府総攻撃の準備を進める葦北郡二見の陣中では、貞世が派遣した腹心・宮内大輔三雄のもと相良前頼を検分役に犬追物が催されている。
(55) 管見の限り渋川氏による儀礼の徴証として、応永年間後半頃に葦北郡二見に下向した満頼のもとで、相良前続の差配で島津方なども参加して催された犬追物がある。典拠史料は天文五年一一月二二日沙弥洞然長状写（相良三一九）、前掲註（53）「山田聖栄自記」。それによる考証は前掲註（8）小川「人吉相良氏と葦北郡」参照。だがわざわざ相良氏のテリトリーである二見に下向してのこの催しには、敵対的関係にあった守護・菊池氏の参加は望めなかったものと思われる。
(56) 奥州余目記録（『仙台市史　史料編1　古代中世』「余目家文書」第一六号）。
(57) 前掲註（5）遠藤論文。
(58) 前掲註（5）遠藤論文、前掲註（46）白根論文。
(59) 小久保嘉紀「室町・戦国期奥羽地域の儀礼秩序と書札礼」（前掲註（6）同著書）。前掲註（56）奥州余目記録にもとづき、大崎氏から最上氏宛には宛所に脇付がないのに対して、最上氏から大崎氏には「御宿書」の脇付を付すことを指摘している。

(60) 前掲註(46)伊藤論文、前掲註(46)白根論文。
(61) 羽下徳彦「伊達・上杉・長尾氏と室町公方―通交文書ノート―」(同著『中世日本の政治と史料』吉川弘文館、一九九五年。初出は一九九〇年)。
(62) 前掲註(61)羽下論文、前掲註(59)小久保論文。
(63) 前掲註(6)小久保論文。
(64) 山田貴司・高橋研一「宮内庁書陵部蔵「相良武任書札巻」の紹介と翻刻」(『山口県史研究』一八号、二〇一〇年)。
(65) 『大分県史料(32)第二部　補遺(4)大友家文書録二』九八二号文書。
(66) 荒木尚・川添昭二・古賀寿・山中耕作編『高良玉垂宮神秘書・同紙背』(高良大社、一九七二年)。古賀執筆の同書「研究篇」はその成立を文禄五年から正保三年までの間とみたが、小川信「筑後府中の成立と一宮高良社」(同著『中世都市「府中」の展開』思文閣出版、二〇〇一年。初出は一九九二年)の戦国期という考証・判断が妥当だろう。
(67) 「高良玉垂宮大祭祀」(前掲註(66)書)。
(68) 藤本頼人「筑後国在国司と高良社祭祀―中世国衙と地域社会―」(同著『中世の河海と地域社会』高志書院、二〇一一年。初出は二〇〇三年)は筑後府中域についての重要な研究だが、川添昭二による前掲註(66)書序文の「中世末におきます筑後の国人層の動きが多く語られており、中世末筑後の在地情勢の研究に資するところ甚大」という、あくまで中世末に限定した評価を「中世の祭祀や在地社会を考える上で貴重な史料と評価されている」のように、中世全般に関するものと誤解している。また、中村知裕「筑後一宮高良社の信仰圏と地域社会」(同著『戦国期の交通と権力』高志書院、二〇二三年。初出は二〇〇二年)は、近世初頭の大祝と衆徒との相論のなかで「高良記」には大祝に有利となる改竄が施されていったことを指摘。そのうえで「高良記」を相対化した検討が試みられている。よって藤本による神幸儀礼の実在と鎌倉末の断絶を事実としつつ「高良記」の記述を用いた中世前半の考察には、中村の方法論を踏まえた再検討が必要だろう。
(69) 前掲註(8)小川「中世菊池氏の虚と実」。
(70) 同年四月一〇日島津道鑑代得貴申状案(「島津家文書」南四二六六)。
(71) 森茂暁「書評と紹介　瀬野精一郎著『足利直冬』(人物叢書)」(『日本歴史』六九四号、二〇〇六年)、同著『懐良親王―日にそへてのかれんとのみ思ふ身に―』(ミネルヴァ書房、二〇一九年)。

（72）村井章介「征西府権力の性格」（同著『アジアのなかの中世日本』校倉書房、一九八八年）が論じた自専権と対明入貢による征西府の自立化と「九州の論理」論を踏まえて、三浦龍昭「征西府と南朝（吉野朝廷）」（同著『征西将軍府の研究』青史出版、二〇〇九年）では、九州宮方武士の南朝からの自立志向の先鋭化が征西府を「九州国家」へと変質させる可能性があったこと。だが現存史料からはその一端しか窺えないことが論じられている。「九州の自立」志向の最大の高まりを征西府全盛期にみること、それが未完であったことは首肯できる。ただし親王将軍を有力武家が戴く地域的軍事政権という征西府の形態は、実は末期の鎌倉幕府そのものだ。それが九州武家の宮方参加を心理的に容易にしたのであろう。よってその「九州国家」も鎌倉幕府的な相対的自立にとどまるのではないか。なお、かかる征西府の形態を踏まえれば、菊池氏歴代当主が「公家一統」の理念に共鳴していたといういまだ払拭されない俗説も、後醍醐天皇と直接接した武重を別にすれば成立の余地がない。それは（元中一二年）一〇月二〇日某親王書状（「五条家文書」南六三一八）にみられるように、今川貞世に降伏後の菊池武朝が筑後矢部の後将軍宮を攻撃しているという事実にも明らかだ。

（73）前掲註（5）遠藤論文、前掲註（46）白根論文。

（74）小川弘和「起請文の神仏と荘園制」（同著『荘園制再編と中世日本』勉誠社、二〇二四年。初出は二〇一一年）。

第七章　一五世紀島津奥州家の対幕府関係と伊集院氏

新名一仁

はじめに

一五世紀の薩摩・大隅・日向三か国守護島津氏＝島津奥州家[1]は、幕府からの補任・軍勢催促・遵行行為を基本とする守護公権に依存しない、独自の領有観にもとづく自己完結型の政治権力、すなわち《自己完結性》と、源頼朝末裔と主張し源姓を名乗るという《幕府・足利将軍家への求心性》という、ふたつの性格を有する[2]。

前者は南北朝中期、征西将軍宮懐良親王の九州上陸と正平一統を契機とする。それまで南朝方と一進一退の攻防を繰り広げていた武家方の島津氏は、宮方に転じることで守護職を持ちながら実効支配できていなかった大隅国進出を実現する。この間、島津氏は足利尊氏・義詮に救援を求めるも、幕府からの支援はまったく期待できなかった。文和元年（一三五二）、観応の擾乱下で西国支配を担った足利義詮は、島津氏の動向に疑念を抱き、延文五年（一三六〇）、新たに鎮西管領となった斯波氏経に島津氏分国である薩摩・大隅両国の寺社本所領半済給付権と闕所地預置権を与え、島津氏の幕府・鎮西管領への反感は頂点に達する。康安二年（一三六二）六月、島津貞久は足利義詮に愁訴し、源頼朝以来の島津氏の由緒を説き、薩摩・大隅・日向三か国は、島津荘内に含まれる名字の地＝本貫地であると主張する。この主張をもとに、島津氏特に島津奥州家初代氏久は、薩隅日三か国全域に排他的支配権をもつという独自の領有観を創出するにいたる。

こうした守護島津氏の《自己完結性》に対し、後者を重視する立場からは異論もあった。水野哲雄氏は、一五世紀に島津忠久源頼朝落胤説という形式で創出された源氏由緒は、中世武家社会独自の正統性の論理である「源氏将軍観」の影響下に形成された自己認識であるとして、一五世紀に島津氏が足利氏を頂点とする室町期武家社会の儀礼的秩序に包摂されていったと主張し、室町幕府と島津氏の関係について、特にその儀礼的側面において、一五世紀の島津氏が中央からの求心構造の埒外に存在したと評価することは不適切であると批判した[3]。また、谷口雄太氏は、一五世紀末に島津氏重臣によって書かれた『山田聖栄自記』には、島津氏の足利氏に対する忠義や親近感の方がより積極的に看取できると指摘し、島津氏の源頼朝末裔主張は足利氏への接近行為であり、島津氏が頼朝末裔を名乗ったのは同氏が足利一門だと喧伝し、それを内外に承認させることで他氏との間に別格化を図りたかったからだと主張した[4]。両氏に共通するのは、一五世紀に登場する「島津忠久源頼朝落胤説」を、幕府からの自立的志向の結果とする拙稿[5]への批判をベースに、逆に島津氏の幕府への求心性の表出とする点にある。

ただ、拙著・拙稿では、島津氏による幕府の相対化が必ずしも幕府との関係を断つことには繋がらず、むしろ九州探題との対抗、あるいは幕府との関係強化により島津氏からの自立を図る勢力に対峙するに際しては、幕府との関係を強化・利用する場合があることを指摘してきた[6]。つまり、冒頭の二つの性格、二面性はどちらかのみを強調するのではなく、両者がどのように絡み合い、どういった場面で顕在化するのかを分析する必要があろう。

本稿では、一五世紀中期まで守護島津氏の《幕府・足利将軍家への求心性》を支えたとみられる島津氏御一家伊集院氏の動向に注目し、島津奥州家との関係を整理することで、二面性をもつ室町期島津氏の特質を解明する一助としたい。

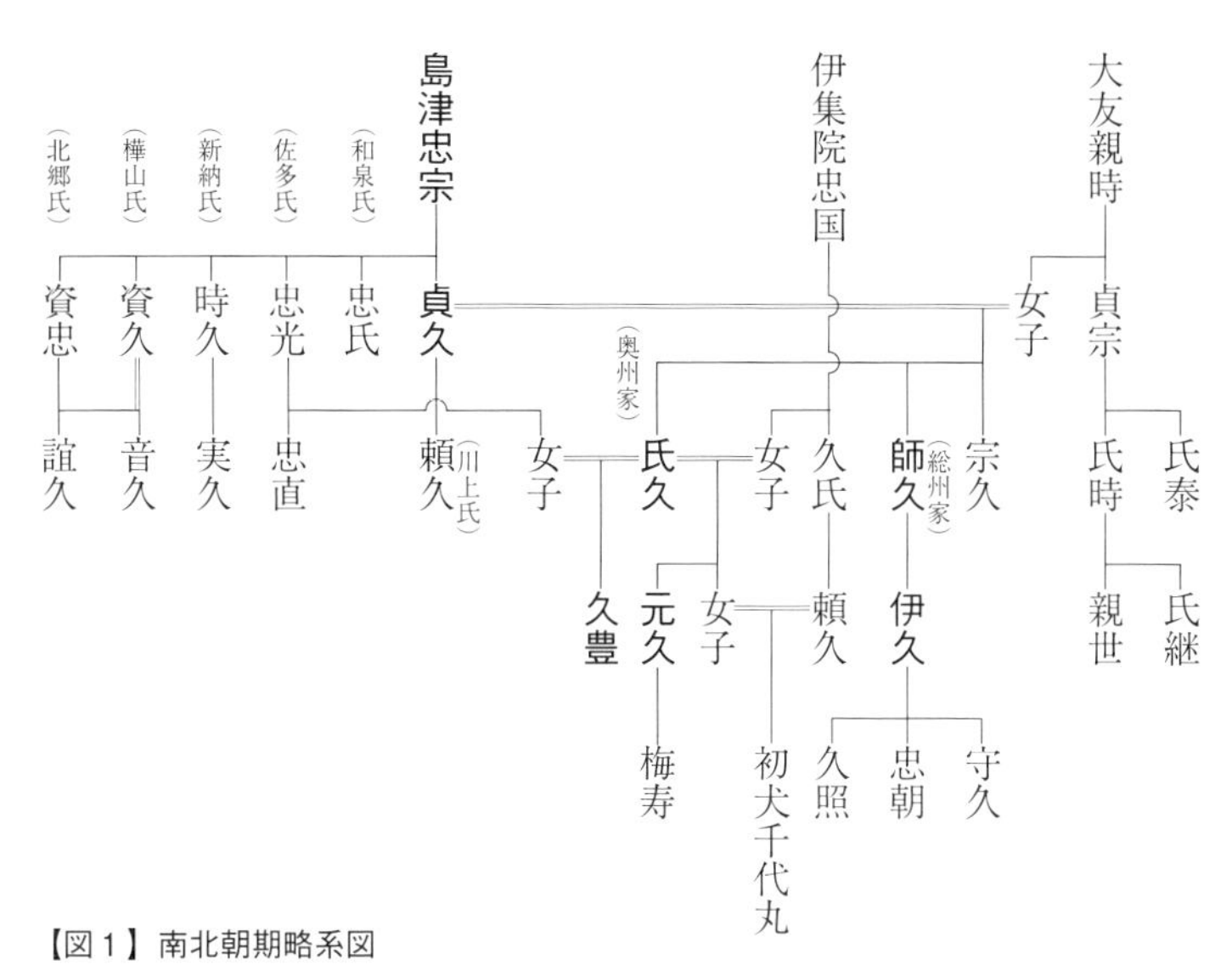

【図1】南北朝期略系図

一　島津奥州家と伊集院氏の接点

島津氏御一家伊集院氏は、島津本宗家二代忠時の七男忠経の末子俊忠を祖と伝える。(7) ただ、名字の地である伊集院（鹿児島県日置市伊集院町）は、島津本宗家から所領を譲与されておらず、伊集院の惣地頭職は島津本宗家が相伝したまま、地頭代として入部し独自に領主制を展開したとみられている。(8) 史料上表われるのは伊集院忠国のときであり、延元二年（一三三七）三月、南朝方の公家三条泰季の薩摩下向を契機に南朝方となる。(9) 同年三月、薩摩国の「守護町」（鹿児島県薩摩川内市天辰町の碇山城付近カ）を襲撃して以降、たびたび本宗家の島津貞久と抗争を繰り広げた。(10) 興国三年（一三四二）五月に征西将軍宮懐良親王が薩摩下向を果たすと、懐良の配下として活動していく。

伊集院氏と島津氏の関係が変化する契機となったのは、正平六年＝観応二年（一三五一）一一月の〝正平一統〟であり、足利尊氏から連絡を受けた島津貞久は宮方に転じ、南朝年号を使用するようになる。正平七年（一三五二）七月、島津貞久は「肥後宮令旨」（懐良親王令旨）により大隅国府周辺に出陣し、足利直冬方の畠山直顕と戦っている[11]。島津貞久は大隅国守護であったが、国衙在庁、正八幡宮神官、島津荘庄官らの過半は反島津方であり、観応の擾乱を契機として足利直冬方の隣国日向国守護畠山直顕の指揮下に入っていた[12]。

それまで敵対していた島津貞久と伊集院忠国の接点が生まれたのもこの頃であろう。文和四年（一三五五）四月、老齢の父貞久に代わって大隅国での軍事指揮にあたっていた三男島津氏久は[13]、大隅国下大隅郡（鹿児島県垂水市）の畠山方国人肥後種顕・種久等を攻撃する[14]。これは、島津氏久が初めて鹿児島湾（錦江湾）を渡って大隅半島に進攻した戦いである。この戦いには、「薩摩国伊集院八郎三郎久孝・谷山五郎良香等」が氏久の「御方」として参戦していた。伊集院久孝と忠国の関係は不明であるがおそらく近親者であろう。谷山良香は、伊集院忠国と共に懐良親王を迎え入れた谷山隆信（本拠は薩摩国谷山郡）の子息忠香と同一人物もしくは兄弟であろう[15]。すでにこの時、島津氏久は武家方に復帰しており北朝年号を使用しているが、薩摩半島の宮方有力国人との連携は続いており、氏久の大隅半島進出を伊集院氏らが後援していることがうかがえよう。

これから八年後の貞治二年（一三六三）、大隅国大祢寝院の大姶良城（鹿児島県鹿屋市大姶良町）にて島津氏久の長男元久が誕生しており、母は伊集院忠国の娘であった[16]。つまり、これ以前に氏久と伊集院氏の間に婚姻関係が成立し、両氏の協力によって大隅半島に進出した氏久は、居城を鹿児島東福寺城（鹿児島市清水町）から大姶良城に移していたことになる。なお、前出の伊集院久孝や氏久室の兄久氏（忠国長男）の「久」字は、島津貞久もしくは氏久の偏諱を与えられたものであろう。この時期、両氏の関係が強固となっていることがうかがえる。

二　島津元久の日向・大隅両国守護職安堵の背景

1　幕府・九州探題と奥州家元久の関係

島津奥州家初代氏久は、永和元年（一三七五）八月、水島の変の後、九州探題今川了俊との抗争を続け、何度か幕府との直接交渉で武家方への復帰を果たすも、了俊からの参陣要請を拒否しつづけたまま、至徳四年（一三八七）閏五月四日、本拠の日向国志布志（鹿児島県志布志市）で没した。その跡を継いだのが、伊集院氏の血を引く長男元久である。元久が家督を継いだとき、幕府から島津氏への追討令は解除されておらず、大隅国守護職は罷免されたままであったが、嘉慶二年（一三八八）四月一一日、元久は大隅国最大の宗教権威である正八幡宮に対し、「当国守護人」として願文を呈している。[17]元久は幕府からの補任・安堵とは無関係に、父氏久から大隅国守護職を継承したとの認識であった。

明徳二年（一三九一）八月七日、幕府は元久に対して日向国穆佐院（宮崎市高岡町）・三俣院（宮崎県都城市高城町・山之口町など）等の押領人を退け、相国寺雑掌に遵行するよう命じており、[18]佐藤進一氏はこれを日向国の守護徴証とみなしている。[19]穆佐院・三俣院を含む島津荘日向方は、建武政権期に後醍醐天皇から足利尊氏に与えられて以来幕府領となっており、この頃は足利義満が創建した相国寺領となっていた。その三俣院を「押領」している国人高木氏は、今川方の南九州国人一揆に参加しており、島津氏とは対立関係にあった。

この年九月には、征西将軍府勢力最後の拠点である肥後八代（熊本県八代市）が陥落しており、幕府としては九州の安定化を求めていたのであろう。翌明徳三年九月一七日、幕府は再度元久に対して、相国寺領穆佐院・三俣院等への高木久家の押妨を排除し、寺社雑掌に遵行するよう命じている。征西将軍府の制圧という軍事的目的が達成された今、幕府としては、探題方国人一揆の意向を無視してでも準幕府領とも言える相国寺領の安定支配のため、島津氏の実効支配を追認せざるを得なかったのである。

しかし、九州南部での今川方と島津氏の抗争は続き、明徳五年二月以降、日向国内では今川了俊が派遣した今川貞兼（了俊四男）と島津方の抗争が勃発している。応永元年（一三九四）八月一六日、やむなく幕府は今川了俊らに対し、島津総州家伊久・奥州家元久の退治を命じており[20]、再び元久は守護職を罷免されたとみられる。なお、この頃元久は鹿児島に清水城（鹿児島市稲荷町）を築き、居城を志布志から移しており[21]、屋形近くの長谷場に石屋真梁を開山として玉龍山福昌寺を建立している。この石屋真梁（一三四五～一四二三）は、伊集院忠国の子であり元久の母方の叔父であった。福昌寺は後年、島津奥州家の菩提寺となり、近代初頭の廃仏毀釈まで続いていく。

元久が対立しつづけた九州探題今川了俊は、応永二年閏七月、京都に召還され、翌年までに解任されている。了俊が解任されるに至った背景には、了俊が豊後国守護大友氏の惣庶争いに介入して庶子家を支持した結果、守護大友親世が大内義弘・島津元久と連携して対抗し、了俊の求心力が急激に低下したことが指摘されている[22]。なお、応永二年八月、足利義満は了俊が日向に派遣した代官今川氏兼に対し、了俊の召還を伝えると同時に日向国人の成敗を命じ、日向国人には今川氏兼の指揮下に入るよう命じている[23]。義満は了俊の存在はともかく日向国支配に意欲的であったことは指摘しておきたい。

2　「日本国王良懐」名義の遣使

建徳二年＝洪武四年（一三七一）一〇月、明からの要請に応じて征西将軍宮懐良親王の使僧祖来が明に入貢し、洪武帝は懐良を「日本国王」に封ずることを決定する[24]。翌応安五年＝洪武五年（一三七二）五月、明から「日本国王良懐」への冊封使が博多に到着するが、博多はすでに九州探題今川了俊の軍勢によって制圧されており、冊封使は翌年京都に回送されている。懐良親王が独自外交を展開し「日本国王」と認められたことを知った足利義満は、明使の帰国に際して使者を派遣したが、「日本国王良懐」のみを正式の交渉相手とする明から退けられた[25]。応安七年＝洪武七年（一三七四）六月にも、僧宣聞渓（聞渓円宣）を派遣したが「表文」（皇帝宛の公文書）が無かったため、交渉を拒否されている。

また、同じ時期に島津氏久も、僧道幸と通事尤虔が表文をもって入貢しているが、陪臣のため却下されている。とはいえ、足利義満の使僧とは異なり表文を持参しており、ある程度外交儀礼に通じていたとみられる。この時の使節には、氏久の本拠志布志にあった大慈寺の住持剛中玄柔の弟子一〇人が同乗しており、大蔵経二部を持ち帰っている。氏久による明への遣使には臨済宗寺院大慈寺が深く関与していたと推測されている。[26]既述のように、島津氏久は父貞久と共に宮方に転じた時期があり、この翌年には水島の変を契機として再び宮方に転じている。「日本国王良懐」冊封を知っていた可能性は高い。

永和二年＝洪武九年（一三七六）四月には、僧圭庭用（山城国宝福寺の住持廷用文珪）が「日本国王良懐」名義で入明しており、これは北朝による偽使と理解されている。[27]そして、康暦元年＝洪武一二年（一三七九）閏五月には、「日本国王良懐」の臣劉宗秩・通事尤虔が表文を携えて入明している。ここにみえる「通事尤虔」は、応安七年六月の島津氏久が派遣した通事と同じであり、氏久が「日本国王良懐」名義を使用した偽使であったと推測されている。[28]これ以外にも「日本国王良懐」名義の明への偽使は数例確認されており、前出のように北朝からのものもあった。橋本雄氏は、北朝側による偽使の場合、実質的な派遣主体は九州探題今川了俊と推測している。[29]

つまり、「対明通交に必要な〝日本国王良懐〟の名義をめぐっては日本の諸勢力の競合[30]」状態にあったのであり、特に九州では九州探題今川了俊と島津氏久が競合していたといえよう。島津氏久が水島の変を契機として宮方に転じ、何度か幕府から和睦の道を示されても了俊からの参陣要請に応じなかった背景に、「日本国王良懐」名義をめぐる対立があった可能性もあろう。村井章介氏は、義満自身が「〝日本国王〟としての実質を獲得しないかぎり、競争者が明の権威を借りて敵対する可能性をぬぐい切れない」とし、九州平定戦は北朝対南朝という軸で語られるような国内戦争ではなく、国際社会のなかでの「王権」をめぐる争い」であったと論じている。[31]島津氏久没後、幕府が氏久の後継元久を懐柔する方針に転じた背景には、既述のように日向国内の準幕府領の安定化が第一義であったろうか、偽使の派遣主体のひとつである九州探題今川了俊を解任し、残る島津氏による「日本国王良懐」名義の遣使を阻止する狙いもあったのではないか。

3　両島津家の抗争と幕府による奥州家優遇

今川了俊が九州探題を解任されると、総州・奥州両島津家は探題方一揆に参加していた反島津方国人の制圧にのりだす。応永二年（一三九五）一二月から翌年四月にかけて、総州家伊久と奥州家元久は協力して入来院に進攻し、南九州国人一揆の中核的存在であった入来院氏の本拠清色城（鹿児島県薩摩川内市入来町）を制圧している[32]。その一方で、幕府との関係改善にも乗り出し、応永三年四月、新探題渋川満頼が九州下向を果たすと、総州家伊久の二男忠朝と、奥州家元久の異母弟久豊が名代として派遣されている。

また、この頃両島津家は関係強化を図っている。奥州家元久は総州家から室を迎え（具体的に誰の娘かは不明）、総州家伊久の三男久照を養子に迎えている。これより先の明徳四年（一三九三）、奥州家元久の嫡男梅寿丸（一三七九〜一四四五、のちの福昌寺三世仲翁守邦）が一五歳の若さで石屋真梁を師として出家し、応永二年には足利学校に修業に出ている[33]。嫡男を出家させ、関東に出すのと久照を養子に迎えるのがほぼ同時期であることを考えると、久照に奥州家家督を譲り、両島津家の一体化を図ろうとした可能性があろう。

しかし、応永六年（一三九九）頃、元久と養子久照の関係が悪化し、元久室と久照は鹿児島を退去し、両島津家の抗争が勃発する。同年一二月三〇日、元久の義弟で従兄弟でもある伊集院頼久は元久と契状を交わし、相互扶助盟約を結んでいる[34]。具体性に欠く契状ではあるが、薩摩国に基盤を持つ伊集院頼久は、薩摩国守護家である総州家ではなく、重縁を結んだ奥州家を支持する姿勢を明確化したことになろう。

こうしたなか、応永七年七月六日、足利義満は日向国を「料国」＝守護不設置の直轄国とし、今川讃岐入道法世に預け置くことを宣言している[35]。また、同月九日には、九州探題渋川満頼が奥州家元久に対して、上総入道久哲（伊久）との確執が足利義満の上聞に達したことを伝え、和睦のうえ上裁を仰ぐよう命じている[36]。足利義満が積極的に九州南部情勢に介入しようとしていることがうかがえ、その背景には前項で指摘したように義満主導での日明国交樹立にむけて島津氏を取り込もうとの意図がみえる。

そして、翌応永八年（一四〇一）頃の三月六日付で義満は、総州家伊久が調進した硫黄に石が混じり「下品」だと指摘し、上質な硫黄一万斤の調進を命じている[37]。ここで総州家が良質な硫黄を調進できなかった理由は後述するが、この時幕府が命じた硫黄は、遣明船舶載用であった。応永八年五月、足利義満は「日本准三后道義」名義で明に使節を派遣する。翌年二月、明の建文帝は道義（義満）を「日本国王」に封じる。同年八月一六日、義満は総州家伊久に対し、「鎮西辺賊船」が渡唐して狼藉に及んでいることを伝え、風聞の輩の退治を命じている[38]。これは冊封の条件となる倭寇の退治を命じたものである。この頃までは東シナ海に面する薩摩国守護家である島津総州家に、硫黄調進と倭寇討伐を命じていたが、総州家にこうした命令を出すのはこれが最後となった。

応永一〇年二月、足利義満が明に派遣した使僧堅中圭密（応永一〇年度遣明船）は、翌応永一一年五月、永楽帝の使者と共に帰国し、永楽勘合をもたらす。これによって義満は正式に「日本国王」として冊封され、日明勘合貿易が始まる。この時点でも両島津家の抗争は続いており、同年六月二九日、幕府は奥州家元久に対し両島津家の停戦を命じるとともに[39]、同日付で元久に日向・大隅両国守護職を安堵（「領掌不可有相違」）する旨の義満御判御教書が発給されている[40]。これが新規の宛行では無く安堵の形式をとっていることは重要であり、これまでの両国に対する奥州家元久の実効支配を追認したものであろう。

このように、両島津家の抗争が続くなか、足利義満による明との外交交渉が進んでいた。応永九年まで、義満は渡唐船用硫黄の調達と周辺海域の倭寇鎮圧を薩摩国守護島津総州家伊久に命じてきたが、日明勘合貿易が本格化する直前に、奥州家元久だけに大隅・日向両国守護職を安堵し、奥州家を優遇する方針に転じる。その背景には伊集院氏の存在があった。

4　硫黄産地と要港支配をめぐる奥州家と伊集院氏の連携

島津氏が幕府や九州探題に対抗し得たのは、「日本国王良懐」名義の使用と表文作成ノウハウ、そして硫黄産出地の掌握にあったと考えられる。前者は、島津氏久が庇護した臨済宗寺院大慈寺の存在が大きかったとみられる。一方、後者を実効支配できていたのは誰なのか。

日本最大の硫黄産出地は、薩摩半島の南端枕崎市から約五三km南の海上にある硫黄島（鹿児島県鹿児島郡三島村）であった[41]。この硫黄島を含む薩摩国河辺郡十二島地頭職は、貞治二年（一三六三）四月一〇日付島津道鑑（貞久）譲状によって二男師久に譲られ[42]、以後総州家によって相伝された。しかし、鎌倉期まで実質的に十二島を支配してきたのは、地頭代の千竈氏であった。その千竈氏は、天授元年（一三七五）一二月、千竈掃部助久家が伊集院久氏（忠国長男、奥州家元久の伯父）から名字状を受けており[43]、伊集院氏によって被官化されていた[44]。

また、硫黄島で産出される硫黄の積出港であった坊津・泊津（鹿児島県南さつま市坊津町）を含む河辺郡も、十二島地頭職同様島津総州家が相伝していたが、これも伊集院氏によって制圧されたという。『山田聖栄自記』文明一四年（一四八二）八月執筆分は次のように記している。

川野辺（川辺）の弥物よはくなる事は、鹿児をハ伊集院方より被持候、坊津・泊津両津ハ川野辺内たるニ依総州より覚悟ニて候、御内之人々被差置候処を伊集院押寄、警固人々を討、如此候玉へハ無情次第也、

これによると、鹿児（鹿児島県枕崎市）を支配していた伊集院氏が、総州家の支配下にあった坊津・泊津に進攻し、これを制圧したという。その時期はいつ頃なのか。奥州家元久は応永七年（一四〇〇）頃から、薩摩半島南部を対

象とした知行宛行・安堵を行うようになる。[45]これは、島津総州家との関係が悪化した時期と一致しており、奥州家元久と盟約を結んだ伊集院頼久が連携して河辺郡を含む薩摩半島南部の制圧を進めていったのだろう。つまり、硫黄産出地の硫黄島を影響下に置く伊集院氏は、奥州家元久と連携することで総州家と敵対し、硫黄積出港の坊津・泊津を応永七年以降制圧したのである。応永八年に島津総州家が調進した硫黄が「下品」だったのは、産地と積出港を敵対する伊集院氏に押さえられ、良質な硫黄の準備が困難になったためだろう。

応永一〇年度遣明船派遣にあたり、足利義満は島津総州家ではなく奥州家元久に硫黄調進を命じたようである。応永一〇年欠九月二日付元久宛足利義満御内書によると、元久が硫黄二万五千斤を調進している。[46]これは、元久自身が硫黄の産地を掌握していたというより、元久と姻戚関係にある伊集院氏が硫黄の産地と積出港を掌握していたためと考えるべきだろう。

三　島津奥州家元久の薩摩国守護職補任・上洛と伊集院氏

1　日向国山東進出と元久の薩摩国守護職補任・上洛

応永六年（一三九九）頃、元久は薩摩半島への進出と同時に、島津奥州家に敵対してきた畠山直顕や今川氏の拠点となっていた日向国山東（宮崎平野）へも進出し、大淀川下流域南岸一体（河南）を制圧する。[47]『山田聖栄自記』文明一四年（一四八二）八月執筆分は次のように記す。

一、河南之旁一味ニ元久方を依被申、先守護領なれハ穆佐三百町并池尻・白糸・細江御知行有、

一、伊集院長門守殿（久氏）御母方伯父之御事ニテ候に依、御頼彼地江被差置、一・二年も有りけるや、彼御在所之事を上表依被申、（後略）

元久の伯父伊集院久氏（頼久の父）を穆佐院（宮崎市高岡町）に配置したということは、山東制圧の主体も伊集院勢だった可能性が高い。元久の信頼度の高さがうかがえよう。ただ、二・三年後、伊集院久氏は山東在番を上表する。彼に代わって山東に配置されたのは元久の異母弟久豊であり、久豊は穆佐城（同町小山田）を居城とする。

応永一四年四月六日、奥州家と抗争を続けてきた総州家伊久が平佐城（鹿児島県薩摩川内市平佐町）で没する。これを好機とみた元久は、同年五月に平佐城を攻略する。伊久の長男守久は父と不仲であり、同国山門院（同出水市高尾野町・野田町）に逼塞していた。薩摩国守護家は当主不在の状況となったのである。

応永一六年九月一〇日、足利義持は総州家ではなく、奥州家元久を薩摩国守護職に補任する。[48] 翌年、義持は応永一七年度遣明船を派遣しており、[49] 硫黄の調進や渡唐船警固を考えると、東シナ海に面する薩摩国の安定化を望んでいただろう。元久が同国守護職に補任される過程をみておきたい。

『山田聖栄自記』文明一四年（一四八二）八月執筆分には次のようにある。

> 元久御上洛之旨於度々従将軍家御教書被成下候間、先屋形作之ために伊集院霜台（弾正少弼頼久）、応永十四年に御先に上洛有、既ニ御所之被懸御目、赤松方之取成事なれは急々ニ道行、同十七年元久御上洛候、

元久は、足利義満からたびたび上洛を命じられていた。元久は屋形作りのため、応永一四年に伊集院頼久を上洛させる。頼久は「御所」に見参したというが、これが義満を指すのか、すでに征夷大将軍となっていた義持を指すのかははっきりしない。ただ、元久が上洛に応じる前の応永一五年五月六日に足利義満は没している。元久の薩摩国守護職補任はその翌年のことであり、守護職補任を幕府と交渉したのも伊集院頼久であろう。さらに頼久は、幕府と島津氏の取次（申次）である赤松氏（義則ヵ）と準備を進め、応永一七年の元久上洛が実現する。

元久が上洛したのは、応永一七年六月六日のことであり、一一日には足利義持に見参している。[50] この時元久は、御内の阿多加賀守・平田重宗・長野・大寺、御一家の北郷知久・樺山教宗、国衆の肝付兼元・飫肥伊豆守・野辺盛

久・北原久兼・蒲生清寛らを率いて彼らの官位を申請したほか、銅銭・麝香など大量の唐物を持参し、幕府重臣らを驚かせている。内訌を制して薩摩・大隅・日向三か国守護となったこと、唐物を入手できる対外交易ルートを確保していることをアピールする場となったようである。この一大イベントを準備段階からプロデュースしたのが伊集院頼久であったことは重要であり、島津奥州家よりむしろ伊集院氏自身が赤松氏ら幕閣とのパイプを築いたとみていいだろう。

2　伊集院氏の朝鮮通交

一五世紀の九州南部からは、朝鮮王朝に対して頻繁に遣使が行われていたことが知られる。田村洋幸氏・増田勝機氏の整理によると、[51]『朝鮮王朝実録』「太祖実録」・「世宗実録」には、伊集院頼久（道応）名義の遣使が、太宗四年（一四〇四）四月、同五年（一四〇五）六月、同六年（一四〇六）一一月、同七年（一四〇七）一〇月、同九年（一四〇九）一〇月、同一〇年（一四一〇）九月、太宗一五年（一四一五）一二月、世宗八年（一四二六）正月、世宗九年（一四二七）正月、同年二月、世宗一〇年（一四二八）閏四月の一一回を数える。また、頼久室の常喜（元久妹）名義でも、太宗一〇年（一四二八）九月に遣使している。

これ以降も頼久名義の遣使が確認できるが、頼久（道応）の終見は、応永二九年（一四二二）八月一八日付道応寄進状であり、[52]これからまもなく亡くなったとみられる。世宗一三年（一四三一）正月以降の頼久（道応）名義の遣使は、頼久息熙久による偽使とみられる。

島津氏も遣使が確認できる。島津総州家伊久が太宗一〇年（一四〇四）四月に、島津久豊が、世宗五年（一四二三）一月、同年三月、同年一〇月に二度の合計四回確認できるが、伊集院頼久ほど頻繁ではない。島津元久名義での遣使も確認できるが、元久没後の太宗一五年（一四一五）一二月を初見としており、すべて偽使であることが指摘されている。[53] 久豊名義の初見が応永三〇年なのは、伊集院氏が久豊に帰順し、おそらく頼久自身が亡くなったことによるものだろう。それまでは島津奥州家による朝鮮への遣使は不可能だったとみられる。

太宗十四年（一四一四）八月、朝鮮は日本国王ら十か所以外の倭使の渡航を禁止しており、伊藤幸司氏はこの十か所に〝薩摩州〟が含まれていた可能性が高いとする。[54] この〝薩摩州〟とは実質的には伊集院氏だったのではないか。世宗九年＝応永三四（一四二七）の伊集院頼久名義の遣使では、太刀や長槍などと共に硫黄千斤が贈られている（『世宗実録』世宗九年正月戊申条）。千斤もの硫黄調進は、産地を確保する伊集院氏の承認・協力無しには難しい。一五世紀初期の応永年間（一三九四～一四二八）における九州南部から朝鮮への通交は、伊集院氏名義が独占的地位を確保していたと判断していいだろう。[55]

本節で明らかとなった島津元久期における奥州家の特質を整理しておく。奥州家元久を分国外との交渉で支えたのは、外戚の伊集院久氏・頼久父子であった。元久は当初、惣領家である島津総州家との一体化を目指していたが、これとの対立が表面化すると、伊集院氏への依存を強める。伊集院氏としても、奥州家元久と組むことで薩摩半島南部の河辺郡制圧に成功し、硫黄の産地である硫黄島を含む十二島と、その積出港である河辺郡内の坊津・泊津を掌握する。これによって遣明船派遣のための硫黄の安定的調進を望む幕府は、奥州家元久との関係を重視するようになり、応永一一年六月の大隅・日向両国守護職安堵、応永一六年九月の薩摩国守護職補任へと至る。

こうしたながれをふまえると、一五世紀前半の島津奥州家元久権力は、奥州家と伊集院氏の連合体とみなしてよいだろう。特に、薩摩国守護職補任をめぐる交渉と元久上洛準備を伊集院頼久が担ったことは、幕閣に対して伊集院氏の存在感を見せつけることになったろう。なお、伊集院氏の権力の源泉は、既述のように河辺郡・十二島といった薩摩半島周辺海域の掌握にあり、主要輸出品であった硫黄を確保すると共に、朝鮮・琉球へと繋がる海上交通をある程度統制できていたようである。

三　島津久豊・忠国父子と伊集院氏の抗争──伊集院氏の没落

1　島津久豊と伊集院頼久の抗争

応永一八年（一四一一）七月以前に元久は京都から帰国した。しかし、留守の間薩摩国では入来院氏らが再び蜂起しており、元久はその鎮圧に乗り出す。しかし、入来院出陣中に体調が悪化した元久は、同年八月六日、鹿児島にて没する。生前元久は、家督を妹（常喜）と伊集院頼久との間に生まれた初犬千代丸（のちの為久・熙久カ）に譲る意向を示していたようであり[56]、伊集院頼久は対陣していた入来院重長と和睦し、守護所鹿児島を確保する。これに対し、日向国穆佐城にいた元久の異母弟久豊は、同年九〜一〇月頃、日向・大隅両国の御一家・御内らの支持を得て、鹿児島を奪取し元久の位牌を奪うことに成功する[57]。

こうした混乱に乗じて、薩摩国山門院にあった島津総州家守久は、入来院重長と連携して蜂起する。初犬千代丸の家督継承に失敗した伊集院頼久は、総州家と連携し、守久の嫡男久世を川辺平山城（鹿児島県南九州市川辺町平山）に迎え入れて久豊に対抗し、応永一九年一一月までには「三ヶ国錯乱」となった[58]。この「錯乱」とは、日向・大隅国人の支持する久豊と、薩摩を中心とする伊集院氏・総州家連合の抗争であった。

応永二三年一二月、御一家伊作勝久の仲介により、総州家久世と奥州家久豊が和睦するものの、翌応永二四年正月、総州家久世は鹿児島に招かれたのちに久豊に包囲され、自害に追い込まれる。こうした動きと同時並行で、応永二三年と同二六年に「南蛮船」が万之瀬川河口付近（鹿児島県南さつま市）に寄港していた[59]。伊集院頼久の被官であり、万之瀬川下流域北岸を領する阿多家久は[60]、これを九州探題渋川満頼に通報し、満頼は南蛮船の博多廻送を命じている。阿多氏はこれを好機として、探題に対して奥州家久豊の不法を訴え、総州家久世の遺児久林への薩摩国守護職安堵を求めたようである。これ以前から伊集院氏自身が九州探題と交渉していた可能性もあろう。

結局、応永二四年一〇月頃、久豊は伊集院頼久と和睦する。そして、応永二五年八月、久豊は総州家の本拠である薩摩郡に進攻し、一〇月には総州家忠朝（伊久二男、守久弟、久世叔父）が降伏している。さらに、応永二八年三月には、伊作勝久が田布施（南さつま市金峰町）を割譲して久豊と和睦し、同年九月には伊集院頼久が久豊を「屋形」と認め帰順している。[61]なお、この前後には、伊集院頼久の娘が久豊の後室となり、応永三〇年に四男有久が誕生している。

娘を久豊に嫁がせて和睦した伊集院氏は、河辺郡と十二島支配権は安堵されたようである。永楽一六年＝応永二五年（一四一八）、明使呂淵の帰国に同行する形で、「島津藤存忠」（久豊の法名）が明に遣使している。[62]この段階で久豊が東シナ海海上交通を掌握できていたかは微妙であり、幕府や九州探題とのパイプを持つ伊集院頼久による遣使の可能性もあろう。

2　「国一揆」と伊集院氏の没落

応永三二年（一四二五）正月二一日に島津久豊が没すると、長男忠国（初名貴久）が家督を継承し、同年八月二八日、足利義持は忠国を薩隅日三か国守護職に補任している。[63]

永享四年（一四三二）、島津忠国は日向国山東の伊東祐立追討のため出陣する。しかし、その隙を突いて、伊集院熙久（頼久子息、初犬千代丸ヵ）を中心とする薩摩国人による「国一揆」が勃発する。[64]『満済准后日記』永享四年七月一二日条からは、幕府がこの「国一揆」をどう認識したかがうかがえる。これ以前、幕府は永享四年度遣明船派遣を決定し、島津忠国に硫黄調進を命じていた。幕府は硫黄奉行として「瑞書記」を派遣しており、[65]この日、帰洛して島津氏分国内情勢を報告している。彼の報告によると、島津忠国と伊集院氏の抗争により、渡唐船用硫黄一五万斤の調達が難しくなったといい、忠国は苦戦を強いられていた。そのため、瑞書記は伊集院氏にも硫黄調進を命じる御教書を発布するよう要請する。満済は、「以庶子被相定惣領様ニ申成候ハランスラント存候」（庶子である伊集院氏を惣領として扱うようになる）として反対し、足利義教側近で島津氏との取次でもあった赤松満政もこれに同調した。結局、幕府は惣領である島津忠国が「理運」＝有利になるような御教書を発布することを決定し(66)、同年九月五日付で忠国、伊集院弾正少弼入道(67)、薩摩・大隅・日向各国人々宛に停戦を命じる奉行人奉書が出されている(68)。

しかし、これで納得しなかった伊集院氏は、永享五年冬から使僧を京都に派遣し、幕府に訴えていたようである。『満済准后日記』永享六年正月二〇日条には、「島津庶子号イシウ院ト、旧冬以来上僧在之」とあり、満済はこれを義教に披露すべきか相談を受けている。伊集院氏は守護島津忠国に対抗すべく、幕府との直接交渉を図っていたようである。これが功を奏したのか、同年正月二三日に、幕府重臣山名時熙が注進した渡唐船警固を命じる御教書を出すべき対象一覧には、「上松浦、下松浦、千葉、大内、島津奥州（忠国）、同伊集院孫三郎（熙久）、菊池」と記されていた(69)。山名時熙は、守護島津忠国と伊集院熙久を同格とみなして共に御教書を発布するよう上申したのである。山名時熙―瑞書記―伊集院氏の連携が推測され、前年冬に上洛した伊集院氏の使僧は、山名時熙に御教書発布を働きかけたのであろう(70)。なお、同年六月、瑞書記は「公方物」の硫黄二〇万斤のうち五万斤を山名時熙に横流ししたとして、流罪に処されている(71)。遣明船警固を命じる御教書発布の見返りとして、

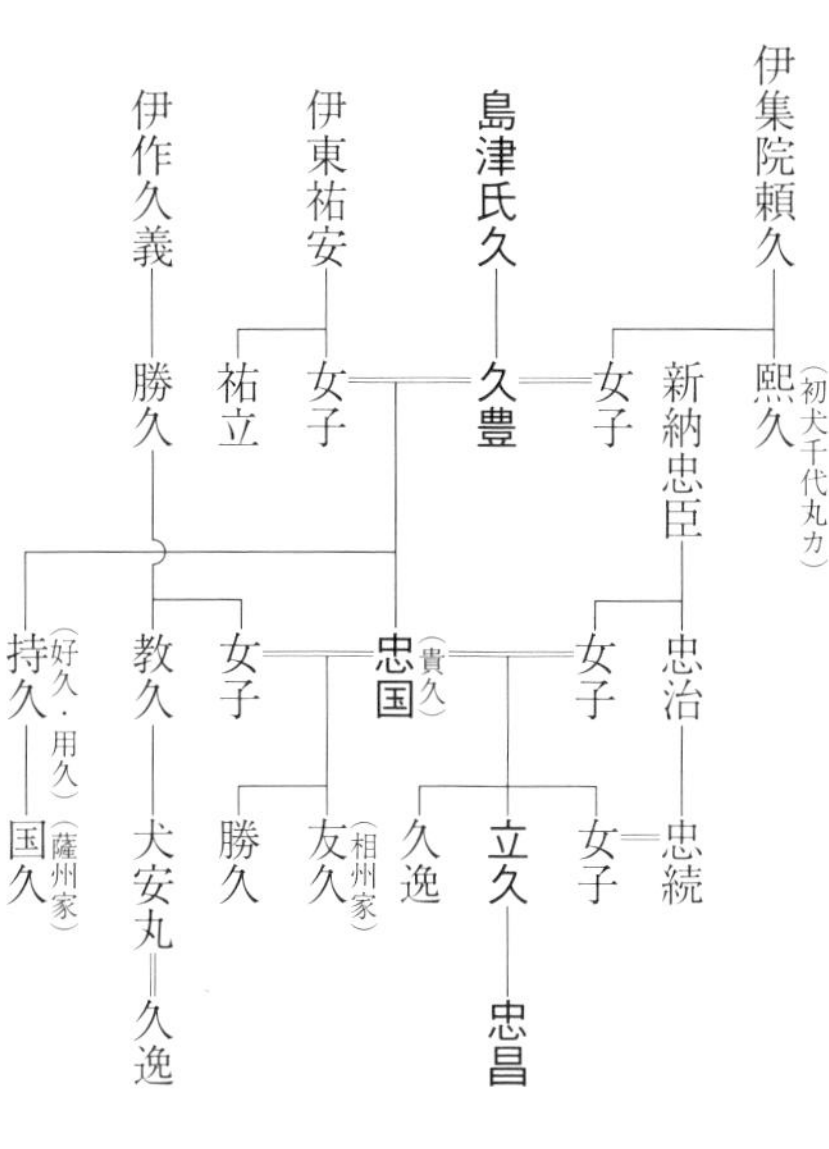

【図２】一五世紀中期略系図

伊集院氏から瑞書記経由で硫黄が山名氏に流れた可能性もあろう。

「国一揆」勃発の背景として、島津忠国が日向・大隅両国の御一家らを支持基盤として、日向国山東制圧を優先していたことがある。これに対し伊集院熙久は、硫黄産地と積出港掌握を梃として幕府との単独交渉により奥州家からの自立を図ったと見るべきである。瑞書記や使僧を使って、幕府から忠国とは別に直接伊集院氏宛の御教書発布を申請したのも、実績を作りたかったからであろう。こうした伊集院氏の方針に多くの薩摩国人が賛同し、「国一揆」と呼ばれるほどの広域的連携が実現したとみられる。

瑞書記による不正が発覚したためか、伊集院氏の目論見は不発に終わり、永享八年（一四三六）六月、伊集院熙久は島津忠国方の御一家樺山孝久と契状を交わし、島津氏に帰順する[72]。この前後に、「国一揆」自体も忠国の弟持久（好久）によって鎮圧が進められた。その過程で、島津持久は伊集院氏の基盤である薩摩半島南部を制圧していったようである。永享四年一二月、持久（好久）は阿多忠清に対し伊作院内和田・大野、多布施内高橋（田）、河辺内泊津などを「料所」として安堵している[73]。阿多氏は既述のように、万之瀬川河口北岸を本拠とし伊集院氏の被官だった国人である。また、永享七年五月には、硫黄島を含む十二島の領主である近間（千竈）氏の所領を安堵している[74]。同年六月には、伊集院熙久の弟犬子丸（継久）に対し、河辺郡のうち、「長門入道（頼久カ）知行并五島七島坊泊津」を除く地を闕所次第「料所」として宛行う旨約しており[75]、継久の子孫は持久を祖とする島津薩州家の家臣として続いていく。「五島七島」とは硫黄島を含む十二島を指し、これと坊津・泊津は持久自身が領するつもりなのだろう。伊集院氏の被官や一族まで切り崩しており、同氏の重要な権力基盤である十二島や泊津、万之瀬川河口付近を制圧していったとみられる。

このの ち、島津忠国・持久兄弟は対立し長期の抗争に突入していくが[76]、文安五年（一四四八）に和睦し、持久はあらたな御一家「薩州家」を創設する。薩州家領は伊集院氏にとって重要な基盤であった坊津・泊津を含む薩摩国河辺郡、万之瀬川河口南岸の加世田別府（南さつま市）を含んでおり、伊集院氏の影響力は名字の地伊集院周辺に縮小したとみられる。そして、島津忠国・持久による薩摩国山北制圧後の宝徳二年（一四五〇）二月二四日、伊集院熙久は伊集院城から退去し、肥後に出奔したという[77]。九年後の長禄三年（一四五九）八月、熙久は冠嶽権現（鹿児島県いちき串木野市）に「敵悉退治為本覆立願」して寄進しており[78]、これ以前に出奔を余儀なくされているのは事実であろう。こうして伊集院惣領家は没落したのであり、二度と名字の地伊集院に復帰することは無かった[79]。

おわりに

室町期の守護家である島津奥州家がもつ二つの側面のうち、《幕府・足利将軍家への求心性》を引き出す契機となったのは、「日本国王良懐」名義での明への通交であった。日明通交の独占＝勘合貿易開始を意図する足利義満は、島津氏による独自通交を制止し、硫黄の産出地である薩摩を統制下に置くことが不可欠であった。幕府との交渉を担ったのは、島津奥州家元久の外戚で、硫黄産出地と積出港を押さえる伊集院氏であった。この両氏が連携することで、本来の薩摩国守護家であり惣領家でもあった島津総州家を軍事的に圧倒し、応永一一年（一四〇四）六月の大隅・日向両国守護職安堵、応永一六年九月の薩摩国守護職補任を実現する。薩摩国守護職補任もその後の元久上洛も、伊集院氏の根回し準備によるものであった。その意味では、島津奥州家元久権力の実体は、島津奥州家と伊集院氏の連合体といっていいだろう。

島津元久の没後も元久の妹と伊集院氏の間に生まれた初犬千代丸が、奥州家を継承することでその路線は継承されるはずであったが、伊集院氏の血を引かない久豊が家督を奪取・継承したことで、薩摩を基盤とする伊集院氏と大隅・日向の御一家らを基盤とする久豊との対立が表面化し、抗争に発展する。伊集院氏は、総州家を擁立することで、奥州家からの自立を模索し、九州探題にも働きかけたが、最終的には久豊とも姻戚関係となることで和睦が成立する。

しかし、伊集院氏の血を引かない島津忠国が久豊の後継となると、伊集院煕久は「国一揆」を起こして再び奥州家からの自立を模索する。具体的には永享四年度遣明船用硫黄の調進をめぐって、幕府の使節と交渉して幕府から直接伊集院氏に調進を命じる御教書、あるいは渡唐船警固を命じる御教書獲得を画策したが、いずれも失敗に終わり、宝徳二年（一四五〇）に伊集院惣領家は薩摩から出奔し、没落する。

なお、伊集院氏との対立が表面化していく過程で、奥州家家中から「源頼朝末裔主張」が出現し、島津忠国が初めて「源姓」を使用する。[80]ただ、室町・戦国期において島津奥州家が「源姓」を使用したのは忠国のみであり、ほかの島津氏御一家の「源姓」使用も確認できない（藤原姓を使用）。伊集院氏を排除していく過程で、奥州家自身による足利将軍家との関係強化が図られるなかで、伊集院氏との差別化を図るべく「源姓」使用が始まった可能性もあろう。忠国代で「源姓」使用がいったん途絶えるのも、伊集院氏没落によりその必要性が無くなったからではないだろうか。

ただ、伊集院氏没落後も、幕府との関係で不可欠な硫黄の積出港である坊津・泊津、そしてその周辺海域は島津奥州家の支配下とはならなかった。坊津・泊津を含む河辺郡から万之瀬川河口南岸の加世田別府は、忠国の弟持久（晩年用久と改名した模様）を祖とする島津薩州家によって相伝されていく。その後の奥州家は、最大勢力をもつ御一家薩州家との良好な関係なくしては、分国の安定支配が困難となったのである。

長禄三年（一四五九）、忠国の嫡男立久は、父忠国を薩州家領内に追放して家督を継承する。立久には実子があったがこれを寺に入れて喝食とし、後継には叔父薩州家持久の子国久を指名していた。これで奥州家と薩州家の一体化をめざしていたのであろう。それと同時に、伊集院から市来・串木野を制圧すると共に、鎌倉期以来の御一家伊作氏を伊作（鹿児島県日置市吹上町）から日向国櫛間（宮崎県串間市）に移封して、東シナ海に面する沿岸部一帯を守護直轄地にすることに成功する。[81]奥州家としては待望の東シナ海に面した港の確保に成功した。

しかし、文明六年（一四七四）四月一日、立久が亡くなると薩州家国久は奥州家継承を辞退し、喝食となっていた忠昌（初名武久）が家督を継承する。奥州家と薩州家の一体化は実現せず、島津氏分国は争乱状態に突入していく。[82]奥州家は要港を擁する島津薩州家を統制するどころか、しばしば敵対し、ようやく確保した市来・串木野まで薩州家に奪われ弱体化していく。奥州家による薩摩半島の要港・周辺海域の掌握は、奥州家家督を奪取・継承する島津貴久の登場を待たねばならなかった。[83]

註

（1）島津氏の嫡流（本宗家）は、観応の擾乱期に、薩摩国守護職を相伝する総州家（島津貞久二男師久を祖とする）と、大隅国守護職を相伝する奥州家（貞久三男氏久を祖とする）の二家に分裂するが、後述のように、大隅国守護家である奥州家が、薩摩・大隅・日向三か国守護職を相伝していく（拙著『室町期島津氏領国の政治構造』戎光祥出版、二〇一五年、二八〜三二頁）。
（2）拙稿「南北朝期・室町期島津氏の対幕府関係」（川岡勉編『中世後期の守護と文書システム』思文閣、二〇二二年）。
（3）水野哲雄「島津氏の自己認識と氏姓」（九州史学研究会編『九州史学創刊五〇周年記念論文集 上 境界のアイデンティティ』岩田書院、二〇〇八年）。
（4）谷口雄太「中世後期島津氏の源頼朝末裔主張について」（同『中世足利氏の血統と権威』吉川弘文館、二〇一九年。初出は二〇一六年）。
（5）拙稿「島津忠久と『御所』をめぐる伝説」（『都城市史 通史編中世・近世』第一編・第一章―一、都城市、二〇〇五年）。
（6）前掲註（1）拙著三八七〜三九五頁、前掲註（2）拙稿。
（7）『鹿児島県史料 旧記雑録拾遺 諸氏系譜一』所収「新編島津氏世録支流系図 伊集院氏一流」。
（8）五味克夫「薩摩国伊集院の在地領主と地頭」（同著『南九州御家人の系譜と所領支配』戎光祥出版、二〇一七年。初出は一九六九年）。
（9）『鹿児島県史料 旧記雑録前編』一―二〇〇〇号。以下、『旧記前』と略し、巻数・文書番号を記す。
（10）『旧記前』一―一九一三・一九一四、拙稿「九州南部の南北朝内乱―内乱の勃発から観応の擾乱終結まで―」（『黎明館開館四〇周年記念企画特別展「南北朝の動乱と南九州の武士たち」展示図録』（鹿児島県歴史・美術センター黎明館、二〇二三年）。

(11)『旧記前』一―二四三一、二四三四～二四三六。
(12)前掲註(1)拙稿四五～四六頁、前掲註(10)拙稿。
(13)観応三年(一三五二)六月二七日、島津貞久は「老体病気」を理由に、師久・氏久を薩摩・大隅両国に派遣することを幕府に通知し(『旧記前』一―二四五〇)、九月一八日、足利義詮もこれを承認している(『旧記前』一―二四四五・二四四六)。なお、貞久の長男宗久は、暦応三年(一三四〇)四月に早世しており、庶長子頼久は家督を継がずに御一家川上氏の祖となっている。
(14)『旧記前』一―二五八〇。
(15)五味克夫「平安末・鎌倉初期の南薩平氏覚書―阿多・別府・谷山・鹿児島郡司について―」(同著『南九州御家人の系譜と所領支配』戎光祥出版、二〇一七年。初出は一九七三年)。
(16)「島津氏正統系図」(尚古集成館編『島津家資料　島津氏正統系図』島津家資料刊行会、一九八五年)、「略御系図」(鹿児島大学附属図書館蔵玉里文庫)。
(17)『旧記前』二―四六七。
(18)『旧記前』二―四八八。
(19)佐藤進一『室町幕府守護制度の研究 下―南北朝期諸国守護沿革考証編―』(東京大学出版会、一九八八年)二八八頁。
(20)『鹿児島県史料 旧記雑録拾遺　家わけ一』所収「祢寝文書」四〇〇～四〇三。以下、「祢寝」と略す。
(21)『山田聖栄自記』(『鹿児島県史料集Ⅶ』鹿児島県立図書館、一九六七年)文明一四年(一四八二)八月執筆分。
(22)堀川康史「今川了俊の探題解任と九州情勢」(『史学雑誌』一二五―一二、二〇一六年)、同「今川了俊の京都召還」(『古文書研究』八七、二〇一九年)。
(23)「祢寝」四一九・四二〇。
(24)佐久間重男「明初の日中関係をめぐる二、三の問題―洪武帝の対外政策を中心として」(同著『日明関係史の研究』吉川弘文館、一九九二年。初出は一九六六年)。
(25)村井章介「建武・室町政権と東アジア」(同『アジアのなかの中世日本』校倉書房、一九八八年、初出は一九八五年)。
(26)上田純一「志布志大慈寺の日中交流」(同著『九州中世禅宗史の研究』文献出版、二〇〇〇年)。
(27)前掲註(25)村井論文。

(28) 前掲註(24)佐久間論文、前掲註(25)村井論文。
(29) 橋本雄「室町幕府外交の成立と中世王権」(『歴史評論』五八三、一九九八年)。
(30) 前掲註(25)村井論文。
(31) 前掲註(25)村井論文。
(32) 東京大学史料編纂所蔵「応永記」(島津家本1-12-33-142)。なお、『旧記前』一・二に分割収録されている。
(33) 「薩陽玉龍山福昌禅寺年代記写」(水野嶺・畑山周平「史料紹介 愛媛県龍澤寺所蔵『薩州本山福昌寺年来記抜書』上」(『尚古集成館紀要』二二、二〇二三年)所収。
(34) 『旧記前』二―六二九。
(35) 『旧記前』二―六五七。
(36) 『旧記前』二―六五八。
(37) 『大日本古文書 家わけ第十六 島津家文書』二七一号。以下、『島津』と略し、文書番号を記す。
(38) 『島津』二七二。
(39) 『旧記前』二―七二七。島津家文書S45-68-63「御文書古写一百五通」所収。
(40) 『島津』六九。
(41) 小葉田淳「中世における硫黄の外国貿易と産出」(同著『金銀貿易史の研究』法政大学出版局、一九七六年。初出は一九三三年)。
(42) 『島津』一五〇。
(43) 『鹿児島県史料 旧記雑録拾遺 家わけ六』所収「千竃文書」六。以下、「千竃」と略し、文書番号を記す。
(44) 田中大喜「薩摩千竃氏再考」(『国立歴史民俗博物館研究報告』二二六、二〇二一年)。
(45) 拙稿「守護島津氏受発給文書データベース」(中世後期守護研究会編『中世後期守護権力の構造に関する比較史料学的研究』二〇二〇年)。
(46) 『島津』六七。
(47) 前掲註(1)拙著一一五〜一一六頁。
(48) 『島津』七〇。

(49) 村井章介ら編『日明関係史研究入門 アジアのなかの遣明船』(勉誠出版、二〇一五年)。
(50) 『鹿児島県史料旧記雑録拾遺家わけ六』所収「北郷文書」七三。上洛時の贈答品については、関周一「唐物の流通と消費」(同『中世の唐物と伝来技術』(吉川弘文館、二〇一五年、初出は二〇〇二年)に詳しい。
(51) 田村洋幸『中世日朝貿易の研究』(三和書房、一九六七年)、増田勝機「室町期における薩摩の対朝鮮貿易」(『鹿児島短期大学研究紀要』五、一九七〇年)。
(52) 『旧記前』二─一〇二一。
(53) 伊藤幸司「日朝関係における偽使の時代─博多商人の視角から─」(同著『中世の博多とアジア』勉誠出版、二〇二一年、初出は二〇〇五年)。
(54) 前掲註(53)伊藤論文、伊藤幸司「南北朝・室町期、島津氏の『明・朝鮮外交』の実態とは?」(拙編『中世島津氏研究の最前線』洋泉社、二〇一八年)。
(55) ただし、伊集院氏名義で朝鮮に渡海した使者そのものは、前掲註(54)伊藤論文が指摘するように、朝鮮─博多─薩摩─琉球を往来する海商であり、伊集院氏没落後も伊集院氏名義を騙る偽使として活動していく。
(56) 島津久豊による家督奪取の過程については、前掲註(1)拙著一二四～一三二頁。
(57) 前掲註(32)「応永記」、前掲註(21)『山田聖栄自記』。
(58) 『旧記前』二─八九四。
(59) 黒嶋敏「室町幕府と南蛮─〈足利の中華〉の成立─」(『青山史学』三〇、二〇一二年)。
(60) 阿多家久は、応永一八年(一四一一)八月に伊集院頼久から阿多郡(南さつま市金峰町)を「料所」として宛行われている(『鹿児島県史料 旧記雑録拾遺 家わけ七』所収「阿多文書」一─17号)。
(61) 『鹿児島県史料 旧記雑録拾遺 家わけ五』所収「樺山文書」九〇。以下、「樺山」と略して文書番号を記す。
(62) 前掲註(51)増田氏論文、佐伯弘次「応永の外寇と東アジア」(『史淵』一四七、二〇一〇年)。
(63) 『島津』七二。
(64) この「国一揆」については、前掲註(1)拙著一四八～一八四頁。
(65) 伊藤幸司「硫黄使節考─日明貿易と硫黄─」(『アジア遊学』一三二、二〇一〇年)。瑞書記は、『満済准后日記』に「仁和寺の野僧」と記される「有瑞書記」で、博多と関係を持つ破庵派（聖一派）の禅僧であった。宣徳八年＝永享五年（一四三三）閏八月には、遣明使節の一員として渡明している（上田純一『足利義満と禅宗』法藏館、二〇一一年）。
(66)『満済准后日記』永享四年八月晦日条。
(67) 伊集院頼久（道応）のことを指すが、この時点で頼久はすでに亡くなっているとみられる。幕府がこれを認識していなかったか、伊集院側が上洛経験があって幕閣に面識があったであろう頼久の名を騙っていた可能性もあろう。
(68)「御前落居奉書」九六～九九（桑山浩然校訂『室町幕府引付史料集成』上巻、近藤出版社、一九八〇年）。
(69)『満済准后日記』永享六年正月二三日条。
(70) 伊集院氏の通字は、「忠」か「久」であり、「熙」は熙久のみである。あるいは、山名時熙の偏諱を賜った可能性もあろう。
(71)『看聞日記』永享六年六月一八日条、前掲註（41）小葉田氏論文。
(72)「樺山」一〇九。
(73)「阿多」一―3。
(74)「千竈」一〇。
(75)『旧記前』二―一一七五。
(76) この兄弟の内訌については、前掲註（1）拙著一八五～二四一頁。
(77)「薩摩山」（現在の鹿児島県いちき串木野市大字薩摩山）より北の意。現在の川薩地方から出水市・伊佐市一帯。
(78)「新編島津氏世録正統系図」十代忠国（『旧記前』二―一三三二）。
(79)『旧記前』二―一三七八。
(80) 島津氏の源姓使用は、応永三二年（一四二五）三月一四日、忠国が龍興山大慈寺に対し、島津庄大隅方串良院岩弘名内九町分を寄進した際、「源貴久」（貴久は忠国の初名）と署名したのを初見とする（『鹿児島県史料 旧記雑録拾遺 家わけ六』所収「大慈寺文書」一五）。前掲註（3）水野論文。
(81) 前掲註（1）拙著三一五～三二一頁。
(82) 奥州家支配の崩壊過程については、拙稿「室町幕府島津氏領国の解体過程」（前掲註（1）拙著所収）。
(83) 拙著『島津貴久――戦国大名島津氏の誕生』（戎光祥出版、二〇一七年）。

第八章　室町期西国社会における大内氏の権力形成と室町幕府

野下俊樹

はじめに

周防国山口を本拠に広域な領国を形成した大内氏は、中世後期において西国社会に強い影響力を及ぼしたことで知られる。本稿は、西国社会における大内氏の権力形成過程について、室町幕府を視野に含めつつ、大内氏と西国の地域権力との関係から考察するものである。なお、本稿における地域権力とは、守護や九州探題・国人領主といった国群単位に影響力を有し中央権力と音信を交わした勢力を指す。

大内氏の政治的側面についてはは、つとに「守護領国制」の立場から守護代や郡代をはじめとする組織構造に関する検討が進められてきた。ことに室町幕府との関係をめぐっては、松岡久人氏が大内氏を中央政権から自立的な権力と捉えたこと[1]をはじめ、その自立性が注目されてきた。室町幕府との関係を重視した川岡勉氏は、「遠国」を除く日本列島を覆う体制を「室町幕府―守護体制」と定義した[2]。これは天下成敗権を有する幕府と国成敗権を有する守護とが相互補完的な関係を基底として、守護を含む地域権力の自立性をある程度保証しながら包摂した状況を概念化したものであり、その主たる検討対象が大内氏であった。また、池享氏は「大名領国制」の立場から、大内氏を「中間地帯」のなかで例外的な「近国型」地域権力と規定した[3]。川岡氏の示した大内氏「御家人」制を念頭に、大内氏組織が御家人制に基づく家臣団と官位制秩序によって編成され、当主が「幕府・天皇への取次ぎ」による編成権を握る形態であったと述べ、大内氏を「将軍・天皇との関係を領国支配にとって不可欠な存在」とする地域権力と位置付けた。

こうした幕府との関係を重視する見解に対して、藤井崇氏は、応永の乱後の大内氏当主盛見と室町幕府（足利義満）との関係などを例に挙げ、大内氏が守護であってもそれを必須の要件とせず、幕府支配から自立的に領国支配を成し得た権力とみなし、これを「室町期大名」と定義した。(4)この概念については大内氏が当主によっては長期の在京を経験し、「幕府から九州方面をある程度ゆだねられる立場にあり、そうした立場を効果的に利用しながら勢力を拡大した側面も看過できない」(5)とする山田徹氏の批判もあり、なお検討の余地を残している。

右に示した先行研究は大内氏権力を解明する上で極めて重要な視角であるが、一方で、領国の維持・安定化や社会における権力形成においては、幕府との関係が地域権力との関係に及ぼした影響も重要な検討課題と考える。

室町期以来、大内氏は少弐氏や大友氏と度々抗争を展開しており、それは当然に領国経営に影響を与えた。また、天文初年の争乱において大友氏が九州地域の少弐氏や宇都宮氏、中国地域の尼子氏や村上氏ら西国の地域権力に大内氏打倒に向けた協力を依頼しているように、周辺諸勢力との関係性は大内氏の存続において極めて重要な意味を持った。大内氏が西国社会の権力秩序において中心的位置にあり、戦国期において明応の政変に伴い将軍権力が分裂する中で大内義興が足利義稙を奉じ西国諸勢力に影響力を有したことや、(6)戦国期には政治的・文化的ブロック（「政治圏」）が「尼子氏や大内氏、毛利氏、大友氏を中心とする「中国・北部九州」エリアで形成されたこと(7)が指摘されている。総じて、西国社会の秩序上で大内氏を頂点に据える認識は漠然と共有されているといえよう。

しかし、西国社会の政治的動向を規定した九州探題や守護、国人領主らの関係性の総体である権力秩序のなかで、大内氏の優位性が、いつ、どのようにして形成され確立したのか、という点は十分に検討されていない。川岡氏が述べるように、「各地域の権力秩序のあり方は、守護分国の内部にとどまらず、分国内外の政治状況を十分にふまえ」、

「地域社会の多様なあり方」の中で整理・検討する必要がある。

すなわち、西国社会における大内氏の政治的位置を明らかにするためには、室町幕府との関係を視野におさめつつ、権力秩序を構成する諸勢力との関係をとおして、時期的・段階的変化を追わなくてはならない。このことは、大内氏の領国支配を考える上でも重要な問題と思われる。この点、石見国人と室町幕府・地域権力との関係を検討した中司健一氏による「大内氏当主や当主候補にとっても領国周辺の有力な国人の支持は、自身の基盤を保つ上で重要」であり、「大内氏の権力基盤はその領国内だけで完結しているわけではない」という指摘は示唆的である。(8)そして、かかる視点を大内氏の権力形成上の課題とするためには一国のみではなく大内氏領国を取り巻く地域を横断的に検討する必要がある。

以上を踏まえ、本稿では、室町期における西国の地域権力と大内氏との関係を整理する。なかでも室町幕府との関係が西国社会の地域権力との関係にどのような影響を与えたのか（与えていないのか）という点を重視して検討を進め、西国社会における大内氏の権力形成過程について粗描する。なお、本稿では行論の都合から石見・安芸を東限とする中国地域及び九州北中部を西国社会と措定する。

一　大内盛見期

応永六年（一三九九）、大内義弘が応永の乱で幕府と敵対し戦死、大内氏は和泉国・紀伊国・石見国・豊前国の守護職を没収される。大内氏は、大内弘茂が幕府に帰順し命脈を保つが、それに対して大内盛見が国許で反旗を翻したことで内訌へと発展する。盛見は応永八年一二月に長門国で大内弘茂を、次いで弘茂の後継である大内道通を討ち、家督争いに勝利する。幕府は盛見の家督相続を追認し応永一一年には周防国・長門国守護職を、応永一三年頃には豊前国守護職を安堵したとされる[9]。

幕府体制に復帰した盛見は、応永一六年冬～同二二年七月と永享元年（一四二九）一〇月～同一二月の二度在京を経験している[10]。盛見は在京活動をとおして幕府と関係を深め、上洛中には足利義持から関東公方への押さえ（「影の直轄軍」）として期待され[11]、帰国後の永享元年一〇月頃には幕府御料国に指定された筑前国代官に補任されている[12]。

盛見の帰国はいずれも北部九州情勢の緊張に起因する。応永三二年には少弐満貞に追い落とされた九州探題渋川満頼を支援するため京都を離れている。九州探題の没落は、盛見を「九州探題に代わる幕府の西国支配の中心的担い手」として位置付ける契機となったと評される[13]。実際、正長元年（一四二八）一二月、博多商人宗金は朝鮮に「九州威権、在大友与大内二公」と伝えており[14]、通交関係を念頭に置いた宗金の言葉は、北部九州において大内氏が存在感を増していた状況をある程度反映したものであろう。

以上を前提に、本節では、応永の乱で義弘が敗死した応永六年一二月から盛見が筑前国怡土郡萩原で戦死する永享三年七月で区切り、大内氏と守護や国人領主・九州探題といった地域権力との直接的・間接的音信を整理し、その特徴を概観する。

1　家督相続と上洛

第一に九州地域の場合。盛見期大内氏と九州の地域権力との間での交流を示す文書は現時点で一二通を収集した（【表1】）。このうち、三通は豊前門司氏宛であり、いずれも盛見が守護職を獲得する応永九年（一四〇二）以前の発給である。内訌に敗れ一時的に九州へ逃れていた盛見が大内弘茂への反攻を計画する中で発給したものであり、所領の安堵・預置をとおして北部九州の要地を押さえる門司氏の取り込みを図ったものと理解できる。

本　　文	出　典
門司四郎（親尹）方へ申子細候、同心ニほんそう候ハヽ可然候、 たんたひ（探題）・大友方申たんし候、本知行等之事ハ志さひある ましく候、委細此僧令申候了、恐々謹言、	『中世史料集 門司文書』46号
（前欠）わつらいなと申され候ハんする仁おいてハ、可為罪科之由 候也、仍執達如件、（後欠）	『宗像市史 史料編第2巻』17号
豊前国門司北方吉志郷国衙分 < 除大通寺領 > 事、為由緒所還付之 也、守先例可有知行之状如件、	『中世史料集　門司文書』24号
長門国小野光冨 < 公領内 > 土貢弐拾石地 < 坪付別在之 > 事、所 預置也、守先例、可有知行之状如件、	『中世史料集　門司文書』25号
一大内殿状 一通　大内殿盛見状、豊前猪嶽合戦忠節之由、京都へ注進之間、 有御感之由状　応永十三年正月廿六日　以上一通一巻	『宗像市史 史料編第二巻』31号
安芸国東西条内海村事、所預置也、早任先例、可有其沙汰之状如件、	『大日本古文書 小早川家文書2』317号
御奔走令悦喜候、手明候者、最前可申候之処、九州事取乱候之間、 于今遅々非本意候、御辛労通更難申尽候、仍進使者候次、一ヶ条事、 □之間、祝計進之候、委細者、□〔自〕内藤弾正（盛賀）方可申候、 恐々謹言、	『中世益田・益田氏関係史料集』361号
去年長々御在陣、御辛労無勿体候、一向依御奔走、如所存、被致 沙汰候、御芳志之至、更難謝候、猶々於我々畏入候、手明候者、 最前御礼可被申候之処、九州事取乱候、于今延引候、所存之外候 由候、仍被進使者候、兼又筑前国怡土郡内雖少所候、本領事候間、 被進之候、祝計事候、御代官早々被差遣候者、目出候、巨細来原 可申候、恐々謹言、	『大日本古文書 益田家文書1』89号
益田殿　　　　　徳雄 　　太刀一腰進之候、表祝儀計 去年長々御在陣（後欠）	『中世益田・益田氏関係史料集』364号
雖無差事候、細々可啓案内候之処、遼遠之境、依不輙便宜候、閣筆候、 於心中聊不存等閑候、御同心候者、本望候、 抑京都無為無事、九州又静謐之躰候、大慶不過之候、兼又筑前国 料所事、度々被申候之処、未無御領掌候、失面目候、自私可申之由、 被申候、無子細候者畏入候、委細使者僧可申候、毎事期後音候、恐々 謹言、	『大日本古文書 益田家文書2』534号
雖未申馴候、以事次令啓候、常習候哉、 抑　御教書被成下候、目出候、弥可有御奔走候哉、恐々謹言、	『大日本古文書 阿蘇家文書2』199頁
御慶誠雖事旧候、尚以不可有際限候、抑自是雖可申候、路次無案 内之間、無其儀候処、預御使者、為恐候、将又先日御請進上申候 之間、代官持参申候之処、上様御気色御快然候、目出候、就中其 境事、連々承度候、一途候様御計籌候者　上意弥可目出候、恐々 謹言、	『大日本古文書 阿蘇家文書二』199～200頁

【凡例】

文字以外の記号及び抹消された文字等は、次のようにあらわした。

・人名及び地名は適宜（　　）によって補った。

・虫損や欠損による判読不明箇所は□や［　］であらわした。

・割注は <　>、挿入は○、挿入文字は【　】、抹消された文字は取消線であらわした。

・端裏、切封、墨引等は紙幅の都合から省略した。

【表1】盛見期における地域権力との音信

	史料群	年月日	西暦	史料名	差　出	宛　所
1	「門司文書」	(応永前半) 11月11日	-	大内盛見書状	大内盛見	門司面々
2	「宗像神社文書」	応永8年 4月11日	1401	大内氏家臣鷲頭弘為奉書	鷲頭弘為	(後欠)
3	「門司文書」	応永9年 4月20日	1402	大内盛見安堵状	大内盛見	門司親常
4	「門司文書」	応永9年 8月15日	1402	大内盛見預ヶ状	大内盛見	門司親常
5	「宗像神社文書」	(応永13年)	1406	応永社家文書惣目録	(大内盛見)	(宗像氏)
6	「小早川家証文」	応永32年 閏6月20日	1425	大内盛見預ヶ状写	大内盛見	小早川弘景
7	「萩藩譜録ま28益田隼人兼定」	(永享3年) 6月3日	1431	大内盛見書状写	大内盛見	益田兼理カ
8	「益田家文書」	(永享3年) 6月3日	1431	内藤盛賀書状	内藤盛賀	益田兼理カ
9	「萩藩譜録ま28益田隼人兼定」	−	−	大内盛見書状断簡写	大内盛見	益田兼理カ
10	「益田家文書」	(永享元～3年) 5月15日	−	内藤智得(盛貞)書状	内藤智得	益田兼理カ
11	「阿蘇家文書写」	(年不詳) 12月17日	−	大内盛見書状写	大内盛見	阿蘇惟村
12	「阿蘇家文書写」	(年不詳) 2月20日	−	大内盛見書状写	大内盛見	阿蘇惟村

また、筑前国宗像郡宗像大社の宗像大宮司に宛て二通発給している。うち一通は応永八年四月一一日付で大内氏家臣鷲頭弘為が発給したもので、後欠ながら「宗像神社文書」に収録されていることから宗像氏宛と推測される。いま一通は大内盛見の手になるもので原本こそ残っていないものの、「応永社家文書惣目録」には豊前猪嶽合戦に関するものと注記されている。[15] 猪嶽合戦は応永一二年一二月に起きた九州探題渋川満頼と反幕府方の戦いであり、これに関する宗像大宮司の忠節を京都に注進したことを伝えた「大内殿盛見状」が発給されている。[16] 大内氏による注進は、敵対していた筑前国守護少弐貞頼が応永一一年六月に歿し、跡を継ぎ幕府に帰参した少弐氏当主（「太さいのうちほうし」）も幼年であったこと、[17] 大宮司の宗像氏経が盛見のもとに身を寄せていたことなどに因ると推測される。[18]

ところで、当該期の九州探題の立場に目を向けると渋川満頼は、幕府から応永一三年には関東対治のため「鎮西之輩」の動員を指示され、[19] 応永二四年には破壊された筑前国武蔵寺の修復にかかる筑前・筑後・豊前・豊後・肥前・肥後・壱岐・対馬各守護への段銭賦課を命じられている。[20] また、応永三〇年の阿蘇大宮司職補任や応永三一年の筑前国底井野郷安堵に関する一件[21]でも活動が確認でき、九州地域の包括的・個別的案件に対応する幕府の出先機関として機能していた。

他方、こうした立場は少弐氏と九州探題が筑前国支配をめぐって対立したことに象徴されるように、北部九州に進出した大内氏とも摩擦を生じさせた可能性も想定される。この点について、盛見期に支配が大きく進展したとされる[22]豊前国宇佐宮の事例から少し掘り下げておきたい。

そもそも宇佐宮と九州の地域権力との関係では、九州探題今川了俊が宇佐大宮司職を京都の近衛道嗣や管領斯波義将に吹挙するなど、[23] とくに九州探題との関係を多く見出せる。大内氏の場合は義弘期に今川了俊や渋川満頼のもとで活動所見があり、今川了俊が九州探題を解任される応永二年以降活発化する。[24] とりわけ応永二四年から永享二年（一四三〇）にかけて、幕府の許可を得た盛見は幕府・朝廷と連絡を取りながら宇佐宮の造営・再興等を行っており、[25] 宇佐宮保護を豊前国支配における公権力を明示するための重要な要素と位置づけていた。

他方、かかる状況下で渋川満頼の後任として九州探題となった渋川義俊が宇佐大宮司職を京都に吹挙している。[26]

【史料①】

宇佐太宮司職事、任先例到津公経望申候、依代々相続、先年御成敗明白之上者、当職事被仰付候者、目出候、
以此旨可有御披露候、恐惶謹言、

十二月廿五日　　左近将監義俊（渋川）（花押）

進上　藤井殿（嗣孝）

【史料②】

（包紙ウハ書）「謹上　広橋殿（兼宣）　　左近将監義俊（渋川）」
（包紙裏貼紙）「渋川左近将監義俊大神尚山跡也 九州探題也」

宇佐太宮司職事、任先例到津公経望申候、依代々相続、先年御成敗明白之上者、当職事被仰付候者、可然候、
此段可有御意候、恐々謹言、

十二月廿五日　　左近将監義俊（花押）

謹上　広橋殿

（奥裏貼紙）「渋川探題　満頼子、応永三年下向」

これら二通は、渋川義俊が「藤井殿」と「広橋殿」に宛て宇佐大宮司職を到津公経に仰せ付けるよう披露を依頼したものである。【史料①】の宛所「藤井殿」は、近衛家の家司とみられる藤井嗣孝であろう。[27] 本文書は渋川義俊

が藤井嗣孝に宇佐宮の本家である近衛房嗣への披露を依頼したものと考えられる。

いま一通の【史料②】宛所「広橋殿」は広橋兼宣と推定される。渋川義俊が誰に対する披露を広橋兼宣あて依頼したのかについては二つの可能性がある。一つは今川了俊が管領斯波義将に宇佐大宮司職補任に関する披露を依頼していることや、宇佐宮造営が盛見と室町幕府の連携によって進められていることから将軍足利義持への披露であり、いま一つは広橋兼宣が近衛良嗣の年預を務めた経歴から近衛房嗣に披露した可能性である。いずれとみるか現時点では判断する材料を欠く。

いずれにせよ右の二通は、大内氏が宇佐宮造営再興を進めている中で発給したものである。探題による下意上申は、先述した今川了俊による吹挙のほか、応永七年に近衛兼嗣が宇佐宮神官社僧衆中に宛て安心院公増の大宮司還補を通知した際には「右兵衛権佐殿」（九州探題渋川満頼）が「奉行」を担っていることから[28]九州探題の職掌とみてよい。宇佐大宮司職吹挙の事例は、対立が先鋭化する筑前国や肥前国のみならず大内氏の影響が浸透しつつあった豊前国においても、探題の役割が守護に代替されていなかったことを意味している。事実、大内氏による宇佐大宮司職の吹挙は大内教弘期を待たねばならない[29]。応永末年まで九州探題が北部九州に役割を果たしていた状況を改めて確認しておきたい[30]。

かかる状況を踏まえ、盛見が九州の地域権力との関係を構築し得た要因を見出すならば、それは在京により将軍と地理的・政治的に近しいという点にある。このことについて、肥後国の阿蘇大宮司の事例から確認しておくと[31]、

【史料③】

雖未申馴候、以事次令啓候、常習候哉、

抑　御教書被成下候、目出候、弥可有御奔走候哉、恐々謹言、

十二月十七日　　多々良盛見（大内）花押

謹上　阿蘇殿（阿蘇惟村）

【史料④】

御慶誠雖事旧候、尚以不可有際限候、抑自是雖可申候、路次無案内之間、無其儀候処、預御使者、為恐候、将又先日御請進上申候之間、代官持参申候之処、上様（足利義持）御気色御快然候、目出候、就中其境事、連々承度候、一途候様御計籌候者　上意弥可目出候、恐々謹言、

二月廿日　　　盛見 花押

阿蘇殿

大内氏と阿蘇氏との音信は、【史料③】に「雖未申馴候、以事次令啓候、常習候哉」とあるように、「御教書」が阿蘇氏に下されたことを端緒として盛見期に初めて交わされた。また、【史料④】において、盛見は「御教書」が阿蘇氏に下されたことや更なる「御奔走」が期待されていることを伝え、関連文書と思しき二月二〇日付書状でも阿蘇氏の使者が請取を持参したところ、「上様（足利義持）」の「御気色」が良かったことを伝えている。点数は二通に留まるが、盛見が阿蘇氏の請文に対する足利義持の好感触を伝える一方で、阿蘇氏も大内氏に使者を介して音信を通じているように大内氏と阿蘇氏の関係は、盛見と幕府（足利義持）との関係を前提に構築されたものであったといえる。

一方、九州地域と異なる様相を示すのが中国地域である。まず石見国では、国人領主が一揆を結ぶことで守護山名氏や大内氏から自立性を維持した一方で、松岡久人氏が「隣国の雄族として相当な影響力を保持していた」と指摘する[32]ように、大内氏が強い影響力を有した地域でもあった。大内氏は大内義弘が応永の乱で敗死するまで石見国守護であり、その後も石見国邇摩郡を保有していたこともあり、内訌が発生した大内氏が石見国人に協力を求めた

り[33]、幕府が石見国の抗争に大内氏を仲介させるケースもあった[34]。

その一方で特筆されるのは、大内氏と石見国との関係が、盛見と弘茂・道通の内訌終結以降、正長二年（一四二九）に益田氏・周布氏・福屋氏が益田氏・三隅氏の合戦に関する幕府への取次を大内氏に求めた事例[35]まで確認できない、という点である。

また、石見と同じく大内氏の影響が強く及んだ安芸国への大内氏の関与は、盛見の家督相続以降、応永三二年閏六月二〇日付で「安芸国東西条内海村」を竹原小早川弘景に預置いた大内盛見預ヶ状[36]まで途絶している。

中国地域との音信は盛見の在京とほぼ重なる形で途絶し、盛見の帰国とともに活発化の兆しを見せている。九州の事例とは異なり、当主在京が芸石両国との関係進展においては有意に働いていない。

応永の乱後、石見国と安芸国の国人領主は新守護山名氏のもとで大内氏を牽制する役割が期待されていたとされる。また、当該期、益田氏や小早川氏などの国人領主は幕府と直接関係を結び、守護山名氏も健在であった。正長二年の石見益田氏らによる大内氏を介した幕府への申し入れは、確実に幕府の支持を得られるように、という石見国人側の目論見であろう。なお、応永二九年一一月、吉見家貞が代官となった石見国吉賀郡の御料所に関して木部氏が大内氏に接近して吉見氏を妨害している[37]。大内氏は幕府と敵対する勢力には軍事力として期待されていたと考えられるが、とはいえ、こうした理由がない限り、彼らには大内氏に接近する必要性は薄かったのであろう。

2　大内盛見の下向、戦死

応永三〇年（一四二三）、九州探題渋川義俊が少弐満貞に敗れ、翌三一年に隠居する。九州探題は渋川満直に改替するが状況は好転せず、応永三二年七月一三日には盛見が探題支援のため京都を離れ、九州へと下向する。では、盛見の下向は地域権力との関係に影響を与えたのであろうか。

第一に九州地域との関係では応永三二年七月に幕府は幕府御料所に指定された筑前国御牧郡（遠賀郡）底井野郷を九州探題に宛行うため、少弐氏と大内氏家臣吉田重朝に九州探題への打ち渡しを命じており[38]、少弐氏と九州探題の関係が穏やかではない状況下で大内氏に九州探題を支援させようとしていたことが指摘されている[39]。また、正長二年（一四二九）七月には筑前秋月氏が、永享二年（一四三〇）六月には筑前大村氏が大内氏の吹挙によって将軍足利義教に御礼を申し上げており[40]、大内氏が「将軍権力を背景として、国人層の将軍への求心性を利用しつつ、筑前国人層の結集を図った」ことが指摘されている[41]。

なお、足利義教は正長元年一〇月には鎌倉公方足利持氏を討伐するため大内盛見に上洛を命じているから[42]、中央では盛見の下向は一時的なものとみなしていたようだ。

また、中国地域においても、安芸・石見の国人領主との関係が複数例確認できるようになる。正長二年六月、益田氏・周布氏・福屋氏は石見国人の益田氏と三隅氏との間に生じた戦闘に関して盛見を介して幕府に申し入れを行い、幕府は益田氏らの上申を受け、大内氏に石見国の合戦停止を仰せ付けている。

この点については、大内氏と石見国人との南北朝期以来の繋がりが強調されることが多い。それ自体は誤りではないが、盛見上洛中に都鄙の音信が確認できないことを踏まえれば、石見国人との関係は幕府との政治的な親密性を背景に盛見の下向を契機として活発化したものといえよう。

永享元年、大内氏と少弐・菊池氏の対立が先鋭化すると、幕府は合戦の要因である筑前国を直轄領（幕府御料国）に指定し、盛見を代官に任じた。かかる状況が大内氏と石見国人との関係に与えた影響を考える素材として次の文書を挙げる[43]。

【史料⑤】

（モト封紙ウハ書カ）
「　　　　　　　　　　　　内藤入道（追筆カ）「状」」

益田殿　御宿所　　　　智得」

雖無差事候、細々可啓案内候之処、遼遠之境、依不輙便宜候、閣筆候、於心中聊不存等閑候、御同心候者、本望候、抑京都無為無事、九州又静謐之躰候、大慶不過之候、兼又筑前国料所事、度々被申候之処、未無御領掌候、失面目候、自私可申之由、被申候、無子細候者畏入候、委細使者僧可申候、毎事期後音候、恐々謹言、

五月十五日　智得（花押）

益田殿

御宿所

本文書は大内氏家臣内藤智得が益田氏に宛てたもので、永享元年〜三年の発給と目される。傍線部において益田氏は度々筑前国の所領を望んでいる。益田氏が筑前国に所領を求めた理由は明確でないが、石見国では周布氏が日本海水運に関与し朝鮮通交を行っており[44]、国人領主相互の関係が深い石見国人益田氏がそのことを把握していても全く不自然ではないから、益田氏は博多の所在する筑前国に所領を獲得することで対外交易に参画しようとしたのかもしれない。益田氏が筑前国の所領を「度々」求めていたことは、それが強い要望であったことをうかがわせる。本文書の段階でその望みは叶えられていないが、盛見の没後、筑前国怡土郡に「少所」ながら所領を獲得した[45]。盛見の筑前国代官補任は、益田氏において大内氏の価値を高めることに繋がったものと考えられる。

二　大内持世期

永享三年（一四三一）六月二八日、大内盛見が筑前国怡土郡萩原における少弐・菊池氏との合戦で戦死する。これを受けて、内藤智得は大内氏の家督について室町幕府と調整、結果として幕府は大内持世に家督を相続させる。

一方、当主の戦死は、家督をめぐる内訌を惹起した。また、持世の家督継承後も、北部九州における大内・大友・少弐・菊池・九州探題渋川氏の抗争は継続しており、それは持世の当主在任期間中の半期以上に及んでいる。永享一二年、持世は幕府の命により上洛するが、嘉吉の乱に巻き込まれ、嘉吉元年（一四四一）七月二八日に死去する。

持世の当主在任期間は、永享三年から嘉吉元年の約一〇年と短い。一方、佐伯弘次氏が大内義弘から大内政弘に至る筑前国支配の実態を検討するなかで、「九州方面の幕府軍（奉公衆）」の統括や、「戦功の認定と幕府への注進」のような「番頭あるいは九州探題あたりが行うべき」行為を「大内氏が一手に独占している」ことから「九州探題渋川氏の「無力化」と大内氏が「九州探題的立場にあったこと」を指摘しているほか[46]、近年でも藤井崇氏が大友・少弐氏討伐において持世が「幕府との外交交渉を重視」し、更には九州に逐電した大覚寺義昭の件では島津氏を取次ぐなど「九州探題的役割を果たした」と評価しており[47]、大内氏と九州地域との関係や大内氏の領国支配において当該期は画期と位置づけられている。

これは幕府の方針とも無関係ではない。すなわち、幕府は九州支配において、九州探題の軍事指揮権を公認しつつ持世と奉公衆を主軸とする体制を企図していたという[48]。佐伯氏が室町期に九州に対する将軍の直接発給文書が減少する傾向を指摘し[49]、荒木和憲氏も「永享・嘉吉期の大規模争乱と大内氏を軸とする幕府軍編成・投入を契機として、南北朝期以来の政治構造が払拭され、北部九州に戦国へと連続する新しい政治構造が生み出された」と総括しているように[50]、当該期は北部九州地域においても政治的転換期と位置付けられる。

本節では、持世の在国時と上洛時に分けて地域権力との関係を整理する。なお、【表2】は持世期の地域権力との音信を整理したものである。

本　　　文	出　典
今度九州時宜不慮落居候、無念之至候、殊御親父事、御悲歎察申候、無勿躰、歎入候、心中悲傷此事候、依忩劇于今不申候、非本意候、如何様自是可啓候、恐々謹言、	田中大喜・中島圭一・中司健一・西田友広・渡邊浩貴「益田實氏所蔵新出中世文書の紹介」(『国立歴史民俗博物館研究報告』212 集、31 号)
御内書到来候、令進之候、且者御面目之至候哉、於私も御合力事、可被申候之処、上意如此候、早々御出陣候者、就公私可然目出候、御請事此使いニ給候て、京都可注進申候、恐々謹言、	『大日本古文書 益田家文書 1』115 号
今度之事一大事候、益田殿(常兼ヵ)憑申候、委細可被仰候、就其防長両国之間一所可預進之候、判形之事、以吉日可進之候、先内々此之趣可被申候、	『下関市史 資料編Ⅵ』1 号
去月廿五日御礼到来候、御懇示給候、本望候、細々雖申度候、遼遠之境候間、乍存罷過候、背素心候、就中賢息様(阿蘇惟忠)御出陣事、目出候、御状之趣、即京都注進申候、随而大友左京亮方(親綱)無御等閑之由承候、尤可然候、将又此面事昨日ニ檜隈へ差寄候、敵陣中間一里計候、一両日中可被。【詰】陣候、其境事早々御了簡候者、可目出候、恐々謹言、	『大日本古文書 阿蘇家文書 2』200 頁
今度自最前御出陣、殊御奔走之通、令注進候之間、直可有御感候之処、御受領官途之間、依無御存知候、対探題(渋川満直)被成　御書候之由、被仰下候、御面目之至候、御祝着察存候、仍御官途事承、可得其意候、恐々謹言、	『大日本古文書 阿蘇家文書 2』200 頁
御内書幷　継目御判申出進之候、目出候、御祝着察存候、我々までも悦喜仕候、兼又豊後事、委細肥州(菊池持朝)へ申候、不可有御油断候、恐々謹言、	『大日本古文書 阿蘇家文書 2』201 頁
上使〈臨首座〉より被仰子細候、目出候、此間念願満足候、歓悦過御察候、於向後者弥不可有等閑候、随而就路次事、王子城(豊後国大野郡野津院)衆方への状認進之候、可得其意之由、自是も申付候、御出之時愚状可被遣候、猶々路次事者不可有相違候、早々以面可申承候、恐恐謹言、	『大分県史料 25』58 号
田北治部少輔(親増)申候在所事、早々可相計之由、大友方(親綱)へ申遣候、不日成敗仕候之様可被仰候、於其境肝要仁候、依御意現形目出候、如何様拝顔之時、加様之子細可令申候、可得御意候、恐惶謹言、	『大分県史料 31』292 号
去十四日御状今日令披見候、抑小佐井(豊後国海部郡)事重々御計策可然候、 一玖珠勢働之様承候、得其意候、 一其面一勢可差遣之由承候、当手者共、此間豊前へ又差遣候、弥無人数候。【之】間乍存候、去比宰府勢日田へ少々通候。【之】間、残候武藤(少弐嘉頼)被官人為釣留、筑前にも執陣候、旁軍勢不得隙候、 一其方陣替之由承候、目出候、時宜細々可申承候、恐恐謹言、	『大分県史料 31』、297 号
貴札拝見仕候畢、条々蒙仰候之趣、得其意候、田北治部少輔(親増)間事、委細申御使候、彼仁猶以致緩怠候者、示給候~~ヘヘ~~【て】了簡可仕候、可得御意候、恐惶謹言、	『大分県史料 31』300 号

【表2】持世期における地域権力との音信

	史料群	年月日	西暦	史料名	差　出	宛　所
1	「益田實氏所蔵文書」	(永享3年ヵ) 7月19日	1431	大内持世書状	大内持世	[　　]
2	「益田家文書」	(永享3年) 7月28日	1431	内藤智得書状	内藤智得	益田兼堯
※	「長府毛利家文書(筆陳手鑑)」	(永享4年) 2月24日	1432	大内持世預状	大内持世	内藤智得
3	「阿蘇家文書写」	(永享5年) 6月3日	1433	大内持世書状写	大内持世	阿蘇惟郷
4	「阿蘇家文書写」	(永享5年) 閏7月24日	1433	大内持世書状写	大内持世	阿蘇惟郷
5	「阿蘇家文書写」	(永享5年) 12月6日	1433	大内持世書状写	大内持世	阿蘇惟郷
6	「田北一六文書」	(永享8年) 3月9日	1436	大内持世書状写	大内持世	田北親増
7	「大友家文書録」	(永享8年) 3月17日	1436	大内持世書状写	大内持世	上使(景臨)
8	「大友家文書録」	(永享8年) 4月19日	1436	大内持世書状写	大内持世	田北親増
9	「田北要太郎文書」	(永享8年) 閏5月9日	1436	大内持世書状写	大内持世	上使(景臨)

本　　文	出　典
貴札拝見仕候了、条々蒙仰候之趣、得其意候、田北治部少輔（親増）間事、委細申御使候、彼仁猶以致緩怠候者、示給候て、了簡可仕候、可得御意候、恐惶謹言、	『大分県史料 25』9 号
其後可啓案内候処、便宜不輙候て無其儀候、一切非等閑儀候、御同心候者本望候、兼又姫岳（豊後国海部郡）之事、近々可落居候之間目出候、 一先度当城へ敵さしよせ候時、御高名共承及候間、犬橋方（満泰）に物語候之処、事外ほうひ申候、我々までも祝着仕候、 一因幡・伯耆・出雲の御勢廿四五日比は可下着候間、いかにも代（城）をかたく御待候而、勝利を本ニ御沙汰あるへく候、其に御料候事に候間、万御心安存候、 一当陣事、無指不審候間、不申候、 一波祢・河本府中へまかりつき候間、可心安候、毎事期後信候、恐々謹言、	『大分県史料 25』58 号
今度国中錯乱之時、御奔走之通、令注進候、仍被成御感御教書候、御面目之至目出候、早々請文可認給候、毎々重而可申候、恐々謹言、	『熊本県史料 中世篇第 2』238 号
今度　公方様（足利義教）御対面、殊御松囃御見物、両日上意通御面目、至御快然察申候、 一豊後国事、左京亮殿（大友親綱）より御注進候者、則出羽守殿（大友親隆）へ可被成案堵　御判由候、 一所々御領事、就筑前国事、当方　幷　彼方へ被仰下子細候間、其御事同前候、定飯尾和州（貞連）被申候哉、 一管領（細川持之）より御太刀一〈無名〉・御馬一疋〈黒河宗毛〉御屋形様（大友親綱）へ被進之候、毎事連々可申入候、便宜之者示給候者本望候、恐々謹言、	『大分県史料 31』311 号
就九州事　上使〈飯尾大和守（貞連）・飯尾加賀守（為行）〉被差下候、いかにも御賞翫可然存候、去月廿九日出京候、以早船下向之由申候、近日博多（筑前国那珂郡）へ可着津候、為御意得兼日申候、兼又我々事為上洛下松（周防国都濃郡）と申所まで罷越候之処、上使下着之間、可令逗留之由、被仰出候、仍於当津彼両人相待候、時宜重而可申候、恐々謹言、	『大日本古文書 阿蘇家文書 2』201 頁
就参洛事、千疋送給候、令祝着候、尚々御志之至不存寄候、如何様下国時可申候、恐々謹言、	『大日本古文書 阿蘇家文書 2』201 頁
大覚寺殿御（義昭）事、於于日向国櫛間、被召御腹候、彼御頸既到来候、公方様（足利義教）御快然過賢察候、天下大慶此事候、随而島津方（忠国）より　公方様へ後々何事にても言上之時者、三条殿に付申候て可有披露候、我々にも可申通之旨、自是可申下之由、或方指南候、如何様　上意之趣存知子細候哉、氏神も照覧候へ、非虚言候、此分いかにも堅固可有御諷諫候、為後日存旨候之間、以誓言申候、恐々謹言、	『大日本古文書 島津家文書 1』266 号
対御子息（阿蘇惟忠）安堵　御判事、案文給候、京都注進可申候、条々申御使候之間、省略候、恐々謹言、	『大日本古文書 阿蘇家文書 2』202 頁

	史料群	年月日	西暦	史料名	差　出	宛　所
10	「田北要太郎文書」	（永享８年）閏５月19日	1436	大内持世書状	大内持世	上使（景臨）
11	「田北一六文書」	（永享８年）閏５月21日	1436	鷲頭弘忠書状写	鷲頭弘忠	田北親増
12	「志賀文書」	（永享９年）８月22日	1437	大内持世副状	大内持世	志賀親賀
13	「大友家文書録」	（永享11年）１月28日	1439	安富定範書状写	安富定範	斎藤著利
14	「阿蘇家文書写」	（永享12年）３月６日	1440	大内盛見書状写	大内持世	阿蘇惟郷
15	「阿蘇家文書写」	永享12年４月19日	1440	大内持世書状写	大内持世	阿蘇惟郷
16	「島津家文書」	（嘉吉元年）４月14日	1441	大内持世書状	大内持世	菊池持朝
17	「阿蘇家文書写」	（年不詳）10月21日	–	大内持世書状写	大内持世	阿蘇惟郷

1　在国中の動向

（1）持世の惣領職安堵と大内氏の内訌

永享三年（一四三一）六月二八日の盛見没後、大内氏家臣内藤智得は、盛見から聞いていた（と称する）家督と守護職の配分案を上申する。これは、持世に家督及び長門国・豊前国・筑前国を、一族の大内持盛に周防国及び安芸国東西条を、大内満世に長門国阿武郡と石見国邇摩郡を与えるというものであった。結果、同年一〇月二三日、幕府は持世の家督相続を承認する。(51)

家督を継承した持世は、北部九州の争乱への対処を開始する。永享三年七月二八日、内藤智得は益田兼堯に宛て、大内氏として「私」的にも「御合力」をお願いすべきところ、幕府から合力を命じる「御内書」が出されたこと、「上意」に従い出陣してくれたならば、「公私」ともに有難く、請文を使者に預けていただければ京都に注進する旨を伝えている。(52)「公私」とは多分に定型的文言だが、大内氏は幕府（「公」）の上意と大内氏の「私」の権益付与によって、地域権力の協力を得ようとしていたようだ。

大内氏は九州の情勢を幕府に都度注進しており、大友氏との合戦に関して「上使両長老・探題・内藤入道等状」をとおして、豊前国規矩郡で大友舍弟掃部頭及びその一族二〇〇人計が籠城していること、大内・大友氏の陣間が三町ばかりしかないため、「安芸・石見両国御合力勢」を仰せ付けてほしいと上申している。(53)大内氏が幕府の支持を取り付けようとしていたこと、石見国・安芸国人の「合力」における幕府の下知の重要性を認識していたことが分かる。

足利義教は、上意をどのように出すか見定めるため、派遣した「上使」を待つとの結論を示す一方で、「故大内」（大内盛見）のような状況が出来しては今後に「無益」であるので、「両国」（石見・安芸）国人に持世への合力を命じるべきか宿老の畠山満家・山名常熙に意見を求めている。(54)結果、足利義教は「大内方為御合力、当国面々可有発向御教書」を発給したようだ。しかし、安芸国人は大内氏への合力（九州渡海）に消極的であり、山名常熙は「上意」に背く行為を諫めている。(55)

このように、大内氏が幕府の下知による石見・安芸国人の動員によって北部九州の争乱を優位に進めようとするなか、大内持盛・満世が永享四年二月一〇日に反乱を起こす。幕府には持世が「石見国三隅城」に没落したとの注進が届いている。(56)足利義教から意見を求められた畠山満家と山名常熙は合戦への介入には慎重な姿勢ながら、大友・少弐氏と大内持盛の合力は「天下御大事」を招くため、「御遠慮」により「天下無為」となる「御計」が必要との認識を示している。(57)

結果、幕府は安芸国人に対して、持世の催促に従い、幕府への註進に及ばず発向し忠節を果たすよう仰せ付ける(58)とともに、肥後国守護菊池持朝にも持世への合力を指示している。(59)幕府は、中国・九州諸勢力の大内氏への「合力」による争乱の鎮静化を目指している。

その一方で注目されるのが、大内氏が私的にも国人領主に合力を求めている点である。(60)

【史料⑥】

今度之事一大事候、益田殿憑申候、委細可被仰候、就其防長両国之間一所可預進之候、判形之事、以吉日可進之候、先内々此之趣可被申候、

(貼紙)「永享四年」二月廿四日　　　持世(大内)（花押）

内藤入道殿(智得)

本文書において、持世は内藤智得を介して「今度之事」（持盛・満世の反乱）について「益田殿」を頼りにしていること、「防長両国之間一所」を預け置くことを益田氏に伝えようとしている。内藤智得は先述したように永享年間に益田氏と音信を交わしていたから、持世はその関係に期待したものであろう。

その他、持世は永享四年三月一一日には三隅湊大賀兵部左衛門に「分国津々浦々幷関所事」に関する免除特権を付与しており[61]、大内氏は幕府（「公」）の支援を求めながら、主従関係を持たない国人領主に「私」にも恩賞を与えることで、誘引を図っている。益田氏が盛見期に筑前国内の所領を求めていたように、大内氏は所領や課役免除などの権益をテコに国人領主を動員しようとしたのである。

（2）北部九州の争乱と「御治罰御教書幷御旗」獲得の意義

ところで、北部九州の争乱に関しては、大内氏が幕府に「大友・少弐御治罰御教書幷御旗」の下賜を申請したことが注目されてきた[62]。

【史料⑦】

六日、晴、（中略）

自将軍以飯尾大和守被仰出、大友・少弐御治罰御教書幷御旗事、大内頻申請上、旧冬豊後国事既被下大友左京亮（親綱）、御判被遣之了、筑後国事同被下菊池了（持朝）、然者於治罰・御旗両条強不可有御斟酌歟之間、昨日既被遣云々、珍重之由申了、御旗加持聖護院准后沙汰云々、昨日五日加持云々、

『満済准后日記』永享五年（一四三三）三月六日条によれば、持世は「大友・少弐御治罰御教書幷御旗」の下賜を度々申請していたようだ。幕府は大友持直と対立する大友親綱・菊池持朝に豊後国と筑後国の守護職をそれぞれ与えていたこともあり、永享五年三月五日付で治罰御教書と御旗を下賜した。荒木和憲氏は、「持世は「御旗」を拝領したことで、幕府の九州征討軍の「大将」としての正当性を担保し、九州・中国・四国の「守護・国人連合軍」を糾合できたと考えられる。豊前・筑前守護にすぎない大内氏が臨時的に九州探題に代わる存在として位置づけられた」と評価している[63]。

但し、「御治罰御教書并御旗」が持世の度重なる申請の結果として下賜されている点には注意が必要である。大内氏が「御治罰御教書并御旗」を求めた理由については『満済准后日記』永享四年一〇月一〇日条の記事が注目される。(64)

【史料⑧】

十日、晴、雑熱聊少減間、早旦出京、
山名禅門(常熙)来、九州事、条々意見分申也、
一御旗事、大内雖申請只今ハ如何と存、可有御思案歟、
一大友・少弐等御治罰事同前候、
一大友左京亮(親綱)手ニ属テ可致忠節由、ヒタ(日田)・田原・サイキ(佐伯)三人方へ可被成御内書之由事、是ハ可被成御内書条可然、
一菊池ニ筑後国可被下事、此条又可然、早々可被仰付歟、
一安芸・石見・伊予三ヶ国勢、為大内合力早々可罷立事、去年以来連々被仰付之間、於今者不日可罷立由可被仰計歟、然者石見勢ヲハ山名掃部(頭)守ヲ周防堺へ差遣、石州勢ヲハ可催遣、安芸勢事ハ備後守護代犬橋(満泰)ヲ安芸堺へ遣、芸州勢可相催、但武田・小早河両人事、不応守護成敗者候間、定不可罷立歟、於此両人事ハ為公方厳密ニ可被仰付云々、此条々参時達上聞処、山名意見尤被思食也、但畠山所存如何之由可相尋云々、
（下略）

これらは大内氏が幕府に申し入れた条々について、山名常熙が意見したものである。持世の申し入れとは、①「御旗事」、②「大友・少弐等御治罰事」、③日田・田原・佐伯三人に宛て大友左京亮（親綱）への合力を命じる御内書を出すこと、④菊池持朝を筑後国守護とすること、⑤安芸・石見・伊予三ヶ国勢に持世の合力として発向を促すこと、であった。

注目されるのは、①治罰御教書・②御旗の下賜と同日付で持世の「九州発向」に合力を命じる足利義教御内書が小早川熙平に出されている点である。[65]「安芸・石見・伊予三ヶ国勢」への合力と進発を早々に仰せつけてほしいと申し入れた⑤とも一致する。これ以前、安芸国人は九州への出陣に消極的であり、山名常熙が「上意」に背く態度を諫めていた。持世は幕府権力を可視化する治罰御教書・御旗の獲得によって国人領主の確実な「合力」を企図したものと考えられる。[66]

さて、当該期の大内氏と地域権力との関係について、先学では「九州方面の幕府軍（奉公衆）」の統括や、「戦功の認定と幕府への注進」のような「番頭あるいは九州探題あたりが行うべき」行為を「一手に独占している」ことから、「九州探題渋川氏の無力化と大内氏が九州探題的立場にあった」と評価される。[67]また、九州探題の役割を再検討した黒嶋敏氏は「将軍との個人的関係で支えられるのみで、豊前・筑前の守護でしかな」く、「九州内他国への公式な指揮権を持たない」持世を中心とした幕府軍の編成を補完するために九州探題が活用されたと指摘している。[68]すなわち、九州探題の没落と大内氏の進出が連動するものとして理解されている。

かかる評価を与えられている持世の立場を考える上で重視されている北部九州の争乱に関する軍忠の注進事例は現時点で三二例を収集している。これには「度々合戦忠節之旨、大内修理大夫（持世）注進畢」のような文言が頻出する。宛所は筑前麻生氏、肥後阿蘇氏、安芸吉川氏・武田氏・小早川氏・毛利氏・平賀氏、豊後志賀氏であり、総数に占める大内氏の割合は多い。但し、争乱に関する注進すべてを一手に担っているわけではない。[69]

【史料⑨】

（折封ウハ書）「阿蘇大宮司殿　満直」

昨日進使者候之処、委細示給候、本望之至候、

抑御手人々預御合力候、殊ニ令悦喜候、京都へ注進事、昨日具令申候了、不可有疎略候、恐々謹言、

【史料⑩】

今度自最前御出陣、殊御奔走之通、令注進候之間、直可有御感候之処、御受領官途之間、依無御存知候、対探題（渋川満直）被成　御書候之由、被仰下候、御面目之至候、御祝着察存候、仍御官途事承、可得其意候、恐々謹言、

（永享五年）閏七月廿四日　持世 花押

（惟郷）阿蘇殿

【史料⑪】

（折封ウハ書）「武蔵守殿」

阿蘇惟郷事、出陣之旨注進到来、尤神妙、弥可抽忠節之由、可被相触也、

（永享五年）閏七月八日　（足利義教）（花押）

（渋川満直）武蔵守殿

（永享五年）七月十四日　（渋川）満直（花押）

（惟郷）阿蘇大宮司殿

【史料⑨〜⑪】は、阿蘇氏（「御手人々」）の合力を幕府に注進した際の関連文書である。【史料⑩】によれば、幕府は「御受領官途」を知らなかったため、「探題」（渋川満直）に「御書」を届けたという。その「御書」が【史料⑪】である。足利義教は九州探題渋川満直により一層の忠節に期待する旨を阿蘇氏へと伝えるよう指示しており、渋川満直が阿蘇氏の動員に動いていることが分かる。

北部九州の争乱の主戦場の一つである豊後国では、持世と大友親綱が田北親増の離間工作を行い[70]、田北親増は持世・親綱方に属する一方で、自身の要望に対する大友親綱の「無沙汰」を山名氏家臣犬橋満泰を介して上使景臨首

座に訴えている[71]。また、持世が「御治罰御教書幷御旗」下賜を求めた際には、日田・田原・佐伯三人に宛て大友左京亮（親綱）への合力を命じる御内書を出すよう幕府に上申していた。このように、現地から室町幕府への注進経路は複数あり、大内氏が独占していた、とまでは言えない[72]。

但し、当該期の北部九州情勢において、幕府の支援を受けた持世・渋川満直・大友親綱・菊池持朝の連帯を取りまとめていたのが持世であった点はやはり特筆される。

大友氏との関係では、持世は大友親綱を誘引し[73]豊後国守護に据えるため大内氏在京雑掌安富定範を介して幕府へと守護職補任を申請しており[74]、大友親綱は「幕府とのパイプという点も含め、さまざまな場面で大内氏に頼らざるを得なかった」と、対幕府関係における大内氏への依存が指摘されている[75]。一点付け加えるならば、大内氏による仲介は対幕府関係に留まらない。大友親綱が伊予河野氏に改年の慶賀を伝えた際には、「御恩賞」を与えられたことを言祝ぐとともに、「委細定自大内方可被申候哉」と大内氏の仲介を伝えている[76]。内訌を抱える大友親綱が持世の意思伝達手段に頼っていた様子がうかがえる。

また、肥後国の事例では、永享五年六月三日付で持世が阿蘇氏に「賢息様（阿蘇惟忠）御出陣事」に関する事柄を京都に注進したことを伝えるとともに、阿蘇氏の「大友左京亮（親綱）方」に対して「御等閑」無き旨に賛意を伝えている[77]。さらに、渋川満直とともに、阿蘇惟忠の家督継承に伴う「御内書幷　継目御判」の発給を仲介するとともに「豊後事、委細肥州へ申候、不可有御油断候」と、「肥州」（菊池持朝）に言付けたので油断なきよう伝えている[78]。持世は同陣営の菊池持朝を介して豊後国における阿蘇氏の協力を求めている。

総じて、幕府との関係を背景に、大友・菊池・阿蘇氏を繋ぎ北部九州の争乱を優位に進め、反大内氏勢力を一掃したことで大内氏の九州における存在感は高まったものと考えられる。例えば、豊前国人佐田氏の場合、嘉吉元年（一四四一）一〇月五日付管領細川持之奉書[79]を最後に家督や所領安堵に関する幕府発給文書が確認できなくなることから、大内氏への接近が指摘されている。[80]なお、「佐田文書」にみえる大内氏発給文書は、義弘・盛見が各一通であるのに対し、持世期に七通と増加しており、教弘期に進展する領国支配の前提と位置づけられる。
その一方、芸石国人は永享八年二月には幕命により大和国の合戦に動員されており、[81]北部九州の争乱に関する注進事例も、「敵軍打出」への馳走に関する持世の注進を伝えた永享八年八月二七日付室町幕府奉行人連署奉書[82]を終見とする。このことは、盛見期と同様、安芸・石見国人と大内氏との関係が幕府を支点に構築されていたことを意味している。

（3）肥前千葉胤鎮の討伐

永享八年（一四三六）六月、姫岳落城（大友持直没落）によって北部九州の争乱は一応終息する。永享九年一月、持世は山口に帰還するが、翌年八月には幕府から肥前の千葉胤鎮討伐を命じられ再度渡海する。このことに関連する文書が四点残る。[83]うち二通を以下に掲げる。

【史料⑫】
（肥前国小城郡）
小城要害事、御一左右之間、籠置被官人等之旨、大内修理大夫持世注進到来、尤神妙、弥令談合持世、可被致忠節之由、所被仰下也、仍執達如件、
永享十年十二月廿九日
（飯尾貞連）大和守（花押）
（飯尾為種）肥前守（花押）
中村左衛門五郎殿

本文書は、室町幕府奉行人の飯尾貞連と飯尾為種が肥前国杵島郡の国人領主橘中村氏に宛てて、「小城要害」（千葉胤鎮対治）の対応に関する持世の注進が届けられたことを伝え、持世に合力して忠節に励むよう命じたものであ

る。また、橘中村氏は千葉胤鎮を支援する者も同罪であることを「国中」に触催すよう命じられている。

【史料⑬】

千葉介胤鎮事、尋究落所、不日可致其沙汰之旨、各被成奉書者也、堅可被催促、若有難渋之輩者、可注申交名之由、所被仰下也、仍執達如件、

永享十一年閏一月廿五日　大和守（飯尾貞連）在判

肥前守（飯尾為種）在判

大内修理大夫（持世）殿

右は、千葉胤鎮の討伐および「難渋之輩」の交名注進を持世に命じた室町幕府奉行人連署奉書写である。「橘中村文書」に残されており、文中に「各被成奉書」とあることから、肥前国人に千葉胤鎮討伐を命じた幕府奉行人連署奉書に付属されたものと考えられる。千葉胤鎮の討伐には、「草野・大村・上松浦」が味方となることを約したほか、「対馬より渡海」（宗氏カ）も噂されており、[84] 九州北西部の広域に発せられたと思しい。九州探題や少弐氏が影響力を持っていた肥前国において千葉胤鎮の討伐を大内氏が担った背景には、少弐氏と九州探題渋川氏の対立が想定される。応永年間以降、肥前国では少弐氏と九州探題が対立を続けており、[85] 九州探題が優勢であった時期もあったが、永享六年には九州探題渋川満直が少弐嘉頼に殺害され、新探題の渋川万寿丸（教直）も応永二九年（一四二二）生まれと幼少であり、探題勢力は弱体化していたようだ。実際、九州探題の発給文書は管見の限り永享六年七月二八日[86]から永享一二年六月二五日[87]まで途絶している。かかる状況を背景として幕府は持世を軸に千葉氏討伐を図ったものと考えられる。[88]

2　大内持世の上洛と北部九州

（1）大友氏「残党」の討伐

千葉胤鎮の討伐に一定の成果を挙げた持世は永享一一年（一四三九）に山口へと帰国する。しかし、永享の乱勃発を理由に幕府から上洛を命じられる。[89] 最後に持世上洛後の九州の政治動向から持世の政治的位置を確認する。

永享一二年三月、幕府から上洛を命じられた持世は少弐嘉頼赦免を条件に上洛する。[90] 持世の上洛後、北部九州では大友氏「残党」が活動を再開しており、幕府はその討伐を九州諸勢力に命じている。[91]

【史料⑭】

太宰少弐嘉頼事、御免許候、仍当国残党等可治罰之由、被成御教書候、進之候、落人等其方徘徊候者、堅可有御沙汰候、早々給御請文、可令注進候、恐々謹言、

（永享一二年）三月廿四日　（大友）親隆 花押

（惟忠）阿蘇殿

「永享十二　三廿九到来」

右は大友親綱の跡を継いだ大友親隆が阿蘇惟忠に宛てたものである。持世上洛後の永享一二年と比定される。文中で大友親隆は少弐嘉頼の赦免とともに、「当国残党」の治罰について足利義教の御判御教書が発給されたことや、急ぎ阿蘇惟忠から請文を提出すべきことなどを伝達している。これを受け、阿蘇惟忠は「道瑛（大友親著）・持直（大友）・親重（大友親繁）其外残党等治罰」に関して「菊池方・大友方」と協働する旨の請文を提出している。[92] また、同じく九州探題渋川教直も少弐嘉頼赦免に際して幕府から阿蘇氏宛の「題目」に関する「御教書」を受給している。[93]

残党討伐が九州探題・大友親隆・菊池持朝・阿蘇惟忠らによって進められている一方で、この件には大内氏は関与していない。すなわち、上洛を契機として持世は北部九州の政治情勢から距離が空いているのである。このことは、幕府が争乱後の大内氏を探題に代わる存在と位置づけていたわけではなかったことを物語っている。

（２）大覚寺義昭討伐に関する対応

その一方、京都にいながら大内氏が九州に関与した事例もある。それが大覚寺義昭の問題である。この件については、桑山浩然氏や新名一仁氏による詳細な検討がある。(94) ここでは、先学に導かれながら大内氏の役割について確認しておきたい。

永享九年（一四三七）以降、足利義教と敵対し京都から九州へと逃れた大覚寺義昭は、日向国櫛間院に潜伏していたところを島津氏に包囲される。足利義教は四月三日付で大友親隆から届けられた大覚寺義昭の日向辺徘徊に関する注進を称え、詳細は持世が伝える旨を伝達している。(95)

大覚寺義昭はこれに先立つ嘉吉元年（一四四一）三月一三日には櫛間院永徳寺で自害、四月一〇日には頸が京都へ届けられた。大覚寺義昭の自害を受け、足利義教は四月一三日付で「大覚寺事(義昭)」に関する島津氏の忠節を比類なきものと賞している。(96) 注目されるのは持世の関与である。(97)

【史料⑮】

「（端裏切封）」

大覚寺殿(義昭)御事、於于日向国櫛間、被召御腹候、彼御頸既到来候、公方様(足利義教)御快然過賢察候、天下大慶此事候、随而島津方(忠国)より公方様へ後々何事にても言上之時者、三条殿(正親町三条実雅)に付申候て可有披露候、我々にも可申通之旨、自是可申下之由、或方指南候、如何様上意之趣存知子細候哉、氏神も照覧候へ、非虚言候、此分いかにも堅固可有御諷諫候、為後日存旨候之間、以誓言申候、恐々謹言、

(嘉吉元年)四月十四日　　持世（花押）

菊池殿(持朝)

本文書は、持世が菊池持朝に宛てたものである。傍線部では「是」（持世）から申し下すよう「或方」から指南

された内容として、今後島津氏から「公方様」（足利義教）に上申する場合には、「三条殿」（正親町三条実雅）を取次とするとともに「我々」にも伝達するよう伝えている。先行研究では「或方」を足利義教と比定しており、傍線部に「上意之趣」とある点からも首肯できる。「我々」の解釈については見解が分かれているが[98]、持世と比定して良いように思われる。なお、本文書は「島津家文書」に収録され、内容も島津氏に対するものでありながら、菊池持朝を宛所としている。島津氏が大覚寺義昭の討伐に消極的であったことと無関係ではないと思われるが、判断する材料を欠く。

さて、本文書に関して藤井崇氏は「京都での日々を送っていた持世が将軍義教から期待されていた事は、時節柄、九州に潜伏していた大覚寺義昭」の問題解決であり、「持世は大覚寺義昭討伐の活躍によって、三条実雅とともに島津氏の取次を務めることとなった」と指摘する[99]。

この点については、大覚寺義昭の問題において大内氏が関与した痕跡は大友氏と島津氏に宛てた足利義教御内書二通にしか見いだせないこと、そして、本文書が持世在京中に発給されていることに注意する必要がある。持世が取次を命じられた要因を大覚寺義昭討伐における活躍に求めてよいかは疑問が残る。

当時、将軍足利義教は諸大名との関係が徐々に悪化していくなかで、赤松満政ら信頼の置く家臣を重用しており、その中には持世も含まれていた。また、足利義教は文事を媒介とした権威確立を目指しており[100]、米原正義氏や尾崎千佳氏の研究に明らかなように足利義教と持世の間には文芸を媒介とした交流が存在した[101]。明証を欠くものの、足利義教は側近を重用するなかで、文芸を通じた交流を持ち北部九州の争乱において幕府方の中心にあった持世を登用し、九州の地域権力を統制しようとした可能性もあろう。持世が誓言をもって虚言ではないと断わっているのは、この人事がイレギュラーな抜擢であったことを示唆している。

右の推測が正しければ、持世は大友・菊池・島津氏というほぼ九州全域の地域権力と幕府とを媒介する役割を果たすことになったのであり、それは北部九州の争乱における反幕府方の鎮圧と在京に伴う足利義教との私的関係の構築によって成立したものといえる。

しかしながら、嘉吉元年六月の嘉吉の変により義教は死去。持世もこれに巻き込まれ翌七月に死去しており、その進展は途絶した。

三　大内教弘期

嘉吉の乱による大内持世の死去を受け、家督は大内教弘へと移る。教弘期には在国守護化が進み評定衆や奉行人制度などの行政機構が整備されたほか、大内氏当主（教弘）と子息亀童丸（大内政弘）の氷上山妙見上宮社参を通じて家督継承の円滑化が図られるなど領国支配を進める諸制度が整えられた[102]。大内氏発展の基礎固めが行われた時期と評価されている[103]。また、国際関係においても国際貿易港の博多を押さえたことで対外交易が飛躍的に拡大したことが指摘されている[104]。また、嘉吉三年（一四四三）には山名持豊（宗全）の養女が教弘に嫁ぎ、大内氏と山名氏の連携が図られた。当該期は列島を取り巻く政治的状況において幕府の全国支配が後退し守護をはじめとする地域権力の自立化が進行する「室町幕府―守護体制」の変質期と位置付けられる[105]。大内氏においても、教弘が幕府と対立するなど大内盛見・持世期と比べ幕府との関係に変化が生じている。

では、かかる動向は、大内氏と地域権力との関係性に変化を及ぼしたのであろうか。教弘が家督を継承した嘉吉元年八月から教弘が伊予興居島で死去する寛正六年（一四六五）九月における地域権力との関係を検討する。

1　持世死後の北部九州と大内教弘の上洛

嘉吉元年（一四四〇）九月、家督を相続した教弘は、嘉吉の乱の首謀者である赤松満祐らを追討するため海路にて上洛を開始する。

しかし、その途上、筑前国・豊前国で少弐教頼や大内教幸（道頓）らが「御教書」を得たと称して活動を活発化する。この活動には、大友持直・大友親著・大友親繁・菊池元朝・千葉胤鎮らも同調していたようだ。[106]少弐教頼は嘉吉元年八月二四日に筑前国・肥前国・肥後国の所領を筑紫教門に安堵しており、[107]時期からみて嘉吉の乱と持世の死去を契機として活動を再開したものと考えられる。彼らは活動再開の根拠を「御教書」獲得に求めており、幕府との繋がりを正当性として重視していた。

一方、幕府は嘉吉元年閏九月以降、九州地域の肥前国北高来一揆、豊前佐田氏及び豊後志賀氏、中国地域の石見益田氏、周布氏及び安芸毛利氏・吉川氏らを九州に派遣している。九州・中国地域の国人領主の動員に関して、大内氏は吉川氏・周布氏の軍忠を幕府に注進している。[108]

【史料⑯】

周布次郎（和兼）去月十四日筑前国全（金）井手山へ着陣候、随而一昨日十七春日岳合戦之時、自身太刀打分捕候、高名之至候、被感仰候之様可得御意候、恐惶謹言、

八月十九日　　　　教弘（大内也）判

山名殿　人々御中

また、少弐教頼の討伐による「九州静謐」は九州探題渋川教直によって幕府へと注進されており、[109]持世没後も幕府との繋がりが九州の政治情勢を有利に進める上で重要な意味を持っていた様子がうかがえる。

なお、文安二年（一四四五）には大内氏の金剛三昧院領押領により少弐教頼が筑前国守護に還補され活動を再開している。しかし、守護職を失った教弘も引き続き筑前国内に統治権を行使し続けており、守護職の有無は大内氏

が支配する領域においてさしたる効果をあげていない。領国支配が安定していくなかで、幕府との関係はとくに地域権力との協調・対立関係において意味をもったのであろう。

文安六年四月、教弘は北部九州が一先ずの安定を得たことで上洛する。上洛した教弘は、同年五月二六日には従四位下の位階を与えられ、(110)宝徳度遣明船にも大内船が登場するなど幕府と良好な関係を築いていた。(111)【表3】は当該期における教弘と地域権力との関係を示す史料を整理したものである。これをもとに中国・九州の地域権力との関係を検討する。

まず、中国地域では石見周布氏と安芸竹原小早川氏の二例に注目したい。そのうち、前者では、周布氏の「忩劇」を大内氏が仲介している。(112)

【史料⑰】

御一家中忩劇之子細候之由其聞候、無勿躰候、和睦之儀候者可然候、仍太田蔵人遣之候、恐々謹言、

七月一日　　　　　　　　教弘（大内）（花押）

周布殿（和兼）

本文書は教弘が周布氏「御一家中忩劇」を聞き、和睦を勧めるため太田蔵人を派遣したことを伝えたものである。康正二年（一四五六）九月二七日には益田兼堯が周布・三隅氏間の和睦を踏まえて、周布和兼との連携を模索している(113)から、それ以前の周布・三隅氏間の対立を指すものと推測される。この忩劇の詳細は不明ながら、大内氏が対立関係の生じた国人領主紛争の調停をおこなっていることが分かる。

次に安芸国の事例として竹原小早川陽満（初代弘景）が息盛景に宛てた置文から関係箇所を抜粋する。(114)

【史料⑱】

陽満ゆつり状ともそむかれ候ましく候、但ゆつりおゝくハあるましく候、天門のゆつり状も、身と又五郎ハ

かりならてハあるましく候、不分明支証なと出候ハんさたをは、よく〳〵さらして、ひはんあるへく候、そこつのさたあるましく候、

（中略）

一御上の事、中々申事ハ候ハねとも、さりなからとりわけをに〳〵とうかんなく候ハヽ、ほうこう申され候へく候、身か仏事とも存候へく候、

（中略）

一大儀に候へハとて、①公方をすてられ候ましく候、②何としてもぬたハ心安ハあるましく候、ゆたん候て、くつろかれ候ましく候、さりなから、又とをさかり事もあるへく候〔候脱カ〕ま、、③大内とのとてもちかつきの事にて候間、よろつたのまれ候て、いんきん二候へく候、

（中略）

嘉吉三年八月十二日　陽満〔前弘景法名〕（花押影）

中務少輔殿（小早川盛景）

竹原小早川弘景は傍線①で「公方」との関係を保ちつつ、傍線②で沼田小早川氏との関係は油断しないように、と惣庶の対立を書き置いた上で、傍線③で大内氏はとても近しい関係であるから頼るように、と述べている。沼田小早川氏との対立関係において、小早川弘景の主眼は「公方」に惣領家と認めさせることにあり、大内氏と室町幕府は対置される存在ではないが、目的達成において大内氏が守護より期待されていることが分かる。このの ち、竹原小早川氏弘景（二代目）は文安六年六月一日付で教弘から加冠状によって「弘」の偏諱を獲得するなど[115]、大内氏との関係を深めている。

かかる竹原小早川氏の指向性を考える上で参考になるのが沼田小早川氏である。市川裕士氏によれば、沼田小早

本　　文	出　典
先日進状候、於于今者、定参着候哉、兼又被成御教書候、目出候、御請文可給候、早速御奔走可為御忠節候、随而残之方へ被成下候御教書案文為御披見、進之候、将又一昨日 < 十五 > 敵勢仕候て、規矩郡（豊前国）道寺代へ差寄候処、御方合戦得勝利候間、大慶候、今日又一陣執寄候、此方計略不廻時日候、其境事不日御了簡可然候、恐々謹言、	山口隼正「佐々木文書－中世肥前国関係史料拾遺」（『九州史学』125号、12号）
今度就九州之事人給候、喜存候、如何様連々可申通候、委細内藤駿河守（道行）可申候、恐々謹言、	『大日本古文書 吉川家文書 1』273号
周布次郎（和兼）去月十四日筑前国全井手山（金井手山）へ着陣候、随而一昨日 < 十七 > 春日岳合戦之時、自身太刀打分捕候、高名之至候、被感仰候之様可得御意候、恐惶謹言、	『萩藩閥閲録 第3巻』123号
就御請文等事、先日預御使候、則可認進候之処、如御存知、依申合大友豊後守（親繁）子細候、令遅々候、不図御乗船之由承候之間、態進飛脚候、仍御請文等調進候、重而差下　上使、厳重御成敗候者、為九州可然候之由、能々可有御披露候、恐惶謹言、	『大分県史料 26』42(532)号
太宰符安楽寺大鳥居職［　　　］補任之旨、御成敗候哉、雖然［　　　］御神領等事、信顕法印与［　　　　　］糺決之子細候、因去夏之比、預御状御報相滞候、聊非疎略候、於于今者、水田其余大鳥居方知行分［　　　　］可然候、巨細之通、定而信顕可被［　　　］之間、令省略候、恐々謹言、	『大宰府・太宰府天満宮史料 13』274～275頁
加冠 弘景	『大日本古文書 小早川家文書 2』370号
閏六月三日御状到来候、陣中時議〔儀〕雖承候、得其意候、長々御在陣事候之間、以使者雖可申候、如御存知、此方事近年者御勘気分候之間、態不申通候、若　上意取直事候者、其時可申候、遥々御音信本望候、恐々謹言、	『下関市史 資料編Ⅵ』43号
去月十七日御状到来候、如承候、就西条之事、先日預御音信候之処、重而懇切承候、眞実悦存候、雖然以御誓言承候、聊驚入候、委細者正安（正安）幷保寿寺（以参周省）可被申候、麻生（弘家）今月中上洛候、其時愚存之趣、具可申候、恐々謹言、	『大日本古文書 益田家文書 1』111号
対杉右衛門大夫（正安）御音信、令悦喜候、紀州辺事、漸成無為候之間、定可有御帰洛候哉、先々目出候、保寿寺（以参周省）被上洛候者、其時猶可申候、恐々謹言、	『大日本古文書 益田家文書 1』110号
［　　　］御神領事、連署［　　　］候、大友方へ雖可申候、国中成敗□様不存知候、親疎も斟酌も不□入事候之間、直にも申度候へ□〔共ヵ〕、先御分所より豊饒（直弘ヵ）・平井両人方へ被申候て、可被見候、何様少□重而可申合候、恐々謹言、	『大分県史料 4』836（ツ59）号
従探題（渋川教直）被仰候趣、委細承候、目出候、御祝着察申候、恐々謹言、	『佐賀県史料集成 17』42号
御一家中忩劇之子細候之由其聞候、無勿躰候、和睦之儀候者可然候、仍太田蔵人遣之候、恐々謹言、	『山口県史 史料編中世 4』9号
御札之趣、喜令拝見候畢、抑菊池既退散之由承候、先以目出相存候、向後も能々被廻籌作、被加御退治候者、尤可目出候、大内六郎（大内教弘）度々高名忠節之条、上意御感無侘候、仍長門国御教書被成下候、面目之至候、委細大蔵首座可申入候、恐々謹言、	『大分県史料 31』323号

【表３】教弘期における地域権力との音信

	史料群	年月日	西暦	史料名	差　出	宛　所
1	「佐々木文書」	(嘉吉元年) 10月17日	1441	大内教弘書状	大内教弘	北高来一揆御中
2	「吉川家文書」	(嘉吉元年ヵ) 12月21日	1441	大内教弘書状	大内教弘	吉川経信
3	「萩藩閥閲録 巻121ノ2周布吉兵衛」	(嘉吉2年) 8月19日	1442	大内教弘書状写	大内教弘	山名教清
4	「大友家文書」	(文安元～5年) 5月10日	—	大内教弘書状写	大内教弘	金粟院
5	「太宰府天満宮文書」	(文安5年) 11月25日	1448	木野了幸書状	木野了幸	仁保盛安
6	「小早川家文書」	文安6年 6月1日	1449	大内教弘加冠状写	大内教弘	小早川弘景
7	「長府毛利家文書(手鑑)」	(寛正4年) 8月9日	1463	大内教弘書状	大内教弘	益田兼堯
8	「益田家文書」	(寛正4年) 8月9日	1463	大内教弘書状	大内教弘	益田兼堯
9	「益田家文書」	(寛正4年) 10月23日	1463	大内教弘書状	大内教弘	益田兼堯
※	「永弘家文書」	(年不詳) 4月7日	—	大内教弘書状案	大内教弘	庄寿玄
10	「小鹿島文書」	(年不詳) 4月23日	—	大内教弘書状	大内教弘	渋江公代
11	「周布家文書」	(年不詳) 7月1日	—	大内教弘書状	大内教弘	周布和兼
※	「大友家文書録」	(年不詳) 7月27日	—	金粟院某書状写	金粟院	大友殿

文　章	出　典
其後可申候之処、依指事候、閣筆候之時節、御音信令悦喜候、今度最初御着陣、其則先被致合戦、殊御感等厳重候、御武勇異于他候、於以後者、只無御越度之様、又可有御計略候、猶々最前之時議（儀）、尤可然存候、又桜井事御懇承候、悦入存候、又次郎殿（益田貞兼）同無等閑候、如何様連々可申承候、恐々謹言、	田中大喜・中島圭一・中司健一・西田友広・渡邊浩貴「益田實氏所蔵新出中世文書の紹介」（『国立歴史民俗博物館研究報告』212集、65号）

川氏は幕府の求めた安芸国支配における中核的な政治的役割を遂行し安芸国人と連携して地域社会の政治課題の解決のために行動することで幕府と密接な関係を築き「地域社会における勢力基盤の確保・強化を図った」という[116]。竹原小早川弘景もまた幕府との関係を前提として、沼田小早川氏より優位に立つために大内氏に接近したものと考えられる[117]。

総じて中国地域の国人領主は、幕府との関係性が最優先であったが[118]、一方で、自身の抱える問題を解決する上で大内氏を有用な上位権力と認識していた。換言すれば、安芸国・石見国における大内氏の影響力は、国人領主からの接近によって拡大したものといえる。

次に九州の地域権力との関係。

第一に肥前国関係では、北高来一揆に宛てた嘉吉元年閏九月から一〇月にかけて幕府から出された少弐嘉頼・大内教幸（道頓）らの討伐に関する文書が一通ある。教弘は御教書に対する請文を出すよう求めるとともに、敵が豊前国規矩郡に攻めて来たが勝利したことを伝え、「其境」（肥前国高来郡）における対応を依頼している。また肥前国杵島郡を拠点とした橘渋江氏との音信が一通ある。九州探題は応永年間以降橘渋江氏と関係を有していたが[119]、九州探題が一時弱体化した永享・嘉吉年間には大内氏が幕府の指示を受け肥前の国人領主を編成して少弐氏や千葉胤鎮と戦っていた。総じて肥前国関連の二通は、北部九州の争乱の延長線上に位置づけられる。

第二に文安五年に大鳥居信顕と信善・信堯の間で発生した太宰府天満宮大鳥居職をめぐる相論に関する筑後国守護菊池氏との音信がある。

文安五年六月五日付大鳥居信顕目安状[120]によれば、太宰府天満宮大鳥居職は往古から「京都本家」（＝菅原氏長者）から補任されるものであり、文安五年から遡ること「此四五年中」にも本家から

	文書群	和　暦	西暦	史料名	差　出	宛　所
12	「益田實氏所蔵文書」	（文安５～寛正６年）９月９日	—	大内教弘書状	大内教弘	益田兼堯

補任状が下されていたようだ。しかし、大鳥居信善と大鳥居信堯が「私」に沙汰をしたために「一家近来錯乱」という状況に陥ったらしい。

大鳥居信顕の申し出を受けた大内氏は、筑後国水田庄の庄務を大鳥居氏が司っていた関係から、筑後国守護菊池氏の意向を聞こうとした。しかし、菊池氏から返信がなかったため、本家の判断を根拠として教弘は八月一日付で「宰府安楽寺天満宮大鳥居職」を大鳥居信顕に安堵している。[121]佐伯弘次氏は大内氏が大鳥居氏の内訌に乗じる形で大鳥居職の補任権を握り、筑前国支配の要である太宰府天満宮への影響力を高め、筑前国支配を進めたと指摘している。但し、菊池氏も同年一一月二五日付で大鳥居信顕に大鳥居職を安堵している。[122]大鳥居職を巡る相論への対応からは、大内氏が隣国の地域権力との良好な関係を活用して領国支配を進めようとしていた様子をうかがうことができる。

ここで大内氏の領国支配において注目されるのは教弘の安堵状と同日付で安楽寺寺主増珍が「天満宮領筑後国上妻郡中吉田庄御神領」を「京都本家補任幷今河探題・肥後守証文、其外悉彼庄重書」とともに「大鳥居殿御息乙房丸」に相続している点である。[123]これは菊池氏の安堵を待たず行ったものであり、太宰府天満宮側が大内氏の承認を実効性のあるものと判断したことを示している。先学の指摘するように、大内氏は文安二年に守護職が少弐氏に移りながらも実効支配を行い統治権を行使しているが、その影響力が太宰府天満宮にまで拡大した様子がうかがえる。

最後に、豊前国宇佐宮神領に関する大友氏との音信を確認する。[124]

【史料⑲】

（端裏書）「［　　　］殿より」

［　　］御神領事、連署［　　］候、大友方へ雖可申候、国中成敗□様不存知候、親疎も斟酌も不□入事候之間、直にも申度候へ□(共カ)、先御分所より豊饒・平井両人方へ被申候て、可被見候、何様少□重而可申合候、恐々謹言、

四月七日　　教弘(大内)［　　］

庄若狭入道殿(寿玄)

本文書は教弘が「御神領事」について、「大友方」に連絡を取ろうとしたが、豊後国の状況を把握できていない（「国中成敗□様不存知」）ため、まずは大友氏家臣豊饒・平井氏と相談するよう家臣の庄寿玄に連絡したものである。宇佐宮は田染庄など豊後国にも権益を保持しており、室町・戦国期においても大内・大友氏と音信を結んでいる。本文書もその脈絡の中に位置づけられ、筑前太宰府天満宮の事例と同じケースといえる。[125]

なお、大友氏に関する文書として、教弘が金粟院に宛てた書状を挙げる。

【史料⑳】

「大内教弘状写(新包紙ウハ書)　就御請文等事」　「四十三」(貼紙)

就御請文等事、先日預御使候、則可認進候之処、如御存知、依申合大友豊後守子細候、令遅々候、不図御乗船之由承候之間、態進飛脚候、仍御請文等調進候、重而差下　上使、厳重御成敗候者、為九州可然候之由、能々可有御披露候、恐惶謹言、

五月十日　　教弘判

金粟院
　侍者禅師

本文書は年次を欠くが文安元～五年の発給と推定される。[126]大友氏の使僧とみられる金粟院[127]に対して、「御請文等」を幕府の「御使」に預けたことを伝えるべきところ、大友親繁と子細を申し合わせていたため遅れていたことや、

金粟院の上洛を聞き、「御請文等」を認めるとともに、「上使」の下向による「厳重御成敗」が「九州」にとって然るべき対応であることなどを「御披露」いただきたいと述べたものである。

本文書で注目されるのは大友親綱・親隆が都鄙の意志伝達を大友氏の在京雑掌に依存していたのに対して、大友親繁が京都へのアクセスを回復していることである。教弘が勘気を蒙り大友氏の対京都政策に占める大内氏の影響力が後退したことは山田貴司氏の研究に詳しい[128]。本文書から大友親繁が家督交代を機に教弘が勘気を蒙る以前から京都との回路を回復していることが分かる。今一つ注目されるのは、九州情勢において大友氏の後押しを大内氏が期待している点である。文安二年には少弐氏が筑前国守護職を一時的に回復する一方で大内氏も実効支配を継続しており、両者が友好な関係であったはずはない。教弘は、大友親繁と「子細」を申し合わせ、九州情勢において協調しようとしているものと考えられる。

以上の推測が正しければ、文安年間は、永享～嘉吉年間における北部九州の争乱の沈静化と親隆から親繁への大友氏家督の交替によって、大内氏と大友氏との関係に変化が生じた時期といえる。大友氏が幕府への回路を復活させ、大内氏への依存から脱却したことにより、幕府との関係に支えられた大内氏の九州への影響力は相対的には減衰したとみなされよう。

2　大内教弘の家督剥奪と寛正伊予の乱

以上のように、教弘は盛見・持世期以来の幕府との良好な関係を背景に地域権力を動員することで自身の抱える問題に対処してきた。

文安六年（一四四九）四月二〇日、教弘は北部九州の戦闘が一段落したことで上洛する。同五月には従四位下に叙されるなど、当初、足利義政政権から好意的に迎えられた。とはいえ、在京は盛見程長くは続かなかった。詳細な在京期間を示す史料には恵まれていないが、享徳四年（一四五五）四月には長門国一宮の住吉神社に社参しており、最長でも四年程の在京であった[129]。教弘が帰国した背景には義政との関係悪化があったとされ、山名宗全や斯波義敏ら将軍から遠ざけられた陣営を支持したために足利義政の勘気を蒙り、享徳三年頃には家督が教弘の息政弘に交代していたという[130]。

こののち、大内氏と幕府との関係は悪化し、寛正二年（一四六一）正月には周防国に滞在していた斯波義敏を扶助する大内氏の討伐を命じる奉書が「西国者共十三人」に発給され[131]、同年六月九日には沼田小早川煕平に対して安芸東西条の武田信賢代への引き渡しを大内政弘に申し含めるよう指示している。こうした大内氏と幕府との関係は寛正三〜四年には一時的に関係回復の兆しをみせるが[132]、寛正五年に勃発した寛正伊予の乱で大内氏が幕府管領細川勝元と対立する河野通春を支援したことで再び悪化、寛正六年九月には教弘が伊予国興居島で没している。

では、教弘と幕府の関係悪化は、地域権力との関係に影響を与えたのであろうか。

まず、九州地域の事例からみると、文安六年から寛正六年までの間に大内氏と九州の地域権力との関係を示す史料はほとんどない。わずかに、寛正六年七月には一時的に大内氏に接近する姿勢を見せた幕府が「大嘗会段銭」を急ぎ進上すべき旨を「九州之面々」に下知するよう、大内氏在京雑掌松雪軒を介して教弘へ指示している[133]。

このことは、幕府が大内氏に九州諸勢力の取りまとめを期待していたこと、そして幕府との関係悪化により大内氏と九州の地域権力との関係が途絶していた可能性を示唆している。換言すれば、大内氏と九州の地域権力との関係は、幕府との関係に支えられていたのである。

次に中国地域の事例。長禄元年（一四五七）三月、大内氏と武田氏が安芸国で本格的に衝突[134]、厳島教親が「大内亀童」（大内政弘）の「被官人」を引率して安芸国己斐・石道に入部を企て合戦に及んでいる。この戦いに関する史料は乏しいが、幕府は武田氏を支持していたようだ[135]。

かかる状況において、安芸国では平賀・阿曽沼・竹原小早川氏が幕府の上洛命令に従わなかったほか[136]、文亀元年（一五〇一）に益田宗兼が大内氏家臣陶興房に提出した条々によれば、益田兼堯も安芸已斐・石道の合戦に大内方として参陣していた[137]。益田氏は翌長禄二年には幕府の正月出仕のため参賀しており[138]、参戦は形式的なものであった可能性があるものの、中国地域を主戦場とする武田氏と大内氏の対立において、幕府と敵対する大内氏を支持する国人領主が多く存在していたことは特筆されよう。

その一方で、受発給文書においては、文安六年頃から寛正四年頃まで地域権力との音信が一切見られない。その要因を探る上では寛正四年に比定される教弘が益田兼堯に宛てた書状が参考になる[139]。

【史料㉑】

閏六月三日御状到来候、陣中時議〔儀〕雖承候、得其意候、長々御在陣事候之間、以使者雖可申候、如御存知、此方事近年者御勘気分候之間、態不申通候、若　上意取直事候者、其時可申候、遥々御音信本望候、恐々謹言、

八月九日　　　　教弘（花押）

益田左馬助殿（兼堯）

本文書において、教弘は近年「御勘気」を蒙っていたため連絡しなかったこと、「上意」との関係が改善した際には改めて連絡する旨を益田兼堯に伝えている。すなわち、幕府との関係悪化が国人領主との関係を阻害しているのである。

翻って、大内氏は宝徳三年（一四五一）には対馬から少弐・宗氏の渡海に関して「京都」からの仰を受け、近々進発する予定であることを東大寺に伝えているほか[140]、【史料㉑】と同日付で益田氏に対して、おそらく安芸西条のことであろう「愚存之趣」について、上洛する幕府奉公衆麻生弘家を介して幕府へ申し上げる旨を伝えている[141]。依然として大内氏は京都（室町幕府）の存在を重要視しており、西国社会の権力秩序が室町幕府支配の枠組みのなか

で形成されていたことが分かる。

寛正五年、伊予河野通春と細川勝元が戦闘状態に入る。当初、幕府は大内氏に細川氏の支援を命じており、この頃には一時的に関係は改善していたようだ。しかし、細川勝元が大内氏の伊予進発停止を命じ、教弘も幕府と敵対する河野通春を支援し反幕府的行動をとったことで再び関係が悪化する。この状況下、大内氏に接近する国人領主が現れている。(142)

【史料㉒】

子息弥四郎事、被成大内被官人之由、承及候、曲事候、無何久申通候之処、殊今之時分如此之所行、背本意候、但虚説候哉、然者委細可承候、恐々謹言、

(付紙)「細川龍安寺」
勝元(細川)（花押）

四月五日

小早河因幡入道殿

細川勝元は、小早川因幡入道息弥四郎が大内氏の「被官人」となったことを「曲事」として非難し、虚説であれば詳細を承りたいと連絡している。細川勝元と大内氏との関係悪化が看取されるから寛正伊予の乱にかかる寛正五年頃の発給とみられる。宛所の小早川因幡入道は、官途から沼田小早川氏庶流生口守平と考えられる。(143)生口氏は、幕府の指示を受けた沼田小早川熙平による大内氏との安芸東西条の引き渡し交渉に際して庶家中で最も高い一二〇貫の役銭をかけられており、(144)小早川一門の有力庶家であった。そして、この事例は、竹原小早川氏が公方との関係を前提として大内氏に接近した場合とは異なり、大内氏と幕府との関係が悪化する状況下で小早川生口氏が大内氏に接近したものである。このことは、大内氏が幕府に敵対したこととともに、地域権力が自身の問題解決を図るに際し、幕府の価値が揺らいでいることを意味している。

おわりに

本稿では、大内盛見・持世・教弘期の大内氏と室町幕府との関係を踏まえて大内氏との地域権力との関係を粗々確認した。最後に検討した内容を整理し、室町期西国社会における大内氏の権力形成について素描しておきたい。

大内義弘の没後、大内弘茂との内訌を制した盛見は幕府から家督を認められ、足利義満没後には上洛して幕府と緊密な関係を結んだ。上洛中の盛見と地域権力との関係では、九州地域の場合は阿蘇氏の事例から幕府との関係が地域権力との関係に有意に作用している一方で、中国地域の場合は幕府との政治的親密性は地域権力との関係性の進展において有意に作用していない。むしろ、大内氏の価値は紛争解決への寄与や所領等といった実利に資することによって上昇したと思しい。

次いで持世期の場合。持世は、大内持盛との内訌や北部九州の争乱に関して公的な幕府の下知と私的な権益の付与によって、地域権力の動員を企図、菊池・大友氏らと連携して反幕府方（反大内方）の掃討に成功したことで、九州の地域権力の中心となった。但し、幕府は永享一一年には持世に上洛を命じ、持世上洛後の北部九州における残党討伐は大友・菊池・阿蘇・九州探題渋川氏が担っており大内氏の関与はみられない。幕府には、大内氏を九州地域の幕府方地域権力の中心として在国させる考えはなかった。他方、持世は上洛し足利義教との文化的交流などにより関係を進め、九州に対する影響力拡大のきっかけを得た。しかし、嘉吉の乱によって死去し途絶する。

持世から家督を継承した教弘は当初幕府と友好的な関係のもと北部九州情勢を優位に進め、大友氏や菊池氏らとの関係を領国支配に活用した。しかし、大友氏が持世の不慮の死去と大友親繁への家督交代等によって大内氏に依存しない形で幕府とのパイプを復活させるなど、外的要因によって九州における大内氏の影響力は相対的に低下した。対して、中国地域では石見周布氏の「忩劇」和睦の仲介や竹原小早川氏の加冠など、問題を抱えた国人領主が大内氏を活用した様子がうかがえる。

ところが、教弘は足利義政から勘気を蒙ったことで、地域権力との関係も陰りをみせる。顕著なのは九州の事例であり、幕府の命による寛正六年（一四六五）の文正度大嘗会に係る九州地域権力への段銭徴収の下知を除き関連文書がみえなくなる。九州の地域権力との関係において幕府との関係は重要な要素であったと考えられる。他方、中国地域では安芸国周辺が主戦場となる中で幕府と敵対関係にある大内氏に接近する国人領主が確認でき、幕府を最上位の権力とする秩序のなかで、実態として地域に影響力を及ぼした大内氏の存在感が増したものと推測される。但し、教弘が勘気を蒙ったことで益田氏への連絡を控えていたと語っているように、やはり幕府との関係こそ地域権力との関係構築・進展において重要な要素であった。なお、この点はあくまで幕府と直接つながりを持つようなレベルの地域権力に限定されることを断っておきたい[145]。

最後に戦国期への展望を述べておく。応仁・文明の乱は、山家浩樹氏が「二つの中心点」という言葉で表したように、幕府の将軍権力が分裂し、全国規模で展開した[146]。東西両軍は、いずれも（名目上ではあっても）正当性を主張し得たのであり、それは地域権力間の連携・対立を加速させた。そのなかで大内氏は西幕府と九州・中国・四国の地域権力間の意思伝達を媒介し、肥後相良氏や石見益田氏・安芸小早川氏・毛利氏ら西国の地域権力との関係を構築・進展させた[147]。また、乱後には幕府の支持を背景に、対立する少弐氏を筑前から没落させることに成功、隣国筑後をめぐって抗争する大友・菊池両氏から助力を依頼されたほか、中国・九州地方の国人領主を動員し豊前・筑前の平定を大友氏・菊池氏・阿蘇氏・伊東氏ら九州の地域権力から歓迎されており、西国社会の地域権力のなかで優位に立つことに成功した[148]。

以上、本稿では室町期大内氏と室町幕府との関係を整理し、地域権力との関係に与えた影響を検討したが、本来であれば関連文書の残存状況の偏差や表面化しない交流、京都に集住した地域権力の家臣・在京雑掌らの政治・文化的交流も考慮しなくてはならず、その点において本稿の不備・課題は余多あるが、現時点ではこれらについて論じる用意はない。後考を期したい。

註

（1）松岡久人著・岸田裕之編『大内氏の研究』（清文堂出版、二〇一一年）、岡松仁「書評 松岡久人著『大内氏の研究』」（『九州史学』一六五号 二〇一三年）。
（2）川岡勉『室町幕府と守護権力』（吉川弘文館、二〇〇二年）。
（3）池享「大名領国制の展開と将軍・天皇」（歴史学研究会・日本史研究会編『講座日本歴史四中世二』東京大学出版会、一九八五年）。
（4）藤井崇『室町期大名権力論』（同成社、二〇一三年）。
（5）山田徹「書評 藤井崇著『室町期大名権力論』」（『史学雑誌』一二四―四、二〇一五年）。
（6）山田貴司「足利義材の流浪と西国の地域権力」（天野忠幸・片山正彦・古野貢・渡邊大門編『戦国・織豊期の西国社会』日本史史料研究会企画部、二〇一二年）。
（7）山田康弘「戦国時代の足利将軍に関する諸問題」（天野忠幸・片山正彦・古野貢・渡邊大門編『戦国・織豊期の西国社会』日本史史料研究会企画部、二〇一二年、九四～九五頁）。
（8）中司健一「中世後期石見国人の動向と室町幕府・大名」（島根古代文化センター編『石見の中世領主の盛衰と東アジア海域世界』二〇一八年）。
（9）松岡久人「大内氏の豊前国支配」（同著・岸田裕之編『大内氏の研究』清文堂出版、二〇一一年。初出一九六四年）、『山口県史通史編中世』山口県、二〇一二年、三七七頁）。
（10）前掲註（3）藤井著書。
（11）桜井英治『室町人の精神』（講談社、二〇〇四年。初版二〇〇一年）。
（12）『満済准后日記』永享元年一〇月二五日条（京都帝国大学文学部編『満済准后日記二』七五二頁）※以下、『満済准后日記』は『満済』と略し、『』内に巻数を記す。
(13) 川岡勉「大内氏と室町幕府」(大内氏歴史文化研究会編『室町戦国日本の覇者 大内氏の世界をさぐる』勉誠出版、二〇一九年)。
(14) 『世宗実録』世宗一〇年一二月一四日条(正長元年一二月一四日条)(『山口県史 史料編中世一』八七四頁)。※以下、『山口県史料編中世』は『山口』と略し、『』内に巻数を記す。
(15) 豊前国猪嶽合戦については、有川宜博「御領越後入道本仏の死」(『記録』一一〇号、一九八〇年)、同「豊前猪嶽合戦について―御領越後入道本仏の死・続考―」(『記録』一一一号、一九八二年)に詳しい。
(16) 「宗像神社文書」応永一六年応永社家文書惣目録(『宗像市史 史料編第二巻』三一一号)。
(17) 本多美穂「室町時代における少弐氏の動向―貞頼・満貞期―」(『九州史学』九一号、一九八八年)。
(18) 『訂正宗像大宮司系譜』(『宗像市史 史料編第二巻』二五一五号)。
(19) 「阿蘇文書写第六」(応永二三年)一〇月二三日足利義持御判御教書写(『大日本古文書 阿蘇家文書二』一四八頁)。※以下『大日本古文書 阿蘇家文書』は『阿蘇』と略し、『』内に巻数を記す。
(20) 『後鑑』(応永二四年)一二月三日足利義持御内書写(『大宰府市史 中世資料編』一二〇七号)。
(21) 坂本和久「応永三十二年の筑前国の政治状況―「蜷川家文書」筑前庄井野郷文書案から―」(『七隈史学』一〇号、二〇〇八年)。
(22) 村上豊喜「中世後期の守護権力と地方権門―大内氏と宇佐宮を中心に―」(『日本史研究』一九〇号、一九七八年)、田村正孝「室町期における宇佐宮の祭祀・造営再興」(『年報中世史研究』三二号、二〇〇七年)、松本卓也「中世宇佐宮の造営システムと大内氏」(『鎌倉遺文研究』三一号、二〇一三年)など。
(23) 『愚管記』応安六年一〇月一〇日条(『増補続史料大成 愚管記三』二四六頁)、「到津文書」五月一六日今川了俊挙状案(『大分県史料一』一七―九号)。
(24) 前掲註(9)松岡論文、山口隼正「南北朝期の豊前国守護について」(同著『中世九州の政治社会構造』吉川弘文館、一九八三年。初出一九七九年)。
(25) 前掲註(22)田村論文、山田貴司「大内氏と朝廷」(大内氏歴史文化研究会編『室町戦国日本の覇者 大内氏の世界をさぐる』勉誠出版、二〇一九年)。
(26) 「到津文書」一二月二五日渋川義俊挙状(『大分県史料一』二〇三(オ一二五)号)、「到津文書」一二月二五日渋川義俊挙状(『大分県史料一』二〇二（オ二四）号）。

(27) 藤井氏については、応永元年一一月四日に広橋兼宣が近衛良嗣の年預に補された際には藤井嗣尹が奉書を持参している（『兼宣公記』応永元年一一月四日条、『史料纂集 新訂増補兼宣公記一』六〇頁）。応永二五～二六年頃には嗣尹の息藤井嗣孝の活動所見がある。「嗣」の字は近衛氏の偏諱と推定される。

(28) 「益永家職掌證文写」応永七年九月二三日左衛門尉某奉書案（『大分県史料二九』一三八号）。

(29) 「益永文書」一一月二七日大内教弘書状案（『大分県史料二十九』八三号）。なお、応永四年にみえる大内義弘の弟満弘による到津庄押領により、大内氏が宇佐大宮司職の吹挙権を掌握し、宇佐宮へ本格的に進出したとみる見解もある（前掲註（22）村上論文）が、従い難い。

(30) 当該期の九州探題の活動については、荒木和憲「室町期北部九州政治史の展開と特質」（『日本史研究』七一二号、二〇二一年）を参照。

(31) 「阿蘇文書写第八」一二月一七日大内盛見書状写（『阿蘇二』一九九頁）、「阿蘇文書写第八」一二月二〇日大内盛見書状写（『阿蘇二』一九九～二〇〇頁）。

(32) 松岡久人「南北朝室町期石見国と大内氏」（同著・岸田裕之編『大内氏の研究』清文堂出版、二〇一一年。初出一九七三年）。

(33) 前掲註（8）中司論文。

(34) 川岡勉「中世後期の守護支配と石見国衆」（島根古代文化センター編『石見の中世領主の盛衰と東アジア海域世界』二〇一八年）。

(35) 「益田家文書」（正長二年）六月三日満済書状（『大日本古文書 益田家文書三』六一八号）。『満済准后日記』正長二年六月二七日条（『満済二』六九四頁）。この問題については、前掲註（34）川岡論文参照。※以下、『大日本古文書 益田家文書』は『益田』と略し、『』内に巻数を記す。

(36) 「小早川家証文四」応永三二年閏六月二〇日大内盛見預ヶ状写（『大日本古文書 小早川家文書二』三一七号）。※以下、『大日本古文書 小早川家文書』は『小早川』と略し、『』内に巻数を記す。

(37) 「益田家文書」応永二九年一一月一八日室町幕府御教書（『益田一』九八号）、「益田家文書」（応永三〇年）三月一一日吉見家貞書状（『益田二』五二八号）。

(38) 「蜷川家文書」応永三二年七月二六日伊勢貞経遵行状案（『大日本古文書 蜷川家文書一』三一四号）など。

(39) 山口隼正「「御料所」「探題領」管見」（同著『中世九州の政治社会構造』吉川弘文館、一九八三年。初出一九七三年）、前掲註(21) 坂本論文。
(40) 『満済准后日記』正長二年七月一七日条（『満済二』七〇一頁）、『満済准后日記』永享二年六月二四日条（『満済三』七九頁）。
(41) 佐伯弘次「大内氏の筑前国支配―義弘期から政弘期まで―」（『九州中世史研究』一輯、一九七八年）。
(42) 「蜷川家文書」正長元年一〇月二三日足利義教御内書案（『大日本古文書 蜷川家文書一』一五号）。
(43) 「益田家文書」（永享元年～永享三年）五月一五日内藤智得書状（『益田二』五三四号）。
(44) 藤川誠「石見国周布氏の朝鮮通交と偽使問題」（『史学研究』二二六号、一九九九年）、目次謙一「中世石見国周布氏の所領とその性格」（島根古代文化センター編『石見の中世領主の盛衰と東アジア海域世界』二〇一八年）。
(45) 「益田家文書」（永享三年）六月三日内藤盛賀書状（『益田一』八九号）。
(46) 前掲註(41) 佐伯論文。
(47) 前掲註(4) 藤井論文、藤井崇「九州・上方で活躍する周防国・大内家の歴代当主」（久水俊和編・日本史史料研究会監修『「室町殿」の時代―安定期室町幕府研究の最前線』山川出版社、二〇二一年）。なお、かかる見解については、永享五年に大内持世が大友・少弐治罰に関する武家御旗を獲得したことによる臨時的（代替）措置とする荒木和憲氏の指摘もあるが（前掲註(30) 荒木論文）、「九州探題的立場」とする見方は踏襲されている。
(48) 黒嶋敏「九州探題考」（同著『中世の権力と列島』高志書院、二〇一二年、六三頁。初出二〇〇七年）。
(49) 佐伯弘次「室町時代の九州の文書」（『史淵』一五八号、二〇二一年）。
(50) 前掲註(30) 荒木論文。
(51) 和田秀作「大内氏の惣庶関係をめぐって」（『大内と大友―中世西日本の二大大名―』勉誠出版、二〇一三年）、田村杏士郎「大内氏家臣内藤智得考」（『七隈史学』二〇号、二〇一八年）。
(52) 「益田家文書」（永享三年）七月二八日内藤智得書状（『益田一』一一五号）。
(53) 『満済准后日記』永享四年一月一六日条（『満済三』三七〇頁）。
(54) 『満済准后日記』永享四年一月一七日条（『満済三』三七〇～三七一頁）。
(55) 「小早川家証文一」（永享四年）二月九日山名常熙書状写（『小早川一』四七号）。

(56)『満済准后日記』永享四年二月二九日条（『満済三』四〇四～四〇六頁）。
(57)『満済准后日記』永享四年三月一六日条（『満済三』四一八～四二〇頁）。
(58)「小早川家証文一」（永享四年）一一月一六日足利義教御内書案写（『小早川一』四九号）。
(59)「阿蘇文書写第三十二」（永享四年）一〇月二六日足利義教御内書案写（『阿蘇二』六四〇頁）。
(60)「長府毛利家文書（筆陣手鑑）」（永享四年）二月二四日大内持世預ヶ状（『下関市史 資料編Ⅵ』一号）。
(61)「大賀家文書」永享四年三月一一日大内持世免許状（中司健一「文献からみた中世石見の湊と流通」中世都市研究会編『日本海交易と都市』山川出版社、二〇一六年）。中司氏は三隅湊大賀兵部左衛門が「持世に味方をした見返りとして、大内氏領国内の通航料免除の特権を得た」ことを指摘している。なお、この時に与えられた特権は、「大賀家文書」天文二一年七月一一日付で大内晴英（義長）が「任去永享四年三月十一日・天文十二年五月十九日澄清寺殿（大内持世）・龍福寺殿（大内義隆）裁許旨」に任せ「分国津々浦々関所事」を免除しており（『石見の戦国武将―戦乱と交易の中世』島根県立石見美術館、二〇一七年、七六号）、永続的な権益となっていた。
(62)『満済准后日記』永享五年三月六日条（『満済三』五七九頁）。
(63)前掲註（30）荒木論文。なお、永享四年に頻見される九州探題の改替をめぐっては、永享四年五月一九日、幕府上使として九州に派遣されていた小早川則平が「九州探題可然仁躰早々可被定下条、尤当時九州之儀可宜云々」と探題の改替を進言（『満済准后日記』永享四年五月一九日条（『満済三』四六三頁）、足利義教も「就此事尤之由被思食」と賛同する意思を持っており、現在の九州探題が「九州之儀」に対応できていないとの共通認識を示していた。川添昭二氏は、大内氏という支えを失った渋川氏が九州探題としての機能を果たせなくなっていたと指摘している（同「九州探題の衰滅過程」、『九州文化史研究所紀要』二三号、一九七八年）。留意すべきは、この問題に関して足利義教から意見を求められた宿老の畠山満家が、九州は「近日如乱国」であるため、探題の下向は必要であると必要性こそ認めながらも、「山名一家中」に器用の人がいれば良いが「其モ誰トハ難申入候」と適した人物がいない問題を挙げ、更には、「所詮誰々雖罷下候、大友・大内様者お憑候ハてハ、定可為難儀歟云々」と、大内・大友を頼る以上は難儀となることには変わりない、と結論づけ、同じく意見を求められた山名常熙は「九州探題事ハ先大友・大内間弓矢落居以後可宜哉云々」と、探題下向は大内・大友氏の合戦が落ち着いた後が良いと意見している（『満済准后日記』永享四年五月二五日条（『満済三』四六六～四六七頁）点である。かかる畠山・山名の意見は、争乱において九州探題が大内氏（や大友氏）に接近（依存）する状況は望ましいものではないと認識していたことを意味している。言い換えれば、九州探題の円滑な活動には守護からは独立した軍事力が必要性であった。
(64)『満済准后日記』永享四年一〇月一〇日条（『満済三』五二三頁）。
(65)「萬代家文書」（永享五年）三月五日足利義教御内書写（『手鑑萬代帖』山口市教育委員会、二〇〇一年、五八頁）。
(66)『東寺過去帳』（『大宰府・太宰府天満宮史料十三』一七六頁）には、「筑紫少弐父子、永享五年八月十六日、為大内幷公方勢被討取之」とあり、北部九州の争乱における大内氏の軍勢は大内氏と「公方勢」（室町幕府）の連合軍であった。
(67)前掲註（48）黒嶋論文。
(68)前掲註（41）佐伯論文。
(69)「阿蘇家文書」（永享五年）七月一四日渋川満直書状（『阿蘇一』二五八号）、「阿蘇文書写第八」（永享五年）閏七月二四日大内持世書状写（『阿蘇二』二〇〇頁）。「阿蘇家文書」（永享五年）閏七月八日足利義教御内書（『阿蘇一』二五九号）。
(70)「田北一六文書」（永享八年）三月九日大内持世書状（『大分県史料二五』五八（四九八）号）など。
(71)「大友家文書録」（永享八年）閏五月四日大友親綱書状写（『大分県史料三一』二九九号）。
(72)持世の注進事例が多く確認できるのは、合戦の当事者が大内氏であったことに起因する、との呉座勇一の指摘が妥当であろう（呉座勇一「室町期の守護と国人」、『東京大学日本史学研究室紀要』一七号、二〇一三年）。
(73)山田貴司「西国の地域権力と室町幕府―大友氏の対幕府政策（関係）史試論―」（川岡勉編『中世の西国と東国　権力から探る地域性』戎光祥出版、二〇一四年）。
(74)「大友家文書録」（永享一一年ヵ）一月二八日安富定範書状写（『大分県史料三一』三一一号）。
(75)前掲註（73）山田論文、山田貴司「西国の地域権力の対京都政策（関係）と在京雑掌」（川岡勉編『中世後期の守護と文書システム』思文閣出版、二〇二二年）。
(76)「滋賀県立図書館架蔵滋賀県史採集文書八九所収明照寺文書」一月一六日大友親綱書状写（『戦国史研究会史料集6　伊予河野氏文書集（1）』一五号）。
(77)「阿蘇文書写第八」（永享五年）六月三日大内持世書状（『阿蘇二』二〇〇頁）。
(78)「阿蘇文書写第八」（永享五年）一二月六日大内持世書状写（『阿蘇二』二〇一頁）。菊池持朝は阿蘇惟忠の烏帽子親となるなど深い関係にあった（柳田快明『中世の阿蘇社と阿蘇氏』戎光祥出版、二〇一九年）。

(79)「佐田文書」嘉吉元年一〇月五日室町幕府管領細川持之奉書（『熊本県史料中世篇第二』六九号）。
(80) 前掲註（73）山田論文、山田貴司「九州の国人領主」（大庭康時・佐伯弘次・坪根伸也編『九州の中世Ⅱ 武士の拠点 鎌倉・室町時代』高志書院、二〇二〇年）。
(81)「足利将軍御内書幷奉書留」永享八年二月一二日細川持之書状（桑山浩然『室町幕府関係引付史料の研究』一九八九年、九二号）。
(82)「小早川家文書」永享八年八月二七日室町幕府奉行人連署奉書（『小早川一』二八号）。
(83)「橘中村文書」永享一〇年一二月二九日室町幕府奉行人連署奉書（『佐賀県史料集成十八』五五号）、「橘中村文書」永享一一年閏一月二五日室町幕府奉行人連署奉書（『佐賀県史料集成十八』五六号）、「橘中村文書」永享一一年閏一月二五日室町幕府奉行人連署奉書写（『佐賀県史料集成十八』五七号）、「橘中村文書」永享一一年六月五日室町幕府奉行人連署奉書（『佐賀県史料集成十八』五八号）。
(84)「住吉神社文書」（永享一〇）年八月一六日森下浄蔭書状案（『山口四』一五七号）。
(85) 肥前国における少弐氏と九州探題渋川氏の対立については、前掲註（17）本多論文参照。
(86)「光浄寺文書」（永享六年）七月二八日渋川万寿丸書状（『佐賀県史料集成五』四七号）。本文書は、家臣の斎藤・碧海氏と談合の上、死去した渋川満直の供養のため寺領を寄進することを伝えたものである。
(87)「阿蘇家文書」（永享一二年）六月二五日渋川万寿丸書状写（『阿蘇一』二八五号）。
(88) このことは「大内氏が肥前に進出するための好機でもあった」（前掲註（41）佐伯論文）とも評されるが、これに近しく出された大内氏の肥前国関係文書は「仁比山神社文書」康正元年（一四五五）一二月二日大内教弘安堵状（『佐賀県史料集成五』八号）のみであり、積極的進出の意図は読み取れない。
(89) 前掲註（30）荒木論文。
(90) 佐伯弘次「永享十二年少弐嘉頼赦免とその背景」（地方史研究協議会編『異国と九州』雄山閣出版、一九九二年）参照。
(91)「阿蘇文書写第八」（永享一二年）三月二四日大友親隆書状写（『阿蘇二』二〇九頁）。
(92)「阿蘇文書写第十一」永享一二年四月一〇日阿蘇惟忠請文案写（『阿蘇二』一九八頁）。
(93)「阿蘇家文書」（永享一二年）六月二五日渋川万寿丸書状写（『阿蘇一』二八五号）。
(94) 桑山浩然「大覚寺義昭の最期」（小川信先生の古稀記念論集を刊行する会編『日本中世政治社会の研究』続群書類従完成会、

一九九一年）、新名一仁「大覚寺義昭事件と守護家の内訌」（『都城市史 通史編中世・近世』都城市史編さん委員会、二〇〇五年）、同「大覚寺義昭事件の政治的影響」（同著『室町期島津氏領国の政治構造』戎光祥出版、二〇一五年）。

（95）「大友家文書」（嘉吉元年）四月三日足利義教御内書（『大分県史料二六』一（三八六）号）。

（96）「島津家文書」（嘉吉元年）四月一三日足利義教御内書（『大日本古文書 島津家文書一』七七号）。

（97）「島津家文書」（嘉吉元年）四月一四日大内持世書状（『大日本古文書 島津家文書一』二六六号）。

（98）前掲註（94）において、桑山氏は島津氏家臣、新名氏は「大内氏と菊池氏、あるいは彼らを含む九州の幕府方諸将」と解釈する。

（99）前掲註（4）藤井著書。

（100）三角範子「足利義教とその和歌会」（『日本歴史』六四九号、二〇〇二年）。

（101）持世は、『雲窓賸語（毛利家本）』奥書に「此百首依征夷府厳命、凌老屈所詠也、大内刑部（持世）有志於此道、従予勤学已久矣、仍書此百首以授之、以為進修之張本物也」と耕雲明魏が義持の命によって詠じた「雲窓賸語」を贈進されており、「盛見と同道して長年にわたって上洛在京していた」可能性が指摘されている（米原正義「第五章　周防大内氏の文芸」同著『戦国武士と文芸の研究』桜楓社、一九九四年（第四版）初版一九七六年）。また、尾崎氏によれば、持世は和歌に造詣が深く、永享一一年に奏覧された『新続古今和歌集』に三首採録されているほか、幕府主催の「松尾社法楽百首和歌」に参加したり、公武の歌人が加わった「百首歌」には義教の六首に次ぐ五首を詠進、「義教の政権運営の装置として機能した幕府の月次連歌会」（三角範子「足利義教邸月次連歌会について」、『九州史学』一二二号、一九九九年）にも参加するなど、「公武の入り混じる義教歌壇に迎え入れられた」（尾崎千佳「大内氏の文芸」大内氏歴史文化研究会編『室町戦国日本の覇者 大内氏の世界をさぐる』勉誠出版、二〇一九年）。『臥雲日件録伐尤』長禄三年八月七日条（『山口二』一七五頁）には、「龍岡（真圭）曰、普広院殿、写平日自製之歌、就大内求点、大内不加点、献二首歌曰…」とあり、「普広院殿」（足利義教）が「大内」（持世）に添削を求めている。米原氏が指摘するように、持世は義教から「歌人として目されて」いた。

（102）佐伯弘次「大内氏の評定衆について」（『古文書研究』一九号、一九八二年）、前掲註（2）川岡著書など。

（103）川岡勉「室町幕府―守護権力と西国守護」（川岡勉・古賀信幸編『西国の権力と戦乱』清文堂、二〇一〇年）。

（104）前掲註（41）佐伯論文、伊藤幸司「大内教弘・政弘と東アジア」（『九州史学』一六一号、二〇一二年）。

（105）前掲註（2）川岡著書、『山口県史 通史編中世』（山口県、二〇一二年）。

(106)「蜷川家文書」嘉吉元年一〇月一四日室町幕府奉行人飯尾性通書状案（『大日本古文書家 蜷川家文書一』二八―二号）など。
(107)「筑紫家資料」嘉吉元年八月二四日少弐教頼安堵状写（『新修福岡市史 資料編中世①』一―一七（巻子一―一七）号）。
(108)『萩藩閥閲録 巻一二一ノ二周布吉兵衛』（嘉吉二年）八月一九日大内教弘書状写（『萩藩閥閲録第三巻』一一三号）。
(109)「足利将軍御内書幷奉書留」嘉吉二年五月二七日細川持之書状写（『大宰府・太宰府天満宮史料十三』二四〇頁）。なお、このことから九州探題が「九州の軍事指揮権保持者」であったとする指摘もある（前掲註（48）黒嶋論文、六四頁）。
(110)「口宣綸旨院宣御教書案」文安六年五月二六日後花園天皇口宣案（末柄豊「東京大学史料編纂所所蔵口宣綸旨院宣御教書案」東京大学史料編纂所研究成果報告二〇〇九―四『目録学の構築と古典学の再生―天皇家・公家文庫の実態復原と伝統的知識体系の解明―』二〇一一年、一三号）。
(111)『山口県史 通史編中世』（山口県、二〇一二年）。
(112)「周布家文書」七月一日大内教弘書状（『山口四』九号）。
(113)「周布家文書」康正二年九月二七日益田兼堯起請文（『山口四』一〇号）。
(114)「小早川家証文四」嘉吉三年八月一二日小早川陽満置文写（『小早川二』三五一号）。
(115)「小早川家証文五」文安六年六月一日大内教弘加冠状写（『小早川二』三七〇号）。
(116)市川裕士「安芸国人沼田小早川氏と室町幕府・守護」（同著『室町幕府の地方支配と地域権力』戎光祥出版、二〇一七年。初出二〇一二年）。
(117)小早川氏は永享五年以降から惣領職をめぐって内訌状態にあった。当該期の小早川氏に関する動向については、呉座勇一「室町期武家の一族分業―沼田小早川氏を中心に―」（阿部猛編『中世政治史の研究』日本史史料研究会、二〇一〇年）および木下和司「沼田小早川氏惣領職と竹原小早川氏三代、弘景・盛景・後の弘景」（『備陽史研究』二五集、二〇一七年）を参照。
(118)吉田賢司『室町幕府軍制の構造と展開』（吉川弘文館、二〇一〇年）。
(119)川添昭二「九州探題の衰滅過程」（『九州文化史研究所紀要』二三号、一九七八年）。
(120)「太宰府天満宮文書」文安五年六月五日大鳥居信顕目安状（『大宰府・太宰府天満宮史料十三』二六七～二六九頁）。
(121)「大鳥居文書」文安五年八月一日大内教弘書下（『大宰府・太宰府天満宮史料巻十三』二七〇頁）。
(122)「大鳥居文書」文安五年一一月二五日菊池為邦安堵状（『大宰府・太宰府天満宮史料巻十三』二七二～二七三頁）。

(123)「太宰府天満宮文書」文安五年八月一日安楽寺寺主増珍譲状（『大宰府・太宰府天満宮史料十三』二七一頁）。

(124)「永弘家文書」四月七日大内教弘書状案（『大分県史料四』八三六（ツ五九）号）。

(125)「大友家文書」五月一〇日大内教弘書状写（『大分県史料二六』四二（五三二）号）。

(126)文中の大友豊後守は大友親繁に比定され、当初は幕府方に敵対する行動をみせていたが、文安元年七月一九日には「大友出羽守親隆申請之旨」によって「豊後国守護職」に補任されている（「大友家文書」文安元年七月一九日畠山徳本（持国）下知状、『大分県史料二六』一一（二八七）号）。文中から大内・大友氏の関係改善がみてとれるので、その前提交渉を想定しても、年次はおよそ文安元年を上限とみてよい。一方、下限については、教弘が上洛する金粟院に請文等を預けているから教弘在国中のものと判断できる。教弘は享徳三年頃には政弘に家督を譲っているが、内容は政弘に家督を譲った状況とは一致しないからそれ以前と考えられる。教弘が上使の下向を要請する要因として想定されるのは少弐氏の動向だが、少弐氏は文安六年九月を最後に応仁・文明の乱まで少弐氏一族や対馬宗氏関係者以外に文書を発給していない（『大宰府市史 通史編Ⅱ』大宰府市、二〇〇四年、二二一～二二二頁）。また、教弘は文安六年四月には上洛しているから、少弐氏の九州本土における活動を考慮すれば、本文書の下限は文安五年となる。なお、大友親繁の家督継承時期については、橋本操六「大友親繁改名と家督相続」（渡辺澄夫先生古稀祈念事業会編『九州中世社会の研究』一九八一年一一月）では先に触れた畠山徳本（持国）下知状の信憑性に疑問を呈し、長禄元年頃と推定する一方で、外山幹夫『大名領国形成過程の研究』雄山閣出版、一九八三年）や鹿毛敏夫「守護大名大友親繁の館」（鹿毛敏夫・坪根伸也編『戦国大名大友氏の館と権力』、吉川弘文館、二〇一八年）では文安元年と比定している。本稿では、大友親繁が宝徳度遣明船に参画していること（伊藤幸司「地域権力の外交文書起草と禅僧」同著『中世日本の外交と禅宗』吉川弘文館、二〇〇二年、一九六頁）や先述した大内氏・少弐氏の動向から、文安元年に家督を継承したと考えておきたい。

(127)金粟院は幕府使僧のようにもみえるが、「薦神社文書」九月一〇日大友宗麟書状（『大分県史料三〇』三号）では、大友氏使僧としてみえること、京都近郊に同名の寺院が確認できない一方で、豊前国宇佐郡には金粟院が存在することから、大友使僧と判断した。

(128)前掲註（73）・（75）山田論文、同「大友氏の在京代官・在京雑掌―対幕府政策（関係）の担い手の検出―」（鹿毛敏夫・坪根伸也編『戦国大名大友氏の館と権力』吉川弘文館、二〇一八年）。

(129)『長門国守護職次第』（『山口二』六〇四頁）。なお、萩原大輔は、宝徳三年には教弘が帰国していた可能性を指摘している（萩原大輔「中世後期大内氏の在京雑掌」、『日本歴史』七八六号、二〇一三年）。

(130) 和田秀作「大内武治及びその関係史料」(『山口県文書館研究紀要』三〇号、二〇〇三年)、前掲註(51)和田論文、藤井崇「教弘期の分国支配」前掲註(4)藤井著書、初出二〇〇八年)。なお、藤井氏は家督の交代は領国支配にはさしたる動揺を生じさせなかったと指摘する。そのことには妥当性があると考えるが、それとは別に地域権力との関係への影響は考察する必要がある。

(131) 『経覚私要鈔』寛正二年正月二二日条(『史料纂集 経覚私要鈔五』一五頁)。

(132) 「益田家文書」(寛正四年)八月九日大内教弘書状(『益田二』一一一号)では、安芸西条に関して、「麻生今月中上洛候、其時愚存之趣、具可申候」と、麻生全教の上洛予定を益田氏に報じている。

(133) 『親元日記』寛正六年七月二五日条(『増補続史料大成 親元日記一』三六三〜三六四頁)。なお、大嘗会段銭の収取については、田沼睦「室町幕府財政の一断面―文正度大嘗会を中心に―」(『日本歴史』三五三号、一九七七年)を参照。

(134) 河村昭一『安芸武田氏』(戎光祥出版、二〇一七年(第二版)、八二頁。初版二〇一〇年)。

(135) 前掲註(116)市川論文。

(136) 市川裕士「嘉吉の乱後の室町幕府の地方支配と地域権力」(同著『室町幕府の地方支配と地域権力』戎光祥出版、二〇一七年)。

(137) 「益田家文書」(文亀元年頃ヵ)一〇月一〇日益田宗兼代々忠節之条々注文(『益田一』二〇三号)。

(138) 井上寛司・岡崎三郎『史料集 益田兼堯とその時代』(益田市教育委員会、一九九六年、六四頁)、西島太郎「室町幕府と石見益田氏」(島根古代文化センター編『石見の中世領主の盛衰と東アジア海域世界』二〇一八年)。

(139) 「長府毛利家文書(手鑑)」(寛正四年)八月九日大内教弘書状(『下関市史 資料編Ⅵ』四三号)。なお、『大館記』寛正元年閏九月八日足利義教御判御教書(『ビブリア』八〇号、六二頁)では「大内左京大夫入道」(大内教弘)の「在洛」が仰せ付けられているが、それ以降も寛正四年までは微妙な関係だったのだろう。

(140) 「東大寺文書」(寛正三年)九月一〇日大内氏家臣連署書状(『大日本古文書 東大寺文書七』三〇六―一号)。

(141) 「益田家文書」(寛正四年)八月九日大内教弘書状(『益田二』一一一号)。

(142) 「小早川家証文七」四月五日細川勝元書状写(『小早川二』五五一号)。

(143) これ以前では、「東大寺文書」応永三〇年三月一七日室町将軍家御教書案(『大日本古文書 東大寺文書二十』一三〇八号)に「小早川生口因幡入道」とみえる。なお、生口氏については、山内譲『中世の港と海賊』(法政大学出版局、二〇一一年)を参照。

(144) 「小早川家文書」寛正二年一〇月小早川家中使節役銭支配状(『小早川一』一〇八号)。

(145) 大内氏の領国支配が進んでいく中で、大内氏の支配領域に居所をもつ領主は佐田氏のように大内氏に接近しているし、長禄年間の安芸国における大内氏・武田氏の合戦では、井原氏や深川氏といった安芸国人が大内氏から筑前国に所領を宛行われており（前掲註（41）佐伯論文、田村杏士郎「中世近世移行期を生き抜いた一大内氏被官―深川氏の研究―」（『市史研究ふくおか』一二号、二〇一七年）、安芸の中小国人が大内氏に取り込まれている。大内氏領国及び周辺の領主で将軍に直結しない中小の国人領主の立場は、大内氏などの身近な上位権力の動向にとくに大きく左右された。

(146) 山家浩樹「室町時代の政治秩序」（歴史学研究会・日本史研究会編『日本史講座四　中世社会の構造』東京大学出版会、二〇〇四年）。

(147) 拙稿「応仁・文明の乱における大内政弘の政治的役割―西幕府・地域権力間の意思伝達を通して―」（『九州史学』一八五号、二〇二〇年）。

(148) 拙稿「応仁・文明の乱における大内氏の戦後処理と権力秩序」（『七隈史学』二二号、二〇二〇年）。

「九州の「室町時代」」パネルディスカッション討論録

中村昂希
山田貴司

二〇二三年九月二四日に福岡大学で開催された第二五回七隈史学会大会日本史部会では、伊藤幸司氏・小川弘和氏・小澤尚平氏・新名一仁氏・松尾大輝氏・山田徹氏・山田貴司を報告者・パネラーとして迎え、特集「九州の「室町時代」」と題するシンポジウムが行われた。本稿は、各報告の終了後に、山田貴司を司会として実施されたパネルディスカッションにおける意見交換の概要を整理したものである。最後にこれを掲載することで、本書の編集・刊行に至るまでに執筆者間で交わされてきた議論の共有を図り、今後の研究進展に資する参考記録としたい。

なお、本書所収の諸論稿には、当日の報告内容をそのまま論文化したわけではないものも含まれている。そのため、当日のパネルディスカッションでの発言内容と諸論稿の内容に不一致があるケースも生じている。この点、ご了承いただきたい。

〔個別質問への応答〕

最初に、質問ペーパーでフロアから出された個別質問に対する応答が行われた。山田貴司に対して中村知裕氏は、①文安三年（一四四六）に菊池氏が筑後の主導権を確保したというが、その実態は極めて弱いものではないか、②連歌師の九州下向を評価しているが、その前提には禅僧の活動等はないのか、と質問した。山田貴司は、①主導権を確保したという推測は、この時期に筑後関係の大友氏発給文書がみえなくなっている状況を踏まえてのものである、②博多の禅院が対外関係の拠点となり、京都と地方を往来する禅僧の活動が活発化する中で、文芸面にも影響があった可能性はある、と回答した(1)。

伊藤幸司氏に対して児玉良平氏は、琉球通交の展開

は大内氏のみを軸にして理解して良いのか、島津奥州家等の琉球通交をもっと評価しても良いのではないか、と質問した。伊藤氏は、室町期の琉球通交に対する日本側の影響は時期によって変遷する、室町幕府や細川氏、九州では大内氏の存在感が大きく、一六世紀半ば以降に島津氏の比重が大きくなっていく、と回答した。

山田徹氏に対して堀川康史氏は、「京都不審条々」は（今川了俊と）島津・大友両氏との臨戦体制下で出されたもので[2]、反大友・反島津派国人を切り捨てるような側面までみてとってよいのか、と質問した。山田氏は、「京都不審条々」が臨時措置であることを認めつつも、その後を規定する面があるためそれを強調した、探題今川氏が安堵を担ってうまくいくと思われていたとは考えにくく、切り捨てるような面があったとみてもよいのではないか、と回答した。堀川氏は、了俊の安堵がどれほど機能したのかという論点はわかるが、それを含めて前後をどう評価するかについては今後も議論が必要である、と改めて述べた。

中村知裕氏は、幕府と九州国人の関係において筑後を他の地域と同列に考えてよいのか、質問した。山田徹氏は、九州の諸地域が一様だとは考えていない、その地域差をどう押さえていくのかは重要な問題と認識している、と回答した。

堀本一繁氏は、①九州国人宛幕府発給文書について、応永二四年（一四一七）から永享三年（一四三一）の間に空白期間があることをどう評価するのか、②永享年間以降に幕府による宛行・安堵が無くなるという新たな段階を、幕府の九州支配という視点からどう理解しているのか、③探題に敵対する勢力に与する国人や、幕府との関係が希薄な国人を考察することにより、さらに具体的な九州の室町時代像を描けるのではないか、と質問した。山田徹氏は、①応永三一年の渋川氏没落の前後に大きな変化があると推測している、②永享・嘉吉期と文安・宝徳期以降の段階差を意識したうえで、地域権力側の発給文書と比較しながら、丁寧に考えていく必要がある、③基本的に同意する、ただ、今回の報告はあくまで残された幕府文書から全体

的な状況を俯瞰したものなので、個別の国人については個々の事情をしっかり押さえる必要があると考えている、と回答した。

小澤尚平氏に対して堀川康史氏は、①渋川満頼が軍事紛争の平和的解決を目指し、軍事的に消極的なのは、少なくとも足利義教期までは一貫しているのではないか、②幕府の方針によって探題の権限に制約が加わったとする佐藤進一氏の将軍権力論と、その影響を強く受けている川添昭二氏の探題論以来の筋書き自体を相対化していく必要があるのではないか、と質問した。小澤氏は、①義教期以前は平和的解決を目指す姿勢で一貫している、ただ、足利義持期になると上使の派遣がみられるなど、足利義満期とは解決方法に違いがみられる、②筋書きの相対化は必要だと考えている、と回答した。小澤氏の①の回答に対して堀川氏は、義満も上使を派遣して解決を模索する事例がある、そもそも上使を求めたのは探題側であり、幕府が求めたのかという点については検討の余地がある、と指摘した。

松尾大輝氏に対して堀川康史氏は、少弐氏の権限が拡大することに関連して、①書状だから「私」的という議論に聞こえたが、それでよいのか、②「公私」という常套句から、そこまでいえるのか（了俊も頻繁にこの表現を使っている）、と質問した。松尾氏は、①書状も根拠のひとつであるが、それ以上に少弐頼尚の場合は私的な支配が公的な部分に及んでおり、そのあらわれのひとつとして国人宛文書と被官宛文書が同一化していく、②少弐氏のみを基準とすれば、少弐氏側の文書で「公私」という用語が登場するのは、貞和五年（一三四九）に頼尚の軍勢催促状の様式が私的性格の強いものに変わり、所属陣営の変更も考慮しだした時期にあたっており、そこに制度的な根拠を見出した、と回答した。

個別質問の最後に堀本一繁氏は、九州全体を論じるには肥前千葉氏の存在も重要だと思うが、どう考えているのか、と質問した。山田貴司は、戦国期の大友義鑑手日記写のなかでも高い家格を有する地域権力として千葉氏が登場する[3]。そういった意味でも千葉氏の問題は重要だと考えているが、今回は触れるに至らなかった、と回答した。

〔全体討論〕

個別質問の終了後、司会の山田貴司が報告者やフロアに話題・質問を投げかけ、意見交換していく形で全体討論が行われた。

最初に、九州における地域差や秩序観の問題が話題とされた。山田貴司は、各報告により、対外通交や守護職をめぐる関係性において、九州内部の地域差もさまざまな形でみえてきた、と述べた。小川弘和氏は、奥羽に比して九州では、南北朝内乱時の足利一門の下向と地域社会への定着が乏しいことが、室町期の秩序にも影響する、全国的な秩序論の中で九州を位置づけるには、かかる視野での比較が必要である、と説いた。

これに関連して、司会は川岡勉氏に九州の政治や秩序、守護の問題に関するコメントを求めた。川岡氏は、①九州においても守護を軸とする秩序の存在が大きいのではないか、②九州では南北朝期の枠組みが様々な形で室町期に連続している、③小川氏の「四頭観」の議論に関して、大内氏の存在はどのように位置づけられるのか、今後はその点が課題となる、と指摘した。

これに対して山田徹氏は、①幕府—守護体制が強く機能し、毎年段銭を徴集しているような京都周辺の地域と九州諸国とでは、同じ守護といっても機能のあり方が随分違う印象を受けており、個人的にはそのような違いが気になっている、②もちろん守護として共通する部分もあり、最近今岡典和氏の指摘(「守護家としての家格」が分国外にも影響力を有する点を重視するもの)[4]が九州の研究で注目されていることなどは重要だろう、と述べた。小川弘和氏は、①守護といっても本国とそれ以外の差異を踏まえる必要がある、②大内氏にとって九州は、あくまで出先であった可能性もある、③また、幕府にしても、筑前博多と大内氏を押さえることを優先しており、同じ遠国でも奥羽とは異なった関心の持ち方をしていた可能性がある、と述べた。

かかるやり取りを受け、新名一仁氏は、①九州における守護家の特徴は、鎌倉期以来のそれが中世後期まで続いた点にある、②南北朝期の島津貞久申状には、鎌倉期に少弐・大友・島津諸氏はそれぞれ三ヶ国の守護となったが、北条得宗家に二ヶ国ずつ奪われたので、これを取り戻したい、という証言がみえる[5]。これは貞久の思いつきに過ぎないのかもしれないが、かつてはそれぞれが三ヶ国の守護職を保有していた、という共通理解が三氏にはあったのではないか、そうした意識があればこそ、たとえば大友氏などは、筑後や肥後の守護職へのこだわりを引きずっているのではないか、と述べた。山田貴司は、守護職の問題も含めて室町期の状況を理解するには、やはり南北朝期の様相を踏まえる必要がある、と改めて述べた。

次に、伊藤報告や新名報告で触れられた対外通交の論点として、「良懐」名義の日明通交の問題が取り上げられた。この点について伊藤幸司氏は、①懐良親王は冊封される前に博多・大宰府から駆逐されたが、明側が日本国王として認めたのが「良懐」だったために、それが通交名義として生き続けることとなった、足利義満からすると難しい状況となり、その名義の活用も試みることとなるが、最終的には明側の建文帝と永楽帝が対立したタイミングで通交に成功し、「良懐」名義を消滅させることに成功する、②こうした経緯は国内の動向だけでは説明できないのだが、ともあれ「日明関係の南北朝問題」が解決するのは一五世紀初頭、「良懐」名義の消滅のタイミングである、とコメントした。

続いて議論は、堀川康史氏が質問ペーパーに記していた「在博多制」の問題に移った。堀川氏の質問の趣旨は、御家人の在博多の場となってきた鎮西探題が滅んだ後、九州の武士が集まる機会は南北朝内乱の中で失われ、再建されていないのではないか、というものであった。これに対して山田貴司は、①南北朝・室町期の在博多に関しては、徴証がないわけではないものの、制度的にいつまでみられたのかについては確言しがたい、同じ室町殿御分国以外の地域であるにもかかわらず、在鎌倉が成立していた関東などとはやや異なっているようにもみえる、②付随して考える必要があるのは、室町期の九州に、武士が集まり、彼等の政治や儀礼の場となる中心拠点はあったのか、あったとすればどこにあったのか、という問題である、③鎌倉期後半には博多がそれにあたると思われるが、その一方で大宰府の問題も考えていく必要がある、と述べた。

これ受け、松尾大輝氏は、①鎌倉期後半から徐々に大宰府の政治性は失われていくものの、南北朝期に懐良親王が入っているように、完全に無くなったわけではない、②かつて大宰府のトップにあった武藤氏は、室町期以降、肥前にいる時も対馬にいる時も「大宰少弐」と呼ばれるようになるが、それは大宰府の政治性の消滅とリンクしている可能性がある、③武藤氏そのものが九州を統括してきた大宰府の由緒を象徴するものになったともいえ、この点は幕府に抵抗を続ける室町期の少弐氏を考える上で重要なポイントになるのではないか、と述べた。

右の議論に関連して、今度は九州探題の問題が話題となった。司会は小澤尚平氏に、探題渋川氏の評価をどう考えているのか、コメントを求めた。これに対して小澤氏は、①今川了俊や渋川満頼の段階では、征西府との戦いや菊池・少弐両氏との戦いといったところで、軍事紛争に介入できる実力があった、②しかし、満頼以降の探題は軍事紛争に介入することができなくなり、九州における政治体制的にも秩序的にも立場を失っていくようにみえる、③ただ、その一方で、正長元年（一四二八）の渋川満直の探題就任が大内氏によって推挙されていたり、応仁・文明の乱のおりに渋川教直が没落した際には肥後で匿われていたり、戦国期になると大内・大友両氏がそれぞれ探題を擁立していたりと、北部九州の諸勢力の間には、探題を必要とする流れが南北朝期から一貫して存在しているように考えている、とコメントした。

これを受けて山田貴司は、探題の問題はやはり大きいと思う一方で、小川弘和氏が紹介された「四頭観」など、九州に存在する重層的な秩序観の中に渋川氏の名前が入っていない、九州における足利的秩序の問題も含めて、さまざまな側面から考えていく必要がある、と述べた。

〔室町時代の九州の位置づけ〕

最後の話題として、当時の列島社会に室町九州はどのように位置づけられるのか、各報告者にコメントが求められた。

山田貴司は、①南北朝期から嘉吉年間にかけて九州では断続的に軍事紛争が続いており、この地には「室町の平和」はやってきていない、②その意味では、室町期の九州は列島の中でもかなり特殊なエリアだったと考えられる、と述べた。

伊藤幸司氏は、①遠国といっても九州では国家レベルを相手にする外交関係が発生しており、その点で奥羽や関東とは異なっている、むろん東北でも蝦夷地との交流が発生しているが、国家を相手に通交貿易を行っている点や、入手される唐物の需要などを勘案すると、同レベルで論じることは難しい、②足利義満期にはハイペースで日明貿易が行われており、対外通交の時期的偏差を留意していく必要はある、③ただ、それでもアジアとの関係を視野に入れると、室町幕府や中央にとっても九州は重要視せざるを得ない地域ではなかったか、と述べた。

山田徹氏は、①列島における九州を考える際に、伊藤氏が指摘するとおり対外貿易の問題は重要と考えるが、「室町幕府と九州国人の関係」全体をみていく際には、その部分だけを強調すると取りこぼしが多くなるように思われる、②京都周辺の地域では強い求心性を持った社会ができあがっているのに対して、九州にはかなり雰囲気が異なる求心性の弱い社会ができあがっていて、その比較が重要である、③従来、西国と東国、京都と鎌倉を対比しつつ中世社会が語られることも多かったが、京都周辺と本当の意味で対極にあるのは、鎌倉府による統合のもとにあった関東ではなく、政権・政治都市への求心力が弱い九州のような地域であると思う、単に特殊と処理して完結させてしまうのではなく、京都周辺や鎌倉周辺とは異なるもう一つの室町時代像を九州から示していくことが大事ではないか、と述べた。

小澤尚平氏は、①探題論の視点から九州の位置づけを考えると、探題渋川氏はその存在感の薄さが指摘され、イメージされるが、幕府から次々と人材が派遣され、戦国期まで残っていくわけではなく、大内氏や大友氏、菊池氏といった勢力に支えられ、残り続けている、②活動の内実はどうであったにせよ、採題は幕府と九州を繋ぐ存在として意識されている、③その点を踏まえると、室町期の九州と幕府は必ずしも疎遠であったわけではなく、繋がりを持っておこうとする意識があった、だからこそ渋川氏は生き残り続けたのではないか、と述べた。

松尾大輝氏は、①自身の報告はどちらかというと九州と幕府の距離感や、分裂的な側面を強調する結果となったが、それは伊藤氏が述べたように、少弐氏やその配下が日常的に異国と交流を持っていた点も背景となっている、②そうした中で、室町期の少弐氏は幕府からたびたび治罰対象とされていくが、そうした時には軍事的に異国を頼ったりしないのか、そういった選択肢があってもよかったのではないか、と個人的には考えたりもする、ただ、少弐氏は反幕府的であってもそういう動きは一切見せていない、③そのあたりは独特なバランス感覚であり、九州は「遠国」ではあっても「異国」ではない、という意識があったように思われ、室町九州の興味深い部分である、と述べた。

小川弘和氏は、①室町九州をどう列島社会に位置づけていくのか、という点はまさにこれからの課題であるが、やはり同じく遠国とされる奥羽との比較は重要である、②あえて苦言を呈すると、今回の自身の報告で取り組んだ九州の室町的秩序というテーマは、これまで自覚的追究がなかったものだが、こうした取り組みは、東北ではすでに半世紀前に行われている、東北では、その頃から東北全体をどうとらえて、列島にどう位置づけるのか、という議論が行われている、③一九九〇年代以降には、国境を相対化し、北方領域を視野に入れたうえで位置づけていくという議論が進められてきている、④我々はその蓄積から学んでいくべきだと考えている、と述べた。

新名一仁氏は、①九州全体を俯瞰して地域性を考える際に、南九州を研究する者として違和感を覚えるのは、けっきょく室町九州は大内氏の影響を受ける地域とそれ以外というふうに区分しえてしまう点である、②室町期の大内氏は圧倒的であり、その影響下については京都にもよく情報が入っていたと思われるが、それ以外の地域、つまり南九州については、硫黄という重要資源はあるものの、幕府にとっては漠然とした位置づけに留まっていたのではないか、③そうした状況が変わるのは、一五世紀末に遣明船ルートが南海路に転じて以降であり、そこでようやく京都の人々は南九州の重要性を認識するようになり、南九州の諸勢力も頻繁に上洛する、という流れが生まれる、遣明船だけに要因を求めてよいかどうかは検討が必要だが、そういった地域差や時期差は想定される、④また、先ほど小川氏から、東北では北方領域を含めたうえで列島における位置づけが考えられている、との発言があったが、南九州についても同様に、琉球といった東シナ海の諸地域を含めたうえでの位置づけが必要になる、と述べた。

パネルディスカッションの最後に、司会から森茂暁氏にコメントが求められた。森氏は、①今回の諸報告の中で何度か「九州の論理」という言葉が登場したが、それは瀬野精一郎『人物叢書　足利直冬』（吉川弘文館、二〇〇五年）の書評を執筆した際の言葉であり、[6]「九州の独自性」を意味するものとして使用した、②鎌倉時代末期に起こった鎮西探題襲撃の様子を記録する『博多日記』には、菊池・大友・少弐・阿蘇大宮司家といった九州の諸勢力の動向がみえるが、それだけではなく、倒幕を促す後醍醐天皇綸旨がこの時点ですでに九州の広い範囲に送られていた様子もみてとれる。③倒幕を目指す後醍醐と九州の関係はかなり早くからはじまっていたと考えられ、この点からも、日本列島における九州の特殊性が読みとれるように思う、とコメントした。

森氏のコメントを最後に、パネルディスカッションは終了した。

註

（1）　中村知裕氏の質問は、山田貴司の報告「九州の「室町時代」に関する政治史的・文化史的論点」の内、室町時代の九州における守護職の問題を取り上げた第二章「九州における守護補任とその実態―菊池氏の守護補任を事例として―」と、南北朝時代後半から室町時代にかけて九州でみられた文化的様相を取り上げた第三章「南北朝時代後期から室町時代にかけてみられた文化の構造」に対して提示されたものである。ただ、本書に原稿を寄せるにあたり、この第二章・第三章の部分は割愛せざるを得なかったため、ここに掲載した質問と本書所収の山田貴司論文の間に不一致が生じることとなった。

（2）「禰寝文書」『鹿児島県史料　旧記雑録拾遺　家わけ一』四〇五号。

（3）「大友家文書録」『大分県史料三三』九八二号。

（4）今岡典和「戦国期の守護権力―出雲尼子氏を素材として―」（『史林』六六巻四号、一九八三年）、窪田頌「大永年間の九州南部情勢と大内氏・大友氏」（『古文書研究』九三号、二〇二二年）。

（5）「島津家文書」『大日本古文書　家わけ第十六　島津家文書』三二二号。

（6）森茂暁「書評と紹介　瀬野精一郎著『足利直冬』（人物叢書）」（『日本歴史』六九四号、二〇〇六年）。

あとがき

本書は、第二五回七隈史学会大会日本史部会で開催された特集「九州の「室町時代」」における研究報告とパネルディスカッションの内容を掲載し、さらなる議論の深化に資するべく刊行に至ったものである。ここでは、責任編集の最後の務めとして、特集「九州の「室町時代」」を開催することになった実務的な経緯を示し、「あとがき」にかえるとしたい。

もともと七隈史学会は、一九八七年四月に福岡大学人文学部に歴史学科が創設されるにあたり、同学科における研究・教育の向上と、会員（教員・在学生・卒業生）の相互交流を図るべく、発足したものである。したがって、歴史学科における教育・研究・交流の様子を記録・発信する会報の刊行、研究会や講座の実施、会員間の交流を図るイベントの開催、図書購入等による研究環境の充実を主たる事業としてきた。

しかし、発足から一〇年ほどたったところで、それまでの教育・研究の成果を踏まえ、また研究を志す大学院生の増加等も勘案し、学内外の研究者はもちろん、市民も参加可能な「地域に開かれた」学術学会を立ち上げようという機運が高まった。そうして新たに生まれたのが、「学術学会としての七隈史学会」である。

第一回七隈史学会大会は、私が福岡大学大学院博士課程前期に入学した一九九九年の九月に開催された。開催の当日、私自身はじめての学会運営・参加で戸惑うばかりだったが、歴史学科の先生方はいつもに増して目を輝かせ、少し興奮気味だった様子を、なんとなく覚えている。そして、翌年三月には学術雑誌『七隈史学』が創刊された。以来、学術学会としての七隈史学会は、「地域に開かれた学会」「市民に開かれた学会」をキーフレーズに、国家的な枠組を相対化する意味での地域史な視点と、東アジア世界に近接し、国際性豊かな歴史を育んできた九州の諸地域へのまなざしを柱としつつ、地域に根ざした学会活動を行ってきた。第八回七隈史学会大会で開催されたシンポジウム

「地域史をこえて」や、第一〇回の記念大会で開催されたシンポジウム「九州の中世学」、第二〇回の記念大会で開催されたシンポジウム「市民と歴史学」は、そうした会の趣旨に則って企画されたものであった。

このような発足経緯とこれまでの活動の歴史を有する七隈史学会で、室町時代の九州に関する特集を開催しよう、という話が持ち上がったのは、私が福岡大学の教員として着任した二〇二〇年から翌年前半にかけてのことと記憶する。着任するまで私は熊本県立美術館で学芸員として一二年間勤めていたのだが、この間には、以前から研究フィールドとしていた大内氏に加え、諸先学の導きと業務上の必要性により、肥後の菊池氏・阿蘇大宮司家・相良氏・加藤清正・肥後細川家、そして豊後の大友氏に関する学びを深める機会を得ていた。また、肥後・日向・大隅・薩摩の南九州四ヶ国を舞台に研究推進と関係者間の交流を深めるべく発足した「四州」中世史研究会の事務局も務め、いまひとつ疎かった南九州にも足を運ぶ機会が増えていた。こうしてつくりあがってきた成果と問題意識、そして人的繋がりを活かし、福岡に移った後は、中世九州の歴史学を深める共同研究の場や機会をつくっていこう。具体的には、二〇一九年の第二一回七隈史学会大会日本史部会で小特集「九州の南北朝時代」が開催されていたことを踏まえ、まずは「九州の「室町時代」」をとり上げてみてはどうか。そのように考えていた。

もっとも、そういう思いを抱きつつ着任したものの、当初はCOVID-19の感染拡大にともなう緊急事態宣言などもあり、学生はおろか同僚とも顔をあわさない日々となった。いま振り返れば、学生も教員もまことに困難な時期を過ごしていたように感じるが、ともあれ、ようやく企画の話ができたのは、対面授業の機会を持てるようになった二〇二〇年後半から翌年前半にかけてのことと思う。幸いだったのは、当時は福岡大学大学院博士課程に在籍していた野下俊樹氏に「九州の「室町時代」」の件を話したところ、快く賛同いただき、趣旨や内容の検討・協議から細々した実務に至るまで担ってくれたことであった。氏の尽力がなければ、この企画が日の目をみることはなかった。本当に感謝するところである。

野下氏の協力のもと、大学院生の会議、日本史部会の会議、学会の運営会議で承認を得た後、二〇二三年九月の第二五回七隈史学会大会で開催するというスケジュールのもと、企画が実際に動きだしたのは二〇二二年春以降のことである。まず進めたのは、報告者への依頼である。当初、報告者数は三～四名を想定していたが、九州の諸地域・諸勢力の動静を押さえる、対外通交の問題を押さえる、京都側からみた視点も押さえる、というふうに考えていったところ、けっきょく総計七名もの報告者に依頼することとなった。幸い皆さんにご快諾いただき、第一回準備報告会から本書の刊行に至るまで、けっきょく二年以上にわたりご協力を仰ぎ続けている。お忙しい中、報告と原稿執筆に時間を割いていただくこととなった。改めて謝意を表したい。

大会に向けては、以下のとおり数度の準備報告会を行った。それぞれが持っている成果・課題・見解を共有し、まずはざっくばらんに議論を深めておきたい、と考えたためである。ここでは開催記録をあげるに留め、詳細には踏み込まないが、それぞれが持っている九州のとらえ方、九州の諸地域・諸勢力の特質と相互の共通性・相違性、京都との距離感、東アジア世界との距離感などを論点に交わされた議論は、まことに刺激に満ちたものであった。

また、最初の準備報告会の直後に、大阪公立大学の仁木宏氏と熊本大学の春田直紀氏の企画により開催された「武家拠点科研」熊本研究集会「九州における武家拠点の形成と社会背景」（二〇二二年九月二三日～二五日、於熊本大学）は、特集「九州の「室町時代」」に登壇予定の四名も報告者となって開催されたものであり、この時に出された議論と課題を翌年の特集に継承できたことも幸いであった。

二〇二二年九月四日　第一回準備報告会（オンライン）
野下俊樹「開催要項」と企画趣旨の説明
山田貴司「七隈史学会特集「（仮）室町期の九州」に関する論点整理」

二〇二二年九月二三日～二五日　「武家拠点科研」熊本研究集会（熊本大学）※参考として記載
二〇二三年三月二六日　第二回準備報告会（オンライン）
山田貴司「室町時代の九州を考えるための政治・文化史的論点三題」
小澤尚平「室町期九州情勢と探題渋川氏の役割」
二〇二三年八月一〇日～一一日　第三回準備報告会（福岡大学）
伊藤幸司「外交からみた九州の地域権力」
小川弘和「肥後からみた室町九州」
新名一仁「室町期島津氏の特質―島津奥州家と伊集院氏の関係を中心に―」
松尾大輝「中世後期少弐氏の政治的地位とその形成過程」
山田　徹「室町幕府と九州国人」

二〇二三年九月二四日の大会当日は、オンライン参加と対面参加の併用、いわゆるハイフレックス型で開催された。参加者数は、オンライン参加四九名、対面参加七一名。地方の学会ではなかなかお目にかからない参加者数が、特集テーマに対する注目度の高さを示すこととなった。議論も活発で、予想どおり最後のパネルディスカッションは時間が足りなくなってしまった。時間切れはひとえに司会を務めた私の不手際だが、ともあれ、当日参加いただいた皆さま、議論に加わっていただいた皆さま、運営に携わっていただいた七隈史学会の関係各位に、改めてお礼申し上げる次第である。

終了後には、各報告者に報告内容の原稿化を依頼するとともに、特集開催の前提となった研究の現状と課題をまとめた「総論」執筆を進めてきた。また、パネルディスカッションの討論録も整理することができた（整理にあたっては、中村昂希氏をはじめとする福岡大学大学院の院生諸氏の協力を得た。感謝である）。もともと特集の企画にあたっては、報告内容をまとめた雑誌特集号の刊行を目論んでいたが、ボリュームと経費の問題で困難となり、最終成果をどのように発信すべきか困ったところがあった。なんとか世に出せないかと考え、戎光祥出版の丸山裕之氏に相談したところ、厳しい出版事情にもかかわらず、快くお引き受けいただけた。厚くお礼申し上げたい。

「総論」でも少し触れたが、中世の九州にスポットをあてた専門書は思いのほか少なく、室町時代に限っていえば類書はほぼみられない。ゆえに本書の刊行は、室町九州の政治史の進展にきっと寄与するだろう。そう確信するところである。ただし、その一方、今回の取り組みでは政治史以外の分野には踏み込めておらず、政治史に関しても触れ得なかった諸地域や諸勢力もあった。個人的には、九州のことに触れずして列島は語れないという手応えを感じる一方で、九州だけみていても九州は語れず、当然ながら列島も語れない、という当たり前のことを痛感する機会となった。域外との比較史、あるいは域外との関係史・交流史、前後の時代との連続性・断絶性の検証などは、引き続き必要な論点のように思う。

先送りすることとなった課題を数え上げればきりがなさそうだが、ともあれ本書の刊行は、ここのところやや停滞気味な中世九州論の起動する（再起動する）スイッチだと私は思っている。これに続く研究報告や特集が陸続と現れることを祈念しつつ、擱筆するとしたい。

二〇二四年九月二四日　特集の一年後、再校を戻した日に

山田貴司

【執筆者一覧】掲載順

山田貴司　別掲

小澤尚平
一九九四年生まれ。現在、福岡大学大学院人文科学研究科史学専攻博士課程後期。
〔主な業績〕「建武年間の九州情勢と鎮西管領一色道猷の軍事活動」(『七隈史学』二〇号、二〇一八年)、「鎮西管領一色道猷の活動についての一考察―観応の擾乱期を中心に―」(『七隈史学』二二号、二〇二〇年)、「南北朝期室町幕府の九州統治―鎮西管領一色道猷の活動を中心に―」(『日本歴史』八七九号、二〇二一年)

山田　徹
一九八〇年生まれ。現在、同志社大学文学部准教授。
〔主な業績〕「室町時代の支配体制と列島諸地域」(『日本史研究』六三一号、二〇一五年)、『京都の中世史　第四巻』(吉川弘文館、二〇二一年)、「「室町時代」の地域性」(芳澤元編『室町文化の座標軸』勉誠出版、二〇二一年)

伊藤幸司
一九七〇年生まれ。現在、九州大学大学院比較社会文化研究院・教授。
〔主な業績〕『中世日本の外交と禅宗』(吉川弘文館、二〇〇二年)、『中世の博多とアジア』(勉誠出版、二〇二一年)、『大内氏の世界をさぐる』(編著、勉誠出版、二〇一九年)

松尾大輝
一九九四年生まれ。現在、大分県立先哲史料館研究員。
〔主な業績〕「鎌倉期少弐氏による対馬支配と代官宗氏」(『九州史学』一八五号、二〇二〇年)、「南北朝期宗氏による対馬支配と少弐氏」(『古文書研究』九二号、二〇二一年)、「大友義鑑発給文書の古文書学的分析―形態・料紙・機能の関連性―」(『史料館研究紀要』二八号、二〇二三年)

小川弘和
一九六八年生まれ。現在、熊本学園大学経済学部教授。
〔主な業績〕『古代・中世国家と領主支配』（吉川弘文館、一九九七年）、『中世的九州の形成』（高志書院、二〇一六年）、『荘園制再編と中世日本』（勉誠社、二〇二四年）

新名一仁
一九七一年生まれ。現在、宮崎市史編さん室専門員、南九州大学非常勤講師。
〔主な業績〕『室町期島津氏領国の政治構造』（戎光祥出版、二〇一五年）、『「不屈の両殿」島津義久・義弘』（KADOKAWA、二〇二一年）、『図説 中世島津氏』（編著、戎光祥出版、二〇二三年）

野下俊樹
一九九二年生まれ。現在、佐賀県立図書館 郷土資料調査・編さん課 主事。
〔主な業績〕「応仁・文明の乱における大内政弘の政治的役割―西幕府・地域権力間の意思伝達を通して―」（『九州史学』一八五号、二〇二〇年）、「応仁・文明の乱における大内氏の戦後処理と権力秩序」（『七隈史学』二二号、二〇二〇年）、「室町・戦国期肥前龍造寺氏に関する予備的考察」（『佐賀県立佐賀城本丸歴史館研究紀要』一八号、二〇二三年）

【編者紹介】

七隈史学会（ななくましがくかい）

福岡大学人文学部歴史学科の教員・在学生・卒業生を会員として、同学科の研究・教育の向上と相互交流を図るため、1987年に発足。1999年に学術部会を立ち上げた後は、学外にも会員を募り、学術学会としても活動する。「地域に開かれた学会」「市民に開かれた学会」をキーフレーズに、地域に根ざした学会を目指している。毎年9月に研究大会を開催。2025年からは、毎年6月に会誌『七隈史学』を発行する（それ以前は毎年3月に発行）。

【責任編集紹介】

山田貴司（やまだ・たかし）

1976年、福岡県生まれ。

福岡大学大学院人文科学研究科博士課程後期満期退学。

博士（文学）。

現在、福岡大学人文学部准教授。

専門は日本の中世後期から中近世移行期にかけての政治史・文化史。

主な業績に、『ガラシャ　つくられた「戦国ヒロイン」像』（平凡社、2021年）、『中世後期武家官位論』（戎光祥出版、2015年）、『シリーズ・織豊大名の研究２　加藤清正』（編著、戎光祥出版、2014年）等がある。

装丁：川本 要

戎光祥中世織豊期論叢　第7巻
室町九州の紛争・秩序・外交
二〇二四年一一月二〇日　初版初刷発行

編　者　七隈史学会
責任編集　山田貴司
発行者　伊藤光祥
発行所　戎光祥出版株式会社
東京都千代田区麹町一－七
相互半蔵門ビル八階
電　話　〇三－五二七五－三三六一(代)
ＦＡＸ　〇三－五二七五－三三六五
編集協力　株式会社イズシエ・コーポレーション
印刷・製本　モリモト印刷株式会社

ISBN978-4-86403-553-8